会计人才培养与会计风险控制研究

赵 玮◎著

吉林出版集团股份有限公司
全国百佳图书出版单位

图书在版编目（CIP）数据

会计人才培养与会计风险控制研究 / 赵玮著. -- 长春：吉林出版集团股份有限公司, 2022.7
ISBN 978-7-5731-1848-6

Ⅰ.①会… Ⅱ.①赵… Ⅲ.①会计—人才培养—研究—中国②企业管理—财务管理—风险管理—研究—中国 Ⅳ.①F233.2②F279.23

中国版本图书馆CIP数据核字(2022)第137384号

KUAIJI RENCAI PEIYANG YU KUAIJI FENGXIAN KONGZHI YANJIU

会计人才培养与会计风险控制研究

著　　者：赵　玮
责任编辑：郭玉婷
封面设计：雅硕图文
版式设计：雅硕图文
出　　版：吉林出版集团股份有限公司
发　　行：吉林出版集团青少年书刊发行有限公司
地　　址：吉林省长春市福祉大路5788号
邮政编码：130118
电　　话：0431-81629808
印　　刷：天津和萱印刷有限公司
版　　次：2023年1月第1版
印　　次：2023年1月第1次印刷
开　　本：710 mm × 1000 mm　　1/16
印　　张：13.5
字　　数：220千字
书　　号：ISBN 978-7-5731-1848-6
定　　价：78.00元

版权所有　翻印必究

前　言

随着全球经济一体化进程的深入，我国经济发展客观上需要大批具有理论与实践操作能力的新型会计人才。在会计行业的发展、会计准则与国际惯例协调的大时代背景下，我国高校本科教育的国际化发展已是大势所趋。更新会计专业的教育理念、调整会计人才的培养战略是我国会计教育的必由之路，同时对推动会计学科的建设与可持续发展、培养大批适应市场需求的复合型会计人才具有重大的现实意义。

虽然近年来高校会计风险事故频发，但高校的相关人员仍然未树立对风险的正确认识。产生这一问题的主要原因首先是高校的管理层心存侥幸和投机心理。他们认为会计只是一种数字游戏，他们为了获取更多的利益，采用一些超出制度规定范围内的行为，更不会考虑这些行为是否会给财务带来风险。其次，是错误的政绩观。一些高校的管理层为追求其在位期间高校的政绩，在财务方面不会过多地考虑会计风险问题，管理层对风险认识的缺乏往往给学校带来很严重的危险。最后，是管理理念落后。风险管理理念在我国发展时间不长，高校管理层还不具备高校财务会计风险管理理念，也不重视风险管理的作用。

基于会计人才培养的时代背景和研究现状，从增加会计认知学习、建立多元化能力提升实践教学体系、组织学生参与学科竞赛、加强与国外会计师协会合作、深入开展教学改革与课程建设等方面，构建卓越会计人才培养新模式，以期为培养具备良好的职业道德、专业化、创新性、国际化的卓越会计人才提供借鉴。

会计控制与风险管理是一个永恒的课题，以风险管理为导向是会计控制发展的必然趋势。如何有效破解会计管理中的风险控制，或者说会计控制中的风险管理，至今仍是一道世界性的难题。世上无难事，只要肯登攀。在攀登途中，有心力不济之时，有无限风光之美，更有山外有山之感叹，还惊喜地发现难题之中还有大量的难题。例如，风险如何计量才最有用？权力怎样制衡才最有效？成本效益原则究竟怎样权衡？各种控制缺陷和有效性评价如何量化为好？还有会计失控与管理舞弊、会计控制与会计伦理道德、会计控制与会计法治等重大难题。爱因斯坦认为："提出一个问题往往比解决一个问题更为重要。"攻克难题就是目标，期望大家一起来破解难题。

对于书中疏漏差错之处，敬请提出宝贵意见，以期不断修改完善。

目 录

第一章 会计人才培养研究 ... 1
 第一节 会计人才培养目标的定位 ... 1
 第二节 我国会计人才培养的现状 ... 4
 第三节 国外高端会计人才培养机制及其对中国的启示 ... 10

第二章 会计人才培养目标定位研究 ... 14
 第一节 高职会计人才培养目标 ... 14
 第二节 高职小型企业实战型会计人才培养目标定位 ... 21
 第三节 本科院校会计人才培养目标的定位研究 ... 27
 第四节 "专升本"院校会计人才培养目标的变迁及其影响 ... 31
 第五节 独立学院会计专业人才培养目标定位 ... 36
 第六节 会计人才培养与市场需求标准一致性的思考 ... 42

第三章 会计人才培养体系的构建 ... 46
 第一节 会计人才培养体系的构建 ... 46
 第二节 高层次会计人才培养体系的完善 ... 51
 第三节 法务会计人才培养体系的构建 ... 53

第四章 会计人才培养模式研究 ... 58
 第一节 会计人才培养模式的利弊 ... 58
 第二节 工学结合高职会计人才培养模式 ... 62
 第三节 本科会计人才培养模式 ... 81
 第四节 独立学院会计人才培养模式 ... 85
 第五节 国际化会计人才培养模式 ... 95

第六节 中外高校会计本科人才培养模式比较 …………………… 100

第五章 会计控制总论 …………………………………………… 107

第一节 会计控制的本质特征 ……………………………………… 107
第二节 会计控制的基本理论 ……………………………………… 119
第三节 会计控制的现状分析 ……………………………………… 128
第四节 会计控制与风险管理 ……………………………………… 134

第六章 会计控制要素分析 ………………………………………… 139

第一节 内部环境影响重大 ………………………………………… 139
第二节 风险评估至关重要 ………………………………………… 143
第三节 控制活动落到实处 ………………………………………… 152
第四节 信息沟通快捷灵敏 ………………………………………… 166
第五节 监督评价持续有效 ………………………………………… 170

第七章 会计风险与控制 …………………………………………… 174

第一节 会计风险基本理论 ………………………………………… 174
第二节 会计风险表现形式 ………………………………………… 193
第三节 会计风险防范控制对策 …………………………………… 199

参考文献 …………………………………………………………… 205

第一章 会计人才培养研究

第一节 会计人才培养目标的定位

如果把为社会培养适用型人才作为培养目标,那么学校对人才培养目标的定位应遵循"从社会中来,到社会中去"的原则。简言之,对社会需求要有所了解,这是把好人才"进口顺畅""出口通畅"关的前提。从有关的用人单位抽样调查表明,对高等职业技术学院会计专业毕业学生动手能力的满意度评价,一般满意度可达90%,但计算机应用能力及外语水平满意度仅为40%和30%,对于其他相关的经济管理知识能运用自如的更是少之又少。由于相关专业知识的缺乏,限制了学生的思维发展空间,导致学生所掌握的知识难于应对社会经济的快速发展,更谈不上成为合格的管理活动的参与者。除此之外,一些用人单位指出,有的学生由于缺乏税法知识,不是损害国家利益,就是让企业蒙受不必要的经济损失。这从一个层面给职业技术教育对会计人员在学校期间进行的教育培养目标提出了警示。职业教育的目的不是培养大量的只知道按程序走的"机器人",而应该以培养综合素质高、业务能力强的适用型人才为目标,切实做好各项相关工作。

一、根据教育对象的不同设定适宜的教育目标

经过长达20年之久的改革开放,中国的经济已发生了翻天覆地的变化,伴随着经济活动而产生的经济业务也呈现出多样化、复杂化。根据经济发展的需要对会计人才的培养,已基本模式。学校已成为会计人才培养的主战场。中国的职业教育经过20年的努力已取得了长足的进步,但职业教育教育的现状却不尽人意,许多人才培养出来仍然适应不了社会经济发展的要求。这一现状除了体制、规模等因素外,关键的问题还是培养目标与社会需求仍存在一定偏差。职业教育要适应未来的需要,必须坚持"三个面向"的方针,不断完善职业教育体系,根据社会对人才的需求确定培养目标。但在实践当中,很多学校对人才的培养教育

目标设定始终滞后于市场的需要,其原因就在于严格遵守过于"呆板"的教学计划使学校对市场的灵敏度大打折扣。在经济社会高度发展的今天,如果职业技术教育还没有一个随机应变的人才培养目标设定,还是抓住过去的教学计划原地不动地进行修修补补,实现为社会培养实用型人才显然会变成一句空话。由于企业规模、岗位的不同,对人才层次的需求也不同,学校培养的人才是否具有较好的应变能力,还取决于学校培养人才的指导思想是以过期的教学计划为核心,还是以市场的需求为导向。高等职业教育就是要体现其针对性、适用性、实践性为特点,以面向社会、服务社会为宗旨,以培养实用型的会计人才为目标的新的教育体系。根据教育对象的不同,设定适宜的教育目标是高等职业教育不断发展和完善的立足之本。

二、合理设置课程结构是实现教育目标的关键

会计是经济管理活动的重要组成部分,在经济管理活动中扮演着重要的角色。经济越发展,社会对会计的要求就越高。培养综合素质高、业务能力强的实用型会计人才,已经成为不同层次的学校对人才培养目标设定的关键。根据社会对人才的需求不难看出,社会对会计人才的知识结构要求已由过去的过分强调"专才"过渡到"广"和"博"的复合型人才。会计事项的复杂性要求未来的会计人才必须具备较强的应变能力,才能应对日趋复杂的经济业务,而应变能力的培养则涉及到教学内容的设置和教学方法的实施。具体体现为课程结构的合理性和教学方法的灵活性。

(一)课程结构的合理设置决定着学生知识结构合理性

实现职业教育教学质量的现代化是职业教育发展的必由之路。要实现职业教育教学现代化,必须更新教育教学观念,改变教学管理体制和运转模式,冲破传统观念的束缚,大胆借鉴国内外职业教育先进的教学思想、方法、观念和模式,变科本位的教学模式为人本位的教学模式,合理设置专业,开发适应社会经济发展的课程体系,使专业课程的设置社会化。社会需要什么样的人才,就设置什么样的专业,开设与之相对应的课程,这样才能体现现代教育的思想和现代经济思想的特点。一所学校培养的学生进入社会,能否适应社会的发展作为合格的会计人才,能否对企业未来所面临机遇和风险做出正确的预测和判断,真正做到企业经济管理活动的参与者,确保企业的财产安全,除了掌握较强的专业知识外,还应对相关的经济知识、法律法规知识有所了解。所谓"授之于鱼,不如授之于渔"就是要通过合理的课程设置,让学生掌握更多的相关知识,使之能轻松应对未来的变化。目前我国正处于经济转轨时期,学生掌握专业知识、相关经济知识及培养良好的纳税意识,可以更好地服务于企业,体现教育面向社会、服务社会

的宗旨，对学生未来的继续学习和发展也是十分必要的，而培养学生的继续发展能力，教学课程及内容的设置合理性起着至关重要的作用。

（二）灵活的教学方法决定学生的应变能力

会计学是一门应用型学科，高素质的会计人才应成为"嘴有一张，手有一双"即具备理论与实践相结合的能力。要把学生培养成为有用之才，除了正确把握教育目标外，在教学过程中所选择的教学方法同样重要。首先，作为教学内容的实施者在教的过程中应正确了解培养对象和理解培养目标，灵活掌握教学方法，避免"从书本中来，到书本中去"紧扣教材和大纲，生搬硬套，"两耳不闻窗外事，一心钻研教科书"的旧套路。其次，中国的经济发展如此快速，经济信息瞬息万变，会计事项日趋复杂，一本教科书岂能涵盖所有复杂的会计事项，再者教科书的内容往往会滞后于经济现象的变化，如果教学方法仅限于如何让学生理解、消化教材内容，显然不可取的，其教学效果必然是失败的。

（三）在综合素质的培养方面，更多的要通过执教者的综合素质和人格魅力对学生进行潜移默化地影响

适时地抓住时机对学生进行职业道德教育和税法及纳税意识的培养，对于学生综合素质的提高和减少经济犯罪是很有必要的。另外，对学生的团队合作意识和挫折感培养及健康心理培养也不可忽视。很多学生在校是品学兼优的好学生，但走入社会却四处碰壁；处理业务上是一把好手，在处理人际关系却常常感到被动不堪，缺乏与人沟通、合作的能力，遭遇挫折往往一蹶不振、难于自拔。可见，综合素质、挫折承受能力的培养，在学校教育中也占有不可取代的位置。因此，学校应当有意识地为学生创造一个宽松的个人成长空间，使他们有更多的机会学会与人交往、沟通，学会各种关系的协调和处理，让他们在挫折和失败中找到成功的轨迹，享受成功的快乐。当然学校与社会合作为学生营造良好的外部环境也是不可忽视的。

三、实践性教学是实现高职教育目标的具体体现

会计教学不同于其他学科，教学效果的成败往往体现于学生的动手能力的强弱和能否对经济现象进行正确的判断和理解。如果高职的会计课教学只侧重于理论知识的掌握，那么则是"纸上谈兵"，是直接导致学生对所学知识知其然而不知其所以然，无法培养学生发现问题、解决问题的能力。实践是理论知识转化为应用能力的过程。实践证明，通过实践教学的实施，90%以上的学生对所学的理论知识在不同程度上会有进一步的理解。实践性教学进一步夯实了学生的理论功底和动手能力，提高了学生未来走向社会、面对复杂经济业务的应变能力。但目

前的实践性教学还没有做到与企业和社会的紧密结合，多半还处于封闭状态，操作方法多为老师以统一的教材为学生讲解示范，布置每一天应该完成的业务，实习结束后老师给出标准答案。如此的实践难免会使学生形成一种依赖思想，导致学生在实际工作中难以适应错综复杂的经济业务。因此，在实践教学方面，应逐步由"封闭式"走向"开放式"，主动与社会和企业"联姻"，让学生接触真实的经济业务，彻底断绝学生对老师的依赖，使学生在实践当中不断成长。

综上所述，中国实现现代化，就是要把国家建设成为繁荣富强、民主文明的社会主义国家。从这个意义上来讲，职业教育的发展，就是要为我国经济建设和发展培养高素质的专门人才。高等职业教育对会计人才的培养，不仅教育目标要与社会发展同步，还要注重现代经济知识和先进的管理知识的整合性要求，突破原有的学科结构，实行多学科的有效融合，根据社会发展的需要，适应现代知识经济瞬息万变的特点，以培养素质高、能力强的应用性会计专业人才为目标，为社会培养和输送健康型的高质量的经济管理人才。

第二节 我国会计人才培养的现状

面对 21 世纪知识经济、信息经济、网络经济和经济全球化等因素的考验，我国会计高等教育和会计人才培养的现状怎么样？是否适应新时期对会计人才提出的新要求？今后又当何去何从呢？为此，我们进行了相关的资料分析和问卷调查，提出了相关政策建议。

一、我国会计人才培养存在的主要问题

以往的研究成果，对我国现行的会计人才培养存在的问题，主要集中反映在以下几个方面：会计人才培养目标不明确、课程设置不合理、教材比较陈旧、教学方法和手段落后、师资队伍素质较低、考评制度不合理等。为此，我们对我国部分高校的会计专业学生和教师进行了问卷调查和个别访谈。本次调查问卷共发放 500 份，回收 426 份，有效问卷 399 份。此外，依照就近的原则，对广西区内部分高校会计专业教师进行了个别交流，在很多问题上达成了共识。经过对调查问卷和访谈记录的整理和分析，对反映的有关问题，说明如下：

（一）会计人才培养的目标定位不明确或不适当

目前，我国教育界对于会计人才培养目标的争论主要集中在培养什么样类型的会计人才等问题上：是"专才"还是"通才"，是应用型人才还是研究型人才，是高级人才还是中级人才，是素质教育还是技能教育，至今难有定论。根据问卷

调查结果分析，40%的被调查者（主要是大学生）表示对会计人才培养目标不明确，感觉这个目标好像和自己没有多大关系；37%的被调查者（以老师居多）则认为会计人才培养目标不适当，不少学校还人为地提高了会计人才培养目标的层次，并没有切实考虑会计专业大学生应该达到的水平和能力，值得会计教育界深思。另外，还有一些被调查者选择了"不知道"或者是"无所谓"，实际上是被动地或主动地回避了这个问题。

（二）会计课程体系设置不合理

会计课程体系设置是会计专业学生培养活动及其模式的实质性要素和体现教育思想以及培养目标的载体，是学生培养方案的重要组成部分。合理设置课程是保证会计专业学生培养质量的基础，是培养合格大学生的必备条件。从目前各个高校会计专业学生的课程设置来看，一般都按照公共基础课、专业基础课、专业课和选修课等来进行设置，但在课程的具体设置上差别较大，尤其是财经类高校与综合性、理工类高校相比，差异比较明显。从调查结果看，首先，91%的被调查者普遍认为课程类型比例不合理。公共基础课、学科基础课、专业课和选修课之间的比例缺乏说服力，财经类高校与综合性、理工类高校相比，差异尤其明显。相对来说，财经类高校比较强调专业课和专业方向课，而综合性、理工类高校特别看重学科基础课；再有外语、计算机等基础课与专业课之间、本学科专业课，与相关学科专业课之间、必修课与选修课之间、理论课程与实践课程之间等关系也都没有完全处理好。如何优化课程设置，还要进行深入地思考和研究。第二，79%的被调查者认，为课程设置普遍存在着因人设课、课程内容因人而异的情况，使得会计课程体系极不规范。这种现象也导致了会计专业学生的知识结构和能力结构不够健全。第三，70%的被调查者认为课程设置灵活性不够。较少从大学生的实际情况出发，给予他们一定的课程选择的自由；很多高校虽然开设了选修课，但更多的是出于学校和教师的要求，而并非考虑大学生知识结构的需要。有些选修课，名为选修课，实际上在选修科目时给了很多的限制，大学生很难真正做到自由选课。大学生上课大都以大班为主，两三个班合堂课居多，感觉就像在吃大锅饭，这与我国各高校会计专业大学生人数多而专业教师相对较少的现状有关，而这种情况与西方名校培养大学生有很大不同。记得一位学者曾经说过，牛津和剑桥设置许多课程让学生进行选修，学生根据自己需要选修课程，构建自己的知识结构。

（三）会计专业教材选用混乱无序

教材是教师授课取材之源，也是学生求知复习之本，同时还起着规范主要教学内容的作用。没有优秀的会计专业教材，不可能培养出优秀的会计人才。从调查结果来分析，各个高校在会计专业教材选用问题上缺乏一个统一的标准，往往以本校教师自编教材为主。之所以出现上述现象，笔者认为，主要原因还是在于财经类高校专业师资力量相对雄厚，且自编教材用起来比较顺手；而对综合性、理工类高校来说，专业师资力量相对薄弱，选用国内部分高校统编教材或国外原版教材也是不足为奇的。我们认为评价一个教材的好坏，关键是看选用的教材的内容是否具有理论性、实践性、适应性和时代性等特征。不管是自编教材还是统编教材或国外原版教材，只要符合以上特征，都是可以考虑的。在与一些专业教师的交流中我们发现，我国的会计专业教材的内容普遍存在着重制度解释，轻理论分析，缺乏必要的理论深度；有些教材之间存在着内容重复的现象；有些教材不具有现实可操作性，缺乏配套的习题与案例；还有些教材更新速度较慢，不能及时地反映国家会计规范的变更和会计理论的发展等等，这些问题都有待会计教育界改进和提高。

（四）会计教学方式简单而落后

会计教学方式包括教学方法和教学手段。实践证明，形式活泼、内容新颖的教学方式对于学生知识与技能的培养尤其重要。根据调查，在我国会计教学实践中常用的几种主要会计教学方式应用情况如下（多项选择）：课堂讲授占98%，多媒体教学占64%，网络教学占37%，案例教学占26%，其他占17%。从调查结果来看，照本宣科满堂灌的课堂讲授方式仍然比较普遍。不少高校和教师仍然还是在采用这种传统的教学方式，以填鸭式的满堂灌为主，形成学生"记笔记——背笔记——考笔记"的三段式学习过程，其特点就是重教有余，重学不足；灌输有余，启发不足；理论有余，实践不足；复制有余，创新不足。在这种教学方式下，学生被动接受、死记硬背，很少有主动参与的机会，无法充分调动学生学习的主动性、积极性和创造性，从而降低了学生的学习效率，也不利于创新性和实践性会计人才的培养。虽然多媒体教学、网络教学、案例教学等方式在不少学校已有应用，但明显还不够普遍。至于互动式、启发式的研讨性和探索性的教学方式则更加少见。另外，还有一些教师未结合学生的实际水平因材施教，与学生沟通少，没有重视学生的信息反馈，教法死板，对课程教学方法和手段缺乏及时地、适当地调整。

（五）会计师资队伍素质较低

从调查结果来看，有50%的被调查者对会计专业课教师专业水平和教学水平给予了较高以上的评价，这说明大多数会计专业课教师还是称职的。但值得注意的是还有33%的被调查者对会计专业课教师的专业水平和教学水平评价一般，这个比例也是相当高的，对于培养高素质的会计人才的要求来说，还是有所欠缺的。特别应该引起重视的是有 17% 的被调查者对会计专业课教师的评价是较差或很差。通过与一些专业教师的交流，很多会计专业课教师素质较低主要表现在以下几个方面。

1. 教学观念陈旧

教师往往热衷于讲解现行会计实务或准则，而缺乏会计理论的探讨。

2. 实践经验不足

目前我国的会计专业教师绝大多数都是从学校到学校，很少有从实务中转行搞教学的。有些地方也不允许教师到企业兼职，这种做法其实不妥，国外大学教师兼职的现象很普遍。会计学作为一门应用性很强的学科，而且我国高等教育法也特别强调高等教育对学生实践能力或者说实务能力的培养。会计教师的实务能力较弱、实践经验欠缺、不懂实务的情况，完全不能适应培养学生实践能力的重任，必须改变。

3. 会计师资队伍人员流失，教师轻视教学现象严重

一是会计教师待遇相对偏低而社会上相应会计职业待遇较高，造成高学历的人员不愿从教、部分骨干教师弃教从商或兼有第二职业，致使会计教师相当一部分没有把主要精力用在教学上；二是我国高校教师职称评定历来重视科研成果，忽视教学效果，从而引导多数人倾心于编书、写论文，而真正下功夫研究教学、努力提高教学质量的教师为数甚少。

（六）考评制度设计不合理

根据问卷调查，我国各高校对学生的考试评价制度的现状情况如下：评价意见在一般以下的占到了 76%，可见大多数教师和学生对学校现行的考评制度还是不满意的，亟须加以改进和提高。我国目前很多高校采用的考评制度仍然是传统的以学生学习成绩为主的考评制度，其基本特点是"重理论、轻实务；重期末、轻平时；重记忆、轻理解"，存在着四多四少的现象，即闭卷多，开卷少；笔试多，面试少；理论考试多，能力考查少；一次性考试多，综合考查少。这样一种学校主导型的考评制度，造成学生为考而学，教师为考而教，既无法全面衡量学生的素质和能力，也无法满足用人单位对学生全面素质评价的需要。学校对学生的考核中，德育和体育往往流于形式，智育的考核往往只限于必修的分数，考试也多以考核教师传授的知识为主，这样使得那些知识面广、动手能力强又深受用人单位欢迎的学生，却得不到合理的评价，造成很多学生"高分低能"。

二、基本结论

自我国高等教育实施扩招战略以来，我国高等教育规模增长迅速。与此同时，会计专业招生数量增加尤其明显，但我国会计专业学生的教育质量并没有

随之同步提高，相反却呈现出大学生教育质量日益下降、身价明显贬值的趋势。从理论上分析，评价学生教育质，量一般应从两个角度进行，即学生质量和培养质量。学生质量是状态量（又称静态量），是教育的结果；大学生培养质量是过程量（又称动态量），是实施教育的全过程，它的值，应该是在一个教育过程的"初始学生质量"与"当前学生质量"之间的差值，即学生质量的增值。在评价会计专业学生教育质量时，不仅要看最终的培养结果，还要关注培养过程的质量。

第一，从培养过程来看，我国会计人才培养过程存在着很多问题。比如会计课程体系设置不合理、会计教学方式简单而落后、考评制度设计不合理等，而且不少高校其实并不重视培养过程的质量，形成了"严进、宽出、中间松"的培养格局，基本上主要是强调数量的增加，而对培养过程质量重视不够。这种盲目扩张导致的结果只能是大学教育的贬值，最终失去大学教育的真正意义和社会基础。根据教育部提供的数据，2009年全国应届高中毕业生有84万名没有参加当年的高考。大量应届高中毕业生主动弃考，是一个值得我们深思和高度关注的问题。原因应该是多方面的，如直接就业、参军入伍以及出国读大学等。但这种现象的出现与"读书无用论"论调的重新抬头和"上大学就业难"的担忧不无关系，这也从一定程度上反映了我国高等教育质量在下降这样一个严峻的现实。第二，从培养结果来看，我国会计人才的质量令人担忧。各高校在确定会计人才培养目标和设计考评制度时，没有考虑或者是很少考虑到社会上用人单位的实际需要，缺乏会计人才培养单位与用人单位之间的沟通协调机制，导致培养出来的不少会计专业毕业生素质差、知识面窄、实践能力不强，难以适应社会上用人单位的需要。因此，改革我国的会计人才培养模式，必须首先要树立面向市场的理念，坚持市场导向，加强与用人单位的密切沟通，了解他们的需求状况和对会计人才素质的具体要求。

三、改进建议

第一，建立政府引导、职业界参与的会计人才培养适需机制。阎达五教授曾指出：要改革我国的会计教育，首先须疏通会计人才供求双方的联系渠道，使会计人才的供给者会计教育部门能根据会计人才的需求状况，订立教育目标，培养出符合社会需要的会计人才。借鉴国外经验，结合我国国情，我们的会计人才培养目标也应尽可能多地考虑社会的需求，培养适合经济发展的会计人才。首先，国家政府部门可以起到桥梁作用，建立，和加强会计教育界和实业界的联系；其次，中国会计学会的会计教育分会，应进一步加强会计教育界与职业界及政府会计管理机构的联系与合作；再次，中国注册会计师协会应该参与和支持高校会计教育的改革，积极为大学教育提出会计职业人才需求的指导性意见。

第二，树立全面素质教育的观念。正如美国会计教育改革委员会（AECC）在其第一号公报"会计教育的目标"中所强调的：学校会计教育的目标不在于训练学生在毕业时即成为一名专业人员，而在于培养他们未来成为一名专业人员应有的素质。再者，会计教育最重要的目标是教导学生独立学习的素质，大学教育应是提供学生终身学习的基础。这里的"素质"应当包括职业品德、性格特征、知识结构、能力结构等，而不仅仅是专业知识和操作能力。

第三，明确会计人才培养目标。根据我们的调查，我们更倾向于培养"复合型人才"的提法。用人单位也普遍反映"复合型人才"是新时代对会计人才综合素质的高度概括和普遍要求，在这个目标里，包括了人才市场对会计人才应具备的知识和能力等各方面全方位的素质要求。总之，我们认为，教育部提出的"厚基础、宽口径、高素质、强能力"的原则是我国目前乃至今后很长时期内会计人才培养目标。

第四，合理设置会计课程体系。课程体系设置是否合理，直接关系到所培养会计人才的质量。那么如何按照这个培养目标设置课程体系以体现复合型特征呢？我们认为，课程体系的设置可以考虑做如下安排："厚基础"主要体现在公共基础课上，可以开设计算机、思想品德、外语、应用文写作等课程；"宽口径"主要体现在学科基础课和专业课上，可以开设金融学、税务学、管理学、微观经济学、经济法以及财务会计、成本管理会计、理财学、税务会计与纳税筹划、会计信息系统等课程；"高素质"可以体现在各个方面，除了开设以上课程以外，还可以根据学生们的兴趣爱好和职业特点，开设一些为学生自我设计和个性化发展提供服务的选修课，如中国传统文化、创业学、文学欣赏、音乐欣赏、社交礼仪、公共关系学、大学生就业指导等课程，以培养学生的人文社科、自然科学、文化、艺术等各项综合素质；"强能力"主要是通过强化实验、实习和实训等实践教学环节以培养学生的实践能力，促使他们的知识结构和能力结构全面协调发展，以适应社会和人才市场的需要。

第五，改进会计教学方式。我们应当充分利用现代信息技术和多媒体技术，开展互动式、参与式、启发式、研讨式的案例分析，课堂讨论、实习实验、情境教学、角色模拟、业界名人讲学相结合，加强实践教学环节，充分调动学生的积极性，努力培养学生的实践能力。

第六，提高会计教师的素质。在师资队伍的建设上，可以考虑采取"走出去、请进来"的办法整合现有的师资队伍，把一些年轻有为的教师送到国内外其他高校去进修、送到用人单位去兼职锻炼，把一些企事业单位和政府部门中会计理论水平较高、实践工作经验比较丰富的业界专家请进来，做兼职或专职教师，努力拉近会计人才培养与市场需求的距离。

第三节 国外高端会计人才培养机制及其对中国的启示

中国的会计人才广泛分布在各行业、各领域，在全国人才资源总数中会计人才达到10%，在经济全球化背景下，企业要想融入世界经济的舞台，必须提升核心竞争力，培养高端会计人才。高端会计人才既要熟悉企业会计实务，又要能够参与企业的战略管理；既要熟悉国际游戏规则，又要能够解决复杂国际经济问题。

一、国际高端会计人才现状

世界上许多发达国家如美国、加拿大、日本等一些做法值得我们借鉴，这些国家都非常重视高端会计人才的培养。

（1）International Federation of Accountants（IFAC）教育委员会于2003年10月颁布的《国际教育标准1—6》，是为了确保在全球范围内会计师的教育的质量和一致性，同时又对教育方案的条件、职业价值观、职业技能和道德与态度相关的内容进行了规范，并要求在2005年生效；2004年5月，发布了《终身学习和专业能力的后续发展计划》，到2006年施行。作为专业会计师的能力不仅包括个人技能和实用技能，还包括组织管理技能和人际交往能力，以及个人的领导力、影响力、决策力等方面能力。

（2）AAA（American Accounting Association）美国会计学会、AICPA（American Institute of Certified Public Accountants）美国注册会计师协会、八大会计事务所等机构从20世纪60年代起，高度关注会计教育，从会计人员的会计课程设置、知识体系、能力结构等多个方面对美国的会计教育提出建议并出版了相关的主题报告等文献。

美国从2004年开始实行CPA（Certified Public Accountant）统一考试，把考试的内容和形式进行了相应的变更，借助新的考试模式来评估的CPA的判断分析能力和业务技术知识。2002年《Sarbanes-Oxley》法案出台，要求许多的CPA为各个层次的同事培训法案的意义并且要在审计委员会等会议上讲话。由此可见，在美国的人才培养方面，会计教育不但重视对高端会计人才业务技能的培养，而且注重对其职业情商能力的培养。

（3）日本的会计教育是由两部分组成的，包括院校教育和企业后续培养。前者由不同层次的教育体系例如高等学校、职业院校、大学和研究生院等构成，目的是为了培养不同层次的会计人才，满足不同企业的需求；后者是企业对高端会计人员进行管理、决策等综合能力的培养，同时又让高端会计人才对不断更新的会计法规、规章、会计理念进行知识更新和补充，促进其发展，提高其水平。可见，日本与时俱进的会计人才培养理念值得学习。

（4）CGA-Canada（Certified General Accountants Association of Canada）加拿大注册会计师协会在一项全面调查结果分析中，对注册会计师必须具备的147项能力进行了排序，排在前八位的能力是：

表1-1 注册会计师能力

能力排序	1	2	3	4	5	6	7	8
注册会计师必须具备的能力	不断应用职业道德标准	锻炼高水平的专业判断能力	对组织或客户的有关信息和数据保密	保护公众利益	在专业能力范围内工作	根据该职业的有关准则和政策，表述、分析、处理业务	确保财务信息的可靠性	编制合乎于客户要求的财务报表

可见，加拿大非常注重会计人才的能力。同时，除了强调上述能力外，还要求高端会计人员CPA应该具有领导能力和管理能力、表达能力和与人沟通能力等软技能；会计人员从业资格的取得受到严格的控制。CPA的教育，一是强调学校教育和专业教育相结合；二是强调和实际工作经验相结合；三是强调工作能力和专业技术相结合。在后续教育方面提出要求，要想提升专业胜任能力，必须获得注册金融师以及工商管理硕士等资格，从而实现对会计的持续培养。

二、中国高端会计人才现状分析

在经济全球化的环境下，中国的高端会计人才缺口大，整体实力不强，并且会计人才，结构失衡。

（一）双语型高级会计人才的匮乏

经济全球化使中国许多企业开始走出国门走向世界，企业需要的不仅仅是熟悉国际会计惯例的专业人才，而且更需要的是能直接用外语从事财务会计工作的人员。这就要求国际化的会计人才必须有良好的英语功底，而中国的企业内的高级会计人才专业英语的素质，低，不少会计人员看不懂英文资料和书籍。因此，要想将他们的专业水平推向国际化比较困难。

（二）高级复合型会计人才缺乏

随着市场化程度的加深，会计人员的服务意识、业务素质应当适应市场新领域的要求。高级会计人员对自己要有准确的定位，既要从低端的会计核算服务向单位的控制、管理、预测等高端服务转变，也要从基础账务处理向企业的风险管理和资本运营等多层面转变；既要掌握会计基本知识和操作经验，又要熟练运用国际商法及惯例、法律知识和资本知识；既要有本土化的工作胜任能力，又要有国际化战略经营管理的理念；既要具备对市,场经济的信息收集、预决策能力，又要具备良好的沟通能力和创新能力；而这样的高级复,合型会计人才在中国还很缺乏。

（三）高校会计教学模式单一，会计人才培养同质化

中国高校传统的会计教学是以黑板＋粉笔作为传输知识主要模式，教学手段比较单，学生在课堂上缺少应有的创造性和主动性；企业对会计人才培养过程，也主要是停留在核算层面，忽视企业开展国际市场时对于高级人才的潜在需求。全球化的竞争格局必不可少的是具有全球化视野的高级会计人才。全球化竞争时代已经来临，必然要求高校在财经类专业的课程设置当中，要具有全球化视野，改变被动的教学模式；同时也要求企业在对会计人才后续教育时应具有国际视野。

三、借鉴国际经验提升中国高端会计人才培养方式

高端会计人才在能力、学历、职称、知识等方面的结构不合理，会严重影响会计信息质量，影响中国经济的发展。"他山之石，可以攻玉"，我们可以借鉴一些发达国家的经验，提升中国高端会计人才的素质，转变高级人才的培养方式。

（一）明确会计培养目标，注重知识体系的结构优化

由于目前中国对于会计人才的培养目标不够明确，因此造成了会计专业人才同质化、结构不合理局面。专业院校要有前瞻性眼光，改变目前这种创新型人才少而证书型人才较多、复合型人才少而单一型人才多、熟悉国内市场的人才多而能够开拓国际市场的人才少的局面。因此，各专业院校应切合实际，明确自身的培养目标，并根据自身的办学特色及师资等条件，分层次培养人才。

高校对高级会计人才的培养应注重学科的交叉，特别是理财、经营决策、国际商法及惯例、计算机及网络应用、金融资本市场等学科知识的交叉与融合，尤其是对高级会计人才的培养，要在师资力量、办学条件等方面进行有效改善。

（二）完善课程设置，提高会计人才培养质量

构建递进式课程目标模式，将课程分解为"三类课程结构"，包括基础型课程、拓展型课程和探究性课程。基础型课程是基石，它为开展拓展型课程提供一定的资源；作为基础型课程补充和外延的是拓展型课程，基础型课程和拓展型课程发展延伸的课程是探究性课程。三种课程结构层层递进、相辅相成，从而有效地促进会计人才能力的提升。课堂教学可以利用计算机、网络技术作为会计教学

的基本手段，衍生的信息技术工具将丰富和完善会计教学方法。教师根据实情采用多媒体会计课件教学，仿真企业实务教学，或利用网络教室进行开放式教学等多种方法，培养学生分析问题、解决问题、创新思维及动手能力。这样，一方面注重基础会计的基本业务技能的学习，另一方面设置国际结算、国际金融、国际贸易、国际商法等课程；还要注重训练学生将知识转化为能力；不但要注重会计理论知识的传授，还应当拓宽相关课程的设置，把学生培养成既懂经济又懂管理，既懂英语又懂决策，既懂国际规则又懂信息技术的复合型人才。

（三）注重人才培养机构的明确定位

目前高端人才的培养如对硕士、博士的培养主要面向大专院校、科研单位，注重人才的理论和专业知识的同时，也要注重实际操作能力的培养，使培养出来的高端会计人才能够适应实务工作的需要。所以，对于研究生阶段的教育，一方面要进一步凸显学科交叉优势，另一方面要注重实用型人才的培养，注重综合能力的提高，向实务单位输送业务能力强，综合素质高的高端会计人才。

（四）校企合作，跨国培养

高校要想培养应用型人才，就必然要和企业建立紧密的联系。企业是能力应用和专业，知识进行实践的平台，是生产经营物质财富的地方。只有通过校企合作共同育才，才能真正培养适应市场需求的应用型专业人才。另外，中国的企业已走向世界，面对经济全球化，的大趋势，客观上要求培养熟悉国际规则的会计人才，这些专业会计人才要具有国际化视野和高度，将学生送出国门进行跨国交流和培养，是一条比较直接比较有效的途径。

（五）人才培养应该业务技能与职业道德并重、知识与能力并重

从各国人才培养的做法以及中国的现状来看，综合能力是目前高端会计人才的主要缺陷，无论是院校教育还是在职后续教育，在高端会计人才培养方面，都应该既重知识又重能力，所以，要改变目前的单一的培养手段，注重综合能力的培养，培养方式不但要采取实践教学讲座，还要采取案例教学和交流教学等多种形式，努力把对人才能力的培养落到实处。此外，对高级会计人才培养的全过程中要始终贯穿职业道德的培养，在传授专业知识的同时，要努力提高高端人才的思想觉悟，加强职业道德的培养。

依据现状，在比较借鉴国内外高端会计人员培养模式的基础上，凝练中国的培养模式，选拔培养具有国际视野、职业道德高尚、实践经验丰富、知识结构优化、创新能力突出的高层次、复合型高端会计人才，担负起中国会计行业的领军重任，对中国的经济建设作出贡献。

第二章 会计人才培养目标定位研究

第一节 高职会计人才培养目标

随着我国市场经济的不断发展，会计涉及的领域和服务的范围越来越广泛，会计职业岗位的地位也越来越重要。与此同时，会计从业人员面对的会计环境更趋复杂和更富挑战，对从业人员的业务综合能力、沟通协调能力、计算机应用能力、创新能力等提出更高更现实的要求。反观我国当前的会计职业教育现状，特别是会计高职教育，基本仍沿用本科教育模式，重理论知识学习，轻实践能力培养，知识滞后零散，造成我国会计人员适应面狭窄，知识更新速度缓慢，在日趋严峻的就业形势下显得无所适从。其根本原因在于，会计人才的培养与社会需求相脱离，即相当一部分高职院校会计专业存在人才培养目标不明确、培养模式特色不鲜明的现象，没有突出高职应用型人才的特色，在人才培养方面没有取得突破性进展，有些高职院校或者过于偏重理论知识的传授，这些都背离了高职的培养宗旨。因此，高职会计人才培养目标的确定必须紧紧围绕会计学科的自身发展、会计职业岗位的就业要求和市场动向，前瞻性、动态性地探究高职会计专业人才培养目标。

一、高职院校会计专业人才培养目标的问题

（一）培养目标高职特色不明显

目前我国现行高职会计教育仍沿用本科教育模式，而人才需求市场对会计人员的需求层次和需求数量不同，这就需要高职院校对会计人员的社会需求进行充分分析，结合学生的生源质量和综合素质制订不同的人才培养目标。高职院校在制订会计培养目标时大多只重视学校的整体定位，忽视了专业自身的地位和条件，致使会计专业人才培养目标定位不准确，没有突出高职应用型人才的特色。因而，难以培养出操作技能强、理论过硬和实务操作水平高的毕业生。因此，高职会计教育理应区别于本科教育，重心应放在能力培养上，突出高职

教育的特色。

（二）培养目标定位偏离现实

目前高职会计专业毕业的学生主要是在中小企业从事会计工作，但是许多高职院校的人才培养目标并没有突出面向中小企业，直接的表现就是课程设置没有突出中小企业的业务特点，有些业务在中小企业里比较少见，但我们仍然花大量的时间加以介绍，学生接受起来也有一定的难度。此外，高职教育更重视知识传授，而对学生的团结协作、人际社交、组织能力方面的基本素质培养相对于中小企业会计的要求存在较大差距，这也是目前高职院校人才培养教育的薄弱方面。从各院校公共基础课课程设置及课时分配上看，公共基础课面面俱到，能否从中小企业会计的基本素质要求出发，对于一些对中小企业会计岗位没有实际意义的课程，是否应该被对中小企业会计岗位更有价值的课程所取代，值得我们重新思考和商榷。因此，我们应以岗位为导向，将培养目标定位于中小企业，按照中小企业的业务来开发教材，设置出纳、成本核算、往来业务核算、财产物资核算、收入费用核算等会计岗位课程。学生通过岗位课程的学习，能够掌握中小企业的会计业务处理方法，从而使培养目标切合实际。

（三）培养目标层次界限不清晰

我国目前的会计教育基本上可以分为博士、硕士、学士、专科以及中专教育五个层次，不同层次的会计教育对人才培养目标的表述不完全相同，但均将"培养符合社会需要的人才"作为培养目标的重要内容。虽然我国执行的是知识传授和能力培养双主导型的理想教育目标，但实际上只注重了职业能力的培养。大部分高职院校培养目标是为企、事业单位输送人才，即培养符合社会需要的人才。这样的培养目标过于笼统，在此培养目标下，高职会计教育过于强调学生基本知识和基本技能的培养，从而忽视了学生的职业道德教育及应变能力、分析问题和解决问题能力的培养，使得毕业学生综合素质较低。

（四）培养目标重理论轻实践

一些高职院校在会计专业人才培养目标的指导下，其教学计划中明显看出在课程的课时分配上重理论轻实践。专业课程教学中，专业基础知识偏多偏深，而由于实践教学课时有限，教学的广度深度却远远不够，致使课堂教学与学生实践相脱离，拉大学生与企业经济活动的距离，不能培养学生自己分析问题、解决问题的能力，也不能培养学生实际动手及创新能力，降低了学生学习的效率和效果，这样培养出的会计人员只能是从书本到账本，缺乏打破传统观念束缚的勇气，解决实际问题的能力差，从而致使学生日后走上工作岗位，基础知识不牢,动手能力差,无法适应快速发展的社会环境。而实践教学的学时严重不足,又使得学生没有足够的实际锻炼机会。因此,会计人才培养目标重理论轻实践这是目前高职院校会计专业亟待解决的一个问题。

(五)培养目标忽视职业道德教育

当前,会计信息失真、人为操纵利润现象普遍与会计人员职业道德水平低下、法制观,念不强等分不开。据相关调查资料显示,有近76%的会计从业人员认为会计最重要的素质不是专业扎实,而是诚实可信。因为会计信息要满足国家宏观调控、投资者、债权人、企业自身等经营决策的需要,所以,对于如此重要的行业信息,会计职业道德就显得尤为重要。但目前高职会计教育中,培养学生专业知识、专业技能方面重视得多,职业道德及相关法律法规教育进行的少,就是开了职业道德课程也是流于形式,这对会计专业人才培养目标敲响了警钟。因此,高职院校的会计教育必须要把诚信教育和法制教育放在首位,在研究设计会计专业人才培养方案时,应强化规则意识和诚信意识,将职业道德纳入授课计划中,把职业道德的形成与培养融合在整个会计人才培养的全过程中,使其培养的人才不仅要有扎实的专业知识,熟练的操作技能,更要有丰富的法律知识和一流的职业道德水平。

二、会计人才的需求分析

(一)社会对会计职业的需求

随着社会经济发展水平的不断提高,会计工作的分工也就越细,这也为会计人员的发展提供了更多的选择机会。从现代会计职业的发展趋势看,可以将会计行业的职业分为四类,即专职会计人员、审查会计人员、管理会计人员和研究会计人员。专职会计人员是指在企事业单位从事会计核算、会计信息报告及财务管理工作的人员,这类人员通常称为"做会计的人";审查会计人员主要是对会计工作从不同的角度进行审查的人员,包括注册会计师、政府和企事业单位审计部门的审计人员、资产评估人员等,这类人员通常称为"查会计的人",他们主要从事鉴证服务、税务代理、资产评估、管理咨询、税务咨询、融资咨询等工作;管理会计人员是指与会计管理有关的政府部门管理人员和其他组织机构的人员,这类人员通常称为"管会计的人";研究会计人员主要从事会计理论和实务的研究和教学工作,需要较强的专业研究能力和较高的学历,这类人员通常称为"研究会计的人"。从社会对会计职业及会计人员的需求状况来看,管理会计人员需求量小且竞争激烈,而审查会计的人员和研究会计的人员就业门槛高、培养周期长,不可能作为高职会计教育的培养目标。因此,现阶段高职会计专业的人才培养目标应定位于培养专职会计人员。

（二）社会对会计数量的需求

据统计，全国中小企业每年增加近 30 万户，会计行业每年需要增加 40 多万名会计从、业人员，而且中小型企业对会计人才的需求量呈逐年增加趋势。据对高职院校会计专业的调研分析，75%的高职院校将中小型企业作为毕业生就业去向，而近两年毕业生的就业去向中企业占 91%，其中中小型企业占 79%。学生就业去向反映了社会对高职会计专业学生的需求程度，同时也反映了学生择业倾向。由此可见，财务人才的就业前景较为乐观，且用人单位在人才的使用上逐步趋于理智，用人浪费的现象得到了很大的改善，中小企业对高职会计人才的需求成为了这类企业人才需求的主体。

（三）社会对会计岗位的需求

企业对会计专业人才的岗位需求是我们确定专业方向的重要依据。据相关调查资料显、示，企业特别是中小型企业提供的财务会计专业岗位主要是会计核算、财务分析、财务管理三类岗位。其中，会计核算岗位主要负责填制凭证、登记账簿，成本计算，编制报表，纳税申报等工作，主要职业岗位有出纳、资金管理员、核算会计、税务会计等岗位；财务管理岗位主要负责资金筹集与管理，税收筹划，财务预测，财务预算等工作，主要岗位有财务会计、预算会计、财务主管等。因此，高职会计专业人才培养目标的制定应紧紧围绕社会对会计岗位的需求，真正实现高职的职业特色。

（四）社会对会计素质的需求

1. 专业能力

作为企业会计信息的提供者，会计人员必须具备一定的会计专业能力，具体包括会计核算能力、计算机和财务软件应用能力、经济业务判断能力、财务分析能力等。会计核算能力是指熟练、准确地对常规会计事项进行确认、计量、记录和报告的能力，这是会计人员的基本功；计算机和财务软件应用能力，现在会计人员常常要根据工作的需要制作和打印各种图表和财务报告，进行各种信息资料的查询，完成财务信息的统计和披露工作；经济业务判断能力是指会计人员能够根据法律法规和会计惯例等标准，充分考虑企业经营环境及企业自身特点，运用专业知识对复杂的或不确定的经济事项进行辨识，作出处理决定的能力；财务分析能力是对财务活动的过程和结果进行剖析，运用专业理论评价单位的财务状况及其经营活动，对存在的问题提出恰当的解决办法，并预测未来，为企业提供决策依据的能力。在会计专业能力中，会计核算能力及计算机与财务软件应用能力是基础性能力，而经济业务判断能力及财务分析能力是培养提高的能力。前者可以通过学校的反复训练培养，后者则需要在实践中反复锤炼才能获得，但学校教育可以为其提供一定的知识基础和思维方法。

2. 社会能力

企业要求会计人员必须具备良好的沟通、表达与协调能力，且这种需求带有普遍性。

沟通、表达与协调能力实际是指人的社会交际能力。在现代社会，良好的社交能力是一个人事业成功的重要条件，会计人员更不例外。会计工作处理的是单位与单位、人与人或单位与人之间的经济关系，这就决定了会计或会计部门工作的有效开展，既需要其他部门或人的配合，也需要会计人员去主动协调或配合其他部门或人员。对外而言，会计需要与税务部门、证券监管部门、银行部门等进行良好的沟通，要求必须具备协调与处理人际关系，的能力、团队协作能力，具备主动联络与沟通相关部门的良好意识；对内而言，财务人员要将财务目标细化为各部门的目标，协调各部门主管完成各自的目标，当各部门目标有冲突时，必须担当协调人的角色。这就要求会计人员具有良好的心理素质，能够及时处理突发事件，有良好的工作适应能力与应变能力。因此，会计的沟通合作能力和组织协调能力对做好会计工作至关重要。

3. 职业道德

一般企业都要求会计人员能有较高的职业道德，这也是企业招聘时考虑的重要因素之企业往往把会计人员视为企业的"内部人员"，考察的周期比较长，对到企业实习的学生往往并不安排重要的岗位。企业希望毕业生能认同企业的文化和发展前景，能和企业共生共荣，要培养一名合乎企业主观意愿的会计人员并不容易。但部分高职会计专业毕业生眼高手低，不能安心工作，跳槽情况比较严重；有些毕业生心理素质差，经不起批评和挫折；有些毕业生安于现状、不求进取。为此，高职院校必须认识到职业道德教育的重要性，以各种方式和适量课时进行职业道德教育，加强对学生生存竞争意识的培养，提高学生的全面综合素质，使学生真正能够爱岗敬业，维护职业尊严，抵制来自各方面的压力和诱惑，树立会计信誉，将会计职业道德作为自己会计工作的底线。

4. 就业观念

中小企业由于自身的条件所限，往往不能给毕业生提供较好的工作环境，这就要求毕业生要有良好的心理素质和吃苦耐劳的品性。高职院校要让毕业生多了解现实社会，要有多种思想准备，调整自己的就业心态，放弃"工作是享受"的错误观念。与此同时，学校要加强学生寒、暑假期间的社会实践活动，要让学生了解毕业以后工作岗位的实际情况，以使学生在毕业后能尽快调整心态，适应岗位的需要。

三、高职会计专业人才培养目标影响因素及重构

（一）高职会计人才培养目标影响因素

1. 高教文件

教育部 2006（16）号文件中明确指出高职教育必须"以服务为宗旨，以就业为导向，走产学结合发展道路，为社会主义现代化建设培养千百万高素质技能型专门人才"。因此，高职会计专业人才目标的确定，必须深入到社会生产实践的第一线，必须紧紧围绕市场对会计人才的需求，系统地分析人才市场对会计职业需求的状况和对会计职业的能力要求，准确定位高职会计专业培养的学生对应的职业岗位群和应具备的职业能力。只有在合理定位高职会计专业人才培养目标的基础上，才能科学地选择具有高职特色的会计专业人才培养模式。

2. 经济环境

当前企业的经营环境正在发生不断的变化，世界经济的重心正在从工业经济走向知识经济，信息技术正日益渗透到社会的各个领域，会计必然要受时代变革的影响。现代经济对传统会计的影响主要有以下方面：首先，经济环境对会计基础理论的影响。传统会计基础理论局限于适应工业经济时代，在许多方面已不能对知识经济环境中出现的新问题进行解释和指导；其次，经济环境对会计核算方法的影响。由于计算机技术和网络的飞速发展，信息需求、供应及处理的多元化、会计处理凭证电子化，促使会计核算方法的更新和网络财务的产生。最后，经济环境对会计职能的影响。会计核算将从事后的静态核算扩展到事中的动态核算和管理，更重要的是要对会计信息进行分析研究并据以进行预测、决策、控制和考核。由此可见，随着社会经济环境的不断变化，会计人才培养模式必然受到极大的冲击，高职会计人才培养目标也将随之发生变革，以适应经济环境的发展。

3. 就业岗位

近年来高校不断扩大招生人数，会计专业各个层次的毕业生都大幅度地增加。而对严峻的就业形势，绝大部分的高职会计专业的毕业生在中小企业就业。由于中小企业经济业务相对简单，工作要求较全面，会计技能要求较高且工作量大，许多会计本科生和研究生毕业后不适应或不愿意到中小型企业工作，而随着中小型企业会计的巨大数量需求，且对会计人才规格的要求相对较低，这为高职会计专业毕业生提供了大量就业机会。同时，由于中小企业规模小、资金实力不足等原因，出于人力资源成本的考虑，引进高学历的会计专业人才还有一定困难。因此，中小企业需要高职会计专业毕业生，认为高职会计专业毕业

生动手能力强、待遇要求不高，这就要求高职会计教育要切实以就业为导向明确培养目标。

4. 教育层次

高职会计教育在层次上应区别于中等职业教育和本科教育，三者分属于不同的教育层次。不同层次的教育就应该有不同的培养目标，而且应符合各自层次的特点。目前，中专教育的培养目标正逐渐因社会进步而消失，导致中专教育的目标下降为适应企业会计操作岗位的初级会计人员，如出纳、银行前台工作人员、商场收银员、生产车间的核算员等，相应的知识能力要求主要在于培养其具体操作能力；本科会计教育培养中级会计人才，其培养目标是通过教育培养掌握会计基本理论、财务管理理论、较全面的会计实务知识、会计管理知识和较全面的经济、管理、法律、决策等理论知识，能应用会计科学理论、方法及信息技术，从事会计、审计或财务分析诊断、决策、控制等管理决策型会计人才。虽然高职教育与本科教育同属高等教育，但在会计教育目标上，本科会计教育的目标侧重于通才加专才，而财经类大学的目标大多定位在专才教育；相对本科会计教育，高职教育目标应定位为专才尤其是技术能力的培养上。因此，高职会计教育应有自己特色的培养目标，强调"应用性"的重要性，也就是高职毕业的学生，应该能立即从事具体的会计工作，不再需要或者只需要进行简单的培训就可以上岗。如果不能做到这一点，就失去了高职教育的意义，也就没有发挥出高职教育的特点。

5. 实践能力

虽然会计核算实际技能、会计专业实践能力被企业和学校普遍认同，但大部分企业认为高职毕业生不能够立即顶岗工作，必须经过企业培养才能上岗，表明学校的"认同"与培养教育的"效果"还有较大的差距。因此，高职会计教育应注重实践能力及会计技能的培养，理论只要够用即可。所谓够用即对实践有直接指导意义的理论作为教学内容，间接的理论知识应予以放弃，课程开设上必须削枝强干，教学内容上必须突出基本业务，放弃不常见的、特殊的以及难度大的会计实务的教学，以保证培养的学生能够应对基本的日常会计工作需要。至于应对高、深、难的业务，那是属于高职后续教育任务，高职的理论目标就是取得会计从业资格证，达到初级会计师的要求。

6. 学生素质

目前高职教育大部分学生的录取分数相对于本科而言并不高，甚至有些高职院校存在招生不足现象，进而进行补录。可见，高职学生起点较低，接受知识能力有限，经过短暂的三年学习之后，不能要求他在校期间掌握其从事工作的所有能力，即我们应更注重会计专才的培养，而不是通才教育。因此，我们只能要求他们首先掌握最核心的能力，也就是会计职业能力。

（二）高职会计专业人才培养目标重构

教育部提出，高职教育的根本任务是培养面向生产、管理和服务第一线的技能应用型人才，以培养职业能力和基本素质为主线，以职业能力为本位，形成面向基层、针对岗位、强调应用、注重实践的教育教学特色。因此，高职会计专业的人才培养目标应以就业岗位、职业能力为导向，增强校企合作，建立校企双导制度，强调实训，突出实践能力的培养。依靠实践教学基地开展实践教学，通过高仿真的会计资料以及校企合作单位的实际会计资料进行实训，让学生掌握会计相关岗位必需的知识结构和基本技能，符合用人单位相应会计专业岗位的基本要求，达到专业培养目标与职业活动的零距离。

第二节 高职小型企业实战型会计人才培养目标定位

一、引言

改革开放以来，我国市场经济有了巨大发展，民营企业、小型企业随之蓬勃发展，在我国的国民经济中占有重要的地位。目前我国的经济环境不仅使会计职业在社会中扮演日益重要的角色，而且适应经济环境的会计职业岗位也应随之有新的需求。为了贯彻以就业为导向，以服务为宗旨的教学思想，走产学研相结合的道路，确定高职院校会计专业人才培养的方向，从了解会计人才市场的整体需求状况以及目前蓬勃发展的民营企业、小型企业的会计人才需求出发，为推动高职院校会计专业的改革和发展提供一些借鉴意见，中国商业会计学会《高职院校会计人才培养模式之一》课题组，调查了福建省现行经济体制下企业对会计人才的需求状况，同时了解高职院校会计专业毕业生的社会评价等问题。试图通过对有关问题的调查研究，掌握社会对高职院校会计专业毕业生的需求状况，为高职院校会计专业人才培养目标定位研究提出一些有益建议；同时希望能够对高等会计职业教育的改革与发展产生一些积极的影响和作用。

二、小型企业会计需求及其培养目标确定

高等职业教育面对就业和生源两个市场，高职院校会计教育尤其要深入了解就业市场信息，为专业建设、教育改革和招生提供可靠依据。

虽然小型企业经济业务较简单，但工作要求较全面；会计工资虽低，但会计技能要求较高，工作量大。所以许多会计本科生和研究生毕业后不适应或不

愿意到小型企业工作，而小型企业会计需求数量巨大，这样为高职院校会计专业毕业生提供了大量就业机会。因此，通过高职院校会计专业与小型企业会计需求的相关性分析，认为应将小型企业实战型会计作为目前高职院校会计专业培养目标。

三、高职院校会计教育现状与小型企业实战型会计综合素质要求的差距分析

目前高职院校会计教育的现状能否满足小型企业会计岗位对会计专业毕业生的综合素质（包括基本素质、知识与技能）要求，根据对高职院校会计专业毕业生顶岗适岗情况的调查结果，被调查企业中有 2/3 认为高职院校毕业生不能够立即顶岗工作，必须经过企业培养才能上岗，到企业 1 年以上才可能担任会计。为使高职院校会计教育满足小型企业对会计的要求，研究小型企业实战型会计培养模式，界定在目前的市场经济环境下小型企业实战型会计必须具备的知识和技能要素是十分关键的。为此，我们着重调查研究小型企业会计基本素质要求、小型企业会计工作范围以及必须具备的知识与技能；同时对目前高职院校会计教育的特点和现状进行了调研和分析。下面对调查统计结果进行比较分析，揭示目前高职院校会计教育与小型企业会计人才需求的差距。

（一）基本素质要求及分析。

由于小型企业具有其特殊性，对会计的素质要求也具有其特殊性

1. 小型企业会计基本素质要求

为便于分析研究，我们将小型企业调查问卷中各项目的数据进行整理，用 1—5 分来评估每项基本素质、知识和能力的重要性程度。"非常重要或非常需要"用"5 分"表示；"重要"用"4 分"表示；"不重要或无所谓"用"1 分"表示；"不需要"用"0 分"表示。以被调查企业中认为"非常重要"或"非常需要"、"重要"、"不重要或无所谓"的比例为权重，计算得出各基本素质与知识能力重要性程度的统计评分。根据调查统计数据，按上述统计评分原则，经计算统计得到小型企业会计应具备的各基本素质的重要性程度评分与排名，如表 2-1 所示。由此可见，小型企业会计应具备的最重要的基本素质是职业道德、爱岗敬业、团结协作、法律知识、计算机应用能力、对外交流、人际交往与书面文字方面的基本素质，尤其普遍认为职业道德、爱岗敬业、团结协作是"非常需要"的。

表 2-1 小型企业会计应具备的各基本素质的重要性程度评分与排名

应具备的基本素质	被调查企业中认为"非常需要或非常重要"的比例	统计评分	重要性程度排名
职业道德、爱岗敬业	82.8%	4.83	1
团结协作	72.3%	4.72	2
法律知识	49.3%	4.48	3
计算机应用能力	45.1%	4.39	4
对外交流、人际交往	43.1%	4.33	5
书面文字	30.0%	4.20	6
组织能力	25.1%	3.96	7
英语应用能力	7.7%	3.13	8
珠算能力	7.0%	2.40	9

2. 高职院校会计教育对毕业生基本素质的要求

16 所接受调查的高职院校中，40% 的学校重视基本素质教育。被调查学校对会计专业毕业生基本素质要求如表 2-2 所示。被调查学校全部开设的公共基础课有：毛泽东思想概论、邓小平理论、思想品德、法律基础、体育、高等数学、微积分、线性代数、概率统计、大学英语、计算机应用基础、数据库及应用、财经应用文写作；87.5% 的学校开设了微观经济学，75% 的学校开设了政治经济学等公共基础课。所采用的考试方式以理论课程考试方式为主，开课学时各校不相同。目前高等数学、大学英语等公共基础理论课的主流课时分别在 150 学时以上。

表 2-2 被调查高职院校会计专业对毕业生基本素质的要求

需具备的基本素质	科学文化知识	应用计算机进行会计核算和信息处理	职业道德法律知识	继续学习能力
认同院校的比例	50%	87.5%	100%	75%

3. 高职院校会计教育现状与小型企业会计基本素质要求的差距分析

将目前高职院校会计教育对毕业生的基本素质要求与小型企业会计应具备的各基本素质进行对比，二者对学生的职业道德、法律知识、应用计算机进行会计核算和信息处理等方面的基本素质要求一致认同；但高职院校教育更重视知识传授，重视学生的科学文化知识和继续学习能力，而对学生的团结协作、对外交流、人际交往（沟通协调能力）、组织能力方面的基本素质培养相对于小型企业会计的要求存在较大差距，这是目前学校培养教育的薄弱方面。从学校公共基础课课程设置及课时分配上看，会计教育仍存在传统大专办学思想，公共基础课面面俱到，能否从小型企业会计的基本素质要求需求出发，对一些对小型企业会计岗位没有实际意义的课程，是否应该被对小型企业会计岗位更有价值的课程所取代；高等数学、大学英语课时数能否适当减少；以及思想品德、职业道德等课程的教育教学方式、考试方式等问题值得重新思考和商榷。

（二）知识与技能要求及分析。

小型企业的特征，对其会计知识技能提出了不同要求

1. 小型企业会计必须具备的知识与能力

被调查的小型企业均表示需要会计人员熟练掌握各种会计要素的核算方法和账务处理，并要求会计人员能够选择会计处理方法、编制会计报表和进行财务分析与决策；98%的企业要求会计人员具有成本核算能力、分析会计报表能力及企业内部会计制度设计技能和内部审计能力；96%的企业要求会计人员具有编制财务预算能力；95%以上的企业要求会计人员具有处理纳税问题、办理报税实务的能力；68%以上的用人单位要求会计人员具备投资和融资能力。为进一步细化研究小型企业会计人员应掌握的各项知识能力的重要性程度，根据调查统计数据，按上述统计评分原则，计算统计得到小型企业会计应具备的各项知识能力的重要性程度评分与排名，如表2-3所示。从表2-3中可以了解：小型企业会计最重要的是具备熟练掌握各种会计要素的核算方法和账务处理能力、编制会计报表和会计报表分析的能力、选择会计处理方法的能力、处理纳税问题和报税事务的能力、会计电算化软件操作技能等。其重要性程度排列前五名的是小型企业会计的核心能力。从而在一定程度上了解目前小型企业会计知识与技能的需求，掌握高职院校会计人才培养目标应有的基本内容。

2. 高职院校会计教育对学生知识与能力的要求

50%接受调查的高职院校重视知识传授，68.75%的学校重视能力培养。从课程设置及实验室建设看，81.25%的被调查学校认为专业基础理论知识是高职院校会计专业学生必须具备的，93.75%的被调查学校认为会计专业实践能力及实际技能是高职院校会计专业学生必须具有的能力。被调查学校开设的专业基础课主要有：经济法与合同法、统计学、税收法规、市场营销学、货币银行学、国际贸易、企业管理学等。开设的专业课主要有：基础会计、财务会计、成本会计、审计、管理会计、财务管理、会计电算化、财务报表分析等。专业实践课主要有：军事训练、社会调查、计算机技术训练、计算机上机操作；校内会计综合模拟实训、校外单位会计认识性实习、会计毕业实习；撰写毕业论文。93.75%的高职院校会计专业配备实验室，主要是手工会计实验室或会计电算化实验室。

表 2-3 小型企业会计人员应掌握的各项知识能力的重要性程度评分与排名

应掌握的各项知识及能力	被调查企业中认为"非常需要或非常重要"的比例	统计评分	重要性程度排名
熟练掌握各种会计要素的核算方法和账务处理能力和实务操作能力	71.4%	4.70	1
编制会计报表的能力和报表分析能力	65.7%	4.61	2
选择会计处理方法的能力	61.5%	4.60	3
处理纳税问题和报表实务能力（包括企业所得税、增值税的计缴能力）	60.1%	4.59	4
会计电算化软件操作技能	54.0%	4.51	5
企业内部会计制度设计技能	58.3%	4.50	6
成本核算的能力	56.7%	4.43	7
企业财务分析与决策技能	42.9%	4.43	8
企业营业税的计缴能力、个人所得税的计缴能力	53.9%	4.42	9
编制财务预算的能力	54.4%	4.39	10
会计日常实务管理能力、内部审计能力	49.4%	4.39	11
企业消费税的计缴能力	45.2%	4.30	12
经济学知识和管理学知识	34.4%	4.29	13
掌握政府和非盈利组织会计核算知识	17.7%	4.14	14
信息系统分析与设计能力	25.5%	3.97	15
统计能力	21.6%	3.80	16
选择筹资方法的能力	27.4%	3.76	17
关税的计缴能力	29.6%	3.69	18
外币业务核算能力	15.5%	3.52	19
市场营销能力	14.7%	3.45	20

3. 高职院校会计知识技能差距及思考

将目前高职院校会计专业的专业基础课、专业课及专业实践课课程设置与小型企业实战型会计应具有的专业知识和技能要素进行对照，经过分析认为，在知识和技能要求上的主要差距表现在以下方面：一是处理纳税问题及报税实务能力是小型企业实战型会计非常重要的能力，但在高职院校会计专业的专业课及专业实践课课程设置中没有得到应有的重视，只有少数学校开设了纳税会计实务，而且课时较少，处理纳税问题的实践训练则几乎没有。二是目前学校对企业内部会计制度设计技能、企业财务分析与决策技能、编制财务预算的能力、会计日常事务管理工作能力以及内部审计能力方面的培训不够重视，课程体系中普遍缺少关于这些能力的培训项目。三是虽然会计核算实际技能、会计专业实践能力被企业和学校普遍认同，但大部分被调查企业认为高职院校毕业生不能够立即顶岗工作，必须经过企业培养才能上岗，表明学校的"认同"与培养教育的"效果"还有较大的差距。企业会计人员主要技术是按照会计制度要求，对原始凭证进行分类汇总，编制记账凭证。会计毕业生不能立即顶岗的主要原因是不能对原始凭证进行正确的分类汇总，编制正确的记账凭证。因此，学校建立健全各类会计实验室（工业、贸易、房地产等），培养学生根据各类企业要求，对原始凭证进行分类汇总，编制记账凭证的技能，是解决会计毕业生到企业立即顶岗工作的关键。93.75%的高职院校会计专业配备实验室，用于学生在校内进行会计综合模拟实践训练，实践训练时间的设置、实践训练资料、实践训练内容的设置及指导教师自身实践能力都有待完善和加强。四是目前小型企业会计工作范围包括：财务管理工作、税务工作、工商年检工作。普通会计负责账务处理，主管会计负责报销审核、记账凭证复核、资金管理、财务计划和经济合同审查，还需负责税务报表和融资工作，而高职院校会计专业实践课项目虽然包括校外会计认识性实习和会计毕业实习，但学生实习是否按照小型企业会计工作范围包括的内容进行实践还有待跟踪了解。

四、结论与启示

高职院校会计教育应加快思想观念的转变，高职院校会计专业不是培养本科生助手，就业去向主要不是与本科生竞争大企业的会计岗位，而是面对会计人才市场划分，培养适应本地区经济发展需要的最基层单位的会计人才。高职院校会计教育的质、量及专业培养目标的实现，主要通过制定与专业培养目标相适应的课程体系、课程结构以及教学手段来实现。应按照培养实战型会计的要求，研究职业道德的教育方式；加强学生的团结协作、对外交流、沟通协调能力、组织能力方面的基本素质培养；增加处理纳税实务课程与课时，加强报税实务处理实训。应改革传统的教学方式，研究在传授给学生知识的同时如何培养学生的会计工作岗位的必需能力；研究校内会计综合模拟实训如何提高实训质量，实践环节不能只停留在有安排上，除应更广泛地采用认识性会计实习方式外，必须认真研究认识性会计实习和会计毕业实习的具体措施，如何使其与会计工作的上岗前培训相联系，使其成为会计工作的岗前培训，使学生毕业后能够顶岗适岗。

教学和指导会计实践的教师队伍是培养实战型会计人才的前提和必要条件。目前高职院校会计专业的教师绝大部分是由高校毕业生直接到学校任教，缺乏实践经验，实践能力较弱。必须研究如何建设自身素质较高，具有实际会计工作能力、了解会计岗位规范和技术要求，能够指导学生实习、实践，能够解决会计工作现场实际问题的校内双师型教师和校外企业界实践经验丰富的会计、会计师组成的师资队伍。企业的发展离不开职业教育，职业教育的改革与发展离不开企业，会计技能型人才的培养必须走产教结合、校企合作的道路，应研究怎样具体实施产学研结合的办学模式，使培养的毕业生与实战型会计要求距离最小，最受用人单位的欢迎。市场竞争日益激烈，小型企业会计的实战能力直接关系到小型企业的财务管理水平，也是小型企业在竞争中发展和取得成功的关键之一。高职院校会计教育瞄准小型企业实战型会计的培养目标定位，就必须从对学生基本素质和综合能力的培养抓起，将小型企业会计实战能力的培养作为重点工程，重视实践能力的培养，使学生毕业后适应人才市场日益变化的新要求。

第三节 本科院校会计人才培养目标的定位研究

高等学校的会计专业人才培养目标，是国家的会计教育方针、培养目标和高等学校会计教学目标的具体体现，也在很大程度上决定了会计学课程体系设置及教学方法和手段的运用。因此，会计专业人才培养目标定位不仅对国家会计教育发展，而且对高校的会计人才培养都具有重要意义。本文拟探讨目前我国高校会计人才培养目标的定位，期望以此促进我国会计教育发展和高素质会计人才的培养。

一、本科院校对会计专业人才培养目标的基本定位："通才+专才"

会计人才培养目标的重要性使得其一直是我国会计教育界讨论的焦点。特别是在人才，培养目标定位方面，争论尤为激烈。其中，上海财经大学与中南财经大学（现中南财经政法大学）的会计人才培养目标定位最具有代表性。20世纪80年代初期，上海财经大学与中南财经政法大学各自制定一套反映时代特点的会计本科教育改革方案，经过多年的探索和完善，形成了其各自的看法和观点。上海财经大学所确定的会计学专业人才培养目标是"培养德智体全面发展的会计学高级专门人才，要能够适应我国社会主义现代化建设的需要，胜任会计、会计教学与科研工作"。中南财经政法大学所确定的会计学专业人才培养目标是"培养德智体全面发展，适合我国社会主义现代化建设需要，面向各级财政部门、主管部门和企业，同时还兼顾有关教学与科研方面的需要，完成会计师基本训练的财务与会计专门人才。"

20世纪90年代以来，我国社会主义市场经济体制的建立对我国会计人才提出了新的、更高的要求。我国会计教育界也认识到必须对会计人才进行改革和完善才能适应经济快速发展对会计人才所提出的要求，于是我国会计教育界对教育目标进行了深刻的反思，并纷纷呼吁对原来的培养目标进行修订。当时会计界主要有以下几种有代表性的观点：1. 会计本科教育应为通才教育；2. 会计教育目标应定位于为实际工作部门（即企事业单位）培养从事会计工作的专门人才；3. 培养多层次的既具有一定文化素养，又具有扎实的专业知识；既能实践操作，又具有一定理论水平的高层次会计专门人才。还有人主张应将会计本科生培养成通才基础上的专才，亦即基础扎实、知识面广的会计专门人才。

从多所本科院校的调查可知，"通才+专才"的组合是大多数学生公认的最佳选择。通才教育是大学教育的基础，专才教育是大学教育的核心。通而不专，解决不了社会问题，难以适应社会分工的需要；专而不通，导致知识专业化、思维片面化、情趣专业化，难以适应社会发展的综合性要求。因此，只有把通才教育同专才教育有机地结合起来，才能培养出具有全面素质且精通某一专门学问的会计人才；从此，"通才+专才"基本成为我国本科院校会计人才培养的目标。

二、"通才+专才"会计人才培养目标定位的重要现实意义

"通才+专才"的会计人才培养目标定位为我国会计教育指明了方向，也指引着我国会计教学的改革。这一定位不仅体现了我国社会主义建设对会计人才的要求，也有利于完善我国会计人才培养的结构层次和指明我国会计教学改革的方向，是切合当代中国国情的现实选择，其现实意义主要体现在以下几个方面：

（一）能较好地满足我国经济社会发展

对会计人才提出的高要求，要求会计专业学生要精通与会计信息相关的经济、管理、财务、金融、战略等方面的知识，能从多学科的视角分析和解决会计问题并为企业经营管理决策提供相关的信息支持，以促进企业经济效益的提高和核心竞争力的培育。专才要求会计专业学生能系统掌握会计学的专业知识，精通会计业务，能为企业内部经济管理和外部信息使用者提供相关可靠的会计信息。

"通才+专才"会计人才培养目标的定位能较好地满足我国社会主义市场经济的深入发展对高校会计人才提出的客观要求。因为具备"通才+专才"的会计人才不仅能熟练运用会计理论和方法处理各种常规的和新兴的会计业务，如收入的确认、人力资本的确认和计量、公允价值的应用、金融衍生工具的确认和计量等会计问题，而且能运用多学科知识对未来的会计业务，如企业发展循环经济过程中所可能出现的各种会计问题，进行前瞻性、预测、综合分析和科学决策。熟悉国际经济法规和国际会计准则的会计人员也能够运用国际会计理论和方法来处理会计准则的国际协调和趋同、外币业务的核算等经济全球化过程所出现的各种经济业务。

（二）有利于形成科学合理的会计人才培养层次结构

目前的会计教育的层次结构是由中专、大专和大学、硕士研究生、博士研究生构成。不同层次结构上的会计人才培养目标显然应该有所侧重，否则不仅造成会计教育资源的浪费，而且也不利于我国社会主义建设对多层次会计人才需求的

客观需要。在现阶段,科学合理的本科院校会计人才培养目标定位应该是立足我国实际,适应知识经济和经济全球化的要求,培养具备管理学、经济学、法学、会计学等方面的知识和能力,精通会计业务、熟知国际会计惯例、具有高尚道德品质和修养、富有创新意识,有较高外语和计算机水平,能在企业、事业及政府部门从事会计事务以及能适应实际工作需要的通才+专才的会计人才。

(三)为会计教学改革指明了方向

我国20世纪90年代以前的传统会计教育中,由于受计划经济体制的影响,过分强调会计的专业而忽视了会计人员综合分析能力的培养。90年代以后,特别是社会主义市场经济的深入发展,会计在经济管理活动中发挥着越来越大的作用,人们逐步加深对会计的重要地位和会计人才培养目标的认识。但是由于对会计人才培养目标的定位较为模糊,使得会计课程体系设置、教学方法和手段不能满足新形势下对会计人才培养的需要。会计人才培养目标也始终处于争议之中。将"通才+专才"会计人才培养目标的确定无疑使模糊的定义有了清晰的界定,从而为会计教育改革指明了方向。这种人才培养目标的定位使得教师重新认识经济学、管理学、金融学、市场营销学等专业公共课在会计学生专业知识体,系中的价值和意义,并将这种教学理念贯彻到会计的教学中去,启发学生积极运用多学科的知识来分析和处理会计业务,从而真正实现会计人才既是具有综合分析能力的"通才"又是精通会计业务的"专才"的会计人才培养目标。三、实现"通才+专才"会计专业人才培养目标的对策"通才+专才"的会计人才培养目标为我国会计教学改革和会计人才培养指明了方向。但是我们也看到,目前的课程体系设置、教学方法、教师素质等因素还不能完全满足这一目标的实现。因此,我们应不断改革和完善会计教育和教学,采取以下对策来实现我们"通才+专才"的会计人才培养目标。

1. 根据市场和社会的需要调整和改革

现有会计课程体系现有的会计课程体系主要是由公共课、公共基础课和专业课组成,形式上虽然是完整的,但深入研究就会发现,目前的公共课,如英语、计算机、数学、哲学等课程和公共基础课程,如管理学、经济学、经济法、税法等课程的设置都没有与会计结合起来,没有真正构成会计课程的重要组成部分纳入到会计知识体系中来,使得学生不能完整系统的运用,这些学科的知识来分析会计问题,显然是与培养会计的"通才"相违背的。因此,我们在保持原有公共课程的基础上增加会计哲学、会计伦理学、会计法等学科,使学生能运用所学的经济学、管理学、哲学等理论和方法来分析和解决会计业务。

会计专业课程也应该在原有的基础上顺应时代发展的要求进行扩展。为了适应市场经济特别是经济全球化的需要,我们应拓宽会计专业课的范围,除原有的高级财务会计、管理会计等课程外，还应包括西方财务会计（双语）、国际会计准则、国际比较会计、国际财务管理、人力资源会计、环境会计、价值链会计、实证会计等会计前沿理论和方法等课程。同时，作为一门应用性的学科，会计课程体系中必然要包括实践课程，构建会计学认识实习、专业模拟实习、电算化会计实习和实践基地实习等课程，将所学的理论知识应用于实际工作中，实现理论与实践的良好结合。

2. 重视培养会计专业学生职业判断能力，提高会计专业学生的综合能力

所谓会计职业判断，是指会计人员在会计法规、企业会计准则、国家统一会计制度和相关法律法规约束的范围内，根据企业理财环境和经营特点，利用自己的专业知识和职业经验，对会计事项处理和财务会计报表编制应采取的原则、方法、程序等方面进行判断与选择的过程，具有专业性、目标性、权衡性和社会性等特征。会计职业判断受多种因素的影响，不仅仅包括会计原则的选择和协调、会计政策的选择和会计估计方面，而且这种判断贯穿于会计确认、计量、记录和报告整个会计处理过程中。知识经济时代和经济全球化对会计人才的能力提出了更高更全面的要求，而传统的大学会计教学过分强调会计专业知识的学习，忽视了经济学、管理学等学科对理解会计知识的意义，造成学生的知识面非常狭窄，不能满足我国市场经济的发展以及会计国际化趋势对会计人员所提出的高要求。职业判断能力培养要求会计专业学生将所学的知识融会贯通，多思考、多创新，运用更广阔的思路、多学科的知识来思考会计理论和实践问题，真正实现既"通"又"专"的高级应用性人才。

3. 提高教师的综合素质

教师在会计人才培养目标实现过程中发挥着举足轻重的作用，教师的综合素质决定了教师作用发挥的程度。为达到培养"通才＋专才"的会计专业人才培养目标，笔者认为应从以下几方面来提高教师的素质：提高教师的责任意识。责任心是教师进取的动力和压力，只有加强教师的责任意识，才能促使教师不断探索新的知识，不断提高自己的教学水平，才能培养出高素质的学生；提高教师的科研能力和实践操作能力。会计作为一门应用性的学科要求教师具备较高的实际操作能力。这就要求教师打破"闭门造车"的学习模式，积极主动走出学校，走向社会，将自己的理论运用到企业的经营管理中，提高自身的实践能力。鼓励教师积极采用先进的教学手段和教学方法。教师应更多地采用多媒体这种先进的教学手段，还应积极收集实际案例资料，通过案例分析，引导学生积极参与案例讨论，这样既能大大调动学生学习的积极性，又能深化学生对知识的理解。

总之，会计专业人才培养目标的实现需要教师、学生和学校等多方面的共同努力，我们应该在培养目标的指引下不断优化教学环境，设置科学合理的课程体

系，积极采用先进的教学模式，提高教师的综合素质，充分调动学生学习的积极性，为我国社会主义现代化建设培养更多更好的会计人才。

第四节 "专升本"院校会计人才培养目标的变迁及其影响

随着我国高等教育事业的发展，近几年来，我国有一批高等专科学校升格为普通本科院校，简称"专升本"院校。"专升本"院校处于转型时期，既不能完全照搬老牌本科院校与重点本科院校的培养目标，又不同于其专科时期的培养目标。而人才培养目标的变迁势必影响为了实现培养目标而采取的组织形式及运行机制，诸如：培养规格、培养方案、培养途径和教育评价等。本文以会计人才培养为视角，对"专升本"院校人才培养目标的变迁及其影响展开研究。

一、会计人才培养目标的变迁

对于"专升本"院校会计人才培养目标的认识，存在两种观点。一种观点认为，"专升本"院校尽管升格为本科，但在全国的高等教育格局中所处的相对位置并没有明显的变化，因此，其人才培养目标应保持不变。既然专科时期以培养应用型人才为目标，则本科时期应仍以应用型人才为培养目标。另一种观点认为，"专升本"院校作为本科院校，毕竟不同于专科学校，它们之间人才培养目标有很大的差别，因此，"专升本"院校升本后就不应仅仅定位为培养应用型人才，而应做到学术型人才与应用型人才培养并重。前一种观点，用静止的思维去对待变化了的事物，将本科教育等同于专科教育，目标定位偏低，是不正确的。而后一种观点，没有考虑到"专升本"院校同老牌本科院校或重点本科院校存在的差距，只是简单照搬老牌本科院校与重点本科院校的培养目标，目标定位偏高。有人认为，本科教育与专科教育均是培养"应用型人才"，它们之间的区别主要表现在"本科应用型人才"比"专科应用型人才"创新能力强。因此，"专升本"院校应定位为培养应用型、创新型人才。

我们认为，真正意义上的创新不仅对专科生而言很难，对本科生来说同样不易。本科院校与专科院校之间的人才培养目标的差别主要不是表现为创新能力的差别，而是表现为应用型人才层次上的差别。应用型会计人才存在三个层次。

（一）工程类应用型

这类会计人才的特点是，他们具有非常丰富的实务经验，在理论与实务两个方面，他们偏重于实务，这是他们与学术型人才的区别；他们具有比较丰富的理论知识，有很强的财务分析能力，善于发现问题、分析问题并解决问题。他们还具有良好的人际沟通与协调能力，参与企业日常各项管理、税务筹划、投资融资决策等活动。

（二）技术类应用型

这类会计人才以从事会计核算工作为主，有一定的会计理论知识，能进行一定的财务分析，参与一定的管理活动。

（三）技能类应用型

这类会计人才从事执行性会计工作，具备一定的会计基础知识，较好地掌握会计核算能力和熟练的计算技术，能够操作计算机和使用会计软件，并能编报真实可靠的财务会计报告。"专升本"院校应以培养工程类应用型会计人才为会计人才培养目标。理由有二：

1.这种定位与本科会计教育的培养能力及其所承担的任务一致

如表2-4所示。

表2-4 会计人才培养目标与相应教育层次的对应关系

人才培养目标	会计教育层次	培养能力与培养任务
科研类学术型会计人才	博士研究生教育	培养具有丰富的理论知识、通透地掌握某个领域的理论、偏重于科研的会计人才
教学类学术型会计人才	硕士研究生教育	培养具有丰富的理论知识、有一定的科研能力、偏重于教学的会计人才
工程类应用型会计人才	本科教育	培养具有较丰富的理论知识与非常丰富的实务经验、财务分析能力强、管理能力强、参与企业相关决策的会计人才
技术类应用型会计人才	高职院校教育	培养有一定的理论知识、操作能力强、有一定的财务分析能力的会计人才
技能类应用型会计人才	中等专业教育	培养操作技能强的会计人才

2.这种定位还与会计专业的特点以及会计人才市场的需求相一致

会计专业是实务性很强的一门专业，许多会计学生毕业后在企业从事会计工作。根据市场调查，我国经济在未来相当长时期内将保持高速增长，企业对既懂核算、又懂管理的会计人才的需求量很大；同时开办会计专业的院校也非常多，因硕士研究生教育的扩招，重点大学的本科毕业生更多地走上了考研、攻博之路，博士毕业后基本就业于高校、科研机构。因此，会计本科毕业生就业的空间主要在企业，把"专升本"院校的培养目标定位在工程类应用型会计人才是务实的。

因此，"专升本"院校会计人才培养目标应该由原来的"技术类应用型"演进为"工程类应用型"。

二、会计人才培养目标变迁的影响

人才培养目标的变迁势必影响为了实现培养目标而采取的组织形式及运行机制，诸如培养规格、培养方案、培养途径和教育评价等。

（一）对人才培养规格的影响

人才培养规格是人才培养目标的具体化，知识、能力、素质是构成培养规格的"三要素"，缺一不可。高等专科学校培养技术类应用型会计人才，重在技术，兼顾管理，对学生的素质与知识两个方面培养的要求不高。"专升本"院校培养工程类应用型会计人才，重在管理，兼顾技术，对学生的知识、能力与素质三要素同等程度的重视，即"厚知识、强能力、高素质"。厚知识是理论知识与实践知识的统一，是广博与精深的统一；强能力是思维能力和实践能力的统一，是应用创新能力、社会适应能力、职业竞争能力和可持续发展能力的统一；高素质是专业素质与公民素质、人文素质与科学素质的统一。厚知识是基础，强能力是核心，高素质是目标。具体表现为：第一，从知识方面看，培养学生熟练掌握中国会计准则与会计制度、熟悉国际会计准则和惯例，学生应具备良好的金融学、保险学、统计学、工商管理学、法学以及计算机应用等相关学科知识，具备较高的英语与高等数学知识；第二，从能力方面看，培养学生很强的会计实务操作能力、很强的财务分析能力、管理能力以及英语听、说、读、写能力，学生应能进行企业管理、税务筹划、投资融资决策等；第三，从素质方面看，培养学生具有良好的政治素质和守法意识、良好的职业道德、高尚的品质与情操，心理素质过硬。"专升本"院校会计人才培养目标的变迁，对学生的知识、能力与素质提出了更高的要求。

（二）对"人才培养方案"的影响

人才培养方案，是指有关人才培养的重要规定、程序及其实施体系，是人才培养得以按规定实施的重要保障与基本前提。专业设置是人才培养方案的核心。

高等专科学校培养"专才"，因此，会计专业设置上突出了行业特色。如工业会计专业、商业会计专业、银行会计专业、保险会计专业等。这种专业设置符合职业技术教育的特点，但会导致学生知识面窄、发展后劲不足等问题。

"专升本"院校培养"通才"，因此，在专业设置上应体现"宽口径、厚基础"的特点。尽管我国本科教育专业目录将会计类专业划分为会计学和财务管理两个专业，但是，"专升本"院校在办学实践中宜将审计学独立出来，形成会计（狭义）、审计、财务管理三分天下的格局，这样才能与实务工作中会计、审计、理财三分天下的职业格局完全对应。"专升本"院校会计人才培养目标的变迁，要求避免会计专业设置细分化倾向。

（三）对"人才培养途径"的影响

人才培养途径是实现培养目标的关键，包括教学计划、课程体系、教学组织形式和教学环节等。其中，课程体系是核心。

高等专科学校的会计课程设置受专业设置的影响，职业教育的特色比较鲜明。其会计课程设置过细，如开设了工业会计课程，又开设商业会计课程，往往造成教学中部分内容重复讲授的现象。

"专升本"院校在会计课程设置上应采用以模块教学为思路，注重课程之间的衔接。这样既可以避免课程设置过细造成重复讲授的现象，又可以避免课程设置粗放从而带来知识脱节的现象。"专升本"院校宜将全部教学课程分为公共课、学科基础课、专业核心课、专业限选课和任选课五个模块。前三个模块是基础，可相对固定；后两个模块可视社会需求适时调整，以体现本科教育特色。

在五个模块中，公共课包括思想政治课、大学英语、高等数学、计算机、经济应用文写作等课程。会计学科基础课包括微观经济学、宏观经济学、管理学、金融学、统计学、会计学原理、财务管理原理、审计学原理等课程。会计专业核心课包括中级财务会计、中级财务管理、中级审计学、成本会计、管理会计、经济法、税法、计算机会计信息系统等课程。在专业核心课设置上应把握两点：第一，不分会计（狭义）、审计、财务管理专业方向，体现本科教育培养通才的特点；第二，应突出"专升本"院校的办学特色。例如，金融类"专升本"院校应强调金融企业会计与保险企业会计这两门课程。会计专业限选课，应按会计专业设置三个方向分别设置不同的课程。会计方向应开设高级财务会计、会计史、会计制度设计、政府与非盈利组织会计、国际会计、会计英语、会计理论前沿等课程；审计方向应开设高级审计学、审计史、审计英语、审计理论前沿等课程；财务管理方向应开设高级财务管理、理财史、财务管理英语、财务管理理论前沿等课程。任选课由学生根据自己的兴趣爱好自由选择。课程可以突破会计专业的框架，涉及美学、文学、音乐、书法等领域。"专升本"院校会计人才培养目标的变迁，要求会计课程设置模块化。

（四）对"人才教育评价"的影响

人才教育评价，是指对实施教育的过程和结果进行考核和测评，包括学校内部评价与社会外部评价。

社会外部评价，主要评价毕业生群体能否很好地适应市场的需求。学生毕业就业率、学生毕业后的发展状况和学校招生情况可以作为社会评价的替代变量。高等专科学校在外部评价中更多地关注学生的毕业就业率，学生毕业时能找到工作就行，就业是硬道理。这没有错，但还不够。"专升本"院校在外部评价中，不仅要关注学生毕业时的就业率，还要关注学生就业后的发展问题。一句话，其外部评价深度化了。

而外部评价与内部评价是相互联系，相互作用的。外部评价的变化，对内部评价有重要影响，外部评价深度化要求内部评价范围宽泛化。总之，"专升本"院校会计人才培养目标的变迁，对会计人才教育评价的广度与深度有重大影响。

三、对"专升本"院校会计教学改革的几点建议

（一）重视教学改革科研

人才培养目标对一个高校的教学与科研是有重要影响的。在重点本科院校，科研是第一位的。以科研带动教学，因为学生的基础较好，很多时候可以自学。"专升本"院校既然定位为培养工程类应用型人才，那么，其教学始终是第一位的。这是它与重点本科院校的区别。但是，"专升本"院校也需要科研。科研包括专业学术科研与教学改革科研。"专升本"院校首先需要教学改革科研，因为这类科研是直接为教学服务的。"专升本"院校也需要一定的专业学术科研，这类科研可以增强教学过程中的理论性，在一定程度上提高教学质量，保证实现其人才培养目标。但是，"专升本"院校在学术科研上应该量力而行，不能把学术科研摆在比教学更突出的位置上，否则，在专业学术科研上还是不及重点院校，在教学上不及高等专科学校与职业技术学院。这样，就产生了定位不准的问题，影响以后的本科教学水平评估。

（二）突出教学特色

许多"专升本"院校在专科时期有自己的教学特色，这是一笔非常巨大的无形资产。

以金融类"专升本"院校为例，其办学特色是以金融为品牌，金融立校，金融兴校。在专科时期，每个会计专业中都开设了银行会计、保险会计等课程，学生毕业后主要在银行、保险公司就业；升本后，不能仅满足于开设银行会计、保险会计两门课程，还应该开设金融学、投资学、保险学等课程，更加突出教学特色，让本科生掌握较多的金融理论，以便他（她）们日后能在银行、保险公司就业与发展。会计专业还应该优先将"金融企业会计"、"保险会计"建设为校级精品课程，直至省级、国家级精品课程。在"会计学原理"或"财务会计"课程的建设上，金融类"专升本"院校可能比不过重点财经院校，但是，在"金融企业会计"或"保险会计"课程的建设上，金融类"专升本"院校有得天独厚的优势。

（三）强化实践性教学

"专升本"院校专科时期比较重视实践性教学，积累了非常宝贵的实践性教学经验。升本后应该强化这种优势。一方面，提高校内实训实效。校内实验室要具备"仿真"和"综合"的功能，使学生能够进行手工"实账训练"、案例分析、计算机账务处理、报表分析、报表审计等实验；另一方面，要鼓励学生深入社会实践，把所学会计理论知识转化为会计技术能力。某些"专升本"院校升本后，对会计人才培养目标产生了一些模糊认识，在教学上表现为重视理论性教学而轻视实践性教学。这种现象必须纠正，实践性教学与理论性教学同等重要，两手都要抓，两手都要硬。

（四）进行教学管理制度创新

按照制度经济学的观点，制度就是生产力。高校之间的竞争，主要是其制度之间的竞争。"专升本"院校人才培养目标的变迁对原有的教学管理制度构成了一定的冲击。例如，在教学常规管理上，原来主要依靠学校教务处完成大部分工作，现在规模变大了，教务处有些力不从心。这就要求我们进行教学管理制度创新，以便充分调动各个系部管理人员的工作积极性。

第五节 独立学院会计专业人才培养目标定位

一、引言

2012年9月，教育部发布了新的本科专业目录和专业介绍，会计学被列为国家控制布点专业，其培养目标为"培养适应现代市场经济发展需要，具备人文精神、科学素养和诚信品质，具备经济、管理、法律和会计学等方面的知识和能力，能在营利性和非营利性机构从事会计实务以及教学、科研方面工作的应用型、复合型专业人才"。新的培养目标，突出了培养的人才应"具备人文精神、科学素质和诚信品质"，同时将会计专业人才培养目标从培养"工商管理学科高级专门人才"调整为培养"应用型、复合型专门人才"，为我国会计专业人才培养指明了方向。但各类高校在师资、生源等方面存在巨大的差异，市场也需要各种类型的会计专业人才。因此，高校如何根据自身的特点制定合适的培养目标以培养独具特色的会计专业人才，仍是高校会计专业人才培养过程中首先要解决的问题。独立学院因其办学的特殊性，专业人才培养定位更是模糊不清，从而导致人才培养质量参差不齐。笔者将结合多年的教学体会，从人才市场需求、会计实务发展、独立学院的特色及学生素质等方面展开分析，探讨独立学院会计专业人才培养目标如何定位，以供各位同仁参考。

二、会计人才市场需求及会计专业人才培养现状分析

（一）会计从业人员数量庞大，但人才结构不尽合理

近年来，我国会计人员的规模发展迅速，到 2012 年，全国会计人员队伍已达 1400 万人，会计人才的金字塔结构初步成形。但是，"不容忽视的是，我国会计人才素质整体水平仍然偏低，大专及以下学历的人员占较大比重，成为制约经济社会发展的瓶颈"，会计人才结构也不尽合理，"以会计专业技术资格为例，截至 2009 年年底，高级为 9.4 万人，中级为 127 万人，初级为 256 万人，高、中、初级人才比例为 1：13.5：27（或 2.5：32.565）呈现出初级人才供过于求，中级人才相对不足，高级人才严重紧缺的不合理结构"。

（二）初级会计人才需求趋于饱和，中高级会计人才需求强劲

从会计人才市场的需求来看，一方面，会计人才（特别是初级会计人才）的需求已趋于饱和。根据人力资源与社会保障部网站上中国人力资源市场信息监测中心发布的全国十大城市岗位需求和求职排行榜显示，从 2012 年第二季度开始，财会人员连续三个季度被列为用人需求相对较小的职业之列，个别地区甚至出现了"四个会计岗位，上百名学生竞争"的局面；另一方面，市场对中高级会计人才的需求强劲，远远不能满足用人单位的迫切需求。

（三）会计毕业生：高就业率与高失业量并存

会计学专业是近年来招生的热门专业之一，据教育部教育司的统计资料，每 10 名大学生中，就有 1 名会计专业学生，这导致了会计专业毕业生人数众多，根据麦可思发布的 2012 年中国大学生就业报告，会计就业比例为 6.1%，居所有专业之首。尽管如此，2010 届主要本科专业就业率排名中，会计学以 94% 排名第 25，高于全国平均水平 91.2%，但同时，2010 届本科专业失业量排行榜中，会计学以 0.73 万的失业量排名第 5，出现了高就业率和高失业量并存的局面；不仅如此，会计专业毕业生就业容易择业难，会计岗位对毕业生的需求越来越高，而大部分毕业生只能胜任低端的工作，造成高端领域供不应求，低端领域却又供过于求。这表明，我国会计人才培养规模虽大，但结构失衡，会计人才培养的质量仍需提高。

（四）大力培养受过高等教育的素质较高、具备成长潜力的会计人才是实现会计人才队伍结构优化的关键

优化会计人才队伍结构，特别是提高中高级会计人才队伍的比例，是确立

我国会计人，才竞争优势，适应我国经济发展的必然要求。财政部在《会计行业中长期人才发展规划（2010—2020）》中提出了到2020年的会计人才战略发展目标，"会计人才资源总量增长40%"，"会计人员中受过高等教育的比例达到80%""继续增加各类别初、中级会计人才在会计从业人员中所占比重，力争使各类别高、中、初级会计人才比例达到10：40：50"，等等。

从人才成长的规律来看，只有具备扎实的专业基础、丰富的实务工作经验的人才，通过不断追求进步，不断创新，才有可能脱颖而出，成长为一流的人才。会计是一门理论与实践紧密结合的学科，会计毕业生刚毕业时缺乏足够的实践经验，很难立即成为中高级人才。对此，美国会计学会（AAA）下设的"会计教育改进委员会"1990年9月发布的状况公告第一号《会计教育目标》（Objectives of Education for Accountants）指出：会计教育应该是培养学生能够成为职业会计师而不是进入职业界时就成为会计师，毕业生要成为具有相关知识和丰富经验技能的会计师还必须继续学习。虽然学校教育无法提供足够的实践经验，但毕业生通过学校的教育打下扎实的理论基础，只要假以时日，通过工作的历练，就有可能成长为中高级会计人才。因此，培养大批受过高等教育的素质较高、具有成长潜力的会计人才充实到会计人才队伍中来，是实现会计人才结构队伍的优化的关键。毫无疑问，高校的会计教育（特别是本科教育）是培养素质较高、具有成长潜力的会计人才的核心阵地，这是包括独立学院在内的高等学校责无旁贷的使命。

三、会计实务发展及对会计专业人才能力要求的变化分析

（一）会计、审计、内控和信息化四大标准体系发布，使会计核算发生巨变，对会计人员的能力提出了新的要求

从2006年开始的5年间，我国先后发布了会计、审计、内控和信息化四大标准体系，形成了一套外有会计审计准则严格规范、内有内部控制规范保驾护航、周边有信息技术标准有力支撑的"闭环式""标准体系"。这些标准的发布，使会计核算发生了巨大的改变，对会计人员的能力提出了新的要求：

1. 会计核算颠覆了只反映过去不反映未来的传统

以原则为导向的准则制定模式受到推崇，这导致会计核算十分倚重会计人员的专业判断，而且这种判断越来越依赖会计人员的专业知识而非经验，这要求会计人员不仅需要丰富的会计审计职业经验和知识，也需要经济、金融、法律、统计、经营等方面的知识和经验。

2. 我国的会计审计准则实现了国际趋同，而且这种趋同是持续的

如2010年11月中国注册会计师协会发布了修订的38项审计准则，2012年

财政部先后发布了《公允价值计量》等多项会计准则征求意见稿，这种持续趋同策略必将带来准则的不断修改，它要求会计人员必须具备足够的理论素养、具备自我学习的能力，及时更新自己的知识体系。

3. 闭门造车式的会计核算已经无法满足需要

会计人员要对企业的生产经营特点有深入了解，才能对业务进行准确反映（如衍生金融工具的核算）；会计人员要在企业内部控制过程中发挥关键作用，以确保企业内部控制有效，确保会计信息的真实可信；在网络化的环境下，会计人员应在企业信息化过程中发挥主导作用，以确保会计信息系统与企业其他信息系统之间的有机融合，以快速准确地获取所需要的信息来促进会计核算与企业管理，会计人员也应通过可扩展商业报告语言（XBRL）等方式与投资者、债权人等进行有效沟通。这些都要求会计人员具有全面的知识和综合应用能力才能应付自如。

（二）会计人员从"核算型"向"管理型"转变，创新能力成为他们的核心能力

随着科技的进步和网络的快速发展，企业的生产经营环境发生了很大的变化，市场的竞争日益激烈，企业的竞争方式也发生了根本性的变化——创新已经成为保持企业竞争力的核心因素。企业的创新，不再单纯是产品和技术的创新，已经发展到包括组织创新、经营模式创新、服务创新在内的全方位创新。为了适应这种变化，企业的管理模式也需要不断创新。会计系统作为企业管理系统中的重要环节，不能再满足于为企业提供决策所需要的信息，而要能够对所获取的信息进行分析和创造性地运用，以帮助企业制定发展战略与防范风险，成为企业价值的引领者和风险管理者。会计人员既是会计信息的加工者，也是会计信息的使用者，会计人员要适用这种变化，从"核算型"向"管理型"转变。创新能力是"管理型"会计人才的核心能力，只有具备创新能力，才能突破思维定势，创造性地运用知识解决实际问题，也只有具备创新能力，才有可能从企业繁杂的数据中挖掘出有用的信息以进行恰当的决策。

（三）我国经济对外开放程度越来越高，要求会计人员必须具备国际视野

我国经济对外开放的程度越来越高，表现为如下几个方面：首先，我国企业越来越深入地参与国际市场竞争，受到国际市场影响也越来越明显，如金融危机与欧债危机对我国企业的影响是长期和深远的，会计人员必须密切关注国际市场的动态，采取相应的应对措施，才能正确决策。

其次，我国企业越来越依赖国际资本市场。一方面很多企业通过境外资本市

场来融资，另一方面我国企业到境外直接投资也越来越普遍，这不仅要求会计人员对国际金融市场有深入了解，也要求会计人员熟知国际会计惯例。

再次，资本市场的国际化，导致审计市场的国际化。大量世界性的会计师事务所在我国大力拓展业务，我国的会计师事务所也积极实施国际化战略，我国内地与香港会计准则实现等效互认、H股企业双重审计政策的取消、中国和欧盟会计准则实现等效等一系列事件，都为我国会计师事务所的国际化提供了机遇。这些变化，不仅要求大量高端的国际化会计人才，也要求普通会计人员具备国际视野。

四、独立学院办学特色及学生素质特点分析

根据教育部26号文件《独立学院的设置与管理办法》的规定，独立学院，是指实施本科以上学历教育的普通高等学校与国家机构以外的社会组织或者个人合作，利用非国家财政性经费举办的实施本科学历教育的高等学校。独立学院经过十几年的发展，已经成为我国高等教育的重要组成部分，培养应用本科人才是独立学院人才培养的基本定位，这已成为社会的共识。但即使如此，我们也不能不认识到，不同的独立学院，其办学特色与生源质量都存在巨大的差异。因此，独立学院应该根据自身的办学特色与生源质量来确定其人才培养目标，不能千篇一律。独立学院会计人才培养同样也应该遵循这个道理。

（一）面向市场办学

独立学院是"利用非国家财政性经费"办学的，独立学院要生存，就必须要有稳定的生源来获得稳定的学费收入。相比公办高校而言，独立学院有两项先天劣势：一是收费；二是学院办学历史短，声誉低。在这种状况下，独立学院只能面向市场办学，"只有培养社会认可的高素质人才，学生才能就业，家长才会满意，企业才会欢迎……这种按市场机制运作的办学模式，要求独立学院面向市场办学，为学生、家长、企业等多方利益相关者创造价值"。面向市场办学，要求独立学院根据市场的需要来设置专业，进行课程安排，提高培养质量，提高学生的就业竞争力。

（二）服务地方经济

目前，具有全国性声誉的独立学院不多，特别是那些母体大学本身就是地方性高校举办的独立学院，更难获得外省家长和学生的认可。因此，虽然有许多独立学院都面向全国招生，但是外地生源质量难以保障，仍以招收其所在地的生源为主。同样道理，学生也以面向当地就业为主，这就要求独立学院必须服务地方经济，培养满足地方社会经济发展需要的人才。

（三）大众化教育

独立学院是在教育大众化、国家财政性经费对高等教育投入不足的背景下产生的，实行大众化教育是独立学院的必然选择：一是我国现行的高等学校招生制度下，独立学院主要被安排在本三批次招生（部分省份取消了本三批次，独立学院在本二批次招生，如福建），生源的质量决定了独立学院只能实行大众化教育；二是独立学院办学时间短，建设初期需要投入巨额资金，不得不依靠银行贷款实现财务独立，还本付息的支出使独立学院的办学资金短缺，迫使独立学院只能迅速扩大招生规模以获得更多的学费收入，而师资等资源投入不足，组织大班、合班教学（一个班六七十人甚至上百人）就成了现实选择，这种教学模式下教师不可能照顾到每个学生的个性需求，只能实行大众化教学。

（四）学生可塑性强

独立学院的学生优点和缺点同样突出：一方面，独立学院的学生自我管理能力较弱、学习习惯较差、学习自觉性和主动性不够，造成学习基础不扎实、知识的系统性较差、偏科的现象比较严重，对部分科目有比较明显的抵触情绪；另一方面，大多数学生家庭经济条件较好，多来自城市、城镇，兴趣广泛，爱好文娱、体育，求新、求异意识比较强喜欢接受新事物、新潮流、新看法，具有较强的人际沟通能力、组织协调能力、甚至是创新能力。而且，独立学院的学生专业意识淡薄，对未来缺乏系统规划。在校期间，对专业课（特别是一些难度大的专业理论课）学习兴趣不高，但能积极参加校园的各项活动。独立学院学生的这些特点集中表现为学生可塑性很强：虽然在校期间其学习成绩不佳，但毕业后他们一旦能够发现自己的兴趣所在，会加倍努力，在其感兴趣的领域做出出色的成绩；如果不感兴趣，即使受过严格系统的训练，其中的很多人也会选择转行，从而造成教育的浪费。学生的这种可塑性，要求高等教育能够为其今后的发展打下坚实的基础，而不是致力于将其打造成某一专业领域的高尖端人才。

五、独立学院会计专业人才培养目标定位

独立学院的会计人才培养定位，需要综合考虑上述因素，解决好以下两方面的矛盾：

（一）通才教育与专才教育的矛盾

会计实务的发展，要求会计人员具备全面的知识和能力，但会计学科的特殊性决定了会计、财务的专业知识不可偏废，没有扎实的专业知识，会计人才很难成长为高端人才，但缺乏专业以外的经济、管理、法律等方面的知识，会计人才也不能适应新时代的需要。独立学院的大众化教育的模式和学生的特点，决定了专才教育是行不通的。因此，独立学院的会计人才培养应该以通才教育为主、专才教育为辅，培养满足会计实务需要的既掌握经济、管理、法律理论和知识，又有一定的会计和财务管理专门知识的人才。

（二）市场需求与教育供给的矛盾

市场急需大量中高级的会计人才，但会计人才成长规律告诉我们，毕业生是无法直接成为中高级会计人才的；可这不能成为高等教育培养的会计毕业生素质不高、只能胜任低端工作的借口。独立学院作为我国应用型人才培养的重要力量，应以培养高素质、具备成长潜力的应用型会计人才作为其目标。没有理论素养，会计人才无法应对会计实务的变化，不具备成长的潜力，无法成长为中高级人才；不能理论联系实践，又无法解决实务中的具体问题，满足不了市场的需要。因此，独立学院培养的会计人才，既要与研究型人才区分开来，也要与纯技能应用人才区分开来。独立学院应培养既具备较高理论素养，又具备较高会计技能的应用型会计人才。

综上所述，独立学院会计应根据人才市场的需求、会计实务的发展，结合自身的办学特色和学生的素质特点，在教育部发布的新专业目录与人才培养目标的指导下，实行差异化的会计人才培养策略。具体而言，独立学院会计人才培养目标为：从新时期经济、社会、科技、文化发展对人才的需求出发，坚持服务地方经济的人才培养战略，培养具备人文精神、科学素养和诚信品质，具备经济、管理、法律和会计、财务管理等方面的知识和能力，基础扎实、知识面宽、实践能力强、富有创新精神和具备国际视野的应用型、复合型会计人才。

第六节 会计人才培养与市场需求标准一致性的思考

随着社会经济的不断发展，社会对会计人才的培养提出了更高的要求，文章以我国目前普通高等教育应用型会计人才培养与社会的期望存在的差异为切入点，围绕普通高校会计学专业应用型人才培养目标定位指出人才培养存在的问题，并提出了构建应用型会计人才培养目标与需求标准一致性的人才培养的思路。

一、问题的提出

目前，各高校就本科毕业生的解决问题能力不强、创新能力差和不适应用人单位的需要等问题在人才培养目标等诸多方面进行了改革和探索，也尽可能在人才培养方案中表现出学生成才每一环节的社会的要求。然而，在目前人才招聘过程中，我们经常看到用人单位提出"招聘 x 年以上工作经验的会计人员"这样的条件，让应届的学子们感到无奈，也让从事会计学专业教学的人们深思。是企业招聘倾向存在问题？还是我们的培养模式与规格出现了问题？是什么原因让我们高校辛辛苦苦用了四年时间培养出来的学生难以得到社会和用人单位的认可？

随着社会主义市场经济的快速发展和全球化经济进程的推进，社会对会计人才的需求也在不断增加。同时，高等学校的会计人才培养和社会需求的矛盾也在不断突出，具体表现为"量与质不匹配"的结构性矛盾。前程无忧人事管理顾问、《人力资本》主编杨勤女士曾指出：从全国来看，目前会计从业人员中，普通的财务人员供大于求，已经呈现出疲软的态势，而高级的会计从业人员却十分短缺，未来的 5 年里，高级财务管理人员缺口达到 60%。可见，目前普通高等教育的应用型会计人才培养与社会要求的期望有着较大的差异。

二、构建会计人才培养目标与需求标准一致性的模式的思考

构建会计人才培养与市场需求标准一致性，需要高校的会计专业以就业为导向，发展应用型素质教育。一方面，要提高会计专业的办学质量，结合地域特点，突出办学特色；另一方面，切切实实提高学生的职业素质、岗位技能及综合能力，为社会培养合格的会计应用型人才。

（一）以优化课程结构为重点，以能为学生构建合理的知识、能力和素质为目标，构建以会计学科与会计职业双主导的课程体系，理论教学与实践教学双主体的教学方式为主要内容的人才培养方案是人才培养的规范，关系到教学过程的组织和教学资源的配置

方案的每一次修订，都应该是人才培养观念的一次升华。社会需求决定人才的类型，由此才产生专业培养目标。所以，应用型教育不仅有职业属性，还有学科属性，合理的人才培养方案应包括以提高基础理论和基础知识为目标的理论教学体系、以提高基本技能与专业技能为目标的实践教学体系和以提高综合能力和拓展专业外延为目标的综合素质体系三个方面的内容。要想真正达到这一目标，就要依托会计学科，从会计职业的角度整合教育过程与教学过程，整合会计职业所需的知识与相关学科的知识。

应用型人才的培养主要通过专业设置和课程体系两个子系统来表现的。专业设置在某种程度上反映了人才培养的业务规模和职业方向，也体现了市场对人才的需求的变化，具有很强的社会适应性。课程体系是人才培养模式中的硬件与实体部分，是学科专业培养质量标准的具体化，是反映培养目标、提高人才培养质量的关键。在课程体系中体现"必要、充分和可能"的课程设置原则，在课程结构上构成"基础平台＋专业平台"的平台化架构，形成"专业基础＋专业主干＋

专业选修+专业方向选修+跨专业选修"等模块，化、纵向化和职业化的培养体系。即在会计专业这个大平台基础上，根据学生的成才要求，结合社会的发展要求，在原有专业内选择，实行有针对性地分流培养。满足应用型人才培养特点和培养目标的要求，以"基本会计学科理论+专业方向拓展"的方式满足社会的需求，避免不规范专业的设置，保证人才的基本规格和多样化、个性化发展，通过分流，培养，增强学生的社会适应性。

另外，从就业目标上看，我们的培养也应当有所定位。在这个市场细分的时代，不同专业方向的学生适合不同类型的企业。所以根据具体情况对就业的目标细分，设计出不同专业方向的选修课和跨专业选修课。通过适当加入商业或工程背景方面的课程，开阔学生的视野，使学生更好地理解和掌握公司的商业运作与经营过程，拥有兼顾商业运作和会计事务的能力，为今后在会计师岗位上有出色的表现打下基础。

（二）重视培养"双师型"教师，提高教师科研能力

与实践能力教师队伍是应用型人才教育的主导者，也是应用型人才教育的实践者，要培养学生的应用能力，从事会计教学的教师除了具备较高的专业水平和相关专业领域方面的综合知识外，还必须要有丰富的实践经验，否则，提高学生的应用能力就是一句空话。

教学与科研是学科、专业建设的两翼，我们要改变目前重学历、学位、职称的虚增氏的现象，重学历，更重能力。教师在高质量完成教学的同时，必须围绕地方经济建设、学科专业建设、人才培养等开展研究，通过科学研究不断提高教师的学术水平，利用科研成果促进教学内容不断更新，真正实现"以教学促科研，以科研促教学"。教师的教学和科、研相结合是应用型本科院校发挥人才培养、科学研究和社会服务职能的重要平台和有效途径，这不仅能为学生提供稳定的校外实训、实践基地，而且还对于专业人才培养方案的制定、校内实训基地的建设、专业课的实践教学、人才综合素质的培养等都具有很强的支持作用。教师通过双师资格的取得和对企业经营运作等环节调查，可以不断完善和充实教学内容，也会给予学生更多具有针对性地指导，通过这样培养出来的学生，在未来的工作中会有更好的综合性、灵活性。

（三）改革实践教学方式，缩短校外实习课时，提高能力培养效果

为了缓解学生在校期间实践锻炼越来越困难这一矛盾，建议把实践环节的大部分内容搬到课堂，通过尽量接近实际情况的情景教学这种方式来解决。即在不涉及企业商业机密的情况下，通过实景拍摄与电脑模拟等手段将实际工作流程转化为声像资料，建立实习基地声像资料库，这是基于现有技术条件下的校外实习

基地合作的特殊"仿真"方式，也是培养学生的应变能力和判断力、独立工作能力和协作能力的有效手段。当然，这项工作是复杂的，应该在有关部门论证后多院校实施，以取得更好的效果。

（四）适当增加专业培养计划的灵活性，提高社会对应用型人才培养的满意度

应用型高等教育是与社会人才需求联系最紧密的高等教育。随着科学技术的进步发展，职业能力要求和职业岗位的设置将随之发生变化，而现在的高校人才培养方案是学生还没有招，而方案却早已确定，而培养的人却要在四年以后与社会对接。因此，社会要求高校的人才培养方案在专业方向、专业课程及选修课程设置上，应具有一定的灵活性，应具有能够适应社会需求变化的调整环节。专业培养计划的这种灵活性应体现在密切关注市场需求以市场为导向，及时调整人才培养方案的弹性教学环节上。为此，我们的教育观念还要进一步开放，有组织、有计划地定期进行市场调研，及时了解人才市场变化，把握企业的需求，以便及时调整人才培养方案，重新界定人才培养规格。

（五）将学历教育与会计职业资格教育相结合，构建复合型理论教学体系

随着就业压力的增大，职业资格考试已经波及高校校园，在招聘现场也经常会看到有xx会计资质证书优先考虑的现象，这从某个角度说明了企业对用人的基本要求，同时也是对本科学历教育的冲击和挑战。对此，我们不能一味拒绝，也不能无动于衷。在人才培养上，除了注重专业知识外，还要坚持大实践培养观，围绕会计职业资质认证，在人才培养方案上体现出夯实专业基础、体现学科交叉、注重个性发展、结合资质认证、强调实践环节的思想，构建出以强化实践能力和适应能力的"本科基本规格＋实践动手能力＋会计资质认证"的应用型人才培养模式。将人才培养方案中的课程设置与ERP资质认证、注册会计师资格考试等与会计专业相关的资质认证紧密结合与协调，也就是把会计职业资格教育融入到会计学历教育，这不仅不会淡化高素质高级应用型会计人才的培养，而且会更加突出会计毕业生将来胜任岗位的核心课程，也会优化应用型会计人才模式，进而培养出更多、更优秀的高级应用型会计人才。

普通高校人才的培养与社会之间有着某种契约关系，即为社会提供满足社会需求的人才，否则就会失去存在的价值。会计人才培养与社会需求期望的差距如同理想和现实之间总会有所差异一样，而且这种差异是难以消除的，努力缩小普通高校应用型会计人才培养目标与社会期望之间的差异则是现实的选择。

第三章 会计人才培养体系的构建

第一节 会计人才培养体系的构建

一、问题的提出

随着我国市场经济的飞速发展,市场对各个层次会计人才的需求日益增加,但是我国当前的会计人才培养体系却无法适应市场需要,因此构建长效的会计人才培养体系成了函待解决的课题。一方面,当前我国在会计人才培养方面存在很多漏洞和缺陷,培养体系不完善、不合理,过于重视理论教育忽略学生实践能力的培养,造成当前所培养的会计人才"量与质不匹配",难以满足社会需求。另一方面,会计人才培养体系的不科学也导致了会计初级人才、中级人才和高级人才分布比例不均衡,市场上的初级人才供过于求,而高级会计人才在未来相当长时间内仍有较大缺口。随着互联网的普及与经济全球化的深化,会计教育也正经受着"优胜劣汰、适者生存"的洗礼,我国当前会计人才培养体系的弊端日益显现。

二、会计人才培养体系构建问题研究的意义

会计人才培养体系的研究对于平衡会计人才的供给与需求,解决各个层次会计人才的就业问题大有裨益,对于我国经济的长足发展和社会的稳定都具有重要意义。经济全球化的深化以及我国改革开放的进一步发展,跨国企业以及我国民营企业得到了进一步发展,再加上科学技术的发展、互联网的推动,促使市场上企业间的竞争日益激烈化,这就对于会计人才的"量与质"提出了更高要求。

国际会计师事务所涌入中国,也加剧了中国会计行业的竞争,他们成熟而优质的会计服务使我们更加意识到加强会计人才培养体系的构建、提供优质的会计人才服务对于提高我国会计服务行业的实力和整体竞争力具有关键作用。

此外,会计人才培养体系的研究对于壮大我国职业教育也具有重大意义,应

用型会计人才的培养属于职业教育的范畴，培养既熟悉会计法规、又具有良好的实操技能的会计技能人才，不仅是中等职业教育的任务，高等职业教育也责无旁贷。21014年5月国家教育部的改革方向已经明确：国家普通高等院校1200所学校中，将有600多所转向职业教育，转型的大学本科院校正好占高校总数的50%。此举正是为了解决企业技术人才相对短缺，把职业技能培养放在首位。

三、会计人才培养体系构建路径

前我国会计人才的培养体系构建的任务主要是要均衡初级、中级、高级会计人才的比例，构建系统、完善、科学的会计人才培养体系，以适应社会经济发展的需要。

（一）从学校教育角度考虑，

1. 教育理念

教育理念关系到人才培养方向，对于整个会计人才培养体系的构建具有指导意义。在会计人才培养方面主要注重三个基本原则：一是人才的培养与市场需求相匹配的原则；二是会计人才的培养与行业发展相结合的原则；三是人才培养坚持产学研有机结合的原则。

我国当前的会计学校教育可以说是成绩很大，最突出的表现就是无论是中专业学校，还是大专院校几乎都开设了会计专业，可以说是全民办会计，但这种量大质不优的壮大也，带来了很多问题，导致会计人才培养层次与市场不匹配，不能满足市场需要。

因此我们的会计学校教育需要转变理念，适应时代的发展变化。首先，明确会计教育目标，以市场对会计人才的需求为导向，不唯学历，重视会计实际技能和工作能力的培养，向企业输送合格的会计人才，改变当前一方面会计人才就业难、另一方面企业急需的会计技能人才又严重缺乏的状况，提高供需双方的满意度。要达成这一点并不容易，企业和学校之间需要架起沟通的桥梁，彼此不断沟通、不断反馈。只有这样，才能建立符合社会需求的会计教育目标。

其次，要将会计人才的培养与行业发展结合。不同的行业会计处理以及会计人才素质，要求的侧重点各有不同。以往的会计教育模式培养出的人才，一般情况下到新的用人单位，需要对于所处行业的知识和处理方法重新了解和掌握，这就暴露了传统"通用型"人才培养的弊端，难以体现不同行业会计人才的特征和能力需求。因此学校教育在课程体系设置方面，可以根据自身所处地域差异以及行业发展状况，适当开设一些选修课程，针对学生的行业选择偏好，着重介绍不同行业会计处理的方法和区别。

再次，会计人才的培养层次应该丰富化，既需要实践能力强的应用型会计人才，也需要一部分会计人才走上学术科研之路。因此在教学理念中必须牢固树立产学研相结合的原，则，通过三者的有效结合实现社会、学校、会计人才的共赢。

2. 基本思路

学校教育是会计人才培养的主要阵地，因此我们需要从各个层次会计学校教育入手，提高会计人才的培养效率。这就要求各个层次的学校认清自身的培养定位，调整课程设置，创新教学方法与手段，各个层次的学校要认清自己所培养的会计人才的定位。当前我国会计学校教育虽然规模庞大，但各个层次的学校对自己人才培养的定位都不够准确。各大中专院校应着力于"基础性会计人才的培养"，使其具备基本的会计职业能力，能迅速适应基层会计工作岗位的需要。而高层次的硕士、博士的培养定位则是既具有专业知识与技能，又具备开拓创新能力和科研开发能力的中、高级会计人才。

各学校还应该调整课程设置，在课程体系设置时充分注意理实结合。一方面在理论知识课程设置时，侧重培养学生在会计核算、财务管理、税务筹划方面的知识素养；另一方面，关注实践教学环节的设置和改进，充分结合校内实践与校外实践，既要有针对专业课基础知识的基础训练，也应该包括企业的岗位实习活动，加强校企之间的合作。

创新教学方法与手段，无论是哪个层次的学生都不喜欢满堂灌的填鸭式教育，这样的被动学习使学生苦不堪言，教师也吃力不讨好。因此会计教学应改变传统的以教师为主体的教学方法，培养学生的课堂参与意识，开展会计实务分组模拟操作小竞赛、主题辩论、角色扮演等活动。同时充分利用现代化的教学手段，一改过去的"纸上谈兵"，将教学案例、典型错误等同内容用多媒体展现出来，与学生进行互动，为学生提供丰富多样的课堂，教学。

3. 培养目标

新时期条件下，会计人才培养体系的构建与完善，不仅要严格遵守教学理念和教学思路，也应该随着时代的变迁与时俱进。会计人才培养体系的目标应该是：以市场需求为导向，均衡会计初级人才、中级人才和高级人才的比例。培养初级会计人才的中专、大专院校重点培养学生的会计实际操作能力，以满足中小型企业对会计基层岗位的人才需求；而作为会计人才培养重要环节的本科院校不宜将培养目标定位过高，要结合实际，放低身段。一些老牌的、实力雄厚的研究型本科院校生源素质高，培养目标主要是理论扎实、综合能力过硬的会计人才，为后续培养科研型、学术型高级会计人才奠定基础。而一些地方性本科院校则应该致力于应用型会计人才的培养，为地方经济作出贡献；硕士教育培养目标则是理论扎实、系统，有较强的科研和创新能力的中、高级会计人才；博士培养主要是培养视野开阔，掌握本门学科坚实理论和系统的专门知识，具有独立从事学科研究，高级管理能力，并能做出创造性研究成果的高级人才。总而言之，会计人才培养体系最终所要，培养出的会计人才必须是能适应现代化经济发展的各类各层次人才。

4. 培养过程

学校会计教育在人才培养过程中可以将基础知识学习、岗位能力培养与会计从业资格证书、初级会计师考试内容融合起来，开设证书培训课程，实现"专业理论知识、岗位能力、技能证书"三者有机结合，力求学生毕业时"毕业证"和"会计从业资格证"都能到拿到，实现"零距离上岗"。

根据社会需求，确定恰当的会计人才培养比例后，针对这三个层次的不同培养主体，教授不同层次的理论知识，培养不同程度的工作能力。其中初级会计人才侧重于会计基本操作技能的培养，中级会计人才的培养则要求学生具备一定的应用技能和管理技能，高级会计人才的培养则注重决策能力和管理能力的锻炼与塑造。会计人才培养过程中还应该考虑到学生的实际情况、学习基础、兴趣爱好和个人的成长意愿，给学生创造多元发展的机会。实际操作时可根据学生的选择偏好，实施分层教学，从教材准备、课堂设计、考核评，价进行科学分层，使不同层次的学生都学有所获。例如对倾向就业的学生，可着力培养其就业必备的岗位技能和应用能力；而选择继续深造的学生，可以通过开设"提高班"、"实验班"或"课外兴趣小组"等方式来满足他们更高层次的学习需求。

此外，会计人才培养过程中知识和能力固然重要，职业道德教育也不可小觑，两手都要抓，两手都要硬，再优秀的会计人才如果没有良好的职业道德，输送给社会的可能是危，险品，甚至可能是定时炸弹。因此学校在会计人才培养过程中要加强学生思想政治教育和职业道德教育，帮助学生树立正确的人生观、价值观，引导学生学会正确处理公私关系、奉献与索取的关系；通过案例分析讨论，让学生提前在课堂上感知会计行业可能出现的一些道德难题、道德困境，引导学生分析并找出合理的解决方法，让学生体会到现实生活中有些道德难题的评判不能简单地用对与错评判，处理起来会有很多技巧，从而培养学生的职业道德思维，提高学生的职业道德能力。

（二）从后续培养角度考虑

会计人才的培养并不是某一个阶段的过程，应该注重其连续性。因此，则需要建立会计人才的后续培养制度，注重人才的再教育。

第一，加强会计人员的在岗培训，通过建立良好的培训制度，对会计人员进行新的业务知识、税务知识等培训并强化会计职业道德教育，要求会计人员坚持准则，客观公正，敢于同违反财经法规的行为作斗争。此外，对在岗会计人员可推行绩效管理，引入竞争机制。此举既改善了会计人员的物质和精神待遇，也在无形中给了会计人员一定的压力，使得他们更重视在岗培训，争取早日成长为业务上的多面手。

第二，要完善会计继续教育体系，会计政策法规不断推陈出新，需要我们的会计人才在走上工作岗位之后仍然需要继续学习提高。但现行的会计继续教育体系不够完善，有空子可钻，使得很多会计人员的继续教育流于形式，没有真正起到作用。因此首先我们应该推行会计继续教育法治化，制定相应的法律法规为继续教育的切实推行和实施提供保障，对会计人员参加继续教育的行为进行约束，使会计继续教育规范化、法制化。同时要严格会计继续教育的考核机制，不同层次的会计人员在参加完会计继续教育之后应采取不同形式的考核方式，初级、中级会计人员可采用闭卷形式来考核他们对继续教育内容的掌握情况，高级会计人才可采用开放式考核，考核他们分析问题、解决问题的能力，并将考核情况作为年度考核、评聘、人才流动的重要依据。最后要丰富会计继续教育形式，可不拘泥于统一形式，而是根据会计人员的不同层次、接受时间和接受能力，采用集中授课、网络教育等形式，并将完成会计相关课题研究、发表会计学术论文、参加会计职称考试等都纳入继续教育认可的范围。

第三，通过建立会计人才资源库的方式，详细记录各会计人才的成长过程与实践经历，将人才的培养和有效使用相结合，通过实践来检验人才的能力，进而有针对性地为人才发展提供更好后续服务和教育。会计人才的后续培养还应该加强个地区之间人才库的沟通与交流，通过双方的互动与合作，进一步提高会计人才的影响力，发挥后续教育的辐射，作用与指导作用。在实践过程中，会计人才发现自身的欠缺，借助后续教育的方式可以更，加快速有效地提升自身专业能力，提升服务水平和服务质量。

四、结束语

随着我国社会经济的发展，一方面市场对会计人才需求量越来越大，而另一方面则是很多会计毕业生就业困难，会计人才呈过饱和状态。究其原因，主要是会计人才比例分配不均衡，初级人才供过于求，而高级会计人才相当紧俏。因此我们要正视当前会计人才培养体系中存在的漏洞和缺陷，转变人才培养观念，从会计人才学校教育和后续教育两方面着手，明确培养目标，理清培养思路，改进培养过程，逐步构建起系统、完善、科学的会计人才培养体系，促进会计人才与市场需求相匹配，发挥会计人才在经济建设中的重要作用。

第二节 高层次会计人才培养体系的完善

本文首先分析我国完善高层次会计人才培养体系的必要性；其次，基于对大型企业、行政事业单位、会计学术界以及注册会计师领域中高层次会计人才的需求现状进行分析；最后，针对如何完善高层次会计人才培养体系，给出了建议。

一、我国高层次会计人才需求现状

（一）企业财务高管

2020年，我国要培养的素质高、复合型、国际化企业类的会计领军人才，促进大型企业经营管理水平的提升，更好地帮助企业实施"走出去"战略，加快中资企业的国际化进程。

（二）行政事业单位高管

行政事业单位的高管除了需要非常熟悉事业单位的会计核算和财务管理方面的知识外，还需要能站在事业单位战略的高度，为本单位赢取更多的资源和发展契机。《人才发展规划》指出我国在注重提高行政事业单位的现代化管理水平的同时，还应该加大高级会计人才的建设力度。

（三）会计学术领军人

会计学术领军人需要具备突出的完备的知识结构和学术研究能力，同时并具有良好的国际交流能力。重视会计学术领军人的培养有着深远的意义，这将不仅仅加强我国会计准则在国际上的话语权和影响力，更重要的是能为我国持续培养具有国际水准的会计高级人才，促进我国会计理论和会计教育的持续繁荣发展。

二、完善我国高层次会计人才培养体系

由于历史原因以及现有的会计人才教育体系不完善等，我国高层次会计人才的职业能力、知识结构和文化水平以及综合素质都与以上形势下对于会计人员的需求有较大的差距，这造成我国高层次会计人才的供给远远不能满足新形势下的需求。供给与需求的失衡使得我国会计的可持续性发展面临着严峻的挑战。完善高层次会计人才的培养体系已经成为亟待解决的问题，笔者针对此给出以下建议：

（一）改革高层次会计人才继续教育体系

鉴于会计职业的重要性以及知识经济时代对高层次会计人才的新要求，我国应当进一步完善和改革会计继续教育体系，按照新形势下对高级会计人才的特殊职业能力要求，来设计和实施专门针对高层次会计人才的继续教育体系和方法，争取能为社会主义的经济发展培养更多的高级会计人才，以让他们更好地发挥在经济管理方面的重要作用。具体来说，应当从以下几个方面入手：第一，构建继续教育框架体系。我国应当结合高层次会计人才的特点来设置相应的课程、更新教学内容、注重教学方法，使他们及时更新自身的知识结构，加强业务素质；第二，因材施教。在教学具体实施的过程中，不能"一刀切"，应当按照每个人的具体情况采取不同的教育方式，提高每个人自己的学习和创新能力；第三，财政部和相关监管机构应当监督和跟进继续教育工作的实施，及时发现并解决其中存在的问题，更好地完善继续教育体系。

（二）加强高层次会计人才在岗培训

会计工作本身具有较强的实践性，需要在掌握理论逻辑的基础上不断实践，才能将会计工作做好。所以，企、事业单位或者政府机构都应当注重对高层次会计人才的在岗培训，使他们在了解一般企业会计准则的同时，能结合单位自身的盈利模式和会计核算特点更好地处理相关财务会计问题，更好地指导未来的会计工作。第一，需要推行以人为本的管理思想，吸引高素质的会计人才，充分尊重人才，不断开发人才的潜能，促进人才的全面发展；第二，建立良好的培训制度，不断拓展高层次会计人员的知识结构，以适应会计的改革和发展，从多层次和多渠道两个方面不断完善培训制度；第三，改善绩效管理，引进竞争机制。一方面改善激励机制，提高高级会计人才的生活质量，增加他们的福利，让他们在工作之余无后顾之忧，同时注重精神层面的激励；另一方面引进竞争机制，有竞争才有活力，加强他们的危机感，才能保证高层次会计的不断进步；第四，创新招聘和选拔人才机制，本着不拘一格降人才的理念，看重每个人的业务能力和综合素质，而不是学历、经验等外在要素，创造良好的选人和用人制度环境。

（三）建立科学的高层次会计人才考评体系

我国现有的高级会计人才评价体系是以会计考试和发表论文两个维度组成的，二者均以传统的财务会计知识为主。《中华人民共和国总会计师条例》中明确指出：总会计师需要组织和领导本单位的财务管理、成本管理、预算管理、会计核算和会计监督等工作，参与本单位重要经济问题的分析和决策过程。而高级会计师的考评注重于财务会计领域的知识，造成了考评体系与实际的任职资格不匹配等问题。针对高层次会计人才考评体系的改革和完善，笔者提出以下建议：

第一，考评体系需要站在企业战略层面的高度来制定，根据现代企业中对高级会计人才的能力和素质要求，以及需要对重要经济问题进行分析后给出决策支持信息，所以考评体系应当不仅涉及财务领域，还要涉及非财务领域，并且需要对战略决策给予高度关注；第二，在评价体系中注重对高级会计人才的沟通、决策和领导等管理能力和技能的考察。因为高级会计人才是公司的高级管理人员和行政指导，在公司整体的管理框架中起着举足轻重的作用，一定要具备管理方面的技能之后，才能更好地胜任工作；第三，注重对伦理道德的考察，特别是在高级管理人才的任职资格和能力评价体系中，伦理道德因素往往是不可或缺的，因为他们在工作中会因为权力而面临很多的诱惑。此时考察他们的伦理道德观对他们胜任岗位的可持续性提供有力的保障。

（四）完善高级会计人才市场

人才市场给人们提供了人才竞争的场所，它作为人才信息汇总和交流的场所，更重要的是人才资源配置的一种机制。针对我国高级会计人才市场的现状，笔者提出以下建议：第一，加快建立会计人才市场中心。会计不同于其他行业，它对于人才的诚信以及专业技术能力都有较高的要求。然而，实际情况是目前我国并没有专门的高级会计人才市场对人员的信息以及诚信记录进行明确的规范管理。应当由政府牵头来加强这一市场的建立，以更好地完善会计人才市场，对其市场活动进行更好地服务、监督和管理。所有参与会计工作的人员信息都需要经过会计人才市场的认定，并随时与用人单位保持信息共享，对人员的经历信息进行及时更新。另一方面，市场的规范也能保护会计人才的合法权益，避免出现用人单位胁迫会计人员从事违法会计行为的现象发生，从而提高会计信息的质量；第二，建立健全会计人才市场的法律法规体系，给市场正常运作提供更好的保障；第三，进步拓宽高级人才市场的服务功能，更好地适应高级会计人才的信息化、国际化等趋势。

第三节 法务会计人才培养体系的构建

随着市场经济的迅速发展，社会环境和经济运行过程日益受到法律规范，与此同时，利益的驱动与诱惑，致使涉及经济的违法违纪及犯罪案件急剧增多，急需能够客观公正地处理这类案件业务的法务会计人才。人才培养靠教育，人才培养目标的实现关键在于构建合理的人才培养体系及应用体系。

一、概述

法务会计学科体系的建设与发展，对法务会计教育及人才培养体系的促进作用和对法务会计实践的指导作用是非常直接的。这是因为各种法务会计学科在形成与发展过程中,是为了适应法务会计教育及人才培养的需要。在此基础上,法务会计人才培养体系应包括:第一,应明确法务会计人才培养目标;第二,探索法务会计人才培养模式;第三,设计法务会计专业课程体系及专业课程设置;第四,将现代教学手段融入法务会计教学中;第五,确立法务会计实践教学模式;第六,争取法务会计人才的资格认证;第七,加强法务会计人才培养制度建设等。这些内容相互依存、密切联系,构成了法务会计人才培养体系。是谁需要法务会计信息,以何种方式应用,法务会计工作有何特点,这些内容构成法务会计的应用体系。法务会计理论是通过法务会计人才实现其应用的,反过来经过实践检验,从而发现理论存在的问题并加以补充和完善。

二、法务会计人才培养体系

法务会计人才培养体系指在一定范围内按照一定的秩序和内部联系组合而成的整体,该体系的构建与优化,是促使法务会计理论发展与应用的关键。

(一)法务会计人才培养目标

法务会计人才培养目标是人才培养目标体系中的基层目标。对法务会计人才培养目标的认识,是确定法务会计教育其他环节的起点。只有确定了法务会计人才的培养目标,才能对法务会计教育的其他问题进行相应的研究。经过研究笔者认为,法务会计人才培养目标主要是培养掌握基本会计理论和技能,具有审计、法律等相关专业知识与基本技能,并具有创新意识、较高的职业道德和较强的社会责任心,能够综合运用法律知识、会计学知识以及审计方法与调查技术,处理经济事件中涉及的法律问题,是懂得法律并具有综合型、复合型之特点的高级法务会计专门人才。他们可以在会计师事务所、律师事务所、企事业单位等经济组织,从事会计核算、监督、鉴证、评价及经济事件中所涉及的法律证据的取得与管理,也可以在企、事业单位、社会中介机构、司法部门专门从事法务会计的服务与咨询工作。

(二)法务会计人才培养模式

根据法务会计人才培养目标要求,笔者本着培养理论水平和实践能力相结合,综合能力和专业能力、专长能力、拓展能力相结合的原则,设计法务会计人才培养模式。一是理论教学按会计的特点和工作流程及法律的特点及程序设计人才培养模式,旨在提高人才的会计、法律等基本理论水平;二是实践教学根据专业的业务流程及岗位需要设计案例、情景模拟、综合演练等方式。

法务会计涉及多个学科领域的知识,重在各学科综合的应用能力。案例设计,一是由教师讲授、列举、描述、分析案例,促进学生对理论知识的理解,学生只能被动接受;二是学生设计案例,即由学生根据所学理论自行设计案例,设计案情的不同发展方向,作出区,别性分析,得出不同的结论,转变学生从被动接受者提升为主要参与者和设计者。情景模拟即由学生将讲案例排演成小品,进行情景模拟,营造身临其境的感觉。综合演练如何通过会计账户、报表等信息查处经济犯罪、财务舞弊查处、纳税申报与税收调查,如何获取,案件所需证据;如何从法学角度查处会计账证的合理性和合法性等。

（三）法务会计专业课程体系与专业课程构建

我国的法务会计专业教育尚处于起步阶段,所以法务会计专业课程体系设置应根据人才培养目标,区别于传统的财会专业,它不是纯粹的会计审计专业,也不是单纯的法律专业,而是多学科的交叉与融合。本着"两线"+"一面"+"实践"的原则设置课程。"两线"之一,即法律类课程,如,刑法、民法、民事诉讼法、刑事诉讼法、国际法、国际经济法、犯罪心理学和逻辑学、证据学、经济法、税法等,尤其是取证技术;"两线"之二,即会计审计类课程。课程除具有会计专业相关知识外,尤其应侧重基本会计准则、具体会计准则、行业会计制度以及独立审计准则的学习,重点熟练掌握会计技术、审计调查技术等方法。"一面"即广博知识两类课程。包括统计、管理学、税收征管、财经应用写作、计算机技术等拓展知识两类课程,重在培养多科性技能人才。"实践"即设计动手,能力培养的实践类课程,例如,法务会计案例、审计案例、手工会计模拟、会计信息化模拟、多媒体会计模拟、多媒体审计模拟、纳税申报、税收筹划等实践类课程,全面提高法务会计人才的专业技术和动手能力。模拟教学和案例教学应作为法务会计专业化人才培养,的重点方式,应设计运用会计、审计、法律法规来侦破或解决有关经济活动及其纠纷处理、舞弊案件处理的综合案例来进行教学活动,使法务会计人员学习内容更加接近实际,为未来从事经济活动、经济案件或舞弊案件的审核、计算、分析以及为法庭作证提供有力证据。

（四）现代教学手段在教学中的应用

包括计算机在内的信息技术的广泛使用,增加了教育信息,促进了教学质量的提高,是未来教育发展不可或缺的重要手段。法务会计教学可以借助计算机、音像系统等多媒体设备,在常规的课堂教学方式的基础上引入图形、声音、动画、视频等多媒体,来强化学生感性认识和分析能力,提高学生的学习兴趣。例如,拍摄产品工艺过程录像、会计工作录像、法庭审判、法庭证据调查等录像,在法务会计课上进行播放,向学生演示法务会计人员进行取证、调查、统计、汇总等不同工作内容情景,增强学生的感官认识,以便进一步增强对法务会计岗位需要及工作性质、工作流程的理解与认识，从而增强职业兴趣、专业爱好。

（五）法务会计实践教学模式及实践教学方式

法务会计专业是多学科融合的边缘学科，在理论教学环节上应重视理论与实践教学紧密结介，法学思维与会计学、审计学思维相融合。即，在讲授会计学、审计学类课程时，引导学生运用法律的知识思考和解释会计学问题；反之，在讲授法学类课程时，引导学生运用会计学知识思考和解释法律问题等，避免孤立的法律或会计教学。在实践环节上采取，校内多模块模拟（分会计、审计、会计信息化、纳税模拟等模块）、案例分析和情境设计、实践基地的顶岗实践及参观实践和社会调查等灵活多样的方式，全方位的实践形式培养法务会计人才成为创新性、多元性、独立性思维的复合型专业人才。

（六）法务会计人才培养及资格认证制度建设

法务会计人才培养同其他专业一样，须加强人才培养的制度建设。当法务会计发展到一定阶段，随着经济发展对其人才的需求大幅增加，法务会计人才的培养就不应该是无序状态，而应该需要规范和约束。例如，在财政部门主管下设立"法务会计学会"，负责会计界和法律界的沟通与协调，组织开展法务会计理论及法务会计实务的研究；在教育部门主管下设立"法务会计人才培养研究会"专门开展对法务会计人才培养的研究。财政与教育主管部门会同其他有关部门联合建立一系列法务会计人才培养制度，包括培养规格、培养方式、后续教育、法务会计人员资格认证、法务会计专家证人认证、法务会计操作规范等系列制度，从而，使法务会计人才培养有章可循，法务会计人员的服务有行动指南与操作规范，法务会计人员的价值体现有评价标准。

三、法务会计应用体系

是谁需要法务会计的信息，以何种方式应用，法务会计工作有何特点，这些内容构成法务会计的应用体系。

（一）法务会计的应用领域

在企业，因为商品的购销活动可能产生债权债务纠纷、因纳税业务可能产生税务纠纷、因利益驱动可能有舞弊行为，这些行为均需要法务会计人员运用合同法、税法、证据法等相关法律知识，站在会计视角提供有利于当事人的专业证据或意见；在司法机关，有关经济案件的侦破需要法务会计提供专业诉讼证据；会计师事务所开展舞弊专项审计，需要法务会计人员的审核意见及专业支持等。

（二）法务会计的应用方式及工作特点

从专业人才看，法务会计人才应该是既熟悉有关法律知识，又精通会计业务的跨专业、跨领域的复合型人才；从工作实质上看，法务会计工作就是注册会计师工作和律师工作的有机结合。因为，单纯的注册会计师或律师都无法独立地完成当事人的委托、处理各种经济纠纷的有关问题，特别是财务与法律相结合的问题，这就需要既懂得会计、审计知识，又熟悉法律知识的专业人员来从事这项工作，这样的专业人员就是法务会计人员，这种工作就是法务会计工作。

四、结束语

总之，法务会计职业是我国经济发展的热门职业，法务会计的应用是市场经济规范发展的必然趋势，法务会计教育需要区别于其他专业传统的目标模式；我们要从人才培养目标分析入手，积极探索人才培养模式，构建课程体系，探讨实践教学模式，进而完善法务会计人才培养体系及应用体系，为尽快培养社会急需的法务会计人才服务。

第四章 会计人才培养模式研究

第一节 会计人才培养模式的利弊

21世纪是以知识经济为主要特征的时代，人才越来越受重视，而人才的培养主要靠教育。我国普通高校会计学专业肩负着为各行各业输送会计专业人才的重要任务，在新的形势下，只有不断地进行教学方式的改革，用最新的专业知识全面地武装学生以及及时地调整高校会计人才的培养模式，才能培养出符合时代需要的会计人才。

一、高校现行会计人才培养模式的简介

随着我国高等教育事业的发展，各大高校的会计人才培养模式也随之发生了变迁。人才培养模式是指在教育活动中，在特定思想指导下，为实现培养目标而采取的组织形式及运行机制，包括人才培养目标、培养规格、培养方案、培养途径和教育评价五个基本要素。这五个基本要素关系密切，相互作用，相互影响。人才培养目标决定了培养规格，培养规格又反作用于人才培养目标，培养目标做的调整要适应培养规格的变化；依据培养目标与培养规格制订出培养方案；实施培养方案，并且通过教育评价加以论证。

目前我国大部分高校的会计人才培养是以专业培养计划为核心的培养模式，这种模式是一种相对静止的、固定的培养方式。一般来说，大部分高校都是提前制订整个学年培养计划，在学习期间按培养计划进行。

二、高校现行会计人才培养模式的优势分析

人才培养模式是培养什么人和怎样培养人的有机统一，是由培养目标、培养制度和培养过程三大相互关联的要素组成的有机整体。现行的高校会计人才培养模式是一种固定的、提前制定规范的培养模式，它的存在给大部分高校带来了一定的积极作用，表现为：

（一）人才培养方向的明确化

我国财政部发布了与国际会计准则趋同的新会计准则已于2007年1月1日起在我国上市公司率先执行。在与国际接轨和执行新会计准则过程中，我国急需一大批熟悉国际会计准则、掌握国际资本市场惯例、能够承担国际业务、精通外语的国际化会计人才。针对我国目前会计人才的需求，各大高校的人才培养目标旨在确定培养何种人才、人才应当具有何种素质和技能等。在明确培养目标的基础上，再制定教学规划、课程设置方案并组织教学，就能够使会计教育的方向更加明朗。现行高校会计人才培养的目标主要是让学生能深刻地掌握会计基础知识，具备坚实的理论基础和熟练的实务操作能力，从而培养德、智、体全面发展的高级会计专门人才。从教学任务的角度来看，这种培养模式对学生比较贴近，目标也比较明确。

（二）人才培养途径的正规化

人才培养途径是实现培养目标的关键，包括教学课程和教学实践环节等，其中，课程体系是核心。大部分高校的会计课程是延续基础课、专业基础课、专业课"三段式"的课程教学模式。学校的会计课程主要通过介绍会计准则和会计核算的方法，使高校的学生了解编制会计报表的步骤。教学培养的内容主要是侧重以教科书为主导传授相关的会计知识。此外，当前会计实践教学一般有三种组织形式：集中式实验、分散式实验、模拟实验室实践。大部分高校采用的都是模拟实验室实践，这种方式能让学生缩短联系单位或者企业的时间，直接把书本上的知识与实际工作中各种凭证取得、填制、账薄登记、编制报表有机结合起来，增强对会计业务程序处理的认识。一般来说，大部分高校采取的都是这种实践学习的模式。这种培养模式有利于培养研究性人才或者工程类会计人才。

（三）教学资源配置的便利化

高校的教务处在学期初期，就会对各大院系下达相应的培养计划要求，经过各院系的修正和教务处的批准后，培养计划就开始实施。同时，教务处会安排相应的任课老师授课。不可否认这种计划式的人才培养教学模式对整个高校的运作所带来的便利，也正好体现了计划是对未来行动方向，内容和方式安排的管理性文件的优越性。

由于高校现行的会计人才培养模式是预先制定好的，其相关的内容和授课的方式都已经成文，因此这种模式的稳定性，让教务处和学校相关工作部门的工作有预见性，在开学初期就可以对整个学期的教学计划做一份系统的、详细的安排。这不仅便于整个学校的教学管理和资源的配置，还能节约学校的费用。

三、高校现行会计人才培养模式存在的问题

会计学是一门有效的应用学科,也是一门重要的管理学科,各大高校大部分都开设会计学及财务管理专业,向国家输送了大批会计专业技术人才。但是目前高校在会计人才培养上还存在一系列问题,严重制约着各大高校会计教育水平的提高和会计教育事业的发展,具体表现为:

(一)课程设置的滞后性

大部分高校所设置的会计课程滞后于会计实务的发展,课程陈旧,教学内容不合时,宜。大部分教材在内容上对会计制度解释较多,理论分析很少,而且普遍存在未能把新的科学研究成果、新的科学概念及时地融入教材。教师在教学过程中,偏重于会计制度、会计准则等一些知识的解释,而缺乏应有的理论论述及分析。若教材不能及时更新,一方面会造成学生知识陈旧,另一方面也很难培养和提高学生判断和分析问题的能力。

同时,由于会计是一种技术性很强的管理工作。但是各大高校设置的实践课程环节却常常被人们忽视。通常是课程设置都是理论课在先,实习课放在最后一学期或者最后一学年,造成理论与实践相脱节。特别是一些农林院校会计专业学生只有一两次的实践机会,其会计模拟实习往往仅安排一周时间,实践教学流于形式,实际上还是以教师、课堂、教材这种"三点一线"的方式为培养模型。

(二)教学硬件设施的落后

随着市场竞争的进一步加剧,企业竞争空间与范围的进一步扩大,在 MRP Ⅰ 的基础上发展出 ERP 系统。目前,企业中已经广泛运用 ERP 系统,企业通过网络平台,整合各种资源,使得资金、信息能够实时交换,实现对整个供应链的有效管理。ERP 系统通过定义事务处理相关的会计核算科目与核算方式,在事务处理时自动生成会计核算分录,保证了资金与物流的记录和数据的一致性,实现事中控制和作出实时决策。

目前很多高校基本上都建立会计手工实验室和会计电算化实验室来模拟会计工作流程。学生通过这些实践,掌握会计核算的基本技能,提高学生的动手能力。高校培养的学生要充分考虑就业问题和社会接轨,就需要符合企业或者单位的要求。但是,因为引进 ERP 系统需要大量经费,大部分高校考虑到经费问题,更多的会计实践环节还是停留在传统会计模拟实验室水平上。

(三)人才能力培养的欠缺

许多高校会计专业普遍分得过细,如国际会计专业、注册会计师专业、会计电算化专业等,过于强调专业的特征和实用性,培养出来的人才知识结构单一,

与厚基础、宽口径、高素质、强能力的要求不符。这种教学方式无疑不利于培养学生的综合素质。另外，学生跨学科、跨专业选修课程的资源有限，如英语、国际金融、财政学、管理学、市场营销、法律等，无法弥补会计专业学生知识结构上的不足，影响学生拓宽知识面，不利于培养具备多元化知识结构和相应的高能力的综合型会计人才，不利于提高我国会计人才在全球经济中的竞争力。但是，据统计我国现在对国际化会计人才需求大约为35万人，而符合要求的约6万人。

四、高校现行会计人才培养模式的重塑

会计环境的变化以及会计学科边界的拓展，要求各大高校的会计教育具有实时性和动态性。知识经济的发展要求培养出适应新世纪社会经济需要的既具有较高理论、扎实的知识，又具有开拓创新能力的复合型会计专门人才的会计教育人才培养模式是当务之急，应，从以下入手：

（一）提高课程体系质量

虽然关于会计专业之类的书籍是五花八门，但是系统、权威的教材还是凤毛麟角。笔者建议，要尽快采用高质量的全面的教材，运用科学的教育方法和先进的教育手段配备高校会计专业的教育。各大高校的会计专业应该尽量采用教育部推荐教材或者名牌院校甚至是西方原版教材进行教学，融入最新的知识点和最新学术观点，按照国际会计的要求，满足经济全球化的需要，与国际化同步接轨。同时，授课老师要在教育方法和教学手段上进行改进，培养学生分析问题的能力，激发学生的积极性，发挥学生的创造能力。教师要真正成为会计课堂教学的组织者、领导者、促进者，而不是知识的灌输者和课堂的主宰。要实现教学改革目标，就必须运用科学的教育方法和先进的教育手段。

（二）培养应用型的人才

会计专业是实务性很强的一门专业，大量的会计学生毕业后在企业从事会计工作。所以适应市场的需求，培养应用型人才，首先涉及的是培养目标问题，突出教育特点，以劳动力市场需求为导向，以提高学生就业能力为目标，培养适销对路的实用人才。其次要注重素质教育。素质教育是应用型会计人才培养模式构建的基础。知识经济时代的人才不仅要具备专业知识和专业技能，更要注重基础素质，尤其是创新素质、道德素质。创新人才是决定一个民族竞争力强弱的关键要素。培养具有创新意识和创新能力的应用型会计人才是市场的需求。加强道德素质教育，把知识的传授与道德精神的熏陶融为一体，促进人的全面发展。

(三）加强教学硬件设施

在教学手段上要采用多媒体教学，利用声、光、电的优势把知识展现出来，同时还能激发学生掌握现代科学技术的积极性。这样，培养的学生不仅掌握了会计知识，更提高了他们的知识结构和综合素质。此外，改善实验室建设，会计教学不仅要向学生系统地传授理论知识和基本方法，而且更要注意培养学生应用会计理论和方法去解决会计实践问题的能力。在传统的实验室建设的基础上，院校应该拿出资金或者与企业联合建立ERP实验室。通过ERP模拟系统，可以让学生全面掌握企业各个环节的工作流程，了解运营形式。

第二节　工学结合高职会计人才培养模式

一、工学结合高职人才培养模式在各国的应用

（一）工学结合高职人才培养模式在发达国家的应用

1. 发达国家的工学结合人才培养模式

（1）德国的双元制

双元制的形成是19世纪中后期，随着工业化的开始，传统的学徒培训在提高学徒文化的知识素质及适应需求方面日益显出其弊端。因而，有不少城市明确要求学徒有义务到职校接受必需的理论知识学习。到1900年时，学徒期青少年的进修学校教育定为义务教育，并决定让企业参加职业培训，承担培训主要责任。与此同时，又用职业学校教育补充企业实训，两者相互合作，相互补充，形成了职业教育的双元制。

双元制是学校与企业分工协作，以企业为主；理论与实践紧密结合，以实践为主的一种职业教育模式。双元制是德国职业技术教育的主要形式。其根本标志是学生一面在企业（通常是私营的）中接受职业技能培训，一面在部分时间制的职业学校（公立的）中接受包括文化基础知识和专业理论知识在内的义务教育。

①双元制模式的双元内涵。双元的内涵主要表现在：第一，职业培训是在两个完全不同的机构——企业和职业学校中进行的，并以企业培训为主。第二，企业的职业培训由行会负责监督与管理，它受《职业教育法》约束；职业学校的组织、管理则由各州负责，其法律基础是各州的《学校法》或《职业义务教育法》。第三，受训者兼有双重身份。一方面受训者根据他与企业签订的培训合同在企业里接受培训，是企业的学徒；另一方面，根据《学校法》，受训者在职业学校里接受理论课教学，是学校的学生。第四，教学文件由两部分组成。企业严格按照

联邦政府颁布的培训规章及培训大纲对学徒进行实践技能的培训；职业学校则遵循州文教部制订的教学计划、大纲对学生进行文化及理论知识的传授。第五，培训者由两部分人员担任。在企业里实施实践技能培训的师资称为培训师傅，在职业学校里教授普通文化课和专业理论课的师资称为职校教师。第六，职业教育经费来源于两个渠道。企业及跨企业的培训费用大部分由企业承担，职业学校的费用则由国家及州政府负担。

②双元制模式的特点。

同生产紧密结合。双元制职业教育形式下的学生大部分时间在企业进行实践操作技能培训，而且所接受的是企业目前使用的设备和技术，培训在很大程度上是以生产性劳动的方式进行。

企业的广泛参与。大企业多数拥有自己的培训基地和人员。没有能力单独按照培训章程提供全面和多样化的职业培训的中小企业，也能通过跨企业的培训和学校工厂的补充训练或者委托其他企业代为培训等方法参与职业教育。

互通式的各类教育形式。德国各类教育形式之间的随时分流是一个显著特点。在基础教育结束后的每一个阶段，学生都可以从普通学校转入职业学校。接受了双元制职业培训的学生，也可以在经过一定时间的文化课补习后进入高等院校学习。

培训与考核相分离的考核办法。这种考核办法，体现了公平的原则，使岗位证书更具权威性。双轨制模式的实施必须具备三个基础条件：一是有完善的职业教育体系，从初级到高级职业教育层次完备，并建立起沟通渠道，同时与普通教育相互流通，以保证学生的发展；二是有完善的法律体系来保证职业教育的管理和运行；三是有完善的职业教育教学质量标准体系来保证职业教育的人才培养质量。从我国的实际情况看，完全照搬德国的双,元制模式是不现实的，从上述三个方面的条件都还不够成熟，需要在实践中加以探索。

（2）英国的工读交替合作教育

办学形式灵活多样。英国为培养企业适用的工程技术人才，许多学校实行了"工读交替制"的合作教育。这就是人们常说的"三明治"（或"夹心饼干"式）教学计划。这种人才培养方法分为三个阶段：学生中学毕业后，先在企业工作实践一年，接着在学校里学习完二年或三年的课程，然后再到企业工作实践一年，即所谓的"1+2+1"和"1+3+1"教育计划。此外，英国还实行第一、二、四学年在学校学习三年理论，第三学年到企业进行为期一年的实践培养方式。

（3）其他国家的工学结合人才培养模式

美国在职业教育系统化之初，企业就开始参与职业教育。1915年的职业教育运动就获得了企业界的极大支持。1963年的《职业教育法》规定开展工读课程，要求大学阶段的学生一部分时间参与校园学习，另一部分时间参加有薪专职工作，二者交替轮换。法案规定为工读课程提供财政资助，并且要求各州的职业教育部门与企业要相互合作。随后，校企合作成为美国职业教育的重要途径。1982年的《职业训练协作法》明确规定：职业训练计划由州和地方政府制订，政府和企业共同参与成人职业训练课程的制订、修改及实施。法案规定由州长掌握非技术工人及其他贫困青年的成年人的职业培训经费。各州州长把全州划分若干培训区，每个培训区都成立私营企业校董会，负责当地职业培训工作的通盘规划和组织管理，并与有关培训机构签订合同，贯彻实施。1983年的《就业培训合作法》又将职业培训的权力下放给地方私人企业，联邦只起协调指导和资助作用。1994年《从学校到工作机会法》规定，企业负责延伸的学习活动，如提供合作学习课程，向高中学生提供实习职位以及提供实地工作指导，学校和企业必须共同工作以创造合作关系，建、立就业及学校之间的沟通。

丹麦职业学校的专业课程是在学校和企业（必须有较高技术水平的企业）两个地方进、行，学生一般以合同制形式在企业实习，以带薪学徒的身份在企业工作。学生能够把现在学校学到的理论知识及时应用于实际工作中。这不仅能够使学生打下坚实的理论基础，掌握专门的职业技能，保证高质量、高效率的应用型人才的培养，而且也有利于缓解企业劳动力紧张的局面。美国的"合作职业教育"也称工读课程计划，指工商企业界与职业学校合作，共同对学生进行职业教育。学生一部分时间在学校学习普通文化教育课程，另一部分时间在工商企业界做实际工作，学习与工作交替进行。最近，瑞士进一步改进和完善了学徒制，从"双元制"转向"三元制"，即企业、学校和培训中心或实训车间共同培养学生，培训中心或实训车间是由许多行业或职业协会（企业的联合体）组织起来为学生提供实践的场所。如瑞士最大的行业协会组织——瑞士工艺与技术联合会，是由20多万个企业组成。

2. 发达国家人才培养模式对我国的借鉴意义

国外高职教育发展较早，均有较成功的先进经验。虽然国外高职人才培养模式不同，但其围绕就业和实践能力的培养而兴起和发展有着共同的特点，总结特点对于构建我国高职会计人才培养模式具有重要意义。

（1）以社会需求为宗旨，推动职业教育的发展

20世纪60至70年代是发达国家高职教育蓬勃发展的时期。战后西方绝大多数国家和东方的日本完成了经济的恢复，在新技术革命的推动下，在企业现代管理制度激励下，尤其是制造业向技术密集型产业的转变，使得生产一线急需大批较高水平的技能型、技术型实用人才及管理人才。企业对应用型人才的迫切需求，并希望在较短期限内速成就业，而衍生出高等职业教育的发展大势，一批重

视实践教学、突出岗位能力培养的职业教育性质的院校，纷纷成立。如1961年日本成立的5年制高等专门学校、1968年的德国专科大学，1965年的英国的多科技术学院，以及此后的美国社区学院也相继迅速发展起来。国家经济的发展，不仅创造了技术型人才的大需求，在推动职业教育发展的同时，也使各国经济在后十年取得了较高的经济增长速度。特别是日本，以两位数的发展而一跃成为世界经济强国。当前，我国现代化建设进程中最缺的就是高级技能型人才，全国部分大中城市高级技工短缺，蓝领身价飞涨。

（2）以产学合作为机制，建立人才培养模式

无论是德国的"双元型"、美国的"渗透型"的合作教育、英国的"工读交替型"的"三明治"教育和日本产学合作教育，都是以学校和企业（行业）共同培养机制为基础，而建立起"双向参与、双向互动"的运作机制，形成各具特色的产学结合人才培养模式。如"双元型"是以企业和实践为主，开设为本企业所需的专业技能和实习课程。"渗透型"是以学校计划组织为主，教师根据学生的专业和兴趣寻找适当的企业雇主，根据企业的需要和可能提供相应的生产实践培训场所和报酬签订合同，确定学生的劳动任务、职责、时间和报酬等，开展与企业的合作。"工读交替型"是学生先做企业员工，后进校学习以企业为基础的技能培养形式。日本则是企业直接办"工学院"培养企业高技能型人才。此外，占美国高等教育系统34.1%社区学院也通常采取与企业合作办专业以及与企业进行协作教育，为企业培训职工等方式建立产学合作机制。而工学结合人才培养模式在我国高职教育中的应用还不是很广泛，还没有形成一套完善的保障机制，这是我们应该积极借鉴的地方。

（3）以实践教学和职业能力为重点，设计培养方式

在西方各国高职教育中，实践教学占有较大比重。课程设置与内容围绕社会或企业的需要，坚持以职业对技能和知识的实际需求为依据，注重课程的职业功能性，如英国的多科性技术学院普遍开设有工读交替的"三明治"课程，训练学生的职业技能，第一年在校课程学习、第二年带薪实习、第三年回到学校完成学业，进行学习成果考核验收。德国一般需要2/3的时间用于在企业接受培训，约1/3时间在学校学习理论知识，专科学校的课程设置侧重学生实习和实验训练，理论教学和实践教学一般交替进行，第三学期主要用来，熟悉工作环境，了解所学专业的未来工作前景；第六学期主要与学生毕业后的职业方向接轨，强调实践性和操作性。可以说，发达国家的高等职业教育人才培养课程，几乎全部的专业课都采取理论课与实践课相结合的方式。1956年，英国的《拍西报告》就指出：凡是培养工程师的课程都要包括实习。

在教学方法上，坚持以"能力为本位"的原则组织教学，突出在一线岗位从

事现场和实际的职业活动能力的培养。如德国高等职业教育所推崇的一种培养学生自立学习、注重理论联系实际的引导探究教学法，以及美国、加拿大等国所采用的学生自我学习和评估教学等教学方法，其目的在于通过各类教学活动培养和发展学生的"自学能力""协同工作能力""创新能力"。

（4）以政府立法为保障，推进合作教育的实施

由于职业教育对国民发展的突出重要作用，令发达国家政府高度重视职业教育的发展，为确保职业院校的高技术人才培养与企业对职业能力需求相一致，都以立法形式促进校企合作。如美国政府在1982年制定了《职业训练合作法》后，又于1988年颁布了《美国经济竞争力强化教育、训练法》，进一步突出职业教育训练的现代性质，1990年的《拍金斯职业教育法》还明确规定了州的职业教育训练实施具体标准和评价方法等，使社区学院与当地企业都建立了协作关系，实行名副其实的"合作教育"。德国在60年代推出了《职业教育法》、《职业促进法》、《实践训练师资格条例》、《青年劳动法》等一系列法规，明确了企业承担实践教学和配备合格的实践训练师等责任。而日本设有专门组织机构（如产学恳谈会），负责将企业界的人才需求反映给学校，加强产学合作。政府立法为职业教育创造了很好的发展环境，职业院校获得了健康快速地发展，也有力地推动了发达国家的经济高速度增长。

（5）以社会监控为手段，保证人才培养质量

高职院校培养出的人才质量如何监控？发达国家在人才培养结果评价上一般采取社会参与评价的方式监控人才质量。如德国由企业、学校、工会和行业代表共同实施，美国由工程技术评估委员会制定评估标准，加拿大由合作教育协会制定标准，澳大利亚和英国由行业协会制定培训计划和标准。

可以说，发达国家内起着行业自律、行业保护职能的专业协会或专业团体已担当起职业教育质量评价的主要责任。形成了学校对教学质量负责，企业和社会专业团体等提供专业指导和知识更新，评价人才培养质量的内外统一相互促进和约束的机制。实施中，高等职业院校积极主动邀请企业界资深人士参与专业教育内容和质量控制的过程。这种内外合一的质量监控机制，不仅增强了职业学院与企业和专业团体等的沟通交流，也不断地重构了符合社会需要的专业理论知识与技能基础，保证了产学合作得实效。

（二）工学结合人才培养模式在我国的应用

1. 我国工学结合人才培养模式的历史演变

（1）20世纪初，周学熙倡导"工学并举"

在"西学东渐"思想的影响下，伴随着天津被辟为通商口岸以及此后洋务运动的兴起，一些企业相继开设了实习工场传习工艺技术，启发工商知识，一

种边工边学的职业教育模式开始形成。时任直隶工艺总局总办、有"北洋实业权师"之称的周学熙,主张教育与实业如影随形,要"富强",必须"工学并举","工厂之设与工艺学堂联为一气"。鉴于过去工业学堂"理论多而实验较少","惟习其理,而不习其器",因而"可造之才"甚微,周学熙十分强调教学要"教""学""做"合一,在教学中坚持"既习其理,又习其器"的教学方法。周学熙的实业教育实践主要是在天津进行的。"工学并举"的深入推行,促进了近代工业和近代教育的发展。

(2) 20世纪50年代,"半工半读"教育在天津兴起

新中国建立初期,随着经济建设的快速发展和计划经济的逐步完善,为了保证产业工人的数量和质量,1958年天津国棉一厂创办了全国第一所半工半读学校。一些工厂企业还试办了多种形式的职业学校,既有招收初中毕业生的,也有面向企业在职工人的。总的办学思路是"半工半读",即一半时间在工厂生产,一半时间在课堂学习。当时,刘少奇同志对天津首创的"半工半读"职业教育模式给予充分肯定,并在此基础上提出建立"两种教育制度,两种劳动制度"。这种教育模式对培养有社会主义觉悟、有文化的劳动者产生了重大影响。

(3) 21世纪初,"工学结合"职教模式确立

从1979年开始,世界各国正式对产学合作教育的理论和实践进行了有计划、有系统,的研究,每年举行一次世界合作教育大会,并于1989年成立了世界合作教育协会。我国于1989年首次参加了世界合作教育大会,正式开始了对合作教育的研究。在2004的教育工作大会上,教育部长周济也充分肯定了职业教育的产学结合模式,并强调在今后几年要进一步搞好职业教育的产学结合。

2005年8月19日,教育部在天津召开职业教育工学结合座谈会,确认了工学结合职教模式。同年11月,温家宝在全国职业教育工作会议上的讲话中充分肯定了工学结合模式。他说:"有条件的地方和学校,学生可以一面在学校学习,一面在企业工作,工学结合、半工半读。"

2. 我国工学结合人才培养模式的几种形式及其优缺点分析

通过20世纪80年代后期引进国外合作教育模式的分析比较,结合我国国情和高职教育的发展实践,工学结合人才培养形式,常用的模式有:

(1) "订单式"模式

根据企业用人需求,学校与企业签订人才培养协议,共同制定人才培养计划,共同组织教学,学生毕业后直接到企业就业的产学研合作教育形式。对企业来说,培养出的学生,岗位针对性和适应能力强,企业运营成本减少。对学校而言,该模式利于专业建设,从根本上解决了学生的就业问题。最大限度地体现了就业导向的优势。但存在易造成学生,知识结构上的狭窄和单一,影响其进一步

深造和发展等局限性。

（2）"2+1"模式

学生前两年在校内学习与生产实习，后一年到企业顶岗实习和毕业设计的产学研合作，教育形式。它具有提高学生的综合素质和动手能力，缩短岗位适应期的效果。该模式主要，适用于三年制高职院校中的工科专业、管理类专业及文秘、旅游等专业。

（3）"学工交替"产学合作模式

这是一种学校与企业共同制定人才培养方案，学生在企业实践与学校学习相互交替，学用结合的教育模式。其显著特点是学生具有"员工"和学生双重身份，企业参与人才培养的全过程，学生能力与岗位要求之间实行了"无缝"对接。但模式运行需要企业有较大的生产规模和较高的技术含量，才能保证工学的交替。模式一般适用于岗位技能要求较高，学生需要较长时间在企业实践才能胜任岗位工作的"二产"类专业。

（4）全方位合作教育模式

即合作教育企业方通过注入教育教学资金、共建实验实训基地和合作开展课题研究，物力、财力全方位与学校合作并承担相应教育管理责任的合作教育模式。双方秉承"双赢"的原则和理念，培养"适销"对路人才。该项模式适合以就业为导向培养现代服务业人才的一切高职院校。

二、工学结合高职会计人才培养模式的构建

（一）实施工学结合本位的培养模式

1. 培养模式的基本理念

高职教育须转变办学理念，实现科学发展，关注社会发展的需要。推动职业教育从计划培养向市场驱动转变，从政府直接管理向宏观引导转变，从传统的升学导向向就业导向转变。预测社会发展趋势，依据产业结构及经济调整的需要，进行高职会计专业建设研究。在建设改革的过程中，从教学与职业发展规律出发，以较高的"职业判断能力"和熟练的"操作动手能力"为目标，不断赋予"发展能力，工学结合，校企合作，持续发展"的高职教育理念新的内涵，促进职业教育教学与生产实践及社会服务相结合。

2. 工学结合课程模式的构建

工学结合本位课程模式是能力本位的课程开发模式，这种模式是针对岗位群的要求整合与配置教学内容和课程体系，满足企业对应用型人才的要求。工学结合本位课程模式的主导地位主要体现在：变"学科本位"的课程思想为能力本位，课程体系按能力需求精简课程内容，以工学结合培养为主线，强调以工学

结合作为课程开发的中心，重整会计课，程，以训练为重心，进行并行方式学习（学生在理论学习的同时，在学校实训中心进行工，作实践），做到"三个结合"，即教学和实践结合、学校和企业结合、模拟岗位操作和理论学习结合。新课程体系包括综合素质和行业岗位需求的知识和能力。以主干专业技术为核心，建立多学科综合化的、动态的、多元的课程结构和课程内容。以培养专业技能为轴心，建立实训课程体系。以校内外实验、实训基地为基础，部分课程到企业去完成。学习环境与工作环境相结合，部分课程到实验、实训基地完成，增强职业岗位群意识；学习环境模拟工作环境，实现技术应用能力、岗位群适应能力及综合素质三者相结合。借鉴北美国家普遍采用的 CBE 教育模式，在模块教学的基本框架内，以专项技能模块为基本教学单元组织教学，以岗位为中心进行全仿真实训，培养学生的技术应用能力和基本素质能力。对于课程设计如下：一个企业资金管理从管理过程划分为筹资过程的管理、投资过程的管理、资金耗费过程的管理、收益的实现与分配过程的管理四大环节。例如，可以将财务会计、成本会计和财务管理三门课结合起来，组成一个教学模块。对四大环节的间接管理是财务会计课程的任务。成本会计主要是对资金耗费过程的管理，包括成本核算、成本分析、成本预测、成本决策、成本计划、成本组织、成本控制和成本监督。这样，成本会计是财务管理与财务会计在资金耗费环节的交叉，加上这三门课程同时对资金过程的管理，所以三门课程可以结合起来，组成一个教学模块。由于管理会计和财务管理与成本会计内容的交叉，可以不再开设。为此，可探索采用中级会计考试教材作为高职会计核心课程教材。

3. 培养模式的整体优化

面向未来，狠抓高职教育教学研究，合理调整专业结构。工学结合本位的培养模式要面向新兴产业和现代服务业，加大课程体系研究力度，大力推进精品专业、精品课程和教材建设。改革以学校和课堂为中心的传统人才培养模式，关注实用技能培养，合理计划安排经费，建立综合性的校级实训基地和校外实践教学基地，对设备进行集中管理、监控及维护，使学生熟练掌握设备的操作并进行反复的训练。让学生了解工厂企业的真实运作、组织、车间管理方法，校企互惠互利、共同发展。全面推进高职教育的信息化发展，教学中体，现代教育技术的应用。逐步建立有别于普通教育的，具有高职教育特点的人才培养、选拔与评价的标准和制度。充分利用区域内优质资源和就业市场，进一步推进合作办学。

（二）合作教育，协调发展及实现途径

合作教育是工学结合会计人才培养模式构建的核心，是工学结合会计人才培养中的重，要特色，是培养学生把理论知识转化为实践能力，提高学生综合素质与创新素质的有效途径。实践创新能力都是在大量产业实践中培养的，而合作教育是其实现途径。从职业教育发展历史经验及实践探索得出，工学合作教育的实施成效是培养高职会计人才成功的关键，工学合作教育要卓有成效，一定要做好以下工作：

1. 合作教育方式

合作者要明确工学合作的目标、内容方法及双方责任。双方成立组织机构和领导小组，聘请行业专家、企业领导与学校教师共同组建"专业教学指导委员会"。"专业教学指导委员会"的职责是明确专业人才的培养目标，确定专业教学计划的方案，提供市场人，才需求信息，协助学校确立校外实习、实训基地。"专业教学指导委员会"最突出的作用就是确定了以社会岗位群对人才需求为导向，以知识、能力、素质结构为依据的专业人才培养方案，建立校企合作的教学体系。合作教育是一种人才培养模式，有其完整的教育体系，应当贯穿在整个人才培养过程的始终。可主动将服务、技术送到企业，将培训送到现场一线，并承接企业订单，根据企业用人数和规格开展订单培训。坚持"用知识报效社会"的价值观，充分利用专业和人才优势，树立品牌意识，提升服务水平，拓展服务领域，广泛进行社会交流，为地方、行业提供决策、咨询、培训服务，深度进行校企课题研究工作，切实发挥服务地方经济发展的作用。校企共同、联合开展培训。高职教育的实践，教学，不是一种简单理论教学与实际结合，而是培养学生形成岗位特色要求的知识—能力素质结构的一种教育过程，而这种知识—能方素质结构的培养是通过合作教育联合设计，共同培养。要实现这种合作教育的教学模式，就要求教学计划和教学体制与之相适应。实践教学环节可安排到三个学年进行，完成不同阶段的实习任务。这种合作教育有利于学生尽早了解工作岗位和环境，在学习中，学生学习的目的更加明确，学习的动力也更足，使学生能够提前进入角色，为走上工作岗位提前做好心理准备、知识准备和能力准备。

2. 岗位轮换教学，加强合作意识策略

（1）角色扮演教学策略

会计教学过程中，根据学生的特点把学生分成若干组，每组构成一个财务部，分别扮演会计主管、制单员、出纳员、记账员等不同会计角色，开展审核原始凭证、填写记账凭证、登记会计账簿、编制会计报表等会计核算工作，使学生通过岗位角色的扮演，明确各自岗位的职责，了解会计核算的流程，培养协同合作能力，能达到事半功倍的作用。例如，由会计主管、制单员、记账员和出纳员所组成的财务部如何审核原始凭证和编制记账凭证的过程是：会计主管对原始凭证的合法性、合理性和有效性审核通过后传递给制单，员；制单员根据经济业务性质，相应记账凭证后传递给会计主管；会计主管对记账凭证进行审核，符合要求后签名交还给制单员，反之则退还重填；制单员把审核后的收款、付款，凭证传递给出纳员，转账凭证传递给记账员；记账员根据收款、付款凭证登记现金日记账和银行存款日记账，在出纳员处签名后传递给记账员。学生通过扮演财务部的相关角色共同合作完成原始凭证的编制和审核工作，领会岗位之间的合作性和牵制性。

（2）岗位轮换策略

为了完成实践教学目标，需要进行岗位轮换，小组中的每一个成员必须依次扮演4个角色，通过4轮轮换，使得每一个同学都能将所有实践内容轮换一次。加强了会计实践教学，系统培养了学生的实务操作技能。

（三）加大实验实训教学力度

1. 建立完整的实验教学体系

在建设"现代职场、真实氛围"外部环境的同时，积极探索创新实践教学。实验教学是指在会计模拟实验室（包括手工实验室、电算化实验室），选取仿真或企业实际业务资料，按实务工作的流程和要求，让学生进行实际动手操作的教学形式。可分为手工、电算化、综合三个实验阶段。手工实验阶段，除穿插在理论教学当中的章节实验项目之外，可配合各门理论课程之后开设基础会计实验、财务会计实验、成本会计实验、纳税申报等集中高职会计教育模式改革的研究的阶段实验课程。在教师的指导下，通过对实验资料的认真思考、分析，学生可以使用会计工作模拟器材，对科目的设置、复式记账、填制和审核凭证、登记账簿、成本计算、纳税申报、编织报表等会计循环环节的工作都动手实际操作，并在操作过程中体会、归纳手工会计工作的特点。电算化实验阶段，对高职层次会计专业学生的要求就是在把握会计手工工作流程的基础上，能熟练运用常用的会计软件进行各模块的操作与维护，利用电算技术，处理企业的日常会计业务。通常于第四、第五学期，开设一至两门的电化课程，不仅介绍会计电算化的基本原理，更重要的是让学生上机，操作，掌握通用的财务软件的实务操作处理。综合实验阶段通常安排在最后一个学期。搜集整理一套企业完整、真实的业务资料；营造一个立体交互的"社会"氛围，设置包括银行、税务、保险单位等与企业有经济业务往来的外部环境；由若干名学生组成一个职责分工明确的企业财务部门，按岗位分工，各司其职，强调互相监督，互相协调配合；进行手,工与电算化双轨的综合业务处理。各岗位定期轮换，以达到全面实践的目的，通过综合实验阶段的训练，可以全面、系统地提高学生的实务操作能力。

2. 加强实训环节

实训条件包括软件配备、资料配备、工具配备，软件配备包括电子实训软件设备、企业版财务软件配备；资料配备包括"银行票据、税务票据、业务票据"组成的票据库、各类账簿和报表组成的账表库、仿真企业的核算资料；工具配备包括教学工具、装订机、验钞机、计算器等工具。

（1）在实训室和校内实训基地仿真实训

该方案实训效果是能使仿真实训形式、实训工作日常化，让学生每天都处在会计工作环境中解决不同问题，不仅有利于学生的职业素养的养成，更有利于学生提高职业技能、人际交往能力和独立处理问题的能力，实现职业技能与职业素养一体化培养。该方案实训的运行成本是要有专用实训基地。这是一项一次性较大的投资，但现在多数高职院校缺乏长远规划和全局意识，院、系、部、处各自为政，固定资产资源不能共享。据教育部的统计数字，部分高职院校教室、实验室、实训室的使用率只有60%。所以各院校只要合理规划，不用投资就能够解决实训基地的问题。

（2）在校企合作实训基地现场实训

该方案实训的效果是在实习期间，学生跟校外实训基地的指导老师（会计人员）从事，企业会计真实经济业务的会计处理工作，可以得到现场指导和帮助。因为学生亲临现场实战，实地动手操作会计工作，可将学校学习到的会计理论知识运用企业实际会计工作中，培养了他们的会计岗位工作能力，实训效果显著。同时学生切身感受了企业文化氛围、企业价值观和企业精神，不断提高了团队意识、合作意识、质量意识、安全文明生产意识，进一步实现了职业素养与职业技能一体化培养。

三、"工学结合"高职会计人才培养模式的路径选择

工学结合人才培养模式是指职业院校与行业（企业）密切合作，将学生的课堂学习与参加企业实际工作结合在一起，使学生能学到课堂中学不到的东西，并接受一定的职业训练，取得一定的工作经历，从而形成职业态度、职业能力和创新能力，顺利地完成学业，实现从学生生涯到职业生涯的过渡。工学结合的人才培养模式，能够实现企业、学生、高,职院校和社会的多赢，是新世纪我国高等职业教育的必然选择。

（一）工学结合人才培养模式的重要意义

教育部《关于全面提高高等职业教育教学质量的若干意见》提出把工学结合作为高等职业教育人才培养模式改革的重要切入点，这是高等职业教育理念的重大变革，是高职教育发展的必由之路。实行工学结合人才培养模式具有重要意义：实施工学结合使学生将理论学习与实践经验结合起来，从讲授纯理论的课堂走进社会生产实践的第一线，以准职业人的身份参与实际工作。学生在工作过程中同时接受企业师傅的指导和学校教师的组织和管理，实现学习生涯与职业生涯的无缝对接。

实施工学结合可以将企业对人才规格的需求落实到学校的人才培养方案之中，企业可以通过学校的教育培养自己需要的人才，为企业发展储备高质量的人才资源。同时企业也可以利用学校的资源对员工进行培训，提升员工的文化素质。

实施工学结合可以使高职院校充分利用企业生产条件和职业氛围强化对学生的职业技能和职业道德培养，把教育培养的课堂扩展到生产现场，实现生产育人的目的。同时工学结合教育增加了学生优先被企业录取的机会，把学校就业工作的重心前移到企业，使就业与教育紧密联系在一起，体现"以服务为宗旨，以就业为导向"的办学方针。

（二）高职传统会计人才培养模式存在的问题

我国的高等职业学院大多是由原中专校合并升格而成，升格为高校后基本套用原普通高校传统的学科型培养模式，没有摆脱学科教学模式的束缚，仍然受知识系统性、学科性和完整性的制约。这样的模式显然不符合高职院校人才培养目标的定位。会计专业是高职院校普遍设置的一个专业，目前通行的传统的会计专业人才培养模式存在很多问题。

1. 课程体系学科化

传统模式下的课程体系偏重于会计专业知识理论体系，它往往通过设置一系列会计课程来完成，实施的课程主要是基础课、专业基础课、专业课，这些课程的课时数占总课时的比重通常在50%左右。素质教育等其他课程不但课时数少，而且经常是相对固定不变。目前很多院校虽然加大了实习实训教学的力度，但由于受学科教育的影响，还没有按照实际会计工作岗位要求组织教学，实习实训的绝大部分内容是账务处理，其实是准则、制度讲解的继续，只不过是将平时做在作业纸上的作业改做在凭证、账册上而已。这种课程体系与高职会计人才的培养目标是不相适应的。

2. 教学内容理论化

受"通才"教育理念的束缚，教学内容仍然突出理论知识的传授，强调知识的系统、性、完整性，缺乏针对性，没有以理论够用为度，导致实践教学环节效果弱化；教学内容注重于准则、制度的讲解，过分强调会计核算内容；虽然增加了实践教学环节的训练，但教学重心没有真正向实践技能训练方面转移；教材内容陈旧老化、交叉重复、内容偏多、理论偏深，造成教学时间和教学资源的浪费，也影响到实践教学的安排；由于缺乏对会计工作岗位的认识和调查研究，没有按照会计岗位所需的专业知识和专项能力组织教学，实践课内容缺乏实效性和针对性。

3. 成绩考评试卷化

学生成绩考评基本上沿用传统的闭卷、笔试形式的期末考试评价方式，仅以一次成绩作为成绩评价标准，缺乏科学性，忽略了实践能力的测试。这种"纸上谈兵"式的应试教育，造成校方认为成绩优异的学生却被用人单位拒之门外，呈现出严重的高分低能、校企人才评价标准脱节现象。成绩考评体制的不合理，严重影响了学生实际操作技能的锻炼和综合素质的提高，从而对学生的职业发展产生了负面的影响。

4. 师资队伍单一化

教师没有实际会计、审计工作经历，缺乏实际工作经验和操作技能，不能满足技能型人才培养需要。教师在教学中照本宣科，鹦鹉学舌，传授的"技能"犹如空中楼阁，学生动手能力差，不能适应就业的需要；师资短缺，整体素质偏低，"双师素质"型教师严重，不足。一些有能力的会计教师到企业做兼职会计，但学校往往不支持、不鼓励，还认为是在"干私活"，甚至想方设法进行卡、管、限。其实，会计教师从事会计兼职工作正是他获取会计实际工作经验、提高教学水平和实践教学能力的最佳途径，这是派送教师到企业进行一般的参观和实习所无法达到的。

要解决上述问题，必须跳出传统人才培养模式的误区，适应高职教育的培养目标，根据目标的职业岗位群和职业能力要求，从培养学生能力的角度出发，选择与专业技能、岗位实际紧密结合的教学内容。只有避免不必要的空洞理论的传授，采用"工学结合"人才培养模式，才能使我们培养的学生真正达到高素质、高技能要求。

四、高职"工学结合"会计人才培养模式的路径

针对目前高职会计专业的教育现状及存在的问题，高职会计专业在人才培养模式上要不断更新理念，强调能力培养、整合课程体系、体现基于工作过程、增强实践环节、适应社会需求，选择符合高职会计专业特点的"工学结合"培养路径。

"工学结合"有广义和狭义之分。广义的"工学结合"可以理解为工作过程与教学内容的结合。它包括两个层次：与今后工作岗位相适应的校内仿真教学和企业全真教学。狭义的"工学结合"仅指在企业会计岗位上教学。鉴于会计工作的特殊性，会计专业人才培养的"工学结合"以广义理解为更妥，即通过充分的市场调研，把握职业岗位群和职业能力及岗位能力要求，根据能力要求确定培养目标，针对专业能力制定基于工作过程的"工学结合"人才培养方案，并且根据学习领域的情境划分实施以工作任务驱动的项目化教学，在此基础上通过仿（全）真的实训和顶岗实习来实现高职会计专业的培养目标，真正做到"以就业为导向、以能力培养为本位、以社会需求为目标"。

（一）根据培养目标的定位，制定符合人才规格的培养方案

通过与企业、行业专家共同研讨，真正明确高职层次会计专业学生的主要就业岗位，群、应具备的能力及必须学习的知识领域（表4-1）。根据学生必须掌握的专业知识，设置专业岗位能力学习领域模块；针对提升学生的专业及人文素质，设置岗位能力拓展模块和职业素质教育与拓展模块；针对学有余力的学生设置岗位能力提升模块、基础技能知识拓展模块和专业能力提升模块，通过各模块的设置真正达到干什么学什么，缺什么补什么，要什么给什么。

表4-1 高职会计专业岗位能力分解

	岗位基础素质	岗位专业能力	职业拓展能力
职业岗位能力 职业岗位能力	政治思想与职业道德	会计知识与基础技能	会计岗位适应与创新
	人文科学与身心健康	会计核算与信息化处理化处理	分析问题与组织管理
	阅读写作与语言组织	财务管理与审计监督	职业生涯规划与发展
	团队协作与职业素养	经济与税收法律知识	继续学习与职业创新

（二）根据职业岗位工作要求，确定基于工作过程专业学习领域

针对传统会计专业课程设置老化的特点，根据会计行业的常见岗位需要对教学内容进行改革，将相关课程按照基于工作过程进行整合，实现完全的学习领域化课程设置（表4-2）。如开设"会计认知与职业基本技能""出纳业务操作""企业经济业务核算""成本计算分析""纳税计算申报""会计信息化"等学习领域课程，并且按照工作过程的行为导向，采用"工学结合"的课程设计、有针对性地会计教学，使学生就业后无论从事什么相关职业岗位，都能快速达到职业要求，真正实现与就业零距离。

表4-2 高职会计专业基于工作过程的学习领域分解

职业岗位	岗位主要的工作内容	典型工作任务	学习领域
出纳	库存现金日常收付、办理银行结算、日记账登记、核对	从事货币资金业务处理	出纳业务操作
会计核算	筹资投资、费用支出、收入分配、财产物资、财务成果等经济业务的确认、计量、记录和报告	对日常发生的经济业务进行会计要素的确认、计量和记录	企业经济业务核算
	成本计算对象确定、成本项目确定、要素费用的归集与分析、成本计算方法选择、成本的分析	按照核算对象归集费用支出，进行产品成本计算和分析	成本计算与分析
	税务登记、票据管理、税种确定、税款计算、纳税申报	按照税法规定、计算申报企业的各种税款	税费计算与申报
会计监督	会计事前事中监督稽核、内部控制、内部审计	根据内控制度，进行会计检查和审计	内控检查与财务审计
财务管理	编制预算、筹集资金、投资项目分析、预算与成本控制、绩效考核评价、保障资金运行安全	按照财务目标，开展财务活动	财务管理与分析

（三）根据工学结合的培养模式，实行以工作任务驱动的项目化课程教学

传统的会计教学及校内实训不能给学生真实的岗位体验，如何解决这个问题呢？将传统的理论教学和平时阶段实训融合，对各学习领域按仿真的工作环境，设计不同的学习情境。如"企业经济业务核算"学习领域，可划分为"筹资与投资""采购与付款""销售与收款""收益与分配""会计报告与分析"等若干学习情境，以工作任务为驱动，融教、学、做于一体，按"六步教学法"实行项目化的教学。

（四）建立仿真的模拟实训和全真的生产型实践基地，进行"工学结合"的实践教学

建立与学生规模相当的校内仿真的模拟实训基地，设置会计模拟教学系统、会计岗位模拟系统、会计业务模拟系统、银行结算模拟系统、纳税申报模拟系统等，让会计各岗位的业务都能在会计模拟实训中体现，并能提供相应的模拟操作训练；还可以将各个环节进行组合，为学生提供一个仿真的实训环境，校内模拟实训应聘请企业兼职老师提供实训指导。与此同时，可以运用校内师资的优势，组建会计服务机构，建立校内生产型实践基地，承担社会代理记账、会计咨询、审计等业务；组织具有会计从业资格的学生，在会计老师的指导下，直接从事企业会计业务的处理和审计基础工作。

（五）建立校外实习基地，进行"工学结合"的感性认知和顶岗实践

根据会计教学的需要，在校外建立必要的会计实训实习基地，一方面承担会计专业感性知识教育，在会计启蒙教学之前可让学生感受真实的会计环境，观察会计资料、参观工作流程，使学生对会计工作有基本的了解；另一方面，平时在校内的实训基地实训，虽然在一定程度上可以提高学生的动手能力，但毕竟只是一种"操练"，同时鉴于会计工作的特殊性，不可能在一个企业安排大批的会计专业的学生进行顶岗实习，因此必须建立数量较多且满足需要的校外顶岗实训基地，为学生提供"演习"的场所。学生在校外顶岗实训期间，要聘请企业财会人员担任会计实践指导老师，承担顶岗学生的指导任务，会计专业的教师定期巡回指导，随时掌握学生顶岗实践的情况。

（六）实行双证融通，实务技能培养与职业证书集中培养相结合

与大部分行业不同，会计行业有严格的准入制度，即所有从业人员必须取得会计从业资格证，为解决这一问题，在校期间应将有关知识纳入"会计认知和基本技能"。在此基础上，开设证书培训课程，将"基础知识学习——岗位能力培

养——从业证书培训"三项内容连成一体，以项目教学为主要教学方法，保障"双证融通"课程教学内容的有效落实。同时为加强对学生的专业技能培养，要求学生在学习期间必须获得相关资格证书，为学生以后顺利就业打通职业门槛。这种以岗位技能训练和行业证书培训相结合的"工学结合"必将取得良好的效果。

四、工学结合高职会计人才培养模式有效运行的保障体系

（一）建立工学结合人才培养管理机制是关键

1.建立运行机制

要使产学研合作教育卓有成效，必须建立一整套可靠的管理机制和运作程序。运行机制是工学合作教育的基础，合作双方只有在思想观念上取得统一、方法程序上达成一致，营造融洽的合作环境，合作才能长久。因此，要建立一个统一良好的、保证正常运行的机制主要体现在四个方面。

一是建立思想机制。学校广大教职员工要在思想上确实形成实施工学合作教育是学校生存发展的必由之路，创造良好的合作氛围，树立主动服务的意识，与合作单位建立良好的互助关系。合作企业也应深刻地认识到产学合作教育的最终目的是为企业培养会计人才，和做好人才储备，推进企业发展，提高企业社会知名度，对国家和人民有益的大事。一旦，形成了合作教育统一的办学思想这一基础，再大的困难双方都能共同承担和解决。二是建立双赢机制。合作是为了达到人才培养的1+1>2的效果，即"双赢"的目的。因此，合作中要坚持互利互惠的合作原则，形成良好的利益机制。在合作决策行事过程中一定要寻找利益交汇点和共同点，使彼此都能获得利益，这样才能使利益矛盾和冲突变成利益的统一与和谐。彼此双赢，客我共利，才能获得合作发展的长远利益。

三是建立互动机制。合作教育的目的是培养出符合企业需要的与培养目标一致的合格会计人才，因此合作必须实现双向互动。一方面，企业必须把人才培养纳入人力资源开发的轨道，及时掌握岗位职业技术发展变化的信息，并始终监控教育产品的产出过程，不断地把自己对人才的要求、企业运行的状态、技术进步趋势、市场演变的信息、企业文化等带入学校，引导学校在专业设置、培养模式、实践教学等方面的正确定位。另一方面，学校要树立为区域经济发展、为企业发展服务的理念，关注企业的需要，研究应用型人才的产出规律，努力实现专业设置与社会经济发展零距离配合、教学内容与职业能力要求零距离贴近、实践教学与职业岗位零距离对接，不断探索出合作教育的最佳模式，为社会和企业输送优秀员工。

四是建立师资引进、培训机制。发达国家职业教育的教师既是企业界的企业

家或某一领域的技术工人，又是通过教育学院培养的具有扎实的文化基础和专业技能的专职教师。美国职业教育的教师必须是大学本科毕业或硕士研究生，并经过教育学院和实践环节的专业培训，才能成为职业学校的教师。同时，教师每隔2~3年要参加一次教师资格考核，并取得连续任教合格证书。师资队伍水平的高低直接影响工学合作教育的质量。因此合作教育的双方要按照专业技能的需要，从共同发展的角度出发，共同建立师资培训机制，打造一支教学水平高、技术能力强的"双师型"教师队伍。对于学校而言，一方面，要改革用人机制，从行业聘请有丰富实践经验的会计师担任操作技能教学的指导教师，建立能进能出、专兼职相结合的"双师型"师资队伍；另一方面，要有责任、按计划、分步骤地抓，好现有教师的进修培训工作，要根据教师的不同情况，进行不同程度的进修，可允许长期培训与短期培训、在职进修与脱产进修、系统培训与部分培训等多种形式交替进行。并利用假期派专业教师带任务，有针对性地下企业实习，增强教师的知识水平和业务能力。对于企业，则应有义务为合作教育选派最优秀的会计师担任教学工作，并主动为高校教师实习提供岗位，也可通过合作研究课题等方式共同提升师资队伍水平；另一方面，安排企业的兼职教师到学校进行专业理论教学及高等教育学和高等教育心理学的进修，提高教学水平。

2. 制订制度管理体系

制度是规范工作程序，不至于出现偏差的尺子。因此，要使工学合作教育顺利实施，运行机制得以落实，合作双方要制定一套行之有效的规范管理制度。主要有：

（1）教学管理制度

这是工学合作教育管理的最重要一环。其管理目标是保证培养方案中所要求的理论和实践教学内容得以实施。双方要充分研讨共同建立一套涉及教学工作各个环节内容的教学管理制度。尤其是积极推行适合学生创业、为教学改革创新带来柔性管理的学分制管理制度。

（2）"1+n"管理制度

即建立学历证书教学内容与职业资格证书培训内容相互融合沟通的制度，将职业能力的"硬性指标"和相关技能证书的内容转化为学历教育的教学内容。可以将会计证、初级会计师资格证，高职院校英语证，计算机文化基础证以及普通话证等证书的取得都作为学生毕业的必要条件，实现"一教多证""一专多能"的教学目标。

（3）学生管理制度

这是涉及培养什么人和稳定工作的大事。其管理目标是建立起包括学生在企业实习期间的思想政治工作、学习、生活和安全工作在内的全方位管理。制定的学生管理制度既要科学严格，又要充分体现人性化。在校管理要落实到班级，由班主任负责；实习期间管理要落实到小组，由组长负责。通过思政教育制度、组织纪律制度、日常生活制度和安全管理制度的实施，真正实现思想工作有人做、组织纪律有人管、日常生活有人问、人身安全有人抓的全方位管理的育人局面。

（4）师资管理制度

建立一支专业与企业相结合、稳定高水平的师资队伍是双方共同的目标。因此，要通过制定教师行为规范、教师绩效考核、进修培训等师资管理制度，不断提高教师的业务水,平和工作积极性，确保工学合作教育的内容不打折扣地落实。

（二）完善的教育教学评价系统是保证

按照高级应用型会计人才培养方案，要从工学合作教育的参与者、教学内容、实施过,程以及用人单位角度来全面综合评价人才培养质量，所以教育教学的评价系统，要从高职院校、合作教育的企业和社会评价三个方面来构建，建立一套人才培养方案评价、人才培养过程评价和社会评价的三个系统。通过调研，汲取一些高职院校的工学合作教育实践经验。这里给出一个高级应用型会计人才培养质量教学评价系统建立的基本框架。

1. 人才培养方案评价系统

由行业和企业专家领导、技术骨干、学校专业负责人等人员组成的各专业指导委员会实施评价，主要从专业定位是否准确，培养目标及学生知识、能力、素质结构是否符合用人单位的要求；教学内容是否"必需、适用"满足培养目标，专业课教学的针对性和新知识、新技术、是否体现；课程设计和教材是否科学合理，体现教学大纲要求等方面对人才培养方案涉及的培养计划、教学大纲、课程设计等内容进行全面论证。

2. 教学过程评价系统

教学过程总体上可分为校内理论与实践教学和校外生产实习两个环节，因为这两个环节的教学环境、教学手段和教学实施者不同，因此，要分别进行评价。

（1）校内理论与实践教学评价

主要是对教师的理论与实践教学过程、学生知识基础和基本技能掌握情况、学生综合素质培养情况三个方面进行评价。

由学院主管或分管领导、教务处、督导室、系部等相关人员组成理论与实践教学评价工作组，每学期对教师的理论与实践教学过程进行一次评价，主要通过听课、日常的教学工作检查、学生的教学反馈信息等途径实施，并将评价结果与教师学期和年度考核、职称晋升等挂钩，起到激励先进，鞭策落后的作用。

由教务处、各系部教学单位按教学计划进行学期期中、期末考试，评价学生的基础知识和基本技能。

由学生处和团委具体负责，教务处和各系等相关部门人员协调配合，每学期一次，对学生综合素质进行评价。主要从思想道德素质、业务能力素质、文化素质和身心素质4个指标和若干个分项要素，以权重系数方式综合评价。

（2）生产实习教学评价

主要是对企业兼职实习指导教师的教学情况以及学生在生产岗位实习考核、毕业设计（论文）和此间的综合素质进行评价。

对企业兼职教师实习教学的评价，可由学校教学督导室和校企成立的联合教研室，采取听课及学生教学反馈途径实施。其结果与教师教学课酬和聘任挂钩，教学效果不好的解聘，保证生产实习的质量。

学生生产实习考核由实习单位指导老师实施，从学生劳动纪律、工作态度、团队合作和创新精神、解决实际工作问题的能力、实习计划明确规定的操作规程和技能掌握程度等方面进行综合评价。

学生毕业设计（论文）的评价应组织生产实习企业会计师参与的答辩委员会负责实施，主要从利用所学知识解决了哪些实际问题、产生多大价值、题目难易程度等方面做出评价。

最后，将校内理论与实践教学评价和生产实习教学两个环节学生综合素质评价汇总，给出学生综合素质的总体评价，为优秀学生评比提供重要依据。

3. 社会评价系统

高职会计毕业生质量到底如何？社会和用人单位最有发言权，因此，建立社会评价系统极其重要，是高职院校反映人才培养存在的问题最直接、最快捷的重要渠道。社会评价的参与主体是行业及社会考证机构、用人单位和毕业生。可从三个方面开展社会评价：一是考证机构能力检验。按照"双证书"要求，组织学生参加行业规定的助理会计师职业资格考试，检验学生的技术水平是否达到职业必需的能力要求，并通过考核检查该专业设计的知识和技能与职业标准存在的不足。

二是聘用单位实际评价。即由学校专门组织连续多年（5到10年，甚至更长）定期走访用人单位，跟踪毕业生工作情况，对聘用的毕业生进行工作实践的考察。企业安排毕业生所在岗位的有关领导，根据实际工作表现，从政治思想、业务能力、文化素养、身心健康四个方面对其作出全面的评价。学校根据这类专业的毕业生评价数据，可正确地分析学校在人才培养过程中存在的不足，及时制定措施，加以纠正。

三是毕业生自我评价。毕业生通过长期的工作实践，最清楚在校所学的知识和技能哪些适用，哪些无用，还存在哪些缺陷等。学校要建立毕业生回访制度，由毕业生对自己在校所学的知识和技能，与工作实际需要进行对比评价，并对学校的教学内容等提出自己的建议。这种评价结果，对学校的教学改革具有很好的借鉴。

此外，要充分发挥出社会评价系统的真正效果。学校一定要怀着一种诚恳、谦虚的姿态与社会评价单位和毕业生个体建立良好的关系，使这一评价系统运行正常，获得真实可靠的评价结果。

这种由产学合作单位、用人单位、行业及考证机构、毕业生和学校的教学督导部门多方共同参与、构建的内外统一相互促进和约束的教学评价机制，还具有广泛的社会意义，能吸引社会各行各业都来关心、支持、参与高职教育，拓展高职院校的产学研合作教育的途径和范围。

（三）政府立法保障工学结合人才培养模式的实施

学校与企业合作教育的有效实施，须借鉴国外先进经验，通过中央政府或地方政府以法律或法规的形式加以保障。

（四）做好就业指导，帮助学生顺利就业

就业指导是关系到毕业生能否充分合理就业，提升就业率，提高就业质量的一项重要工作。一方面，学校要贯彻"全程化、课程化、个性化、网络化"的原则，建立一个全面、系统、持续、有序的就业指导教育过程。即把就业指导贯穿在从招生宣传到学生入学直至毕业的整个过程之中；把就业指导的内容以课程的形式，纳入整个教学计划，向学生进行系统讲授；依据学生个人能力、兴趣、发展潜力，指导学生选择适合自己的专业或职业；利用现代信息网络这一迅速、便捷的重要载体，充分为学生提供全方位的就业指导和就业服务。

第三节 本科会计人才培养模式

国家教育部制定的面向 21 世纪教育振兴行动计划指出：党的十一届三中全会以来，我国的教育事业取得了显著成就，但是我国教育发展水平及人才培养模式尚不能适应社会主义现代化建设的需要，因此，振兴我国教育事业是实现社会主义现代化目标和中华民族伟大复兴的客观要求。21 世纪的知识已不再是传统意义上的知识量的多少，会计人才也不仅是掌握会计知识的多少，而是利用会计以及相关知识解决实际问题的能力。随着社会经济的不断发展，市场对会计人员的素质要求正在发生着深刻的变化，传统的会计教育受到了极大的冲击。在这种背景下，会计教育的研究成为现代会计学术研究的一个重要组成部分，国内会计教育界正在深入研究会计教育改革的问题。本文针对传统会计教育的不足以及社会经济发展的趋势，探讨对高等院校应用性本科会计人才培养模式改革的一些粗浅设想。

一、传统的本科会计人才培养模式的不足

（一）偏重于会计专业知识教育

传统的会计教育往往通过设置一系列会计课程来完成。在教学方案中，会计课程的课时数占总课时的比重通常在50%左右。在教学方案中尽管有部分经济学、管理学及信息使用的课程，但课时数较少，而且内容往往是相对固定的，同时学生时其重视程度远不如会计课程。

（二）偏重于基本理论基础技能的教育

在传统的会计教育模式下，课堂教学采用传统的严格按逻辑顺序、知识的理论性、系统组织教学的课堂教学模式，考核方法基本采用期末考试的形式，学生也许学会了怎样编制分录、怎样编制报表，但在如何利用这些生成的信息帮助解决日益复杂的企业与会计问题方面则显得不足。

（三）课程之间的联系性较差

传统的会计教育模式下，各门课程之间尽管在内容上可能做了协调，但各自为政，忽视了彼此之间的融会贯通和综合能力的培养，学生很难将所学知识进行整合，形成自己的一种能力。例如在"会计学"中只讲授与会计业务有关的个税知识，而"税法"中只从经济法的角度来向学生传授单纯税法的内容，却没有将二者很好地联系起来，这样就会使学生在实际从事税务会计时，感到无所适从。

（四）缺乏对学生实践能力的培养

传统的会计教学模式是以教师为中心，以教科书为依据。在这种模式下，教师按部就班地分步来讲授课本知识，等到课程结束时学生也不一定能够形成对该门课的一个总体认识。更难实现分析问题、解决问题能力的提高。这不得不让我们对传统会计教育模式究竟教会了学生什么产生了疑问。

二、对应用型会计人才培养模式的构建

鉴于传统的本科会计人才培养模式存在着很大的弊病，束缚了本科会计学生的发展，因此必须进行应用型会计人才培养模式的改革。本文从以下几方面探讨对应用型会计本科人才培养模式的构建。

（一）会计人才培养目标模式

会计本科教育培养的是适应社会需要的应用型本科会计人才，其人才培养目

标应体现为"厚基础、宽口径、高素质、强能力"。其内涵应具体体现为"厚基础",即要具备扎实的会计专业基础理论知识;"宽口径"是要拓宽学生的知识面,相近学科专业打通培养,增强学生对经济发展和社会需求的适应性;"高素质",则是加强学生人文素质和科学素质教育,提高其文化品位和素养;"强能力",则是训练学生获取知识的能力、综合应用知识的能力及发展创新能力,将学校教育与社会实践相结合,培养学生对社会的认识及适应能力。

在此基础上,应用型会计本科人才的培养目标应定位为:以满足社会需求为导向,培养面向市场经济中企业和组织需求的具有开拓精神和创新意识、良好的职业道德、相关的专业知识并掌握学习技能的高素质应用型会计人才。

(二)教学选择模式

教学模式是教学理论和教学实践的综合体。一种教学模式,总有一定的理论主张、理论倾向和理论依据。影响教学过程的诸要素在时空上的组合方式,直接影响着学生学习的积极性和主动性,影响着教学效率和质量,关系到教学目标是否实现,教学任务是否完成。所以会计教学模式应根据课程特点、教学内容特点来构建。主要可从以下几方面入手。

1. 构建以培养能力为重心的教学体系

在教学过程中将传授知识、培养能力和提高素质既相对独立,又有机地结合起来,构建以培养能力为重心的教学体系,体现多层次、个性化的培养特征。构建和完善以提高基础理论和基础知识为目标的理论教学体系,以提高基本技能与专业技能为目标的实践教学体系,以提高综合能力和拓展专业外延为目标的素质拓展体系,构成人才培养的总体框架。

2. 改变现有教学方法,提高专业能力

会计学传统的方法是黑板授课方式。在以往的教学中,这种教学方式起到了重要作用,但是随着信息时代的到来,世界各国都在进行教育改革,如利用多媒体网络教育系统、远程教育联机学习系统,学生利用电子邮件、电子布控系统、计算机媒体会议、声音图示或视频电话会议、远程数据库存取以及最远的世界广域网进行学习活动。我国也已经大面积地进行计算机辅助教学软件,所以从事会计教学的人员应抓住机遇,尽快建立适应信息社会需求的、全新的高效率的教学方式和教学手段,在教学中加强实验操作,利用财务软件进行教学,设置课题讨论,课堂交流,对不同学科可选择某一重要环节进行操作练习,并进行综合模拟操作练习,增强学生的感性知识,提高学生专业水平。

3. 改变教学内容,增强品质能力

在错综复杂的社会中,怎样以自身的能力来适应社会的变化,适应社会的选择,这需要培养学生良好的素质。在教学内容上除了教授专业课程之外,可增设公共关系学、领导科学、心理学等课,使学生能够经受社会竞争压力的挑战,能够面对困难和挫折,勇于开拓进取。

4.改革教学管理模式,适应新的会计教育模式的需要

新的会计教育模式强化了教学的灵活性,增加了教学活动的复杂性,与此相适应,教学管理工作要根据新模式下教学活动的特点进行改革,为新的教育模式的推行保驾护航,同时起到监督的作用。

5.实行学分制教育

学分制是指在高等院校相对于学年制实行的教育制度。实行学分制有利于调动学生的积极性,有利于人才培养的多样化,有利于学生个性的发挥,而且与"大众化"教育的要求相适应。同时可以较高程度地实现个性化教学,激发出学生最大潜能;可以最大程度地解决学习任务和学习能力之间的矛盾;可以最大限度地培育学生的道德、能力和创造力;有充分的空间让每个学生深入细致地掌握、领会知识,将知识理解透彻。

6.构建教学质量监控体系

为了规范教学秩序和监控教学质量,应构建培养应用型人才的全员性、全方位、全过程的质量监控体系。教学质量监控体系是"全员性"的,即监控的主体要以学校主要领导为第一责任人的全校所有部门和全体成员参加的全员群体;质量监控体系应是"全方位"的,即监控的对象既包括教学过程,又包括生源、师资、设备等教学投入要素与考核、就业反馈等产出的质量;质量监控体系应是"全过程"的,即监控地运行是全过程的,不但在教学基本过程实施监控,而且从市场需求调研、专业结构优化,人才培养方案制订,到考核评价,学生就业、用人单位反馈,都要实施监控。这种全员性、全方位、全过程的监控,才能卓有成效地保证学校人才培养质量的提高。

(三)考核评价选择模式

目前我国绝大多数院校采用德智体量化综合测评的方式考评学生。这种制度尽管比较直接规范,透明度和公平性都较高。但也不能忽视它的反面导向作用——学生唯"分"是图。加之现在的考试制度主要考查学生知识量的多少,因此,从总体上讲,目前我国的教育评价制度与素质教育尤其是创新教育是不适应的。教育评价制度改革的方向是变静态、单一、应试式的评价制度为系统、动态、多样化的评价制度。

1.评价内容的全面性

不仅应评价所学知识的多少和所学内容的熟练程度,还应评价其综合运用知识解决问题的能力。

2. 评价过程的动态性

教学过程中的恰当评价有利于教学双方总结经验、调整方法，提高教学效果，因此对本科会计学生的考核和评价不应该只在期末或某一固定时间进行，而是要不定期、随机地来完成，以便能够准确的掌握学生的学习能力。

3. 评价方法的多样性

包括以考试方式考核学生的掌握程度，以实验方式考核学生知识的运用能力，以案例方式考查学生分析问题、解决问题的能力，以实习的方式来了解学生对知识应用的程度和社会实践能力。

4. 评价指标的系统性

评价指标要尽可能覆盖反映学生知识、能力、素质的各方面，除学习成绩外，还应包，括社会工作能力、科研创造能力、问题素质等方面。

（四）教师选择模式

教学模式、考核评价模式确定后，教师就是关键和决定因素。所有教学过程的实施、教学效果的考核都由教师进行，而不同的教学模式要求教师具备不同的素质和能力，因此，在教学模式确定的基础上，要根据不同教学模式的特点要求选择教师。应该注意在构建应用型会计人才培养模式中，首先要实现教师角色的转变。为了实现教育目标，教师要改变传统的、单向性的教学模式，寻求一套以学生为中心，以能力的培养为基本点，在传授知识的同时培养学生的运用能力，实现由教学中的说教者、课堂的控制者向教学中的示范者、学习中的组织者、指导者和领航员的转变。

第四节 独立学院会计人才培养模式

一、我国独立学院会计人才培养现状及培养模式构建的动因

（一）我国独立学院会计人才培养的现状

目前，我国独立学院会计人才培养方面存在的问题较多，在一定程度上制约了独立学院会计办学规模的扩大，阻碍了独立学院会计人才的发展。结合我院会计人才培养情况，具体表现在以下几个方面：

1. 缺乏针对性的会计人才培养计划

人才培养计划是高校培养人才的指导性文件，人才培养计划的优劣对高校培养人才的质量有直接的影响。根据调查发现，目前各独立学院的会计人才培养计划大多沿用公办高校本科教育的会计人才培养计划，缺乏独特的、专用的会计人

才培养计划。像我院至今已培养五届会计专业毕业生，但仍旧采用母体高校培养计划的翻版，没有实质性的改动和创造，缺乏独立学院的现实性。

2. 目标与社会需求不一致

由于独立学院在会计专业人才培养目标方面定位过高，只注重教会学生理论知识，却忽视了教会学生如何应用这些知识。其结果导致独立学院会计专业毕业生未能达到社会的要求，最明显和直接的就是会计专业毕业生就业困难，用人单位抱怨独立学院毕业生理论知识不扎实、动手能力差，必须经过一段时间的历练才能委以重任。如我院2005级会计专业毕业生在北京一家单位面试时，用人单位问"什么是会计工作"，该生竟答不出，更谈不上动手操作了。然而我院每年会计招生人数确大幅增加，已从第一届2002级的85人增加到2009级的650人，这种只注重数量不注重质量的形式，势必导致这种结果。

3. 学科结构单一，会计人才知识面狭窄

独立学院在会计人才知识结构的设计上基本沿袭传统的"基础会计——中级财务会计高级财务会计"的框架，侧重于会计专业知识的介绍，人才培养过于程式化，缺乏从事现代会计工作所必备的基础知识与理论知识，如管理、金融、证券与投资等方面的知识和综合技能。

4. 会计职业道德教育重视不足

目前，独立学院在会计专业教育中，会计职业道德教育属于薄弱环节，没有专门的课程体系和实践教学，职业道德修养方面缺乏针对性和专业性，至目前我院从未开出过会计职业道德方面的课程，也没举办过这类的讲座。导致学生对相关法律规定缺乏了解，社会责任感不强，加大了会计信息失真、人格扭曲的现象。

5. 教学内容中，课程间相互连接不够

从教学内容上看，独立学院所采用的会计专业教材版本太多，存在着某些教材内容的重复，如《财务管理》《管理会计》和《财务报表分析》等方面存在内容交叉的现象，存,在的内容重复造成教师在教学中要么依据教材内容重复讲授，要么以为其他课程会涉及此项内容而不讲授，从而造成某些教学内容的重复或遗漏，教学效率不高。

6. 在教材建设方面进展不大

绝大部分独立学院所使用的教材大多沿用一本、二本本科生所用教材，这些教材并不很适合对独立学院的学生的培养需要。我院在教材选购方面几乎都是采用"211"之类高,校使用教材，并且也不固定，谁上课谁选购的方式，缺乏独立学院的适用性。

7. 教学方法或手段过于陈旧

独立学院会计教学仍然采用板书为主的教学方法，主要还是沿用教师教、学生学、老师写、学生记、重理论、轻实践、整天围绕课堂转的传统教学方法，培养出来的会计学生只会死记硬背，照本宣科，其结果是束缚了学生的思维，不利于激发学生发散性思维，严重束缚着会计人才的培养。

8. 实训环节薄弱

在校内实训方面，会计实验室设备不全、实训内容单一、利用率较低，但有些独立学院根本没有会计实验室。在校外实训方面，会计专业学生大批量的到某一个校外实训基地进行实习是非常困难的，实质性合作工业企业较少，使得学生难于了解企事业单位经济活动会计核算的全过程，无法做到真正意义的顶岗实习，使校外实习流于形式。再者，缺少完善规范的实训教材。从目前独立学院使用的会计实训教材来看，存在着实训内容陈旧、缺乏层次性和针对性。这方面我院表现尤为突出，校内实验室不但缺乏设备，而且校外实训根本没有。

9. 师资队伍力量不足、素质不高

很多开设会计专业教育的独立学院缺乏专业教师，为了弥补不足，在引进教师时要求层次很低，根本没有学科建设能力，但依然紧缺。况且很多教师都是毕业后直接走上讲台，自己缺乏实践的锻炼，所以在教学的过程中往往不能很好地与实践结合。以我院会计专业为例，目前，会计专业共有教师 5 人，其中 2 名硕士，3 名本科，而会计专业学生人数近 1500 人；绝大部分是由高校的毕业生直接走向教学岗位，虽然具有一定的会计理论知识，但会计实践能力相对匮乏。

以上这些问题是独立学院目前存在的普遍现象，结果导致培养出来的会计人才缺乏特色，高分低能，无应用性和创造性。

（二）我国独立学院会计人才培养模式构建的动因

目前，我国独立学院会计人才培养面临着诸多影响因素：

1. 知识经济的发展对会计人才培养提出了新的要求

知识经济是与农业经济、工业经济相对应的一种经济形态，它是建立在知识与信息的生产、分配和使用上的经济。其最重要的特征是将知识转化为资本，成为经济发展的主要，推动力。知识经济的到来，为各行各业带来了很大的变化，同时也为会计行业带来了巨大的冲击。

（1）知识经济时代要建立起应用型会计人才是资本市场支配者和企业生命主导者的新型理念

随着经济体制的变迁，改革开放的深化，会计的职能和作用在潜移默化地变更着。仅仅核算、反映、监督经济业务运行的全过程并反映经营成果的会计已不再适应知识经济条件下社会主义市场经济发展的需求。知识经济要求应用型会计人才转变工作理念，树立全局观念，扩展企业理财思路，从微观的具体的会计核算工作中解脱出来扩展到宏观的全面的企业管理工作中去，支配资金运作，增强企业活力，成为企业利润的创造者，资本市场的支配者。

（2）知识经济时代计算机的广泛应用和现代信息技术的形成要求应用型会计人才熟练掌握会计电算化和运用会计网络传递会计信息

会计电算化使会计由手工记账的"原始社会"进入计算机会计处理的"文明时代"。

会计电算化实现了会计信息瞬间无误处理，摆脱了繁琐的手工记账程序，提高了会计数据处理速度，保证了会计信息质量，突破人工计算对计算复杂问题产生的限制，使原来为追，求简便而简单化了的计算得到完善，使之能更准确地模拟和反映企业的经济运行过程。实施会计网络化使会计信息共享是会计在21世纪知识经济时代的重大变革。会计网络化是在会计电算化基础上的高科技结晶，它会使全世界投资者通过网络了解一个企业的财务状况和经营业绩；可以使企业足不出户而将其财务信息传递到世界各地。

（3）知识经济条件下计算机和网络的普及大大减少了会计核算的工作量，使会计工作重点由核算转变为对会计信息的分析和财务管理，实现了会计由核算型向管理型的转变

由核算型会计转变为管理型会计，就是将会计工作的重心由传统的对会计信息的加工转变为对会计信息的分析、运用。在一个完善的资本市场上，企业管理是以财务管理为中心，会计的功能不仅仅是反映经营成果，更多的是参与企业管理。据有关资料记载，在美国大企业只有29%的会计人员从事会计报表，71%的会计人员从事资本运作、财务管理和预算管理等管理工作，而且美国约有70%的公司总裁是来自于财经方面的专家，而且是以会计行业的专家为主。知识经济时代是经济飞速发展的时代，是知识创造利润的时代，运用客观、真实的会计信息进行财务分析、财务预测、财务决策，并将其运用于企业管理，不同层次的应用型会计人才为企业创造出不同的利润。

2. 经济体制改革改变了资源配置的市场环境，人力资源的地位和作用开始显现，为会计人才的培养目标与模式的建立提供了新的思路

经济体制改革改善了市场环境，建立和优化了经济行为在市场活动中的"游戏规则"，调整了人力资源的配置比例和人力资源的知识结构，会计理论、会计方法和对会计行为规范的要求等也随之发生了许多变化，这些变化要渗透到经济活动中去，应用型会计人才是直接的传递者。

（1）应用型会计人才培养目标的确立应充分考虑市场对人力资源需求的现状

"科学技术就是生产力"。知识经济时代社会经济发展的直接动力就是人，人是科学技术的创造者，最先进生产力的代表者。应用型会计人才，其一是经济信息的主要提供者，其二，是实施会计教育行为的结晶。考虑和研究市场对人力资

源的需求现状，首先可以使社会得到所需的应用型会计人才；其次，可使学校实施的教育实现社会效益最大化。任何一种行为，只要使社会效益最大化，即使没有眼前的经济效益，也会实现一种良性循环，最终实现经济效益和其他效益的最大化。生产力和生产关系相互作用促进社会经济发展。人力资源是相对于土地资源和水资源等物质资源的一个概念，同属于无形资产的范畴，但人力资源的价值是不可估计的，人力资源能创造出巨大的财富。

（2）经济体制改革使应用型人才的培养目标成为学校和用人部门共同确定和研究解决的问题

①高中教育之后进入社会之前所接受的教育，其培养目标的确定要着眼于如何将培养出的人才推向社会。推向社会是基本的定位，要想推向社会，其方式方法很多，但最基本的是社会用人单位和部门对人才的需求，要把学校的培养行为转变为学校和用人单位的共同行为。例如由学校招生实施教育，教育结束后，把学生推向社会这一行为转变为企业定人才类型、人才规格、数量，委托学校招生和教育的"定单式"教育行为或过程。

②应用型会计人才的后续教育，其培养的目标的确立要着眼于如何提高被教育者的理论水平、实践能力，开拓被教育者的专业思路。经济体制改革和我国社会主义市场经济活动的发展和完善使终身教育成为必然，后续教育是终身教育的重要组成部分，终身教育有被动接受者和主动接受者两种类型，然而无论是被动的还是主动的，都是由于用人部门或单位所需的人才和正在拥有的人才产生差距而急需改善人才状况所造成的。

（3）只有完全摒弃仅依靠学校的力量培养应用型会计人才的思路，才能真正找到培养适应经济体制改革需求的应用型会计人才的途径

学校依托企业办学或干脆转变为企业办学校，成为应用型人才培养的主思路，应用型会计人才作为经济活动、经济信息提供的主体，其培养行为的市场依赖性将会更强。例如，现有经济发展条件所需的"收银员"与计算机技术普及前需要的"收银员"在知识结构、理论水平、操作能力上的要求就有许多不同之处。经济体制改革了市场环境中的"游戏规则"，改变了市场对人才需求的层次及人才素质的要求，改变了应用型会计人才的培养目标。

3. 全球经济一体化为会计人才的培养创造新的发展机遇

（1）全球经济一体化扩展了应用型会计人才的活动平台

加入 WTO 后，会计作为一种商业通用语言参与国际间的经济交流；会计人才作为经济信息的提供者，市场将由有限的国内发展空间引向国际发展空间，这对应用型会计人才提出了更高的要求，如语言能力的要求，适应环境变化的要求，从而对作为生产应用型会计人才的会计教育提出了新的思考，如何去适应环

境的变化等问题摆到了议事日程上来。

（2）随着国际办学机构进入我国市场，对我国应用型会计人才的培养竞争愈加激烈

加入 WTO 后，我国的教育市场逐渐开放，大量国外的办学机构涌入我国，都来争先恐后地分吃中国市场这块大蛋糕，无形中对我国教育事业形成了压力。国外的办学机构有着与我国培养目标与模式不同的办学思路，有着不同的教育方法和教学体系，有着与中国教育机构不同的吸引力。还有些经济较发达的国家，他们有着先进的会计理论体系和会计实务知识，都为我国本土化的会计教育带来了冲击。

（3）全球经济一体化使应用型会计人才的培养工作实现跨国界的转变

外国的办学机构可以进入中国办学，中国的学校也可以走出去；同时，外国的学生也，可以到中国来学习，中国的学生也可以到国外去，从而实现会计人才培养和受教育者接受教育的真正的全球化和国际一体化。

正是由于以上这些因素，致使我国新型的办学机构——独立学院在会计人才培养方面寻找适合自己的有特色的会计人才培养模式。

二、独立学院应用型会计人才培养模式实施要点

（一）树立正确培养目标

以市场需求为基础，以提高会计学专业毕业生的核心竞争力为导向，以专业应用能力和基本素质培养为主线，通过学历教育与资格教育相结合、理论教育与实践教育相结合两个结合构建高素质应用型会计人才培养模式（如表4-3所示）。

表4-3 应用型会计人才培养模式

应用型会计人才培养模式	
一个导向	提高毕业生的核心竞争力
四种技能	财务会计核算能力
	成本管理会计核算能力
	财务管理与财务分析能力
	纳税申报与审计能力
两个结合	学历教育与资格教育结合
	理论教育与实践教育结合

1.将学历教育与会计职业资格教育相结合，构建复合型理论教学体系

随着就业压力的增大，职业资格考试热潮已经波及大学校园。某权威网站的调查显示，CPA、ACCA 被列为最受大学生青睐的证书之一。这对高校本科学历

教育是一次前所未有的冲击和挑战，高校对此不能轻易拒绝，也不能无动于衷，将会计职业资格教育融入会计学历教育中来，不仅不会淡化应用型会计人才的培养，还可以优化应用型会计人才的培养模式，进而培养出更多的、更优秀的高素质应用型会计人才。现在国内的会计职业资格分为三类：会计从业资格、会计专业技术资格和注册会计师资格（CPA）。与此同时，为给会计专业学生的就业创造条件，近年来各地相继出台允许在校大学生参加注册会计师统一考试等方面的制度；2004年国家又允许在校大学生参加助理会计师统一考试；2005年国家又对会计从业资格证书的取得进行改革，会计专业毕业生由毕业后两年内直接申领调整为通过加试部分科目取得。由此可见，学生之所以热衷于考取各种会计资格证书，实际上是来自于一种就业的压力。就独立学院而言，如果能把会计职业资格教育融入会计学历教育中来，不但可以丰富教学内容，而且能为学生参加相应的会计职业资格考试提供便利，使学生毕业时就拥有一本或两本相应的职业资格证书，也使就业提高了竞争力。目前，根据国内会计职业资格考试政策规定和学生的自身条件，能够在校参加的三种会计职业资格考试时间大致如表4-4。

表4-4 会计资格证书报名与考试时间

资格类型	考试课程	报名时间	考试时间
会计从业资格	《会计电算化》《会计基础》《财经法规与会计职业道德》	每年3月和9月份	每年6月和11月份
助理会计师	《初级会计实务》《经济法基础》	每年10月份左右	次年5月份
注册会计师	《会计》《财务成本管理》《审计》《经济法》《税法》《公司战略与风险管理》等	每年4月份左右	次年9月份

根据表4-5的考试时间安排，一般会计本科教学计划中均在大一开始开设基础会计学，就此，设计了将会计职业资格教育融入学历教育中的专业核心课程教学计划，见表4-5。

表4-5 融入会计资格教育的专业课程教学计划

学年与学期		专业课程体系	专业资格考试
第一学年	第一学期	公共课	
	第二学期	公共课、专业基础课	会计从业资格证书（报名）
第二学年	第一学期	初级财务会计、经济法	会计从业资格证书（考试）
	第二学期	中级财务会计、税法	注册会计师（报名）（经济法、税法）
第三学年	第一学期	高级财务会计、成本会计	助理会计师（报名）注册会计师（考试）（经济法、税法）
	第二学期	财务管理、管理会计	助理会计师（考试）注册会计师（报名）（会计、公司战略与风险管理）
第四学年	第一学期	审计、财务分析	注册会计师（考试）（会计、公司战略与风险管理）
	第二学期	毕业综合实习	注册会计师（报名）（财务成本管理、审计）

以上教学计划使会计学历教育与会计职业资格教育得到很好的协调，更加突出了会计毕业生将来胜任会计岗位的四大核心竞争力的课程。另外，通过以上教学计划的实施，不仅可以为社会输送更多的优秀会计人才，还能够为高素质应用型会计人才的培养探索出一种新的模式。

2. 将理论教学与实践教学相结合，构建系统性地实践教学体系

会计专业的学生不仅要有扎实的经济理论基础和专业知识，还要有较强的实践能力，使学生毕业后以最快的速度和最短的时间适应工作的需要。学生实践能力的培养是一个系统工程，要提高学生的综合素质，培养出具有创造性思维能力的、能独立从事会计工作的高素质应用型会计人才，就要将各专业课程的理论与实践有机地结合起来，形成一个有机的整体，对会计学专业实践教学环节进行系统性的合理设计，并付诸实践。

（二）科学制订人才培养计划，完善课程体系

科学制订专业教学计划和完善课程体系是实现独立学院特色化人才培养的关键。人才培养计划在总体设计上要充分考虑知识、能力、素质三者之间的结构比例关系，理论与实践之间的关系，科学与人文教育的关系，课内与课外的关系，教与学的关系。我们在制订人才培养计划时，坚持以人才培养目标为中心，以应用能力培养为主线，努力在专业学科基础、实践训练、外语、计算机应用能力和文化素质教育上形成特色和优势。为了适应培养人才的多样性要求，根据市场对人才需求的变化做出快速准确的反应而又不降低人才培养的本科层次要求，独立学院应把课程体系分为普通教育课程、专业核心课程、专业方向课程三大模块。普通教育课程要突出基础理论教学的应用部分，培养学生独立分析和解决问题的能力。专业核心课程强调专业基础性和本科的规格要求，努力拓宽学生的专业面，增强学生毕业适应能力。专业方向课程则应突破按学科方向分模块的传统思维，结合就业市场、尤其是地方产业结构的人才需求来设置，总体上增加应用性内容和实践性环节，强化学生的实践和岗位适应能力。同时加强教材建设，要联合编写、使用符合独立学院定位、培养目标的系列教材。

（三）强化实践环节，重视创新素质培养

应用型人才最本质的特征就是专业素质高、动手操作能力强、通用适应性强。实践育人符合素质教育客观规律，有利于弥补理论教学中对学生个性发展的忽视，学生可根据自身兴趣爱好及未来志向发展有针对性地选择实践内容。通过实践环节可加深学生对理论知识的理解，提升知识应用能力，拓展职业适应能力，是大学生个性化、社会化发展的必要途径。

第一，加大实验教学设施，保障基础实验室配备足够的教学仪器设备，能满

足基础实,验教学的需要。

第二,引导学生的毕业论文、设计面向生产第一线,发现问题,寻找课题,以培养学生分析、解决实际生产问题的能力,把培养高层次高质量应用型人才的工作落到实处。

第三,鼓励或要求学生取得相关职业(技能)资格证书。

第四,积极与企事业单位建立密切联系,签订实习协议,争取合作单位能提供实习实,训基地。无论从培养与财会岗位"零距离"人才的要求来看,还是从增强教师实践知识以及案例的取材、制作和更新来看,开展校企协作,建立校外实习基地是行之有效的重要途径。通过建立校外实习基地,使学生身临其境,将所学知识与工作实际结合起来,为毕业后迅速适应工作岗位打下坚实基础。当然,建立校外实习基地是一项任重而道远的工作,需要在实践中不断总结和完善。

(四)研究学生特点,改进教学和评价方法

以我们的课堂教学感受和经验而言,独立学院会计专业的学生,对长篇大论的说教式课堂教学不感兴趣,甚至可以用讨厌来形容。这跟他们的特点有很大关系:思维活跃,具有较强的活动能力和社交能力,有表达自己观点和诉求的强烈愿望。因此,有以下几个方面的考虑。

1. 改进教学方式,推行案例教学,提高学生分析问题与解决问题的能力

案例教学是理论联系实际的一种最好教学方式,能使教师的教学更加贴近实际。通过对实际案例的讨论与分析,可以使学生将书本上的知识运用到案例当中,提高学生分析问题和解决问题的能力。这样不仅可以激发学生的学习兴趣,还可以提高学生对知识的综合运用能力,也有利于提高学生的语言表达能力,这对于培养高素质应用型人才是不可缺少的。因此,我们必须投入一定的人力和财力,组织教师编写适合自己教学需要的会计、审计和财务管理等课程的案例教材。

2. 大力推广会计教学软件

会计教学软件包括多媒体软件、会计实用软件、考试软件。多媒体软件是将会计教学的重点、难点内容制作成集图像、文字和声音等为一体的具有智能结构的软件;会计实用软件是利用系统软件设计出能够模拟会计核算和会计管理过程的实用软件;考试软件是利用系统软件设计出能够适应各门会计课程考试的会计考试与改卷软件。教师除运用黑板、粉笔等传统手段外,必须学会在教学过程中穿插运用投影仪、幻灯片、碟片等辅助教学用,具,并逐步创造条件运用可进行个别化教学的多媒体计算机辅助教学软件。

3. 紧密结合人才培养目标,系统规划各门课程的考试制度

传统会计考试大多考查学生对知识的记忆,而不是运用知识的能力,不利于

考察和训练学生的发散思维和创新思维,这既不符合信息时代的要求,也不符合素质教育的要求。高素质应用型会计人才培养模式的考试命题应根据课程所涉及的知识、能力、素质的要求,对课程的知识、能力、素质进行分析细化,然后确定课程效果的评价方法和考核大纲。考试内容应该能够反映学生基本理论和基本技能的掌握情况以及分析与解决问题的综合运用能力,而不是课堂教学内容的简单重复;多给学生提供探索的机会,鼓励学生独立思考、标新立异,有意识地培养学生的创新意识和创新能力,使考试真正能够对学生知识、能力、素质进行全面测试评价。

4. 完善教学评估体系,进行科学管理

独立学院是新生事物,没有成型、成功的东西可以借鉴,在独立学院中不完善的评估体系将挫伤教师的积极性,而且所造成的影响在短期内不容易消除。其中典型的就是学生评教,在重点高校中,学生总体素质较高,给任课教师的打分中,理性是占上风的,因此所有学生都参与,评价结果也是较为客观公正的。而在独立学院,由于学生素质的不同,在给教师的打分中,部分同学可能是好恶占第一位,如果所有同学评分都起作用的话,评价的结果就难以预料,将影响教师的积极性。

5. 加强教学过程管理

教学质量监控应覆盖教学的全过程,比如《中级财务会计》课程期终考试成绩出现异常,教师、教研室乃至系领导都会做出反应,及时总结,进而找出原因。为及时发现教学偏离倾向,可以采取多种方式,如学校的期初、期中、期末教学检查,不定期的学生座谈会,教学督导组听课,同行互评等。

(五)建设与办学特色相适应的师资队伍

1. 利用母体高校的人才资源

独立学院之所以在短期内得以兴办进而发展壮大,是因为在师资队伍建设方面依托母体高校得天独厚的师资条件的支持,分享了母体高校的良好师资声誉。独立学院要充分利用这一优势,合理调配和有效利用母体高校的教学资源和人才资源,有计划地聘请母体高校的教师兼任独立学院的教学工作,部分解决独立学院师资队伍数量的需求及提高学术水平的需要。

2. 聘请离退休教师

他们中的大多数既有健康的身体,又有丰富的教学、科研经验,完全有能力和精力继续工作一段时间,在自由度方面也存在一定的优势。刚刚起步的独立学院正可以充分发挥和挖掘他们的潜力,这样不仅能够解决部分师资紧缺的问题,还能够利用老教授的威望和影响,扩大学院的知名度,建立一支兼职教师的网络;同时,通过对年轻教师在教学、科研上的培养和监督,加快优化教师队伍的

3.建立相对稳定的专职教师队伍

独立学院要确保教学质量的稳步提高,必须逐步建立一支相对稳定的、高素质的教师队伍。要克服对兼职、共享母体高校师资的长期过多依赖,利用这些资源加快建设专职教师队伍,建立健全以岗位聘任为主要内容、以岗位津贴为主要分配形式的人事分配制度,强化竞争机制,吸引充满生机的、高层次的新生力量加盟。通过培训、科研、教研活动和以老带新等形式,加大对现有在职教师的培养力度,扶持中青年教学、科研拔尖人才。在引进、稳定、培养人才上,做到有规划、有目标、有措施,并注重师资队伍的职称结构、学历结构、年龄结构的合理配置。

第五节 国际化会计人才培养模式

一、国际化会计人才的内涵

在经济全球化背景下,人才已不仅局限于一个国家或地区范围内,而应是立足本国实际,但超越国家的范畴,具有国际视野,了解其他民族文化,能够在国际间施展才华、运用自身的知识和能力,在激烈的国际竞争中立足的人。

国际化人才的内涵在不同的时代背景下具有不同的理解,不能简单地将有国际留学经历或有国际工作经验的人等同于国际化人才。国际化人才是一种素质的表现,具体为:是具有良好的语言沟通能力,能够进行双向交流;二是能够认同不同的价值理念,适应各地的风俗习惯;三是具有宽广的国际视野和强烈的创新意识;四是具有复合的知识能力和素质。

二、国际化会计人才培养模式具体构想

(一)更新人才培养理念

人才培养理念是在根本上解决按照何种思想培养人的问题,是对人才培养模式的科学认识,对人才培养具有先导性的作用。纵观国外人才培养理念,其中最被推崇的是"终身学习"理念。英国和美国是贯彻得最为完善的国家,英国很早就把"终身学习"作为人才培养的基本理念,而美国会计学会下设的会计教育改进委员会在1990年发表的《会计教育目标》中明确指出:"会计教育的目的不在于训练学生在毕业时即成为一个专业人员,而是在于培养他们具备未来成为一个专业人员的学习能力和创新能力,使其终身学习"。在现代教育中,我国国

际化会计人才的培养也应按照"终身学习"的原则进行。"终身学习"理念认为，为了使人才能够适应迅速变化且日趋复杂的社会环境，人才培养应注重对学习方法和创新能力的培养，强调在接受教育期间掌握工具性知识和继续学习的能力，打破了"一次教育，终生受用"的传统思想，为职业发展奠定基础。

（二）明确人才培养目标

人才培养目标是解决培养什么样人才的问题，只有明确培养目标，才能决定所培养的人才应具备的素质与能力。会计人才培养目标要与会计所处的社会环境、经济因素及会计本身的技术手段相适应，根据我国经济和社会的发展阶段和会计国际化的程度，我国国际化会计人才的培养目标应该定位于：培养具有较强的国际适应能力和广博的专业知识、社会知识的高素质复合型人才。

（三）完善课程设置

教育部提出"宽口径，厚基础，高素质"的现代教育理念，会计教育亦是如此。具体体现在课程设置中，把以培养学生专业知识结构和职业能力定位为课程设置的基本目标，将国际化会计人才所需的素质和能力有效地融入课程体系之中。

根据我国国际化会计人才培养的实际情况，提出会计课程结构设计应注重如下几方面：首先，课程设置应注重会计学科知识的系统性，在完善专业课程体系的同时也要注意精简专业课，合理界定各门课程的内容，避免课程之间内容的重复；其次，课程设置要重，视学科的综合性和知识的完整性。不应局限于会计学科体系，在夯实数学、外语、计算机等知识的基础上也要注重经济学、统计和法律等知识的学习；再次，课程设置应与社会需求紧密结合。经济的迅猛发展导致社会各个领域新技术、新理论频繁涌现，与此相适应的会计课程设置就应经常更新，及时掌握专业领域的新动向，避免学生掌握的理论知识和社会实践需要脱节；最后，在课程中增加国际化的内容至关重要，旨在培养学生能在国际化和多元文化的社会工作环境下生存的能力。

（四）加强教材建设

加强教材建设是国际化会计人才培养的重中之重，根据目前我国专业教材的实际情况，社会各方都应采取相应措施，清理教材市场，从源头上加以控制。首先，改变原有教材体系和相关内容，尽快实现教材的国际化。增加准则中关于国际会计准则的部分，使学生了解国际会计准则与相关国际惯例，能够及时掌握国际最新动态，适应国际化的经济环境及工作岗位；其次，加强教材市场监管，国家应规范教材市场，建立严格的审批制度。同时，出版社严格把关，建立严格的准入制度，打造我国会计专业精品教材，推动教材的国际化发展；再次，会计专业教师应该把编写教材看做重要的工作，用新的会计规范充实教学，使讲授的内容"与时俱进"，而不仅仅当做晋升职称、科研成果的必要手段；最后，适当引进国外原版教材。国外原版教材是国际化会计人才培养的重要途径，对于原版教材的引进也要建立严格的审批制度，有关部门应做好原版教材的整理工作，做好规划与审批，工作。

（五）创新教学方法

目前我国人才培养基本上还在沿用传统的灌输式的教学方法，忽视学生的个性发展，不能做到因材施教，制约和阻碍学生的发展。应该按照国际化人才培养的特点和规律，寻求科学合理的途径和方法。在教学方法中，应该强化案例教学法，推行问题导向型教学法，引入自学与讨论联动式教学法，以学生为中心，以提高学生参与能力为目的，以培养能力为导向，确定了学生在学习活动中的主体地位，是教师与学生相互沟通的过程，保证多样化的教学方法发挥作用，以使会计人才培养能与会计发展国际化的进程相一致。

（六）改进教学手段

为提高教学质量，教学手段实现从传统教育向现代化教育的转化，积极推广多媒体教学和远程教育，使学生从感性和理性两个方面认识会计理论和会计实务工作，提高学生的会计实践能力和专业知识操作能力。运用多媒体辅助教学和其他辅助教学手段，将演示教学、模拟实践教学、互动教学等与传统的课堂教授方式结合起来，实现教学内容的及时更新，同时发展现代远程教育，实现国家教育资源乃至国外教育资源的共享，进一步提高教学质量。

（七）推进实践教学发展

会计是一门集理论性与技术性于一体的应用型学科。会计人才培养过程中不但要传授给学生基本理论知识，还要使学生掌握会计的各项专业技能，只有两者结合，才能学以致用。国际化会计人才培养旨在培养高素质的复合型人才，这已成为会计教育界的共识。会计改革呼吁培养适应实际需要的专门人才，会计教育担负着为国家输送高素质会计专门人才的重担。因此，重视会计教学中的实验教学环节，加强学生的实践能力培养，就显得格外重要。

完善会计实践教学内容，不仅关系到整个会计行业未来的发展和前途，同时对我国国际竞争能力的提升有所帮助。高等教育应如何应对会计教育趋势的挑战是值得我们深入探讨的主题，应加强会计实践教学与相关课程之间的衔接，完善校内手工模拟实践环境，加强校企合作开展校外实习，加强会计实践教学的教师队伍建设。总之，实践教学是实现会计人才培养目标的重要步骤，实践教学的效果如何决定了会计教学工作的成功与否,也决定了会计教学质量的优劣。

(八)提高会计职业素质培养

1. 会计职业道德培养

职业道德教育是会计教育的首要问题,在传授给学生会计专业知识的同时,也教会学生如何做一个合格的从业人员。近年来国际国内的一系列财务丑闻反映出当前全球范围内会计人员职业素质普遍不高。加强会计人才的职业道德素质,是会计事业发展的必然要求,也是重塑会计形象的必要路径。加强职业道德教育首先应加强会计相关专业的教育,会计从业人员具备精湛的业务技能和精通会计专业知识和技能才能够胜任会计工作;其次,应该对学生进行会计职业道德基本要求和基本规范的教育,将其看做是会计教学的指导思想,将会计职业道德教育融会于会计教学的全过程;再次,在学习、生活、社会实践中,坚持以职业道德作为衡量和评价学生素质的重要标准,促进学生职业道德的养成;最后,还要敢于同违纪行为做斗争,这也是会计人员应有的社会责任和职业道德;此外,还应把会计职业道德教育同法制教育相结合,只有强化会计教育的职业道德建设,方实会计职业的精神基础,才能促进会计职业的健康发展。

2. 提高学生创新能力

创新是当今世界不可逆转的潮流,教育应该以培养具有创新能力的人才为目标,会计教育要从以传授为主转为培养学生独立的分析能力、创造能力和学习能力,使学生不断充实自己,提高对知识的适应能力。对于创新型会计人才的培养应根据"因材施教"的原,则,发现和选拔具有创新素质的学生,为其提供优越的条件以利于其成长与培养。会计教育者应充分认识到在会计教育活动中学生是主体,教师是主导,在教育过程中应积极引导学生主动学习、积极思考,充分发挥学生的积极性、主动性和创造性,提升学生能力,尽快扭转传统教育中学生被动接受知识的现状。对高校教师创新能力的培养可以为创新型人,才提供坚实基础。

3. 提高会计人才国际竞争力

为了提高会计人才的国际竞争力,应实施人才国际化战略,在积极参与人才国际化竞争的同时,实施"引进来、走出去"的人才国际化竞争战略,广纳贤才,开展人才国际交流与合作,培养从事国际业务的国际化会计人才。提高人才竞争力是人才战略的核心目标和人才工作的核心内容,人才培养国际化是全球经济一体化的必然结果,现代经济是以知识为基础的经济,全球经济一体化是不可逆转的时代趋势。

(九)强化教师队伍建设

教师是高校最重要的教育资源,教育国际化的关键因素是师资队伍的国际化，因此，建设和拥有一支结构合理、业务精良、具有创新思维和能力的师资队伍，是实现会计教育国际化、提升教学质量水平的关键。完善教师队伍建设可从以下方面着手：明确师资队伍建设指导思想，努力建设一支与办学定位和目标相适应，结构优化、高素质、具有创新能力的师资队伍；提高教师队伍理论水平，进行国际化交流的活动；鼓励教师进行创新活动，加强与国内外各高校、会计学术界间关于国际会计教育交流，拓宽教师视野，掌握专业发展的最新动态；注重教师实践能力培养，加强校企合作，同时将有实际操作经验的企业会计人员聘为客座教师。此外，还要努力建立"双师型"教师队伍。

（十）加大教育资源投入力度

随着国际间的经济合作日益增加，企业间的国际竞争也日益激烈，会计人才的竞争也，会愈演愈烈。尽管我国教育水平显著提高，但是教育资源投入不足仍然是制约教育事业发展的重要因素之一。我国教育经费来源以政府投入为主，社会参与程度不高，但是在发达国家，私人投入占很大一部分比例。例如社会团体的捐赠，民办教育等。我国要改变这一落后局面，积极鼓励全社会参与教育发展，促进我国教育的可持续发展之路。为了保证教育经费的多渠道来源及提高使用效率，我国应从如下方面着手：进一步加大国家财政性教育投入力度；保证教育经费的多渠道来源；鼓励多元办学体制，应形成部属、省属和民办学校并举的多元办学体制；为弥补公共投入的不足，家庭教育投入愈来愈受到广泛重视；进一步改革和完善国家助学贷款政策；整合现有资源，在推进信息化进程中，加强对信息技术教育基本设备的投入。

（十一）改进考核评价体系

伴随着我国会计人才培养模式的初步构建，还应有计划、有步骤地健全考核评价体系。通过评价体系的建立和完善能够体现人才培养的阶段性和整体性的综合水平。针对我国人才培养考核评价机制的不完善状况，应该实现评价内容的全面性、评价指标的系统性和评价结果的恰当性。对于教学成果的评价，还需要经过不断地实践进行完善，实现对教学模式的促进作用。建立评价体系的意义：一是可以直接全方位地了解学生的素质和能力；二是可以综合反映学校的教学质量和教学水平；三是可以引入竞争机制，推动教学质量的提高。

（十二）积极参与国际合作办学

经济全球化导致国际间的经济合作日益紧密，对国际化会计人才的竞争也愈演愈烈。

为了满足培养国际化复合型会计人才的需要，应该积极参与国际合作办学，以培养更多具有国际文化背景、精通中外财务知识和相关知识、精通国际会计惯例并能适应全球化经济发展要求的新型国际会计人才。开展国际合作办学，引入高素质人才和先进的教育机制，借鉴国际上通行的办学模式、专业课程设置、师资培训、质量保证等方面的经验，是尽快提高我国高等教育水平和质量、增强国际竞争力的一个有效途径。

国际化会计人才培养的根本目的是培养有知识、有能力、高素质的会计人才，而对复，杂多变的国际社会经济的环境，贯彻国际化教育原则，培养学生适应国际化发展的能力，从而全面提高学生的综合素质，从容应对会计国际化带来的机遇。

第六节 中外高校会计本科人才培养模式比较

一、人才培养模式及其构成要素

（一）人才培养模式界定

1998年教育部召开的第一次全国普通高校教学工作会议的主要文件《关于深化教学改革，培养适应21世纪需要的高质量人才的意见》指出：人才培养模式是学校为学生构建的知识、能力、素质结构，以及实现这种结构的方式，这从根本上规定了人才特征并集中体现了教育思想和教育观念。其内涵是一种教育思想和体现教育思想的教学运行方式，包括教育目标和培养方式，其外延是专业设置、课程体系、教学方法、教育教学活动运行机制和非教学培养途径等。

（二）人才培养模式的构成要素

人才培养模式主要涉及三方面的问题：培养什么人；用什么培养人；怎样培养人：第一个问题主要涉及价值层面的培养目标、培养规格；第二个问题主要涉及知识层面的课程计划和教育内容；第三个问题主要涉及行为层面的教育途径和教育方法。由此可知，人才培养模式包含三个关键要素：一是目的要素：培养目标，是全部教育工作的核心，是一切教育活动的出发点和归宿，同时也是确定教育内容，选择教育方法，检查和评价教育结果的依据。二是内容要素：教育内容是为实现教育目标经选择而纳入教育活动过程的知识、技能、行为规范、价值观念的总体，一般以课程的形式体现。三是方法要素：培养方式是为实现教育目的、掌握教育内容而采用的程序、方式和手段的总和。培养方式既包括教育活动的方法，也包括教育活动的程序。

二、中外高校本科会计人才培养模式

(一)国外高校本科会计人才培养模式

目前国外具有代表性的高校本科会计人才培养模式主要有:

1. 美国

在人才市场上作为供给方的大学,要想在竞争中生存,必须密切注意市场需求,向社会提供符合需要的会计人才。正因如此,美国大学会计本科人才培养模式主要表现在以下方面:一是在培养目标上密切注意社会需求。在20世纪的绝大多数年代中,美国会计本科人才培养致力于知识的传授。到20世纪90年代,美国会计教育改革委员会(AECC)认为传统的会计教育目标无法满足会计职业界的需要,在1990年发表的第一号公告《会计教育的目标》中明确指出:学校会计教学的目的不在于训练学生在毕业时即成为一个专业人员,而在于培养其未来成为一个专业人员应有的素质。会计教育应该教会学生如何学习,打好终生学习的基础。二是在课程体系的设计上,既注重基本知识的教育,更注重通过这些内容的教学,培养学生的能力。美国各个大学会计专业课程设计不尽相同,但为了实现会计人才培养的目标,AECC在第一号公告《会计教育目标》中规定,本科会计教育课程包括:一般教育、一般商业教育、一般会计教育三类课程。一般教育课程的目标主要在于拓展学生的知识面,培养其具有抽象逻辑思维、缜密分析和运用数据的能力,提高写作水平,积累一定的历史、国际和跨文化知识,提高对科学与美学的欣赏品味并能运用适当的价值进行决策。一般商业教育课程的目的,主要是通过学习财政、市场、经营、组织行为等一系列课程,使学生了解企业、政府机构和非营利组织的活动及部门设置特点,了解总经理如何整合和运用这些知识的能力。一般会计教育课程的目的,在于在本科教育阶段主要应当以信息的辨认、衔接、沟通与使用为中心,表现出会计作为一种信息发展和沟通过程的本质,让学生能够掌握一些基本概念并能够灵活运用。三是在教学方法方面,采取"教师授课为辅,学生参与为主"的教学方法。在这种教学方法下,教师的主要任务是引导、启发学生思考,帮助学生解决疑难问题;学生则通过小组协作、案例研究、模拟操作、文章研讨等方式,调动起积极性和主动性,通过课堂教学达到锻炼能力的目的。四是在教材编写和教学内容的组织上,教材中所附的习题或案例的答案不再是唯一的,而是变得非常多样化,以利于培养学生分析、表达、交际和合作等多方面的能力。会计教材不再,是作为教学材料的主要依据,而仅只是作为若干教学材料的一种。如《华尔街日报》《财富》杂志、《商业周刊》等,也成为教学材料的重要组成部分。

2. 日本

与其经济发展的历程相适应，日本近代的会计是在19世纪后半期，以引进西欧近代会计方法为起点，并通过制定商法、公布财务报表准则和制定企业会计准则而逐步发展起来的，其会计人才培养模式也随着经济的发展而形成了自己的特色。日本会计人才培养的目的是：对有关计算和传递经济信息的基本结构和结论提供初步理解；培养计算、分类、传递经济信息的能力；以培养未来的会计师为目标。使之具备有效的计算、比较、传递经济信息的专业能力；培养适应社会经济环境变化的能力；培养敏锐的分析能力和调查能力。日本会计学本科专业基础教育阶段所开设的课程由一般教育科目、外语科目和保健科目三部分构成。其本科会计教育课程设置有如下特点：课程内容多、容量大，尤其是对企业营运方面的课程较多；如经营学总论、经营分析论等课程的开设，注重对学生科研能力的培养；选修科目多，可供学生选择的余地大。课程设计注意了宏观与微观的结合，会计学科与相关学科相结合，构建了一个较为完善的知识体系。

3. 英国

英国各个大学的会计人才培养有不同的模式，其会计人才培养模式比较注重学生的能力和素质的培养，主要有以下特点：一是会计课程设置比较科学，与社会需求、学生就业结合非常紧密。会计专业和课程设置紧扣时代发展的脉搏，主要是根据市场需要和学生就业情况，每学年进行的会计课程的总结、修改和替换。每当出现会计领域的新技术、新理论，老师也都会将其及时加入授课内容中，避免学生在学校学到的理论知识和社会需要脱节。二是灵活的会计教学方式。英国会计教学方式比较注重培养学生分析解决问题的能力和团队精神，教学过程中强调的是学生的自学能力和创造力。学生上课的时间较少，有许多时间自由支配，这样可以通过阅读、查资料来拓宽知识面，并且教学主要采用讲授、辅导和研讨兼容性模式。三是会计考试评估方式注重考查学生综合能力和素质。学生成绩的评定不单纯依靠期末考试，而是由平时成绩和期末考试成绩两部分组成。其中平时成绩由作业、小测验或演讲等形式组成，一般占总成绩的30%~50%，期末考试一般占总成绩的50%~70%，多为闭卷考试；试题多为综合性的主观题，即使是会计核算，也会要求相关的分析和决策。

（二）我国高校本科会计人才培养模式

与会计职业的快速发展相比，目前我国会计本科人才培养在培养目标、课程设置、教学方法等方面均显得落后，教学计划的内容多年未变，无法适应会计实务不断发展的需要。

1. 培养目标

据调查，目前我国各高校大都比较注重对学生的会计基本理论及实务能力的培养。高等院校本科会计人才一定程度上能够满足会计师事务所（包括外资所）、保险机构、投资银行、证券公司及外资企业对会计人才的需求量的大幅增加，但各高校制定的培养目标存在着一定的缺陷：大部分院校培养目标定位过高、范围过广；各高校大都过于注重对学生会计专业能力的培养，忽视非专业技能和职业价值观的教育；忽视经济全球化所需能力的培养。

2. 课程体系

目前我国会计本科课程内容及课程的设置过于狭窄、陈旧，过于关注技术规则及职业考试。会计课程未能及时适应会计行业变化的需求，未能适应会计人员能力变化的需求。主要表现在以下两个方面：一是会计专业课程设置不合理。在传统的课程体系中，政治理论课所占比重过大，专业课及专业选修课开设的课程过多、层次不清等现象较多，而学科基础课的比重过小。二是会计专业教材结构不合理。课程设置缺乏整体规划，不同课程间的重复现象严重，同一课程教材的不同版本之间存在着内容、体系的重复，不利于提高学生的学习效率。

3. 教与学的方法

会计教学过于强调课堂讲授和记忆，教学过程过于依赖课本，以教师为中心，缺乏创造性的学习。由于过分强调知识的获得而忽视个人能力的发展，学生只是被动地、消极地，接受知识，在目标上只注重"应知"、"应会"，不会去主动思考、探索书本以外的知识。教师与学生缺乏沟通和必要的信息交流，完全是一种接受学习、机械记忆、被动模仿的封闭式教学模式。此外，会计是一门实践性很强的学科，由于缺乏实践教学的辅助，学生们往往只是掌握教材上的内容，掌握一些很抽象化的概念、原理和准则，往往形成理论与实践严重脱节的局面。

三、中外高校本科会计人才培养模式的比较及启示

（一）高校本科会计人才培养模式的中外比较

目前国内外高校本科会计人才培养模式差异表现在以下方面：

1. 培养目标

美国会计教育改革委员会在1990年发表的第1号公告——《会计教育的目标》中明确指出：会计专业教育应该为学生成为职业会计师做好准备，而不是在进入职场的时候成为职业会计师，国外其他国家的经验也证明如此。因此，本科会计人才培养并不是、也根本不可能做到将经验丰富的职业会计师应具有的所有的知识和技能都传授给学生，而是应教会其为获得并保持职业会计师的资格所需要的学习能力。我国本科会计人才培养的目标长期以来定位于"培养能在企事业单位、会计师事务所、经济管理部门、学校、科研机构从事会计实际工作和本专

业教学、研究工作的德才兼备的高级专门人才"。这样一种目标定位容易造成一种错觉，使学生片面地认为经过四年制的学习，就已经成为了会计方面的"高级专门人才"，导致在工作选择上盲目攀高。在这样的目标定位下，还必须要求在教学计划中压缩基础课程，增加专业课程，导致本科学生的专业课程繁多，而基础理论学习明显不足。

2. 培养方式

国外很多国家在教学内容的设计上，既注重基本知识的教育，更注重通过这些内容的教学，培学生的能力。教材中所附的习题或案例的答案不再是唯一的，而是变得非常多样化，强化会计的职业判断意识，以培养学生分析、表达、交际和合作等多方面的能力。会计课本也不再是作为教学的唯一依据，而只是作为若干教学材料的一部分，一些商业材料起到了更好的补充作用。而我国会计教育在教学内容和手段方面还比较落后，表现为教学内容是"制度加解释"或"准则加解释"，学生知其然不知其所以然；教学方法以"满堂灌教学"或"填鸭式教学"为主；两者结合的结果不利于激发学生学习的兴趣和创新能力，不利于培养学生分析和解决问题的能力，不利于教会学生如何学习。

3. 课程设置

国外大多把本科会计学系所学课程分为三大类：一般教育、企业管理教育、会计教育。一般教育重在培养学生分析问题、解决问题的能力，以及洞察力、判断力。企业管理教育的目的是使学生理解产品与劳务的生产和营销的概念、过程和机构，以及企业和其他形式组织的筹建过程。目前美国等发达国家特别强调一般教育，注重会计个人的修养胜于专业技能。相比之下，我国高校本科会计专业的课程设置不很合理。不同课程之间内容重、复较多，同时给学生以死记硬背的错误导向，学生学完之后，只知道大量的会计科目，缺乏对基本会计理论和会计专业的了解。在课程的安排上，普遍存在着专业课程太多、基础课太少，重视制度准则的讲解，忽略会计理论学习的现象，致使培养的学生知识面窄，工作适应性较差。

（二）国外会计人才培养模式对我国的启示

国外会计人才培养模式对我国的启示：

1. 重塑会计人才培养目标

美国会计人才培养模式给我们的最大启示是，必须疏通会计人才供求双方的联系渠道，使会计人才的供给者——会计教育部门能够根据会计人才的需求状况，订立教育目标，培养出符合社会需要的会计人才。我国要将会计本科教育的重点放在能力的培养上，而不是知识的传授上，以全面提高会计专业本科生的能力。我国高校会计本科人才培养的目标应在于能力的培养，主要培养中级会计人员所必须具备的各项职业知识、职业技能与职业价值观，强调全面发展，融知识与能力为一体，培养充分具备会计知识与各项技能的通才，使学生毕业后能迅速适应各类企事业单位、中外会计师事务所、证券、银行、保险公司及政府部门等单位的会计、财务和审计等专业工作。

2. 改革会计教学方式

要适应现代会计人才培养的要求，必须采取灵活多样的教学方法，放弃课堂讲授和死记硬背为导向的传统教学方法，增加原创性分析、思考和解决问题能力培养的教学方法，变传授知识为培养能力。借鉴国外经验，我国高校会计本科教学应采用互动式教学方式，即以学生为中心，以需求为动因，以问题为基础，进行发现式、探索性的学习。在互动式教学中，可以采用案例讨论、角色扮演、课堂报告或演讲、小组作业、专题报告等方式。这种教学方式有利于培养学生终生学习的能力。

3. 加强实践教学

在教学内容上，应加强实践教学环节，提高学生的实践操作能力。会计是一门实践性、很强的学科，会计教学中系统的理论讲述和讨论是必要的。但学生如不具体操作和实践，是很难真正掌握好会计知识。只有通过实践把所学到的理论知识创造性地进行运用，才有利于学生在实践中培养创新能力、实际操作能力。并且通过实践性的教学也有利于学生学习方法上的转变，也有利于学生对专业技术知识更深入地认识和掌握。同时在实践性教学中，应强调会计教师和实务界人士的合作，将实务经验和当前最新的发展引入课堂。

4. 构建以目标为导向的课程体系

借鉴美国等发达国家的人才培养模式，我国高校会计课程的设置应提倡以能力为基础而不是以知识为基础。以目标为导向的课程体系包括课程体系的总体设置及个别课程的设置，其强调在会计教育中对会计人才能力的培育。此课程体系的总体目标：一是拓展宽口径的商业知识；二是培养一个成功的会计师需要的各种能力。在课程总体目标下包括三个层次：基础课程（哲学类、文学艺术类、法学类等）、商业课程（经济学、管理学、营销学等）、会计专业课程。

四、结论

国外高校本科会计人才培养已有上百年的历史，积累了丰富的经验，其人才培养模式可作为我国进行本科会计人才培养模式探索的借鉴，但在进行会计人才培养模式探索中必须与我国的实际情况结合起来，使其与我国的会计环境、教育环境、社会需求相适应。此外，会计人才培养模式不可能一跳而就。随着经济、管理方式、会计准则和教育的不断发展，高等院校会计人才培养还会不断出现新的问题，会计人才培养的各个方面也须进行不断调整。我国应以发展和变化的眼光来看待本科会计人才培养模式的问题，在寻求解决会计人才培养模式问题的动态过程中不断提高会计人才培养水平。

第五章 会计控制总论

会计管理最关键、最本质的特征就是会计控制。会计控制是会计管理工作的灵魂，是内部控制的核心。经济越发展，会计控制与风险管理越重要。

第一节 会计控制的本质特征

一、会计控制是会计职能作用的本质

马克思在《资本论》第二卷第六章讨论流通费用时专门研究了"簿记"（即会计），其中最著名的论断就是"过程的控制和观念的总结"。马克思说："过程越是按社会的规模进行，越是失去纯粹个人的性质，作为对过程控制和观念总结的簿记就越是必要。"

首先，会计的职能作用充分体现在会计核算（"观念的总结"）和会计控制（"过程的控制"）两大方面，两者相辅相成、辩证统一，贯穿于会计管理工作的全过程。会计核算是会计职能作用的基础，没有会计核算所提供的各种信息，会计控制就缺乏必要的对象和依据。会计控制是会计核算质量的保障，是会计职能作用的本质，只有会计核算，没有会计控制，就难以保证会计核算结果的真实性和可靠性。其次，马克思将"过程的控制"安排在"观念的总结"之前，说明了控制既是核算质量的保证，也是核算所要达到的管理目标（目的）。最后，"过程的控制和观念的总结"之所以会"按社会的规模进行"，完全是因为会计控制有利于达到安全、健康、持续发展的目标，而不是有碍于企事业单位的正常运作和有效管理。

现代会计在核算和控制职能的基础上不断扩展，将预测、决策、预算、分析与评价等管理职能融入其中，构成会计管理循环模式，但其关键职能还是在于控制。尤其是会计工作电算化和信息化以后，有效控制的职能作用更加重要。只有牵住了控制这个"牛鼻子"，落实了控制责任，预测、决策、预算的结果才能落到实处，分析与评价的职能才会成效显著。将"过程的控制和观念的总结"作为

会计的内在功能或职能特性，不仅应被社会各界普遍接受，还应当凸显会计控制的关键作用。事实上，面对企事业单位管理失控的诸多现状，只有从控制的源头入手才是解决问题的关键。目前，一方面是会计控制难以发挥应有作用的现象频频出现，引发社会各界高度关注；另一方面将会计控制看成监督管理的关键环节也越来越成为共识，对其的研究正在不断深入。

会计控制是会计管理的本质特征。博士生导师徐政旦教授在《会计管理中的风险控制》一文中明确指出："会计管理的本质是控制。对生产经营活动进行有效控制是会计管理的重要职能。会计的基本方法都是环绕控制来展开的。"一部会计发展史也可以说是会计方法及其控制思想不断完善的历程。我们不妨通过讨论以下几个会计理论与实务中最基础的专题来感受这一点。

源远流长的会计发展史证实了会计方法往往就是会计控制思想的具体表现，而会计控制思想贯穿于整个会计核算过程，是会计管理工作的灵魂，在内部监督管理中起着关键的作用。人们常说："经济越发展，会计越重要"，应该指的就是会计控制在经济发展中越来越重要的本质作用，即会计管理最关键、最本质的特征就是会计控制。

古今中外大量的失控案例也雄辩地证明，缺乏会计控制是万万不能的。无论是投资者，还是经营者；无论是财务会计人员，还是其他管理者，或者是广大员工，谁都不希望单位的资产遭受损失、资金发生流失、资本出现贬值！有人曾经对公司财务失败的原因做过汇总统计：在失败原因的百分比中，疏忽占4%、诈欺占2%、灾祸占1%、经营管理不善占91%、其他不知因素占2%。从中可以看到，90%以上的失败都可能与管理失控有关。

在激烈的市场经济竞争环境中，收益与风险形影不离，通过实施正确、有效的会计控制，不仅可以管理与降低风险，有助于化险为夷、防微杜渐、防患于未然，还可以促使风险转化为创新的亮点，获得新的业绩。所以，会计控制既是企事业单位经济运行和财务状况持续、稳定、健康发展的可靠保证，也是进一步提升经济运行质量和改善财务状况的基础性工作，是不可或缺的。

二、控制内涵的多层次解析

"控制"一词源于希腊语，原意为掌舵术，包含调节、操纵、管理、指挥、监督等多层意思。自古以来，驰骋在大海中的舵手都要求具有把握方向和控制风险的能力。

控制与风险形影相随，从来就是紧密相关的。

古汉语中的"控"为形声字，左部为手，表示用手拉开弓弦；右部为空，表声。控有穷尽义，表示穷尽力量拉开弓弦。"制"为会意字，表示用刀修枝，本意是裁断。

"制，裁也。从刀，从未。"（《说文解字，刀部》）。

控制至少具有以下三层含义：是具有方向性或目标指向性。控制首先要有目标或方向，并使其不越出范围，不偏离航向；同时，通过控制过程，能够防范风险，减少不确定性，使航行到达理想的彼岸。

二是具有约束力或限定管束性。控制具有占有、管理或影响的作用，其控制过程为"确定标准、衡量业绩，纠正偏差"（《现代汉语词典》）。例如，会计学认为，"控制，是指统驭一个企业的财务和经营政策，借此从该企业的活动中获取收益的权力。

三是具有一定的权威性，用以促使行为规范化和标准化，其控制依据是法律法规和行为准则等。古时的"制"可指皇帝的命令，如制诰、制书；"命为制，令为诏，天，子自称曰朕。"（《史记，秦始皇本纪》）。

《会计大百科辞典》认为，控制是"在一定条件下，依据特定的标准或要求，使相应的对象按照其运行的过程"。控制存在于管理活动之中，并贯穿于管理过程的始终，其在管理环节中的关键作用就体现在能够按照"特定的标准或要求"促使经济运行合规合法，从而能够为经济运行保驾护航。

在一个企事业单位中，控制通常在于检验每一项管理活动是否与所拟订的计划、所发出的指示和所确定的原则相符合，旨在发现、纠正和防止错误。对物、对人，对行动都可以也应当进行控制。加强企事业单位的会计控制，可以有效地保护财产的安全，确保会计信息的真实、完整及其管理活动的合法、有效，并有利于资产与资本的保值、增值。

三、会计控制职能作用的具体表现

由于会计管理具有综合性，其资金运营的触角渗透到经营活动的每一个环节，其核算信息囊括了管理过程的方方面面，因此，随着市场经济的不断发展和竞争的不断加剧，任何企事业单位的内部控制都应当以会计控制为核心，以风险管理为重点。

会计控制职能正是通过会计控制活动而发挥积极作用的。具体地说，良好的内部会计控制应当起到以下几个方面的职能作用：

（一）预防性控制作用

会计控制应当以预防为主。预防性控制是为了防止错误和舞弊的发生而采取的控制，属于事前控制。例如，任何一项经济业务的发生必须经过两个或两个以上的部门或人员操作，签发支票的印鉴必须分别由不同的人员保管，采购商品必须得到授权批准等，都是行之有效的预防性措施。

预防性控制是由不同的人员或职能部门在履行各自职责的过程中实施的，包括职责分离，授权批准、监督检查、双重控制、计量校验等。在电算化系统下输入数据时，核算程序要求某些栏目不得留空，否则拒绝对数据进行下一步处理，也是一种预防性控制。

如同预防接种是为了预防、控制乃至消灭传染病一样，认真学法守法、积极培育与倡导控制文化、进行案例教育和实证分析、对存在的问题进行排查等都是一些行之有效的预防手段。

为了有效应对风险，企事业单位还应当建立重大风险预警机制和突发事件应急处理机制，明确风险预警标准，对可能发生的风险事故事先制订应急预案、明确责任人员、规范处置程序，确保突发事件得到及时、妥善处理。

在市场经济条件下，企事业单位所面临的经济环境日趋复杂多变，各式各样的风险与危机随时都会出现，因财务危机导致经营陷入困境甚至宣告破产的案例屡见不鲜。但任何危机由初步萌生到恶化，并非瞬间所致，通常都是经历了一个渐进积累转化的过程。防微杜渐就是要求在日常运作中，对运营过程的风险状况进行跟踪、监控，及早发现危机信号，预测财务失败。一旦发现某种异常征兆就应着手应变，以避免或减弱对企事业单位的破坏程度。

预防性控制的优势在于能够事前防止损失的发生，降低风险。但是，全面地采取预防性控制是相当困难的，实际工作中也很难实现百分之百的预防，因而还必须有检查性控制等。

（二）检查性控制作用

检查性控制就是把已经发生和存在的错弊检查出来并加以监控，就像身体不适需要去医院进行检查一样（包括定期检查和不定期检查）。例如，现场检查材料的收、发、存情况，核对账证是否相符，核对银行对账单等行为都是典型的检查性控制手段。

检查性控制的作用在于及时发现问题并加以监管。例如，签发支票必须经过两个人才能办理。一个人是财务主管，审核并加盖法人章；另一个人是出纳员，开出支票并加盖单位印鉴章。如果其中一个人因故外出，而单位又迫切地需要开具支票，此时，就无法采取双重审核的预防性控制，如果没有检查性控制加以监督，其中一个人很可能会滥用职权或草率行事，或者存在错弊的支付行为。

实证研究表明，如果缺乏检查性控制，当预防性控制的实施存在困难时，有关人员就可能会为所欲为，使控制制度遭到破坏；更为严重的是，组织难以及时发现存在的问题及其影响范围，从而不能及时采取措施加以解决，结果只能任由错弊发展下去，招致巨额损失。

在缺乏完善的、可行的预防性控制措施的情况下，检查性控制措施是一种很有效的监督工具，也是完善的内部控制系统的一个基本组成因素。由于交易一般都是可以测试的，而检查性控制重在抽样，其成本会低于预防性控制的成本。

（三）纠正性控制作用

纠正性控制是指对发现的问题加以控制并予以纠正的行为，就像打针、吃药、动手术对于减少和消除病痛的作用一样。例如，重新梳理业务流程和划分管理职责，重新授权和对授权情况进行检查，轮岗或换岗，撤职与处分等都是有效的纠正性控制行为。但病急不能乱投医，纠正行为一定要有针对性，要行之有效。

通过检查性控制与纠正性控制的结合使用，可以更好地发挥防错纠偏的作用。

例如，在设定的计算机系统中，人们不仅可以发现输入的代码有误，而且当主文件中找不到客户名称时，就表明该项销售业务并未经过审批，这时计算机不但不会接受这项业务，而且还能打印出例外情况报告，如此，检查性控制和纠正性控制都在发挥作用了。

（四）指导性控制作用

预防性控制、检查性控制和纠正性控制是为了预防、检查和纠正不利的结果。

指导性控制则是为了实现有利结果而采取的控制，这项控制主要是由决策层和管理层实施。例如，单位制定出适合自身条件的内部会计控制规范或工作守则供全体员工共同遵守，用以指导和规范员工的行为。

指导性控制在指导实现有利结果的同时，也有益于避免不利结果的发生，就像医学上的疾病预防手册或保健手册一样重要。

（五）补偿性控制作用

补偿性控制是针对某些环节的不足或缺陷而采取的控制措施。

例如，在人手紧缺的小型企业里，出纳如果同时担任收付款与记账工作，这时，在财务审核的基础上再实施的抽查、复核或者向银行函证等行为就是一种补偿性控制。又如，不定期对库存报告进行突击抽查或临时监盘，也是有效的补救措施。一些小型企业由于缺乏职责分离，此时，由高层管理人员对经营者进行监督，或由上级公司进行财务督导不失为一种良好的补偿性控制方法。

实施补偿性控制的目的是为了把风险控制在一定范围内。对某个特定系统而言，分析存在的风险时，必须充分考虑由于存在薄弱环节将来可能会发生的问题。

因此，一项补偿性控制可以包含多个控制措施，也就是说，可以把多重控制手段作为一项控制程序来看待。例如，数据输入的核对控制至少包含以下控制要求：一是对数据输入结果的核对，二是在发生异常情况时生成例外情况报告等。

补偿性控制的目的是要想办法排除损失和错弊，同时还要检查出损失和错弊，所以，带有检查成分的补偿性控制要发挥作用，必须做到及时、有效、有针对性。

正是由于会计控制的职能具有独特的作用，因此越来越受到投资者、经营者、管理者的重视，越来越多的企事业单位开始认识到内部会计控制的核心地位及其现实重要性。

如果您是投资者（股东），您一定要明白加强会计控制的重要性，因为您对经营者的约束与激励正是在控制您自己兜里的钱！

如果您是经营者，您一定要善于加强会计控制，因为您对管理者所实施的约束与激励将会得到投资者（股东）的赏识，从而会得到更多奖赏！

如果您是管理人员或财务会计人员，您一定要学会如何加强会计控制，这是您的职责所在，您的有效控制行为将会使您获得更多的上升空间和更多的激励！

四、会计控制发展历程的重要启示

游戏不能没有规则，行为不能没有控制。只有在规则与控制的条件下，一切才会变得更加有序而自由。翻开会计控制乃至内部控制发展演变的历史，最早的控制主要着眼于保护财产的安全、完整与会计信息资料的正确、可靠，侧重于钱物分管、严格手续、加强复核等方面的会计控制。随着商品经济的发展和生产规模的扩大，经济活动日趋复杂化，才逐步发展成近代的内部控制系统，其控制内容超出会计所控制的范畴，涉及组织的方方面面，被称为全面内部控制，其中给予会计控制的重要启示如下：

（一）会计与控制与生俱来，自古有之追本溯源，会计控制是源于人类社会生活的内在需求而产生的一种自觉行为，会计与控制的内在需求与生俱来，源远流长

远古社会，随着剩余产品的出现，人们逐渐产生计数的思想，这是人们识别和关心自己劳动成果的一种本能体现。无论是"简单刻记""结绳计事"，还是"书契"（相当于会计凭证的最初形态）的运用，目的都是为了计量、记录与控制。人类计数识别和监控记录的需要，随着商品经济思想的演进，成为会计控制思想发展的内在推动力。

我国西周时期设置"司会"作为会计系统的主管部门，其下分设司书、职内、职岁和职币四个部门以相互制约。"司会"为计官之长，主管会计。"月计岁

会""以月要考月成""以岁会考岁成"。据《周礼》记载："虑夫掌财之吏，渗漏乾后，或者容奸面肆欺…"，并有"听出入以要会"的记载，即以会计文书为依据，批准财务收支事项。当时的统治者为防止掌管和使用财赋的官吏弄虚作假甚至贪污盗窃，采用了分工牵制和交互考核等办法，达到了"一毫财赋之出入，属人耳目之通焉"的程度，即规定每笔收支要经几个人的耳目，达到相互牵制的目的。宋太祖时期就实行了"职差分离"和"主库吏三年一易"等会计控制制度。

（二）会计控制先于内部控制，内部牵制是内部控制的思想基础牵制，即约束、控制、拖住使不能自由行动的意思。内部牵制（nternal Check）的思想源远流长。在法老统治的古埃及中央财政银库里已初具内部牵制的雏形

银子和谷物等物品接收时数量的记录、入库时数量的记录与实物的观察、接收数量与入库数量的核对分别由三个人完成：仓库的收、发、存记录由仓库管理员的上司定期检查，以确保记录正确、账实相符。在古罗马时期，随着会计账簿的设置，出现了"双人记账制"，宫廷库房规定，一项业务发生后，必须由两名记账员在各自的账簿中同时加以反映，然后定期将双方的账簿记录加以对比考核，以审查有无差错或舞弊行为，从而达到控制财务收支的目的。在私有制下，为了保护财产不受侵犯，需要互相牵制。会计控制始于内部牵制，内部牵制成为会计控制乃至内部控制的重要基础。

15世纪末，随着资本主义经济初步发展，内部牵制渐趋成熟。意大利出现了复式记账方法，它以账目之间的相互核对为主要内容并实施一定程度的岗位分离。

18世纪工业革命以后，企业规模逐渐扩大，公司制企业出现。当时，美国铁路公司为了对遍及各地的客货运业务进行控制和考核，采用了内部稽核制度，因收效显著而为各大企业纷纷效仿。20世纪初期，资本主义经济迅猛发展，股份有限公司的规模迅速扩大，生产资料的所有权与经营权逐渐分离。为了能提高市场竞争力，攫取更多的剩余价值并防范和揭露错弊，不少企业逐渐摸索出一些组织、调节、制约和检查企业生产经营活动的办法。

1905年，迪克西（LR.Dicksee）提出了内部牵制的三个要素：职责分工、会计记录和人员轮换。1912年，蒙可马利（R.H.Montgomery）在其出版的《审计—理论与实践》中表达了内部牵制思想。所谓内部牵制，是指一个人不能完全支配账户，另一个人也不能独立地加以控制的制度，单位某职员的业务与另一位职员的业务必须是相互弥补、相互牵制的关系，即必须进行组织上的责任分工和业务上的交叉检查或交叉控制，以便相互牵制，防止发生错误或弊端，这是内部控制的锥形。

1930年，本利特（G.E.Bennett）将内部牵制定义为：内部牵制是账户和程序组成的协作系统，这个系统使得员工在从事本职工作时，独立地对其他员工的工作进行连续性检查，以确定其舞弊的可能性。《柯氏会计辞典》认为：内部牵制是指以提供有效的组织和经营，并防止错误和其他非法业务发生的业务流程设计。其主要特点是以任何个人或部门都不能单独控制任何一项或一部分业务权利的方式进行组织上的责任分工，每项业务通过正常发挥其他个人或部门的功能进行交叉检查或交叉控制。

内部牵制主要出于两点假设：一是两个或两个以上的人或部门无意识地犯同样的错误的机会很小；二是两个或两个以上的人或部门有意识地合伙舞弊的可能性低于单独一个人或部门舞弊的可能性。其中，第一个假设能限制人的有限性，即制度通过设定一系列规则减少环境的不确定性，提高人们认识环境的能力，如会计人员定期把明细账与总账进行核对。第二个假设可以限制人的机会主义行为，加强人的集体行为倾向。会计控制作用的发挥正是通过限制人的有限理性和机会主义行为来实现的。

对于内部牵制的认识，重在事务分管、明确分工、加强责任，把一项经济业务分割成几个部分由几个人分别去做，各负其责，互相监督，以防舞弊，包括实物牵制、机械牵制、体制牵制和簿记牵制等。

实物牵制是指由两个以上的人员共同掌管必要的实物工具，共同完成一定程序的牵制。例如，将保险柜的钥匙交由两个或两个以上的工作人员保管，不同时使用这两把或两把以上的钥匙，保险柜就无法打开，以防止一个人作弊。

机械牵制是指只有按照正确的程序操作机械，才能完成一定过程的操作。它采用的是程序牵制，即将单位各项业务的处理过程用文字说明或流程图的方式表示出来，以形成制度，颁发执行。它也是一种事前控制法，即按牵制的原则进行程序设置，而且要求所有的业务活动都要建立切实可行的办理程序。程序控制的关键是实行以内部牵制为核心的不相容职务分离原则。

体制牵制是一种相互牵制，互相制约的机制。其基本要求是不仅要划分职责，明确各部门或个人的职责和权限，而且要规定相互配合与制约的方法。恰当的组织分工是内部牵制最重要、最有效的方法。

簿记牵制是指原始凭证与记账凭证、会计凭证与账簿、账簿与账簿、账簿与财务报表之间相互核对的牵制，也是程序牵制的一个重要方面。

20世纪40年代之前的内部牵制是会计控制的起步阶段，侧重于行为人层面的控制，其目的是防止错误和其他非法业务的发生，即为了查错防弊，其手段主要是职务分离、账目核对等，其控制对象主要是钱、账、物等会计事项。

内部牵制在会计核算方面主要是以账目之间的相互核对为内容并通过实施岗

位分离，以确保所有账目正确无误的一种控制机制，它是内部会计控制制度的重要内容之一，其主要包括：①内部牵制制度的原则，即机构分离、职务分离、钱账分离、物账分离等；②对出纳等岗位的职责和限制性规定；③有关部门或领导对限制性岗位的定期检查办法。

从纵向看，每项经济业务的处理至少要经过上下级有关人员之手，使下级受上级监督，上级受下级制约，促使上下级均能忠于职守，不疏忽大意。

从横向看，每项经济业务的处理至少要经过彼此不相隶属的两个部门，使每一个部门的工作或记录受另一个部门的牵制，不相隶属的不同部门均有完整地记录，使之互相制约、自动检查，防止或减少错误和弊端；同时，通过交叉核对也能及时发现错误和弊病。

20世纪30年代轰动美国的"麦克森—罗宾斯丑闻"引发了对审计中内部牵制问题的极大关注，并使会计牵制的研究扩大到对交易方式的全面了解。

1934年，美国《证券交易法》首先使用了"内部会计控制"作为根除经济危机中虚假会计信息泛滥的根本措施之一。内部会计控制的概念产生于对经济监控的需求，并引起了管理当局的高度关注。会计控制先于内部控制，并驱使内部控制理论与方法的不断发展。

（三）会计控制与管理控制并驾齐驱，作用互补最初，内部会计控制并未与内部控制的定义严格区分

在20世纪50~70年代，内部控制的发展突破了仅存在于会计领域的限制，延伸到了管理领域。内部会计控制的内涵也随着人们实践的发展而不断完善。1949年，美国注册会计师协会（AICPA）所属的审计程序委员会出版了第一部审计意义上的内部控制研究专著—《内部控制：一种协调制度要素及其对管理当局和独立注册会计师的重要性》，首次认为："内部控制包括组织机构的设计和企业内部采取的所有相互协调的方法和措施。这些方法和措施都用于保护企业的财产，检查会计信息的准确性，提高经营效率，推动企业坚持执行既定的管理政策。"

1958年10月，AICPA发布的《审计程序公告第29号》将内部控制划分为会计控制和管理控制，并认为内部会计控制包括组织规划的所有方法和程序，这些方法和程序与财产安全和财物记录的可靠性有直接的联系。这个控制包括授权与批准制度、从事财务记录和审核与从事经营或财产保管职务分离的控制、财产的实物控制和内部审计。理解该定义时人们认识到，内部会计控制是为了一定目标而建立的一系列制度、程序和方法的集合或者体系。如果仅仅满足于制定各项管理制度，以为建立各项制度就是内部控制，那是错误的；不重视制度的执行与执行的方法，内部控制体系是不完整的。内部会计控制应当涵盖全部会计业务，

从事前、事中直到事后，防止因为在制度中没有规定而忽视对某些行为的控制与监督，这些行为有可能导致风险的失控，并且内部会计控制是连续的动态过程与机制，它包含了两个方面的含义：一是内部会计控制时时刻刻都必须执行，任何疏忽都有可能导致内部控制无效；二是内部会计控制是动态变化的，它应当随外部环境和内部管理变化的要求相应地做出调整，而不应墨守成规。

1972年，美国准则委员会（ASB）循着《证券交易法》的路线进行研究和讨论，在《审计准则公告第1号》（SAS NO.1）中，按照对象与范围将内部控制分为内部会计控制（Internal Accounting Control）和内部管理控制（Internal Administrative Control），被称为"两点论"的内部控制观，简称会计控制和管理控制。

内部会计控制由组织计划以及与保护资产和保证财务资料可靠性有关的程序和记录构成。会计控制旨在保证：经济业务的执行符合管理部门的一般授权或特殊授权的要求；经济业务的记录必须有利于按照一般公认会计原则或其他有关标准编制财务报表，以及落实资产责任；只有在得到管理部门批准的情况下，才能接触资产；按照适当的间隔期限，将资产的账面记录与实物资产进行对比，一经发现差异，应采取相应的补救措施。

内部管理控制包括但不限于组织计划以及与管理部门授权办理经济业务的决策过程有关的程序及其记录。这种授权活动是管理部门的职责，它直接与管理部门执行该组织的经营目标有关，是对经济业务进行会计控制的起点。

1979年，美国证券交易委员会在《管理人员对内部会计控制的公告》中指出，建立内部控制系统是管理人员的重要责任，强制性要求管理人员报告企业的内部会计控制。

（四）会计控制始终成为内部控制的核心要素

20世纪80年代，美国的一系列财务会计报告舞弊和突发事件促使人们开始重视对风险的研究和对内部控制的重新思考。很多人认识到可以把加强上市公司会计控制乃至内部控制作为从根源上解决虚假财务信息的手段之一。

1986年，第12届国际审计会议发表《总声明》，赋予内部控制新的含义，即"作为完整的财务和其他控制体系，包括组织结构、方法程序和内部审计。它是由管理者根据总体目标而建立的，目的在于帮助企业的经营活动合理化，具有经济性、效率性和效果性；保证管理决策的贯彻；维护资产和资源的安全；保证会计记录的准确和完整，并提供及时、可靠的财务和管理信息"。内部控制开始进入提高阶段，并侧重于企业层面的控制。

1988年4月，AICPA发布了《审计准则公告第55号》（SAS No.55），首次以"内部控制结构"取代了"内部控制"。在"内部控制结构"中，不再划分内部会计控制与内部管理控制，而统一以要素表述内部控制，且正式将控制环境纳入内部控制范畴。它是充分有效的内部控制体系得以建立和运行的基础与保证。内部控制被界定为"为合理保证企业特定目标的实现而建立的各种政策和程序"，在结构上由控制环境、会计制度和控制程序三个要素组成。

控制环境，是指董事会、管理者、业主和其他人员对控制的态度和行为，具体包括管理哲学和经营作风、组织结构、董事会及审计委员会的职能、人事政策和程序、确定职权和责任的方法、管理者控制和检查工作时所用的控制方法，如经营计划、预算、预测、利润计划、责任会计和内部审计等。

会计制度，是指规定各项经济业务的确认、归集、分类、分析、登记和编报的方法。一个有效的会计制度包括以下内容：鉴定和登记一切合法的经济业务；对各项经济业务进行适当分类，作为编制报表的依据；计量经济业务的价值以使其货币价值能在财务报表中记录；确定经济业务发生的时间，以确保其被记录在适当的会计期间；在财务报表中恰当地表述经济业务及有关的揭示内容。

控制程序，是指管理当局所制定的政策和程序，用以保证达到一定的目的，具体包括：经济业务和活动的批准权；明确各员工的职责分工；充分的凭证、账单设置和记录；资产和记录的接触控制；业务的独立审核；等等。

当时，将控制环境视为内部控制的一个首要的组成部分是一大突破。控制环境是由企业全体职工，主要是企业的管理者所造就的，是充分有效的内部控制体系得以建立和运行的基础；同时，会计制度控制被放到了突出地位，规定了各项经济业务的确认、归集、分类、分析、登记和编报的方法等始终是内部控制的核心要素。

（五）会计控制与风险管理相结合，尤其重视控制财务会计报告

进入20世纪90年代后，基于对风险的不断考量，内部控制开始强调风险评估的重要作用，强调信息与沟通是强化内部控制的重要途径，强调对内部控制系统本身的监控成为内部控制发挥作用的关键环节。此时，一方面，会计控制对根除虚假信息的作用显得越来越重要，并要求渗透于内部控制的各个要素之中；另一方面，控制过程受到董事会、管理层和其他人员的影响，从战略制定起贯穿于各项业务活动，最终体现在财务会计报告内部控制的评价与鉴证之中。

1992年，美国会计学会（AAA）、注册会计师协会（AICPA）、国际内部审计协会（TIA）、财务经理协会（FEI）和管理会计学会（IMA）等组织发起成立了美国科索委员会（COSO），并提交了一份举世瞩目的研究报告——《内部控制—整体框架》，该报告在1994年进行了增补。COSO报告提出："内部控制是由企业董事会、经理当局以及其他员工为达到财务报告的可靠性、经营活动的效率和效果、相关法律法规的遵循等三个目标而提供合理保证的过程。"同时，

COSO 报告提出内部控制包括控制环境、风险评估、控制活动、信息与沟通、监控五个相互联系的要素。COSO 报告提出的这个由"三个目标"和"五个要素"组成的内部控制整体框架得到了公司董事会、管理当局、投资者、债权人、审计人员及专家学者的普遍认可，因而成为当时最权威的内部控制概念。

如果说把一个组织看成一个人的机体，那么内部控制就相当于这个机体的"免疫系统"。一个健康的"免疫系统"可以保证一个人少生病，一个健全的内部控制可以使一个组织规避风险。如同免疫系统由扁桃体、肝、胸腺、骨髓、淋巴结五部分共同配合一样，内部控制包括控制环境、风险评估、控制活动、信息与沟通、监督五大基本控制要素。

控制环境就是组织对"免疫系统"的态度，以及"免疫系统"的各部分是否能相互协调、配合等。任何单位的控制活动都存在于一定的控制环境之中，控制环境为内部控制其他方面的运作提供框架，其直接决定了企事业单位内部控制整体框架实施的效果。良好的控制环境可以使每个员工都积极主动地去发现组织中存在的"病毒"。

风险评估的目标在于及时发现与识别"免疫系统"的不足从而控制风险，是提高控制效率和效果的关键。如果管理层人员的思想中缺乏风险概念，单位又缺乏风险管理机制，那么，由于抗风险能力低下而不能及时发现"免疫系统"的缺陷，常常使组织面临遭受"病毒侵蚀"的风险。

控制活动就是"免疫系统"发现"病毒"、处理"病毒"的过程和程序，是内部控制的主体和核心。控制活动的实质是将一项业务活动分离出授权、批准、执行、记录及监督等职能，并将这些职能分别授权不同的部门或不同的人员执行，形成一个相互牵制、制约的过程。

如同免疫系统的各部分要协调、配合一样，一个组织内部的各个部门也要通过及时的信息与沟通，根据内部控制系统反馈的信息，及时发现问题并提出建议，促进完善体制机制，更广泛、更全面地解决类似问题。

监督是对内部控制的再控制，是内部控制的"医生"，可以帮助内部控制查找自身缺陷，并促进其有效执行。

科索委员会于 2004 年 9 月 29 日发布了《企业风险管理—整合框架》。该研究报告认为"企业风险管理是一个过程，它由一个主体的董事会、管理当局和其他人员实施，应用于战略制定并贯穿于企业之中，旨在识别可能会影响主体的潜在事项，管理风险以使其在该主体的风险容量之内，并为主体目标的实现提供合理保证"。该研究报告将内部控制上升至全面风险管理的高度来认识，描述了适用于各类规模组织的风险管理的重要构成要素、原则与概念。该框架集中关注风险管理，为董事会与管理层识别风险、规避陷阱、把握机遇、增加股东价值提供了指南。基于这一认识，该研究报告提出将风险评估细化为目标设定、事项识别、风险评估、风险应对，从而产生了内部环境、目标设定、事项识别、风险评估、风险应对、控制活动、信息与沟通和监控"八要素控制理论"。

五、会计控制最本质的作用就是风险管理

会计管理的本质就是控制，控制什么呢？应以控制风险为要。

会计控制不断发展的轨迹已经清晰地告诉人们：随着市场经济的不断发展，会计控制最显著的职能作用和最本质的特征就是与风险管理相结合，就是为了防范风险。简言之，会计控制的本质就是风险控制，即有效的风险管理。

内部控制是从最初的会计控制开始，扩展为内部管理控制，再将两者结合起来讨论，然后发展为一个整体框架，最后演变为与风险管理相结合并重视对财务会计报告内部控制的评估与审计。其演进与完善经历了从"方法程序观"到"过程观"，再到目前的"风险观"：其控制定义也经历了从静态的"方法、措施"到动态的"过程控制"，再发展为综合的"风险管理"，体现了从静态到动态、从以制度为本到以人为本、从细节控制到风险管理的动态演进；对会计控制的政策制定也从最初以纠错防弊为目的自发产生到由企业内部、行业协会制定政策，再到由政府部门强力推行的逻辑演绎，这些变化对我国会计控制的发展具有积极的启迪。

综上所述，会计管理最显著的特征是会计控制，最本质的作用是控制风险；不断加强会计控制就是为了管理风险，或者说，会计控制最本质的作用就是风险管理。无论是控制风险，还是管理风险，都是为了谨防风险，这是时代的呼唤。

任何单位都需要会计控制。随着竞争越演越烈，风险越来越大，失控越来越多，会计控制正面临着风险管理过程中一个严肃的问责：如何识危防险，防微杜渐，化险为夷，转危为安，为健康运营保驾护航？

会计控制不断健全的过程，一方面是企事业单位不断成长壮大的必然结果，另一方面也是现代化管理不断发展变化的客观要求；同时，会计法治的健全、会计与审计技术的进步和管理理论的不断创新都是推动会计控制不断发展的内在动力。

第二节 会计控制的基本理论

一、会计控制的基本概念

（一）会计控制

对会计控制的理解，随着经济社会变革和风险管理演变而不断渐进，并显得

多姿多彩。

《内部会计控制规范—基本规范（试行）》所称的内部会计控制是指"单位为了提高会计信息质量，保护资产的安全、完整，确保有关法律法规和规章制度的贯彻执行等而制定和实施的一系列控制方法、措施和程序"。该定义将会计控制看成为了实现会计控制目标而实施的会计行为过程，具有法定的权威性。迄今为止，《内部会计控制规范——基本规范（试行）》仍是我国财政部发布的专门用于指导企事业单位会计控制的第一个也是最重要的文件，该规范适用于国家机关、社会团体、公司、企业、事业单位和其他经济组织（以下统称"单位"）。

《会计大百科辞典》认为："会计控制亦称内部会计控制，是通过企业内部会计活动对经济业务实施的控制。会计控制是与保证会计信息的质量，保护资产的安全、完整，贯彻执行有关法律法规和规章制度等直接相关的，用以控制本单位经济活动，使经济活动或资金运动达到预期目标，实现会计目标的关键环节。"这一基本概念的表述凸显了会计控制的目标、地位与作用，也说明了会计控制属于企业内部控制最主要的组成部分，处于内部控制的核心地位。

会计控制是一个偏正结构的名词，其中心词是"控制"，其修饰词是"会计"，是会计的控制，属于内部控制学的一个分支。用"会计"修饰"控制"，一方面说明了控制的对象、范围和内容等，另一方面也说明了需要采用会计的思想方法去监控单位的行为，这是会计控制区别于其他控制的一个显著特点。

会计控制也被看成是一个联合结构的词组，即"会计+控制"。凡是有机融合会计与控制的各项活动，并利用会计信息资料进行有效管控的思想、方法、措施和程序等，都属于会计控制研究的范畴。

从学科分工来看，会计控制是一门专业学科，属于内部控制学的一个子系统，是一门应用性、综合性很强的交叉学科，其理论基础包括会计学、控制学、管理学、心理学、行为学和犯罪学等，其所选用的方法包括分析性研究、实证性研究等，是研究各种会计控制行为，并为实现内部控制目标服务的。天津财经大学于玉林教授将会计控制称为"展望未来会计交叉学科的发展"的一门新兴学科。

（二）控制会计

控制会计，尤其是控制会计人员的行为规范，已经成为会计控制和风险管理重点研究的领域之一。"控制会计是以控制论的基本原理和方法为基础，运用会计信息，对单位的价值活动进行控制、检查、考核、分析和报告，对出现的偏差及时反馈，判断单位内部的工作业绩的会计管理活动。"

控制会计是一个动宾结构的词组，其基本含义是指通过制定和实施一系列控制方法、措施和程序等来管控单位的会计活动与会计行为。这一基本含义凸显了

"控制"这个行为动词的重要性,同时明确了控制的对象是各种会计活动与会计行为。

控制会计也被看成是一个偏正结构的名词,其中心词是"会计",即控制的会计,属于会计学的一个分支。其究竟是怎样的会计呢?其是研究如何控制方面问题的会计,就像管理会计是研究如何有效管理的会计学科一样。用控制修饰会计,说明了控制会计所需研究的对象、范围和内容等。

控制会计还被看成是一个联合结构的词组,即"控制十会计"。凡是有机融合控制与会计的活动,并利用控制所得到的各种信息资料进行有效会计管控的思想、方法、措施和程序等,都属于控制会计研究的范畴,包括采用控制的思想方法去管控会计和采用会计的思想方法去管控会计等方面。

虽然人们对控制会计的理解是多方面的,但从理论上分析,会计控制比控制会计的概念空间更大、范围更广、作用更宽泛。会计控制包括控制会计,要实施会计控制必须控制好会计,所谓"打铁还需自身硬"。会计控制与控制会计之间既有联系,又有区别,在实务工作中有时很难区分清楚。控制与会计一旦结合起来,就为会计控制这门学科创造了广阔的空间与活动的舞台。控制会计是会计人员控制思维的表现与监控技能的体现。

控制会计行为很重要,因为它是一种有规范、有目的、有约束的会计管理活动。

在经济生活与管理活动中,两个或两个以上的人同时做一件事,比一个人独自做一件事出错和舞弊的可能性要小。也就是说,实现有效的会计控制,可以合理保证各项管理行为和业务活动相互制约、权力制衡。正确认识和恰当掌握好这一基本假定,才能理解会计控制的内涵,才会明白为什么在经济生活和管理活动中会一再突出强调"职责分离"和"岗位授权"等内部控制措施与方法的重要性。

控制会计的思想源远流长,历久弥新。例如,会计机构内部的稽核制度就是内部会计控制的一项制度安排。会计稽核制度不同于单位内部的审计制度,它只是会计机构内部的一种工作制度,而单位审计制度是由在会计机构之外另行设置的内部审计机构或审计人员对会计工作进行再检查的一种制度。按照我国财政部发布的《会计人员工作规则》的规定,会计机构内部应当建立会计稽核工作岗位,稽核人员根据各单位的实际情况可以是专职人员,也可以是兼职人员。

二、会计控制的主体

按照控制主体与控制客体是否处于同一组织且是否自愿,控制可以分为外部控制和内部控制。会计控制属于内部控制的范畴。内部控制是为实现组织利益而做出的某种努力,外部控制是以社会利益或者宏观利益诉求为出发点的行为。由单位自身控制所形成的自律机制被称为内部控制，由外部单位对本单位所实施的他律机制被称为外部控制。

"内部"界定出控制的边界。会计控制归属于单位内部的事务。按照内部控制主体假设理论的要求，内部控制建立与实施的主体是组织内部的机构和人员。例如，在行政事业单位，包括单位负责人和员工；在企业，包括董事会、监事会、管理者和其他人员。

由此可将会计控制定义为：单位自愿的、由单位内部相关部门或人员实施的一系列会计控制的方法、措施和程序，是旨在实现特定会计目标的过程。

由内部部门和人员进行控制具有先天的优势，因为他们熟悉单位的业务流程，深谙单位文化，认同单位所追求的工作与战略目标，可以持之以恒地进行常规性控制，而不是突击性的、运动性的。所以，会计控制是一种自我控制，应当具有很强的内在动力，但前提仍是应当具有自律意识。

然而，以内部控制部门和人员为主体的会计控制也具有先天不足：一是在执行控制行为时控制者难免受到管理层、非正式组织甚至包括自身在内的小团体利益的影响，难以公正、客观，可能会失去独立性；二是随着管理越来越专业化、科学化和复杂化，会计控制也越来越专业化、科学化和复杂化，单位内部人员由于资历、经历与视野的局限可能很难完成这项工作。与此同时，外部的专业性组织由于专门从事这方面的业务，长期实践所积累的经验使得它们更加具有效率和准确性，因而委托外部专业性组织进行会计控制也具有一定的效率和成本优势。但是，这种委托行为也应当是出于单位自觉自愿才好，因为外部接受委托的专业人士进入现场工作需要单位人员的配合和支持。

三、会计控制的客体

会计控制的客体即控制的对象。一切以货币计量的经济业务都是会计控制的客体。

经济业务与会计活动形影不离，涉及单位经营管理的所有环节。事实雄辩地证明，采购、生产、销售、财务等管理环节出现问题，几乎都与会计控制系统失控有着直接或间接的关系；而一个致力于持续稳定发展的单位必然是重视内部会计控制与管理的。会计控制是一系列行为和过程，它与其他职能的相互配合贯穿于经营管理活动的全过程。

全过程和全要素的会计控制是指涉及单位经营管理的所有环节，覆盖单位的全价值链，涵盖经营管理活动所需要的人、财、物、信息、技术、时间、社会信用等一切资源。其中：对人的控制主要是对人的行为控制；对财的控制主要涉及资金流量与收支管理；对物的控制主要涉及资源利用与资产控制；对信息的控制主要涉及组织外部与内部信息的收集、传递、反馈、处理与利用的控制；对技术的控制主要涉及新技术和新方法的研究、引进以及各种技术标准的制定、执行和控制；对时间的控制主要是指如何合理安排工作时间以及时达到组织目标；对信用的控制涉及如何树立良好的社会声誉和社会地位，为组织目标的实现创造良好的环境；等等。

四、会计控制的目标

会计控制的目标是要求会计控制完成的任务或达到的标准，它决定了会计控制运行的方式和方向，也是认识会计控制基本理论的出发点。

不同性质的单位其控制目标有不同的侧重点。企业内部控制的目标是合理保证企业经营管理合法合规、资产安全、财务会计报告及相关信息真实完整，提高经营效率和效果，促进企业实现发展战略。行政事业单位内部控制的目标主要包括合理保证单位经济活动合法合规、资产安全和使用有效、财务信息真实完整，有效防范舞弊和预防腐败，提高公共服务的效率和效果。

由于会计控制的基本法规、基础理论与基本方法具有普遍性、通用性和广泛适用性，从会计专业的角度出发，会计控制目标首先定位于提供真实、可靠的会计信息，这既能发挥会计工作的核算和监督职能，又能为预决策等经济活动提供信息服务，从而体现会计的管控职能，并有利于会计控制向管理控制的有效过渡及与其有机结合。目前，对会计控制目标的研究已从最早的查错防弊单一性目标发展到综合性和结构性目标，其发展方向有以下五个趋势：一是确保单位目标的有效实现；二是符合国家财经法律法规；三是既重视经营目标，又重视非经营目标；四是确保信息的质量和安全；五是保护单位的重要资源。

《内部会计控制规范—基本规范（试行）》从会计控制专业的角度提炼出以下三个基本目标：

（一）规范会计行为，保证会计资料真实、完整

单位要实现其管理方针和战略目标，需要及时获取准确的资料和信息，以便做出正确的判断和决策。通过制定和执行会计控制制度，实施恰当的业务控制程序，科学、合理地划分职责范围，建立相互协调、相互制约的机制和及时、畅通的信息反馈系统等，可以合理保证提供及时、准确的经营管理信息和财务信息，为决策提供可靠的依据，这是会计控制的基本目标。

（二）堵塞漏洞、消除隐患，防止并及时发现、纠正错误及舞弊行为，保护资产的安全、完整

建立会计控制制度并采取严格的控制措施，尤其是通过不相容职务分离等措

施形成内部牵制,同时实行限制接近财产和内部定期盘点核对等制度,可以使财产的收、付、存得到严密的控制,使员工做到各司其职、互相制约、恪尽职守、克服并清除舞弊。防范舞弊和预防腐败是现阶段控制活动尤其重要的目标,会计过程不仅是"防微杜渐"的过程,也是"化险为夷"的过程。健全、有效的会计控制有助于避免和降低各种风险,提高经营管理的效率与效果。

(三)确保国家有关法律法规和内部规章制度的贯彻执行

国家颁布的法律、法规和规章制度,尤其是各种会计法规和财经法规,只有在每个单位都得到认真地贯彻执行,才能发挥相应的作用;同时,也只有认真贯彻执行国家的法律、法规和规章制度,才能保证单位经营活动的合法性。健全、有效的会计控制制度所形成的相互协调与相互制约的机制能够及时地反映国家法律法规的贯彻执行情况,并能检查、揭示和纠正经营管理中的违法乱纪行为,从而有效地保证各项政策及国家的法律法规在单位内部得到贯彻执行。

五、会计控制的规范要求

会计控制制度是为了实现控制目标而建立的规范,其法律约束性很强。不同的国家对于本国不同类型单位的内部控制有不同的规定与要求。内部控制规范一般分为两类:一类是主管部门和专业协会等组织发布的技术性规范,具有指引作用,如美国的 COSO 委员会制定的《内部控制—整体框架》和《企业风险管理框架》等、中国的《企业内部控制应用指引》等;另一类是法律和法规,具有较强约束力,如国外的《萨班斯—奥克斯利法案》、国内的《中华人民共和国公司法》《中华人民共和国证券法》以及有关上市公司和国有企业管理的各种条例等。虽然我国会计控制源远流长,但全国性的有关会计控制的法规建设起步较晚,却发展较快,要求较高。

六、会计控制的主要内容

会计控制是指"一个单位"的控制行为,不是单指会计人员或会计部门实施的控制行为,而是包括会计人员或会计部门在内的整个单位的会计控制行为。或者说,会计控制并非只是由会计部门或会计人员独立完成,它可以向其他决策部门提供信息,各部门也可以利用会计信息对价值运动进行局部控制。只有将各部门的间接控制与会计部门的直接控制结合起来,才能实现最佳的会计控制。其中,控制会计只是会计控制内容中最常见的一个组成部分或行为特征。通过控制会计行为可以起到会计控制的作用;而要发挥好会计控制的作用,则必须控制好会计行为。

会计控制通常表现为在经理层领导下的会计部门控制，它体现的是董事会或经理层的意图，落实的是董事会或经理层的管理目标与任务。它与管理控制并不是相互排斥、互不相容的，而是互为补充、各有作用的。有些控制措施既可以用于会计控制，也可以用于管理控制；或者说，管理控制是与会计控制并驾齐驱的控制行为，除了会计控制行为之外的其他控制行为都可以称为管理控制。

由于会计控制的主要对象是以价值反映的资金运动，因此，涉及价值形成全过程的控制既要对总指标进行控制，又要对分指标进行控制，所涉及的面相当广泛。

从横向看，可以涵盖单位内部的各个部门和各项业务；从纵向看，可能涉及各个部门的各个岗位、每个员工以及各项业务的每个环节；从内容看，包括对财务会计人员的行为控制以及对单位会计行为的控制。

任何单位都需要会计控制，只是不同单位的侧重点与控制要求有所区别，因而会计控制的具体内容可以有不同的分类方法。例如，根据单位性质，可以分为行政事业单位会计控制和企业会计控制等；根据会计要素，可以分为资产控制、负债控制、收入控制和支出控制等；根据会计管理循环理论，可以分为销售与收款循环、采购与付款循环、生产与存货循环、筹资与投资循环、货币资金流入与流出循环等；根据控制进程，可以分为事前控制、事中控制和事后控制；根据控制流程，可以分为集权控制和分权控制；根据控制方法，可以分为制度控制和预算控制等。

七、会计控制的原则要求

会计控制原则是进行内部会计控制应当遵循的标准。《内部会计控制规范—基本规范（试行）》提出应当遵循的基本原则是：应当符合国家有关法律法规和规范，以及单位的实际情况；应当约束单位内部涉及会计工作的所有人员，任何个人都不得拥有超越内部会计控制的权力；应当涵盖单位内部涉及会计工作的各项经济业务及相关岗位，并应针对业务处理过程中的关键控制点，落实到决策、执行、监督、反馈等各个环节；应当保证单位内部涉及会计工作的机构、岗位的合理设置及其职责权限的合理划分，坚持不相容职务相互分离，确保不同机构与岗位之间权责分明、相互制约、相互监督；应当遵循成本效益原则，以合理的成本控制达到最佳的控制效果。

结合《企业内部控制基本规范》和《行政事业单位内部控制规范（试行）》等相关法律法规的要求，现分述会计控制应当遵循的原则如下：

（一）全面性原则

全面是完整的、周密的意思。会计控制应当贯穿单位经济活动的所有方面，涉及会计工作的各项经济业务及相关岗位，落实到决策、执行、监督、反馈等各个环节，并尽可能覆盖所属单位的各种业务和事项，包括参与部门的全面性、业务范围的全面性和流程动作的全面性。

会计控制的全面性包含全员参与和全过程控制。从范围看，会计控制应当覆盖单位管理层面和所有的业务层面，努力做到无一遗漏、无一例外。从流程看，制衡机制和控制措施等应当渗透到经济业务的各个环节，并通过关注风险点、避免出现真空点和失控点，以达到防微杜渐或防患于未然等目的。

风险点，即控制环节中可能存在错弊的、容易失控的、应当予以关注的方面。通常有可能发生危险的地点、部位、场所或动作等就是应予关注的风险点。

真空点，即空白点，是指控制行为没有到达的方面或部分，或控制环节中既没有想到，也没有做到的处于空白的地方。

失控点，即失去控制的方面，通常是指内部控制环节中已经想到，但却没有设计好；或虽然想好，但由于没有落实到位而产生控制缺陷的地方。

任何单位从设计内部会计控制制度开始，就应充分体现全面性，满足内部控制各要素的要求，包括内部环境、风险评估、控制活动、信息与沟通、内部监督等。各种业务控制制度既要在各个制度中充分表述各个要素的内容，又要相互联系、相互制约，使其构成管理中的一个完整的、持续可行的系统，以有效地控制各项经济活动，促使单位完成预期的控制目标。会计控制应当能够约束单位内部涉及会计工作的所有人员，任何个人都不得拥有超越内部会计控制的权力。

（二）重要性原则

重要是具有重大影响或后果的，有很大意义的意思。会计控制应当在全面控制思想的指导下，善于关注经济活动的重要方面和重大风险，尤其应当善于抓住管理过程中的主要矛盾和矛盾的主要方面，关注下列"二重一高"的风险领域及其相应的关键控制点，确保控制活动不存在重大缺陷或重大舞弊。

关键控制点是指在相关流程中影响力和控制力相对较强的一项或多项控制，其控制作用是必不可少或不可代替的。关键控制点往往处于内部控制环节的要害，或最紧要的环节，或具有决定性作用的方面；或者说是指在一个业务处理过程中起着重要作用的那些控制点，如果没有这些控制点，业务处理过程很可能出现错误和弊端，达不到既定目标。设置关键控制点应针对错弊的发现和纠正。例如，为了保证账户记录的真实性，账实之间的核对是关键控制点；为了保证银行存款金额的正确性，核对银行对账单与存款余额并实施银行函证是关键控制点。突出风险管理的关键控制点，可以避免控制活动没有重心、平铺直叙、平均用力。

(三)制衡性原则

由于两个人有意识地犯同样的错误的概率要小于一个人,或者说两个人有意识地合伙舞弊的可能性要小于一个人,因此,相互制衡是建立和实施内部控制的核心理念之一。也就是说,在相互牵制的关系下,几个人发生同一错弊而不被发现的概率是每个人发生该项错弊的概率的连乘积,因而误差率降低。

制衡是指双方或者多方之间的相互制约与平衡。例如,对于重大经济合同应该要求多部门会审,并且由财务人员、法务人员、专家参与评审。又如,对经营业务活动进行组织分工时,要求不相容职务应分别由不同的人员处理,即进行职务分离,使工作有所牵制、有所制约,防止贪污盗窃,保护资产安全。通常,在单位议事决策机制、岗位设置、权责分配、业务流程等方面应当形成相互制约、相互监督的机制。在横向关系上,至少要由彼此独立的两个部门或人员办理,以使该部门或人员的工作接受另一个部门或人员的检查和制约;在纵向关系上,至少要经过互不隶属的两个或两个以上的岗位和环节,以使下级受上级监督,上级受下级制约。但在实际操作中,制衡越多,流转的部门就越多,业务的效率就会越低。所以,在把握制衡性的同时必须要注意效率问题。

权力与责任的制衡是最核心的制衡。权力一般是指权位,势力,包括职责范围内的指挥或支配力量。责任一般是指分内应做的事。责任意识是"想干事",责任能力是"能干事",责任行为是"真干事",责任制度是"可干事",责任成果是"干成事"。用责任去制衡权力是积极的、正面的制衡措施,不但可以防止腐败,而且有利于实现工作效能的最大化。

决策环节的制衡是最重要的制衡。一些握有重权的管理人员为获得个人的经济利益往往有意做出错误决策,用单位的大损失去换取个人的小收益。腐败如果发生在决策环节,则可能给单位带来不可估量的损失。

规范管理是实现制衡的基础。规范管理的主要做法就是建立健全规章制度,形成用制度规范经营管理行为、按制度办事、靠制度管人的机制。

有效监督是制衡的保证。有效监督是指包括上对下、下对上以及横向之间交叉进行的全方位的监督。其中,最重要的监督是党的纪检机构对党员领导干部的监督;监察、审计部门对日常经营活动的监督;监事会对董事会、经理层及单位内所有经营管理事务的有效监督;各业务部门之间的横向监督;职工代表大会对单位经营管理及职工权益的监督。

(四)适应性原则

会计控制的原理与方法具有普遍适用性,但由于各单位的实际情况千差万别,因此不可能也没有必要存在一个固定不变的控制模式。诚如有些名医所说的:"药物没有好坏,适合你的才是最好的,因为个体有差异,抗药性也不同。"

会计控制体系的建立与完善一定要与管理现状相匹配,与现有人员的能力和素质相适应,与经营业务的复杂程度相一致,不能超越管理现状进行内部控制流程的设计。所以说,建立与实施会计控制也是一项个性化的管理工作。

已有的控制体系还要与单位的发展阶段相匹配,因为控制不是一个静态的管理状态,而是一个动态的管理过程,各单位需要定期进行内部控制现状评价,及时发现风险的变化,从而进行管理的优化。所以说,会计控制的建立不可能一劳永逸,而是一个不断渐进和完善的动态过程。随着单位经营规模、业务范围、竞争状况和风险水平的变化及时调整有关会计控制的制度、措施、程序是正常现象。各单位可以根据本单位的实际情况,因地制宜、因人而异地设计本单位的内部会计控制制度,切不可脱离实际、好高骛远、设计空中楼阁式的制度,或者照搬照抄其他单位的制度。

(五)成本效益原则

权衡实施成本与预期效益就是要求将进行控制而花费的成本,包括花费的时间和支付的费用等,与缺乏控制所遭受的损失相比较,当控制的效益大于成本时,该项控制措施才是可行的,否则就是不可行的。

会计控制强调的是有序的、低风险的、安全的业务运营。所以,一套合理的会计控制制度应当既能防错防弊,又能提高单位的效率与效果。例如,会计控制流程中的动作包括了效率性动作和控制性动作,两者之间可能是一对矛盾。效率性动作强调业务要尽快完成,其目的是经营效率的最大化,但带来的后果可能是经营风险的最大化;相反,控制性动作是为了防范各种风险,其目的是管理风险的最小化,但带来的后果可能是影响效率的最大化。所以,管理者在设计会计控制流程时如何选择数量合适的控制性动作很重要。在讨论某项措施是否需要时,关键看其对应的风险是否重大、是否可控和可接受、是否有替代性的控制措施等。

当然,控制活动的成本和效益还需要从全局的角度运用财务分析法或宏观经济分析法来确定其"效益"的内涵和外延。

第三节 会计控制的现状分析

一、会计控制现状不容乐观

我国经济长期以来在低产出、低效率、低科技含量、高能耗层面徘徊,除了体制、机制、结构、增长方式等方面的问题外，会计管理工作滞后也是问题之一。尽管在会计控制领域不乏积极探索和有益尝试，但总体发展仍相对滞后。不少单位处于"不知在做"阶段，虽然在实践中运用了会计控制的工具和方法，但不明白风险管理是什么，也缺乏系统运用会计控制的意识；一部分单位虽然"已知在做"，但缺乏活力和主动意识，只是运用了会计控制的部分职能，仍处于自发状态。

我国是一个会计人员大国，但高端会计人才凤毛麟角。目前，全国有828.7万个企业法人单位，有96.5万个行政事业单位，还有一大批小微企业和民间非营利组织，这些企事业单位的基础核算、管理升级、效益提高都离不开会计管理工作。

但在我国1660多万会计人员中，具有初级或中级专业技术资格的有472万人，占会计人员的28.43%；具有高级专业技术资格的仅有约12万人，占会计人员的0.72%；总会计师超过20万人，但会计领军人才仅1132人。我国的高端会计人才相对缺乏，其中具有管控能力的会计人才更是匮乏，会计控制现状并不乐观。

无论是从单位层面还是从业务层面，现有的会计控制实施情况都不如人意，主要表现为权力失控风险频发、贪污腐败案件高发、财务舞弊案件多发。2015年4月22日，中央纪律监察部网站发布的"天网行动全球通缉百名外逃人员"中，在党政机关和企事业单位担任"一把手"的多达48人。在政府部门工作的21人中，多人与财务、资金打交道，其中8人在各自的单位担任出纳、会计。

调查分析表明，不少单位普遍存在着以下几个方面的问题：

一是风险意识不强，重视不够。加强内部控制建设，首先要对其重要性、紧迫性有清晰的认识，特别是单位负责人，更要绷紧内部控制这根弦，否则难以有效抓落实。但实际情况是对内部控制建设重视不够，应付检查的心理较为普遍。

二是管理基础薄弱，"家底"不清。单位内部控制的目的就是要确保单位预算管理规范、资金运行安全、权力规范行使、事业健康发展，实现对各项管理活动和权力运行的制约。但一些单位仍然存在"家底"不清、职责交叉、权责脱节等问题，管理监督的薄弱环节较多，对防范风险和制约权力缺少有效的措施。

三是缺乏基本的会计控制措施。有的会计机构不健全，会计人员缺乏，会计与出纳"一肩挑"，或者采购、保管、领用由一人管；有的缺乏基本的内部审批程序，业务审核、审批随意性大，甚至有的单位领导直接管钱、管物，内部缺乏基本的控制措施；等等。

四是一些重点领域和环节隐患较多，如采购、基建等领域的问题呈高发、多发态势。例如，高校科研领域中的组织管理、资金使用、成果验收等各环节都存在突出问题，尤其是科研人员通过虚假发票报销等贪污侵占科研资金的问题比较严重。

五是尚未形成有效的内部监督。内部控制有效发挥作用离不开健全、完善的内部监督以减少内部控制设计上的缺陷，堵塞执行中的漏洞。但目前在内部监督方面，内部审计机构不健全、专业人员缺乏的问题较为突出，有的虽然成立了内部审计机构，但工作的开展还未实现制度化、规范化，难以发挥实质性监督的作用。

二、会计控制缺陷分析

（一）认识缺陷分析

认识缺陷是指缺乏对会计控制的正确认识，或者对实施会计控制不重视，或者对会计控制认识不全面、不清楚、不适当，从而造成控制行为的偏差。

长期以来的粗放式管理和粗放式核算，使得一些单位的会计管理工作还停留在核算层面，会计控制存在以下四种状态：

一是未学未用。不少单位，尤其是小型企事业单位，既没有系统学过会计控制理论，也没有在实践中有意识地运用有关控制方法。单位管理者对会计控制重视不足，财务人员的工作仅为单纯的记账、报账。一些单位的投资人或管理者还认为，会计控制就是审核凭证、签字盖章、走走形式而已，忽视了内部会计控制是一种业务经营过程中环环相扣的、动态监督的机制与过程。

二是未学在用。一些单位虽然没有系统学习或进修过会计控制与风险管理知识，但在实践中却运用了会计控制的一些技术方法，这种自发和无序的状态还是比较普遍的。要将其改变为"自觉状态"，需要"思想觉悟"。只有认识提高了，才会有自觉地控制动机与相应有效的行为措施。

三是学了不用。一些管理人员尤其是财务人员学习或进修过会计控制规范，但在实践中没有或难以运用。这部分单位主观上对会计控制的重要性认识不足，特别是主要领导不够重视，再加上会计控制不像财务报表那样需要报送，也缺乏外在动力与内在需求，所以普遍存在重核算、轻控制的情况。

四是边学边用。一些单位已经知道什么是会计控制，也在实践中不断探索运用。这部分单位走在了我国会计控制实践的前沿，但他们目前也只是运用了会计控制的部分职能，其系统性、针对性和有效性等方面还有待进一步提升。

（二）设计缺陷分析

设计缺陷是指缺少为实现控制目标所必需的控制，或现存控制设计不适当，即使正常运行也难以实现控制目标。

目前，大部分单位的会计控制制度设计还处于"原生态"状态，不能说没有，而是与会计控制的规范要求相比差距较大，没有及时学习、与时俱进、适时改进；有些单位即使书面文本不全，也不等于没有内部控制措施，但缺陷不少；有些单位即使有不少制度，也可能早已落后，其措施的针对性和有效性值得商榷。

有的单位将内部会计控制等同于内部审计，自以为审计对单位不重要，因而忽视了岗位之间相互制约和业务部门之间检查监督等各条防线的具体作用。更多的单位没有摆正经营管理与内部控制的关系，缺乏内部控制优先理念。在有些领导眼里，内部控制制度是对下属职员的行为控制，而对领导本人没有任何约束力，所谓"刑不上大夫"，控制程序限定在领导之下。更多业主或管理者还以为内部控制是政府应该管的事，或者以为会计控制仅是会计人员或会计部门的事，因而缺乏内部控制的自觉性和主动性。

实证研究表明，一些单位费用支出失控，财务收支混乱，违法乱纪现象时常发生，导致会计信息难以真实反映实际经营情况，其主要根源之一在于对会计控制认识不清，拟定制度形而上学；有的还不知道存在会计控制规范，导致会计基础工作和内部控制薄弱，缺乏自我约束机制，从而使制度执行不力，疏于防范。

从外部审计的角度研究，单位的某些特征也会使注册会计师无法对内部控制予以高度信赖。例如，对业主或经理执行的某些控制程序实施控制测试比较困难，因为这些控制不能提供书面证据。注册会计师可能需要多次实地检查以确保这些控制在信赖期间有效运行。又如，员工人数少限制了不相容职责分工，也增加了内部控制在业务高峰期或假期发生问题的可能性。再如，业主或经理凌驾于内部控制之上的风险限制了注册会计师对内部控制予以信赖的程度，只要出现了一项或多项控制测试偏差，就有可能导致对这些控制程序的不信赖等。

（三）运行缺陷分析

运行缺陷是指没有按设计完好的控制意图运行，或执行者没有获得必要授权或缺乏胜任能力以有效地实施控制。

不少单位即使有一定的会计控制制度，但控制现状还是处于"自然的状态"，缺乏主观能动性。检查中还发现，有些单位不是没有制度，而是制度一大堆、手册到处有，但仅用于应付检查，实际执行是两回事，缺乏事前预防性措施、事中执行性措施和事后检查性措施等情况较为严重，具体表现为对本单位的风险不重视、风险控制点不清楚、风险控制程序不明白；规章制度、业务流程、核算系统条块分割，缺乏统筹与相互制约，使得内部控制分散、重叠、脱节、低效；员工职责不够清晰，未细化到岗位责任制和操作规程，从而造成权责不清；缺乏岗位职责的恰当分离，混岗、一人多岗和顶岗的现象普遍发生；重制度文本、轻监督控制,从而暴露出监管有名无实、相互推诿等诸多体制性和运行性问题。

可能促使单位舞弊的动因是多种多样的。例如,希望通过降低收益使税负最小化,倾向于把个人费用计入单位账户;业主或经理的个人财务状况面临困境,期望单位予以解决;而单位融资一旦有压力,则期望报表能做些手脚;等等。

会计控制的建立和有效实施是两个概念。有的业主或经理无视内部控制的存在,凌驾于内部控制之上,使会计控制制度执行不严、监督不力、漏洞不少。事实上,会计控制有效运行的前提是要制定出健全的内部会计控制制度并确保这些制度得到充分执行。如果制度得不到执行,再多制度文本也只能是形同虚设,起不到任何防范风险的作用,哪里还会存在有效地预防机制、评价机制和监督机制?

没有堤坝,河水就会泛滥。大量失控案例已经充分表明:得控则强,失控则弱,无控则乱,加快内部会计控制对于单位来说刻不容缓。在面临的众多困境中,管理失控依然是一个常见的老大难问题,然而不少单位依然未意识到内部会计控制的重要性,对内部会计控制也存在很多误解,再加上治理结构上的先天不足以及组织结构和人员素质低等方面的原因,致使失控现象较为严重,会计漏洞经常可见。

没有规矩,不成方圆。一个单位会计控制制度是否真正有效,不仅在于其形式上已经制定了多少制度,更在于是否已经充分发挥出制度应有的作用,尤其是在市场经济不断发展和经营情况日益复杂化的今天,加强内部会计控制尤其重要的现实意义。

三、小微企业控制现状令人担忧

小型微型企业(简称小微企业)通常是指经营规模较小的,以生产或服务满足社会需要的,实行自主经营、独立核算、依法设立的营利性经济组织,是推动国民经济发展,促进市场繁荣和社会稳定的重要力量,在推进国民经济适度增长、缓解就业压力、实现科教兴国、吸引民间投资和优化经济结构等方面发挥着越来越重要的作用。

首份《中国家族企业发展报告》抽样调查显示,家族企业从事的主营业务集中在制造、批发零售、建筑和住宿餐饮等行业,涉及前两个行业的企业比重分别为40.7%和24.8%。若以个人或家族拥有50%及以上控股权的经营单位为广义家族企业定义,全国85.4%的私营企业是家族企业。全国私营企业抽样调查数据还显示,私营企业最早的登记时间为1989年,截至2010年,4309家私营企业的平均"年龄"约为9年。与1990年前后民营企业的平均寿命仅为3~5年、60%以上的企业在创办后不到5年就破产或倒闭相比,寿命已大幅提高,但与国际水平仍有较大差距。如今的家族企业，经过第一代的艰苦创业，家族和企业大多得到了一定的发展，如何避免家族发展到第二、第三代出现不和甚至破裂，从而使企业濒于破产危机，是摆在无数家族企业面前的一个不可回避的问题。其中，会计控制体系不完善是困扰和制约企业加快发展的一个"瓶颈"问题。

（一）所有权和管理权可能集中于少数人甚至一个人，还可能会凌驾于内部控制之上

小微企业的组织结构相对简单，一般仅有一个或几个业主，业主可能聘请经理管理企业，但大多数情况下由其直接管理。一个单位就像一个"家"，谁来监控"一把手"就成了一个大问题。

民主是封建的克星，权力是制约权力的法宝。但小微企业的决策民主化程度普遍不高，大多数个人权利缺失，决策机构可能形同虚设，从而使经营管理水平和风险防范能力在很大程度上取决于业主或经理的知识、经验和能力。业主或经理却可能会经常不按照既定的制度和程序行事，自以为是，凌驾于内部控制之上。

（二）经营活动的复杂程度较低，管理人员的会计控制知识与能力有限

小微企业由于经营规模较小，经营区域有限，经营活动的复杂程度大大低于大中型企业，因而从事会计核算与内部控制的人员可能很少。

些小微企业的管理人员缺乏必备的会计控制知识，往往重视销售、市场及产品开发等经营活动，而不太重视财务会计工作。即使会计账目简单，财务报表出现错报的风险也可能较大。相对于企业会计准则来说，小企业会计准则简化了许多，但执行的情况还是不尽如人意。

（三）会计机构设置和管理授权可能存在缺陷

虽然不同规模的小微企业在会计组织结构上有明显的差别，但由于其经营管理组织系统一般为集权式，对会计核算组织机构也相应采取集权式管理，其业主或经理直接管理企业，通常缺乏正式的授权批准程序和业务报告制度，即使存在着授权制度与相关规定，也常常是零碎的、非正式的，且随意性较大，因此，会计控制难以落实。

小微企业应当按照规模大小设置与之相适应的会计机构，并在岗位分工方面形成一定的内部牵制机制。

一是单独设置会计机构。经济业务多、财务收支量较大的企业，有必要单独设置会计机构，以保证会计工作的效率、会计信息的质量及经营管理的要求。

二是设置专职会计人员。对于财务收支数额不大、会计业务较简单的企业，可以不单独设置会计机构，但应在有关机构，如经营管理、计划、统计或综合性

机构，或者办公室配备专职会计人员，并指定会计主管人员。

三是代理记账。凡是不配备专职会计人员的企业，应根据《中华人民共和国会计法》及有关规定委托代理记账。代理记账是指社会中介机构、服务机构或具备一定条件的单位代替独立核算的单位办理记账、算账及报账业务。

（四）不相容职责分工有限，内部牵制作用不大

小微企业通常由少数人员负责日常行政事务，会计处理和资产保管等不相容职责分工有限，发生错误、舞弊及违反法规行为的可能性较大，且不易被发现。为此，有些业主或经理施行"铁腕式"管理和"一支笔"的审批方式，如在职责分工有限的条件下，采购预付款由业主或经理亲自签发支票、亲自核价等。

（五）难以履行法定的审计程序

不少小微企业的财务报表没有经过注册会计师审计，或者由于内部控制缺陷等原因导致审计困难，甚至缺乏必要的审计条件。

第四节 会计控制与风险管理

一、风险管理中的会计控制

会计控制与风险管理是一个永恒的课题，以风险管理为导向是会计控制发展的必然趋势。

美国经济学家弗兰克·奈特（Frank H.Knight）在 1921 年出版的《风险、不确定性和利润》中认为，风险是"可测定的不确定性"，是指经济主体的信息虽然不充分，但却难以对未来可能出现的各种情况给定一个概率值。与风险相对应，奈特把"不可测定的不确定性"定义为不确定性。奈特进一步指出，企业的利润主要是企业家处理经济环境状态中各种不确定性的经济结果。

风险是一个多视角、多元化、多层次的综合性概念，包括自然风险、社会风险和经济风险等。其中，自然风险是指自然因素和物理现象所造成的风险；社会风险是指个人或团体在社会上的行为所导致的风险；经济风险是指经济活动过程中，因市场因素的影响或者经营管理不善而导致经济损失的风险。

风险具有无形性和客观性（必然性）。风险是不以人的意志为转移，独立于人的意志之外的客观存在。人们只能在一定的范围内改变风险形成和发展的条件，降低风险事故发生的概率，而不能彻底消除风险。由于风险的客观存在，会计控制日显重要。

风险具有可变性和突发性（偶然性）。风险的变化有量的增减，有质的改变，

还有旧风险的消失和新风险的产生，其发生及其造成的损失具有不确定性，是一种随机现象。风险产生的突如其来会加剧风险的破坏性。

风险具有普遍性和社会性。随着人类社会的不断前进和发展，人类将面临更多新的风险，风险事故造成的损失也可能越来越大。

风险具有损失性和可测性。风险的不确定性主要表现为空间上、时间上和损失程度的不确定性。人们可以在认识和了解风险的基础上严防风险的发生和减少风险所造成的损失，也可以运用概率论和大数法则对风险事故的发生进行统计分析，包括定性分析和定量分析，以研究风险的规律。

风险管理起源于德国。面对第二次世界大战之后严重的通货膨胀和经济衰退，德国提出了包括风险管理在内的经营管理问题。美国由于受到1929~1933年世界性经济危机的影响，有40%左右的银行和企业破产，经济倒退约20年，风险管理开始成为经济学家研究的重点，并于20世纪50年代发展成一门新的学科。

1986年，欧洲11国共同成立了"欧洲风险研究会"，将风险研究扩大到国际交流范围，风险管理逐渐为全世界所关注，并逐渐成为内部控制研究中的热点问题。风险管理就是指按照一定的方法和程序对面临的风险进行监测和防范，从而达到降低、消除风险或减少损失的目的的经济性活动。

美国管理会计师协会（IMA）发布的《管理会计公告》第三类指南就是"财务治理、风险管理和法规遵循"。由于风险对控制目标的实现具有不确定性，在会计控制过程中，更关注流程操作不善或管理不当所带来的风险。从防控风险的角度来看，就是时刻要有一种对风险进行管理的意识和准备。"居安思危，思则有备，有备无患"（《左传·襄公十一年》）。

风险既有消极的负面影响，也有积极的正面影响，其主要表现为未来的各种不确定性对实现经营目标的影响，包括战略风险、财务风险、市场风险、运营风险和法律风险等。风险管理要求围绕单位的总体经营目标，通过在会计控制的各个环节中执行风险管理的基本流程，培育良好的风险管理文化，建立健全全面风险管理体系，从而为实现风险管理的总体目标提供合理保证。所以，会计控制应当在单位全面风险管理的过程中发挥出应有的、积极的、正面的作用。在会计控制过程中，如何有效规避、化解、防范各种风险，将可能的损失转化为可能的收益，是一种风险管理的技能和技巧，值得总结、提炼、深入研究。

在现实会计工作中，大家更关心各种风险可能带来的损失，尤其更关注因未能按照规范要求操作所导致损失的可能性，即负面影响，所以，人们更愿意将风险看成是"可能发生的危险"。

舞弊行为通常表现为单位内、外人员采用欺骗等违法违规手段，谋取个人不正当利益,损害单位正当经济利益的行为;或谋取不当的单位经济利益,同时可能为个人带来不正当利益的行为,可以概括为以下两大方面:

一是损害正当经济利益的舞弊。这是指单位内、外人员为谋取自身利益,采用欺骗等违法违规手段使单位或股东的正当经济利益遭受损害的不正当行为。有下列情形之一者属于此类舞弊行为:1.收受贿赂或回扣;2.将正常情况下可以使单位获利的交易事项转移给他人;3.非法使用单位资产,贪污、挪用、盗窃单位资财;4.使单位为虚假的交易事项支付款项;5.故意隐瞒、错报交易事项;6.伪造、变造会计记录或凭证;7.泄露单位的商业或技术秘密;8.其他损害单位经济利益的舞弊行为。

二是谋取不当经济利益的舞弊。这是指单位内部人员为使单位获得不当经济利益且其自身也可能获得相关利益而采用欺骗等违法违规手段,损害国家、其他组织、个人或股东利益的不正当行为。有下列情形之一者属于此类舞弊:1.为不适当的目的而支出,如支付贿赂或回扣;2.出售不存在或不真实的资产;3.故意错报交易事项、记录虚假的交易事项,包括虚增收入和低估负债,出具错误的财务会计报告,使财务报表阅读或使用者误解而做出不适当的投融资决策;4.隐瞒或删除应对外披露的重要信息;5.从事违法违规的经济活动;6.伪造、变造会计记录或凭证;7.偷逃税款;8.其他谋取单位不当经济利益的舞弊行为。

如何有效破解会计控制中的风险管理这一会计学科上的难题已引起学术界与实务界的广泛重视。在100个会计学难题的第八类"内部控制"专栏中,发表了徐政旦教授的《会计管理中的风险控制》。徐教授在论述"会计管理的本质就是控制"的基础上,要求"会计管理在控制风险、规避风险方面,应充分认知、深刻研究企业发生风险的缘由,分析风险的性质,进而有的放矢采取有效的控制措施,规避风险,力求使风险损失降到最低限度,并进一步研究如何寻求有利于转化风险的因素,挖掘各方面创新的潜力,否极泰来,开创新局面,使风险转化为企业创新的亮点,从而提出新目标,促使企业获得新的飞跃的实绩"。徐教授还根据COSO"企业综合风险管理"的研究成果,"强调要从竞争优势的观点出发来切实掌握和管理企业经营风险,抓住创造企业价值的机遇,把风险控制的实施行为融合在企业会计管理及企业经营管理之中"。

会计控制的风险包括会计机构和会计人员的失控风险、会计核算和会计监督的失控风险、会计信息披露的失控风险以及各种会计舞弊风险等,其形成因素包括国内外经济、政治、文化、社会等客观环境,财税管理体制与相应的财税政策,单位会计管理体制与管理模式,单位内部管理与控制模式,会计人员的素质与行为能力等。会计风险控制就是采取有效措施减少或避免会计风险的过程。面对生存与发展的各种压力,所有企事业单位都应当重视会计管理与风险控制。

爱因斯坦认为："提出一个问题往往比解决一个问题更为重要。"1998年12月，复旦大学管理学教授、博士生导师张文贤在"关于会计学难题的专家调查问卷"中指出："科学的真正进步需要提出问题，尤其是提出难题。数学家希尔伯特（Hl bert）在1900年世界数学家大会上提出的著名的23个数学难题，指引了整整一个世纪数学研究的方向。……同样，卓有成效的会计学研究应从提出难题入手。难题就是科学的高峰，就是科学大军进攻的目标。攻克难题才能推动科学进步，才能对人类作出贡献。"

天下事无非三种：不可能成，不可能不成，可能成与可能不成。积极者万事可成，消极者一事无成。究竟如何才能破解会计管理与风险控制这道难题，期望社会各界共同努力。

二、风险因素分析

任何具体风险的发生都是诸多风险因素和其他因素共同作用的结果，是一种随机现象，而且大量风险因素之间的内在关系错综复杂，各风险因素之间与外界交叉影响，又使风险显示出多层次性。

风险可能由多重要素构成，不同的学者有不同的研究成果。风险的"三要素"包括风险因素、风险事故和风险损失等。

（一）风险因素

风险因素是指引起或增加风险事故的机会或扩大损失幅度的条件，是事故发生的潜在原因。风险因素包括实质性风险因素、道德风险因素和心理风险因素等方面。

实质性风险因素是指增加某一标的风险事故发生机会或扩大损失严重程度的物质条件，是一种有形的风险因素，如汽车刹车系统失灵导致的交通事故、食物质量对人体的危害等。

道德风险因素是指与人的不正当社会行为相联系的一种无形的风险因素，常常表现为由于恶意行为或不良企图，故意使风险事故发生或扩大，如制造虚假会计信息、进行业务欺诈、出卖情报、中饱私囊等。

心理风险因素也是一种无形的风险因素，是指由于人的主观上的疏忽或过失，导致增加风险事故发生机会或扩大损失程度，如出纳员忘记锁门而丢失现金、记账错误而导致账户轧不平、信用考核不严谨而出现货款拖欠等。

（二）风险事故

风险事故又称风险事件，是引起损失的直接或外在原因，是使风险造成损失的可能性转化为现实性的媒介，也就是说，风险是通过风险事故的发生而导致损失的，如客户催讨、官司败诉、意外火灾等都是风险事故。

（三）风险损失

风险损失是指风险事故所带来的物质上、行为上、关系上以及心理上的实际和潜在的利益丧失。损失通常是指非故意、非计划、非预期的经济价值减少的事实。

谁也不能无视风险的客观存在，尤其是在追求风险收益的同时，应当充分考虑降低收益中的风险。

三、风险管理过程

风险管理是一个动态的过程，通常需要经过风险识别、风险分析、风险应对和风险监控等步骤。

识别风险是风险管理的基础。现实社会中的风险并不都是显露在外的，未加识别或错误识别的风险会造成意料之外的损失。因此，改进风险识别的手段，收集、甄别相关信息，汇总、分类风险情形，积极预测风险走势都是十分必要的。

度量风险取决于人们对风险的认知水平以及经验积累等。不同的风险在不同时间、不同地点，其风险暴露及发生损失的程度是有差别的。相应地，在是否要管理、如何管理等方面，准确的度量风险程度与差别就成为提高风险管理效率的关键因素。

在现有的风险中，一些风险本身直观明了，或因长期的经验积累使它们易于测量、估计；而另外一些则是隐含风险，可对其进行探测、显化处理。所有这些都已经成为风险管理的重要组成部分和前提，也成为技术性颇强的一个专门领域。

第六章 会计控制要素分析

以内部环境为基础、以风险评估为依据、以控制活动为手段、以信息沟通为载体、以内部监督为保证，这五大要素对于建立与健全会计控制体系至关重要，影响深远。

第一节 内部环境影响重大

一、内部环境制约着会计控制

会计控制需要有良好的"生态环境"和"生存土壤"：包括治理结构、机构设置及权责分配、内部审计、人力资源政策和企业文化等。一个单位的会计控制是否有效运作以及作用发挥的程度，取决于内部环境的治理程度和控制机制的健全程度。

健全的机构设置及权责分配要求单位内部各层级的机构设置、职责权限、人员编制、工作程序和相关要求符合内部控制的制度安排，对会计控制起到支撑作用。

诚信和道德文化是会计控制环境的重要因素。如果单位已经制定了严格的商业行为和职业道德守则，并且所有利益相关者都遵循守则，那么，会计控制就拥有了良好的道德文化基础。道德文化是单位的灵魂，渗透于一切经营管理活动之中，是推动持续发展的不竭动力。

文化建设对会计控制运行不可或缺，其有助于实现"人企合一"。人既是会计控制的主体，也是会计控制的客体。实施经济业务控制，需要增强全员的约束，扩大参与度；强化机制的制衡，需要增强控制文化的润泽，减少摩擦；加强规范的管理，更需要自律意识的普遍认同，提升执行力。

单位的内部控制现状与会计控制运作相关。一个单位是否具有依法控制、制度控制、预算控制、定额控制、责任控制、报告控制等都会影响会计控制的运作；同样，会计控制实施的有效性也影响着这些控制现状。

一些人员较少、组织架构相对简单的单位，控制环境对控制现状的影响更大，尤其是业主、经营者、财务人员的内部会计控制意识和对内部控制文化的认同，与是否实施有效控制休戚相关。尤其是小微企业，在有着较高的"出生率"的同时，应当关注出现较高"死亡率"的原因。例如，由于家族影响等，相当一部分小微企业的管理机构与会计队伍沾亲带故，企业文化夹杂着"封建"色彩：不仅会计人员素质不高，而且各项管理制度不够规范，"家长"对内部会计控制的影响很大。一些小微企业在控制环境方面可能不同程度地存在着问题，严重制约着会计控制的有效实施。

"管理失控猛于虎"。究其原因可能很多，但治理结构不明，治理机制不清，导致管理体制不顺是不容忽视的重要原因。一些单位不是没有内部控制制度，而是没有很好地执行，往往是单位负责人带头不执行，破坏既定的内部控制程序，导致内部控制形同虚设或只对下、不对上。例如，企业首先应当根据国家有关法律法规的规定，明确权力机构（股东大会）、决策机构（董事会）、监督机构（监事会）、日常管理机构（经理层或管理层）的职责权限、任职条件、议事规则和工作程序，确保决策、执行和监督相互分离，形成制衡。其中，董事会在公司管理中居于核心地位，董事会应当对公司内部控制的建立、完善和有效运行负责；监事会对董事会建立与实施内部控制进行监督；管理层对内部控制制度的有效执行承担责任，而处于不同层级的管理者掌握着不同的控制权并承担相应的责任，同时，相邻层级之间存在着控制与被控制的关系。又如，行政事业单位的重大决策、重大事项、重要人事任免及大额资金支付业务等（即通常所说的"三重一大"），应当按照规定的权限和程序实行集体决策审批或者联签制度，任何个人不得单独进行决策或者擅自改变集体决策意见。

单位还应当按照科学、精简、高效、透明、制衡的原则，综合考虑单位性质、发展战略、文化理念和管理要求等因素，合理设置内部职能机构，明确各机构的职责和权限，避免职能交叉、缺失或权责过于集中，形成各司其职、各负其责、相互制约、相互协调的工作机制。一个单位内部控制机制的良好运行还应当设立满足监控需要的职能机构或岗位，如设立内部审计机构，配备必要的审计人员，对关键控制程序和控制环节进行监督，对监督检查过程中发现的内部控制重大缺陷，有权直接向董事会及其审计委员会、监事会报告。内部控制是一个动态的过程，这个过程需要全员参与，上到董事会、监事会、管理层，下到各级员工，都要参与进来。

对于拥有子公司的企业，还应当建立科学的投资控制制度，通过合法、有效的形式履行出资人职责，维护出资人权益，重点关注子公司特别是异地、境外子公司的发展战略、年度财务预决算、重大投融资、重大担保、大额资金使用、主要资产处置、重要人事任免和内部控制体系建设等重要事项。

二、单位负责人是会计控制的责任主体

会计控制主体假设为单位的"内部"与"外部"划定了边界，表明其控制主体在单位内部而不是主体中的某个部门或个别人，更不是为外部服务的。

《企业内部控制基本规范》认为，内部控制是由企业董事会、监事会、经理层和全体员工实施的，旨在实现控制目标的过程。其控制目标旨在合理保证企业经营管理合法合规、资产安全、财务会计报告及相关信息真实完整，提高经营效率和效果，促进企业实现发展战略。从该定义中可以清楚地看出，实现控制目标的责任主体包括董事会、监事会、经理层和全体员工。其中：

董事会对股东（大）会负责，依法行使企业的经营决策权，属于出资者控制的责任范畴，旨在为了实现其资本保全和资本增值目标而对经营者的财务收支活动进行控制，如对全面预算和投资活动的控制等。

监事会对股东（大）会负责，监督企业董事、经理和其他高级管理人员依法履行职责，属于依法控制的责任范畴。

经理层负责组织实施股东（大）会、董事会决议事项，主持企业的经营管理工作，促使各项决策被贯彻执行，从而实现控制目标。例如，控制收入活动，旨在达到高收入的目标；控制支出活动，旨在降低成本，减少支出等，从而实现企业价值最大化。这些都属于经营者控制的责任范畴。

会计控制一般是在董事会、监事会和经理层领导下的职能部门控制，也是全体员工控制的一个极为重要的组成部分。例如，为了有效地组织现金流动，会计部门通过编制和执行现金预算等，对企业日常的财务活动和各责任中心的现金流入、流出活动进行控制。由于会计核算采用权责发生制，导致利润不等于现金净流入，因此，对现金有必要单独控制，力求实现现金流入与流出的基本平衡，既要防止因现金短缺而造成的支付危机，也要减少因现金沉淀而增加的机会成本等。

会计控制应当由单位负责人负责。《中华人民共和国会计法》第四条明确指出："单位负责人对本单位的会计工作和会计资料的真实性、完整性负责"，第二十一条要求："单位负责人应当保证财务会计报告真实、完整。"第二十八条规定："单位负责人应当保证会计机构、会计人员依法履行职责，不得授意、指使、强令会计机构、会计人员违法办理会计事项。"第五十条认为："单位负责人，是指单位法定代表人或者法律、行政法规规定代表单位行使职权的主要负责人。"《内部会计控制规范—基本规范（试行）》第五条明确规定："单位负责人对本单位内部会计控制的建立健全及有效实施负责。"《行政事业单位内部控制规范（试

行)》第六条也指出：

"单位负责人对本单位内部控制的建立健全和有效实施负责。"究其原因，因为会计行为不仅仅是指财务部门和财务会计人员的会计行为，而且包括单位的会计行为。

即使是会计人员的行为，也可能是在单位负责人的强令、授意、指使下所产生的。

应认识到会计控制主体与主体责任是内生的，而非外部强加的，这对如何发挥主观能动作用尤为重要。基于控制环境的缺陷，任何单位都应当促使控制环境的不断完善，尤其是单位负责人，一定要以身作则、身先士卒。

三、有效的管理体制有助于实施会计控制

管理体制主要存在于集团公司的整体管理框架内，是指为实现集团公司总体财务目标而设计的财务管理模式、管理机构及组织分工等项要素的有机结合，主要涉及母子公司之间重大财务决策权限的划分，包括融资决策权、投资决策权、资金管理权、资产处置权和收益分配权等，它是实施组织控制的基本方法，也是建立授权控制、实施程序控制等的基础。

授权通常是将属于上级的权利授予下级，时间上可能是短期的；而分权是将某一部分权力转移到下级，时间上是较长期的。授权是上级决定的，而分权是组织权责制度规定的。财务管理体制的核心在于对集权与分权的有效选择，即对企业经营管理权限的分配方式。

（一）集权制

集权制是指重大财务决策权都集中在母公司，母公司对子公司采取严格控制和统一管理的管理体制。例如，董事会享有的财权是对重大财务事项，如重大投资、筹资、资本及资产变动、收益分配等行使最终决策权和监督权等；总经理享有执行董事会所授予的财权，即作为公司行政总负责人的财务管理权限；集团财务部行使部分日常财务决策权、指挥权和管理权；各子公司财务部执行集团统一的会计制度及会计政策，行使集团财务部授予的日常财务管理权，从而形成一套完整的自我控制、自我适应的运行系统。

在集权模式下，母公司对子公司实施财务监控的主体有财务总监、母公司财务部和审计部。为保证监控的独立、公正和有效，母公司委派财务总监，其人事、工资关系落实在母公司，与子公司无任何利益关系。财务总监行使出资人授予的财务监督权，对子公司的经营和财务活动实施全过程监控；母公司财务部通过定期和不定期的财务检查实现对子公司财务行为的监控；母公司审计部通过内部审计可以达到监控的目的。母公司还可委托会计师事务所进行独立审计等。

随着经济全球化和互联网技术的高速发展，企业集团在财务上越来越趋向于集权管理。集权制下的母公司发挥着财务管理中心的作用，包括全面实行财务人员委派制、建立健全集团财务监控机制、实施统一的会计制度等，对有效实施内部控制作用显著。

集权制的主要优点：一是财务管理效率较高，集团母公司通过安排统一的财务政策，能够较好地控制子公司的财务行为；二是有利于实现资源共享，集团母公司较易调动内部财务资源，促进财务资源的合理配置，降低资金成本；三是有利于发挥集团母公司财务专家的作用，降低公司财务风险和经营风险；四是有利于统一调度集团资金，保证资金头寸，降低资金成本；等等。

集权制要求决策管理层必须具有较高的素质配置与较高的运行能力，能够高效率地汇集起各方面信息资料，以避免可能导致的主观臆断和决策错误，同时能够调动子公司经理层的积极性，防止信息传递时间过长，延误决策时机，缺乏应变力与灵活性等。

（二）分权制

分权制是指大部分的重大决策权集中在子公司，母公司对子公司以间接管理方式为主的管理体制。其优点：一是可以调动子公司各层次管理者的积极性；二是市场信息反应灵敏，决策快捷，易于捕捉商业机会，增加创利机会；三是使最高层管理人员将有限的时间和精力集中于企业最重要的战略决策问题上。

然而，有的子公司因追求自身利益可能会忽视甚至损害集团公司的整体利益；

由于弱化了母公司的财务调控功能，可能不能及时发现子公司面临的风险和重大问题，难以有效约束经营者等。

（三）混合制

混合制是适度的集权与适度的分权相结合的财务管理体制。但如何把握其中的"度"，做到"集权有道，分权有序"，是一大难题。

第二节 风险评估至关重要

一、会计控制活动应以风险评估为导向

实施会计控制要求以风险评估为导向，要有的放矢、认清风险、厘清问题、理清思路、明确控制的方向与重点等。

内部控制可控风险假设认为，会计控制的构建与实施是可以控制风险的，这

为主体构建与实施会计控制提供了一种逻辑上的支持。如果不能控制风险或没有必要控制风险,那么,构建与实施内部控制就没有必要了。风险无处不在,风险无时不在,这是公理。事实上,在一定条件下,风险是可管理、可控制的。但并不是什么风险都可管理、可控制。由于内部控制固有的缺陷,内部控制也不是万能的。考虑成本等因素,完全消除所有的风险是没有必要的。从这个意义上说,把可控风险作为内部控制的一个基本假设,就是确定了内部控制构建与实施的前提条件。有效控制风险也是一种管理的艺术。管理本身可以分为管和理,可以先理后管,边理边管。

"理"本义为顺玉之纹而剖析,代表事物的道理和发展的规律,包含合理、顺理的意思,管,原意为细长而中空之物,其四周被堵塞,中央可通达。使之闭塞为堵;使之通行为疏。管,表示有堵有疏、疏堵结合。所以,管既包含疏通、引导、促进、肯定、打开之意,又包含限制、规避、约束、否定、闭合之意。

管理犹如治水,疏堵结合、顺应规律最重要。所以,管理是合理疏堵的思维与行为艺术。

风险评估就是专门用以量化和测评风险发生的可能程度及其造成的后果,是及时识别、科学分析和评价影响内部控制目标实现的各种不确定因素并采取应对策略的过程。以风险评估为导向还是区分当代控制与传统控制的重要标识之一由于风险评估可以判明完成既定目标存在的内外部风险,分析各种风险的类型和程度,提供了控制风险的基础,因此,对有效实施会计控制至关重要。

任何单位要想求得持续发展,关键在于制定并有效实施适应外部环境变化和自身实际情况的发展战略。而不少单位缺乏明确的发展战略或发展战略实施不到位,结果导致盲目发展,难以形成竞争优势,丧失发展机遇和动力;也有些单位发展战略过于激进,脱离实际或偏离主业,导致过度扩张、经营失控甚至失败;还有一些单位发展战略频繁变动,导致资源严重浪费,最后危及单位的持续发展。尤其应当提请注意的是,单位如果不具有较强的法律意识,不能充分认识到法律风险的存在,并对其进行有效控制,轻则会给单位带来经济损失,重则会给单位带来灭顶之灾。

由于风险是未能实现目标的可能性,因此,对预先设定的目标进行风险评价是设计内部控制制度的前提。管理层在设计内部控制制度时,要密切关注风险,要对有关的业务风险加以分类、辨认和梳理,认识关键的风险控制点,有针对性地对该项业务设计其内部控制制度,并采用一定的技术方法来分析风险发生后的实际情况与目标的差异,进而提出改进风险管理的措施,使风险控制更加完善。

面对风险不仅要有心理准备,还应当有一定的评估过程与防范机制,其主要步骤包括:确定控制的具体目标是什么(目标设定),识别控制对象面临的各种风险（风险识别），分析风险产生的原因和后果并评价风险的等级（风险分析），确定单位，承受风险的能力，从而采取相应的风险应对策略（风险应对），必要时出具风险评估报告。

二、风险评估的范围与时间安排

任何单位都可以从单位层面和业务层面两个方面进行系统性的风险评估。

（一）单位层面的风险评估

进行单位层面的风险评估时主要从组织、机制、制度、岗位和信息系统等方面入手，尤其应当重点关注以下几个方面：1.内部控制工作的组织情况，包括是否确定内部控制职能部门或牵头部门，是否建立单位各部门在内部控制中的沟通协调和联动机制；2.内部控制机制的建设情况，包括经济活动的决策、执行和监督是否实现有效分离，权责是否对等，是否建立健全议事决策机制、岗位责任制和内部监督等机制；3.内部管理制度的完善情况，包括内部管理制度是否健全，执行是否有效；4.对内部控制关键岗位工作人员的管理情况，包括是否建立工作人员的培训、评价和轮岗等机制，工作人员是否具备相应的资格和能力；5.财务信息的编报情况，包括是否按照国家统一的会计制度对经济业务事项进行账务处理，是否按照国家统一的会计制度编制财务会计报告；6.其他应当评估的情况。

（二）业务层面的风险评估

进行业务层面的风险评估时主要从梳理业务流程和明确业务环节等方面入手，应当结合单位的实际情况并重点关注以下几个方面：

一是资产管理情况，包括是否实现各项资产管理并明确使用责任；是否定期对资产进行清查盘点，对账实不符的情况是否及时进行处理；是否按照规定处置资产；等等。

二是负债管理情况，包括是否实现负债管理并明确使用责任；是否定期对负债进行风险分析；负债是否及时入账，是否存在账外负债与或有负债；等等。

三是收支管理情况，包括是否实现收入管理并明确使用责任，是否按照规定及时向财会部门提供收支有关凭据，是否按照规定保管和使用印章和票据等；发生各项收支事项时是否按照规定审核各类凭据的真实性、合法性，是否存在使用虚假票据套取资金的情形；是否实现合同归口管理；是否明确应签订合同的经济活动的范围和条件；是否有效监控合同的履行情况，是否建立合同纠纷协调机制；等等。

四是预算管理情况，包括在预算编制过程中单位内部各部门之间的沟通和协调是否充分，预算编制与资产配置是否相结合、与具体工作是否相对应；是否按照批复的额度和开支范围执行预算，进度是否合理，是否存在无预算、超预算支出等问题；预决算的编报是否真实、完整、准确、及时。

五是会计信息质量情况，包括会计凭证、账簿、报表的编制是否符合会计法律法规的规定；会计信息是否做到真实、完整、合法、公允；等等。

任何单位都应当建立经济活动风险定期评估机制，对经济活动存在的风险进行全面、系统和客观地评估。风险评估至少每年进行一次；尤其是首次评估，应尽可能全面、细化、周到。外部环境、经济活动或管理要求等发生重大变化的，应及时对经济活动风险进行重估。风险评估结果应当形成书面报告并及时提交单位领导班子，作为完善内部控制的依据。

三、风险识别程序与分析方法

风险识别在程序上包括信息收集、信息筛选、风险监测、风险诊断等过程。其中，信息收集是指收集与风险相关的文件、资料等信息。信息收集是风险识别的基础，是风险信息的来源。信息筛选即按一定的程序将具有潜在风险的业务、过程、事件、现象和人员进行分类选择的风险识别过程。风险监测是在风险出现后，对事件、过程、现象、后果进行观测、记录和分析的过程。风险诊断是对风险及损失的前兆、后果和各种原因进行评价与判断，找出主要原因并进行仔细检查的过程。风险分析则是指在风险识别之后，对所辨识的风险的一些特性进行分析，如风、险的发生频率、作用方式、作用对象等，从而分析和描述风险发生的可能性以及风、险发生的条件等。

不少单位都希望在识别风险的时候能够将风险全部辨识出来。但事实上，风险是不可能穷尽的，其原因：一是风险的识别受制于识别人员的经验、经历和阅历，人们只能在经验范围内不断地完善对风险的认知，很多没有经历过或者暂时没有发生的风险往往无法被人们所认识。二是风险具有与控制措施伴生的特征。单位在针对某一风险采取控制措施的同时，必然会引起新的风险。例如，在增加验收的同时，验收人员的道德风险便成为了新的风险。所以，每个单位在进行风险识别时，不能只开展一次，而是需要根据各单位内外部情况的变化定期重新开展风险识别。

下列风险分析方法将有助于识别风险，可借鉴使用：

（一）情景分析法

情景分析法又称前景描述法，是假定某种现象或某种趋势将持续到未来，对预测对象可能出现的情况或引起的后果做出预测的方法。

情景分析法的实施步骤：第一，在建立了团队和相关沟通渠道，并确定了需要处理的问题和事件的背景之后，确定可能出现变化的性质；第二，对主要趋势、趋势变化的可能时机以及对未来的预见进行研究。

（二）专家讨论法

专家讨论法是为了保证风险分析的全面性和科学性，集中所分析领域的专业人员组成专家讨论组，有组织、有条理地对风险的特性进行分析的方法。采用专家讨论法时，专家应有合理的规模，人数一般应在5—20位。当然，专家的人数取决于项目的特点、规模、复杂程度和风险的性质，没有绝对规定。

专家讨论法的实施步骤：第一，讨论前，参与人、主持人和课题任务落实要讨论识别的风险主题，设计风险调查表；第二，对风险展开讨论，突破思维惯性，大胆联想，力争在有限的时间内获得尽可能多的创意性设想；第三，对风险探讨意见分类与整理，判断风险权重，确定风险发生的概率，计算风险因素的等级，最后将风险调查表中全部风险因素的等级相加，得出整个项目的综合风险等级。

（三）关键风险指标法

件风险事件的发生可能有多种成因，但关键成因往往只有几种。关键风险指标管理是对引起风险事件发生的关键成因指标进行管理的方法。

关键风险指标法的实施步骤：第一，分析风险成因，从中找出关键成因；第二，将关键成因量化，确定其度量，分析确定导致风险事件发生（或极有可能发生）的成因的具体数值；第三，以该具体数值为基础，以发出风险预警信息为目的，加上或减去一定数值后形成新的数值，该数值即为关键风险指标；第四，建立风险预警系统，即当关键成因数值达到关键风险指标时，发出风险预警信息；第五，制定出现风险预警信息时应采取的风险控制措施；第六，跟踪监测关键成因数值的变化，一旦出现预警，即实施风险控制措施。

（四）流程图分析法

流程图分析法是对流程的每一阶段、每一环节逐一进行调查分析，从中发现潜在风险，找出导致风险发生的因素，分析风险产生后可能造成的损失以及对整个组织可能造成的不利影响。运用流程图绘制单位的运作管理业务流程，可明确对单位各种活动有影响的关键点，结合这些关键点的实际情况和相关历史资料，明确单位的风险状况。

流程图分析法的实施步骤：第一，根据单位实际绘制业务流程图；第二，识别流程图上各业务节点的风险因素，并予以重点关注；第三，针对风险及产生的原因，提出监控和预防的方法。

（五）事件树分析法

事件树分析是从一个初始事件开始，按顺序分析事件向前发展的过程中各个环节成功与失败的过程和结果，从而进行危险源辨识的一种时序逻辑事故分析方法。每一事件可能的后续事件一般只能取完全对立的两种状态（成功或失败，正常或故障，安全或危险等），逐步向结果方面发展，直到达到系统故障或事故为止。

由于所分析的情况用树枝状图表示，故称事件树。

事件树分析的实施步骤：第一，首先要挑选初始事件；第二，按序列出那些旨在缓解结果的现有功能或系统；第三，在每条线上标注一定的失效概率，同时通过专家判断或故障树分析的方法来估算这种失效概率。

（六）统计推论法

任何具体风险的发生都是诸多风险因素和其他因素共同作用的结果，是一种随机现象。个别风险事故的发生是偶然的、杂乱无章的，但对大量风险事故资料进行观察和统计分析，就会发现其呈现明显的运动规律，这就使人们有可能用概率统计的方法及其他现代风险分析方法去计算风险发生的概率和损失程度，从而促进了风险管理的快速发展。统计推论是进行项目风险评估和分析的一种相对有效的方法，它可分为前推、后推和旁推等类型。

前推法是从历史的经验和数据出发，向前推测未来事件可能发生的概率及后果，是采用最普遍而又行之有效的一种预测方法。

后推法是以未知的想象事件及后果为依据，从其与某一事件的联系来推断该事件的风险。也就是将未来事件归算到有数据可查的、造成这一事件的一些起始事件上。

旁推法就是利用类似项目的数据进行外推，用某一项目的历史记录对新的类似项目可能遇到的风险进行评估和分析，当然这还得充分考虑新环境的各种变化。统计推论法的实施步骤：第一，收集并整理与风险相关的历史数据；第二，选择合适的评估指标并给出数学模型；第三，根据数学模型和历史数据预测未来风险发生的可能性和损失大小。

四、风险评价方法的具体应用

风险评价是在风险识别和风险分析的基础上，对风险发生的概率和损失程度，结合其他因素进行全面考虑，评价发生风险的可能性及危害程度，以衡量风险的程度并对风险进行分级。根据风险评价得出的风险分级结果决定了是否需要采取相应的措施。

确切地评价风险是一道难题，一般可以根据风险造成损失的严重程度将风险分成"重大风险""重要风险"和"一般风险"三类；也可以对风险频率和风险损失赋分，最高为 5 分，最低为 1 分，分值根据各单位的实际情况具体确定，分值的范围描述如表 6-1 所示。

表 6-1 风险事件发生的评率与分值

分值	发生频率描述	发生情况描述
5	很高（几乎确定）	在大多数情况下极有可能发生
4	高（很可能）	在多数情况下有可能发生
3	中等（可能）	在一般情况下有可能发生
2	低（不太可能）	有极低的可能在特定时期发生
1	很低（几乎不可能）	本单位基本上不可能发生

风险分析的目的在于对识别的风险按照风险发生的先后排序，从而有助于确定会计控制需要重点关注的对象和优先控制的风险点。对风险可能性的测评与影响程度的分析对落实风险控制点及判定其重要程度很有帮助，表 6-2 可供参考。

表 6-2 风险管理矩阵表

可能性 P 等级 严重度 L 等级	1 不可能发生	2 几乎不发生	3 很少发生	4 偶尔发生	5 可能发生	6 经常发生
1（无影响）	Ⅳ	Ⅳ	Ⅳ	Ⅳ	Ⅳ	Ⅲ
2（轻微的）	Ⅳ	Ⅳ	Ⅲ	Ⅲ	Ⅲ	Ⅱ
3（较小的）	Ⅳ	Ⅲ	Ⅲ	Ⅱ	Ⅱ	Ⅱ
4（较大的）	Ⅳ	Ⅲ	Ⅱ	Ⅱ	Ⅱ	Ⅰ
5（重大的）	Ⅳ	Ⅲ	Ⅱ	Ⅰ	Ⅰ	Ⅰ
6（特大的）	Ⅲ	Ⅱ	Ⅱ	Ⅰ	Ⅰ	Ⅰ

表 6-2 中，Ⅰ类属于高风险等级，是不可以接受的；Ⅳ类属于低风险等级，其风险在可接受范围内。各级警示说明如下：

Ⅰ级——红色警告：不可以接受的风险；应立即采取风险缓解措施，直至风险降低到可以接受的程度。

Ⅱ级——橙色警戒：不希望有的风险；努力降低风险，在规定的时间内采取缓解措施。

Ⅲ——黄色警示：有条件接受的风险；给出风险提示告诫所有人员。

Ⅳ——可以接受的风险：正常运行。

有些单位还通过交易发生的频率、管理的复杂程度、估价金额大小的判断、重要性程度的披露、舞弊风险的高低、以往发现的问题及管理层关注等方面得出重要性程度的判断。总之，应尽可能将风险发生可能性的高低以及风险发生后对目标的影响程度进行量化分级。

某单位风险评估后确认的具体分值范围与相应的描述情况如表 6-3 所示，具体维度和金额可根据各单位的实际情况进行修订。

表 6-3 风险事件发生的后果及评价一览表

分值	风险性质	法律后果	影响程度	经济损失	声誉	安全	环境
5	灾难性	起诉	重大影响（如设施永久损坏，造成生产线废弃）	经济损失 500 万元	负面消息在国际上流传，政府或监管机构进行调查，引起公众关注，对单位声誉造成无法弥补的损害	引起多位职工或公民死亡	对周围环境造成永久污染或无法弥补的破坏
4	重大	起诉	严重影响（如生产长时间关停）	500 万元＞经济损失≥300 万元	负面消息在全国流传，对单位声誉造成重大损害	导致一位职工或公民死亡	对周围环境造成严重污染或需高额恢复成本
3	重要	公开警告，罚款	中度影响（如生产故障造成停产）	300 万元经济损失≥100 万元	负面消息在某区域流传，对单位声誉造成中等损害	长期影响多位职工或公民的健康	环境污染和破坏在可控范围内，没有造成永久的环境影响
2	中等	公开警告，不罚款	一般影响（如生产线暂时无法生产）	100 万元＞经济损失≥10 万元	负面消息在当地局部流传，对单位声誉造成轻微损害	长期影响一位职工或公民的健康	无污染。没有产生永久的环境影响
1	轻微	被政府机关质疑或调查	轻度影响（如影响货物交付）	经济损失＜10 万元	负面消息在单位内部流传，单位声誉没有受损	短暂影响职工或公民的健康	系统内危害，无外界污染和环境影响

五、风险应对策略的选择

风险应对策略是根据风险评估的结果以及成本效益原则制定的管理风险的方向性态度。各单位应当根据实际情况，综合应用风险规避、风险降低、风险分担和风险承受等风险应对策略，实现对风险的有效控制。有时候，对于同一种风险可以同时采取几种策略。以采购为例，在采购中供应商会要求单位先付款后发货，此时单位会面临货物的质量和供货的时效是否出错等风险。面对不同的风险程度，单位可以采取以下不同的策略：1. 风险规避的做法是，必须要求先发货，经验收合格以后再付款；2. 风险降低的做法是，先付部分预付款，待货物验收合格后再付尾款；3. 风险分担的做法是，将货款先付给独立的第三方金融机构，待货物验收合格后再转付给供应商；4. 风险承受的做法是，先付款，货到后即验收入库。

单位可以在充分识别、分析和评价风险的基础上，将所有可能被认知的风险进行汇总，并记录风险的评价结果，形成风险清单或者风险数据库。风险清单的要素一般包括风险所属的流程、风险的具体描述、风险的类别、风险的重要性水平和风险的应对策略等。

关于四种风险应对措施的具体操作办法，汇总如表6-4所示。

表6-4 四种风险应对策略与具体操作办法

应对策略	具体操作办法
风险规避（单位对超出风险承受度的风险，通过放弃或停止与该风险相关的业务活动以避免和减轻损失的策略）	通过政策、限制性制度和标准，阻止高风险的经济活动、交易行为、财务损失和资产风险的发生
	通过重新定义目标，调整定位及政策，或重新分配资源，停止某些特殊的经济活动
	在确定业务目标时，避免追逐"偏离定位"的机会
	审查投资方案，避免采取导致低回报的偏离战略。以及承担不可接受的高风险的行动
	通过出售、清算、剥离某些经济业务，规避风险
风险降低（单位在权衡成本与效益之后，准备采取适当的控制措施降低风险或者减轻损失，将风险控制在风险承受度之内的策略）	将资金、实物资产或信息资产分散放置在不同的地方，以降低遭受灾难性损失的风险
	借助内部流程或行动，将不良事件发生的可能性降低到可接受的程度，以控制风险
	通过给计划提供支持性的证明文件并授权合适的人作决策以应对偶发事件，必要时可定期对计划进行检查，边检查边执行
风险分担（单位准备借助他人的力量，采取业务分包、购买保险等方式和适当的控制措施，将风险控制在风险承受度之内的策略）	在明确的风险战略的指导下，与资金雄厚的独立机构签订保险合同
	与其他保险公司再签订合同，以减少投资风险
	通过与其他机构合作，减少风险的单方面影响
	通过与资金雄厚的独立机构签订风险分担合同，补偿风险
风险承受（单位对风险承受度之内的风险，在权衡成本与效益之后，不准备采取控制措施以降低风险或者减轻损失的策略）	不采取任何行动，将风险保持在现有水平
	根据外部情况，对经济事项进行重新定价，从而补偿风险成本
	通过合理设计的业务组合，抵消风险

风险管理策略和风险行动计划是风险应对过程需要仔细考量的两个最重要的要素，直接关系到单位能否通过风险管理减少对目标和发展的损害，能否给单位创造价值等风险偏好和风险容忍度是针对风险度量提出的新概念。从广义上看，风险偏好是指单位在实现其目标的过程中愿意接受的风险数量。风险偏好与单位战略直接相关，单位在制定战略时，应考虑将该战略的既定收益与风险偏好结合起来，目的是帮助单位的管理者在不同的战略之间选择与单位的风险偏好相

一致的战略。风险偏好的概念是建立在风险容忍度概念的基础上的。风险容忍度是指在单位目标实现的过程中对差异的可接受程度，是单位在风险偏好的基础上设定的对相关目标实现过程中所出现的差异的可容忍限度。在确定各目标的风险容忍度时，单位应考虑相关目标的重要性，并将其与风险偏好联系起来。

风险应对是一个动态的过程，单位应当结合不同发展阶段和业务拓展情况，持续收集与风险变化相关的信息，进行风险识别和风险分析，及时调整风险应对策略。也就是说，应当重视风险评估的持续性，及时收集风险及与风险变化相关的各种信息，定期或者不定期地开展风险评估，适时更新、维护风险数据库。

第三节 控制活动落到实处

管理失控客观存在，这既与认识不足相关，也与缺乏有效地控制活动与控制方法相关。为了全面、有效地加强会计控制，必须讲究方式方法的科学性与有效性。

会计控制方法就是人们在控制实践过程中为了实现控制目标所采用的方法和措施。科学、有效地控制方法是顺利完成控制任务和达到控制目标的手段。任何活动都是一个过程，任何过程都有输入和输出。输入是实施过程的基础、前提和条件；输出是完成过程的结果。输入与输出之间是增值转换的关系，过程的目的就是为了增值。会计控制活动也是这样。为了实现输入与输出之间的增值转换，就要投入必要的资源。例如，成本是在过程中（输入和输出中）的一组资源消耗的总和，是换取过程增值或结果有效的代价。控制成本是为了成本发生过程的有用性和有效性，而不是为控制而控制。

《内部会计控制规范——基本规范（试行）》提出的内部会计控制方法主要包括不相容职务相互分离控制、授权批准控制、会计系统控制、预算控制、财产保全控制、风险控制、内部报告控制和电子信息技术控制等。

《行政事业单位内部控制规范（试行）》认为单位内部控制的方法一般包括不相容岗位相互分离、内部授权审批控制、归口管理、预算控制、财产保护控制、会计控制、单据控制和信息内部公开。

上述文件虽然适用于不同的对象，但其日常控制方法存在交集，有许多共同之处，应当扬长避短、齐抓共管、落到实处。会计控制活动是由一系列会计行为构成的系统，包括制定制度、实施措施和执行程序，重在对经济活动的风险进行防范和管控，即各种会计控制活动不仅要写入制度文件，做到制度设计有效，而且要落实在具体管理实务过程中，做到控制运行有效。会计控制活动要求根据风险评估结果，综合运用各种控制措施，将风险控制在可承受度之内。

一、不相容职务分离控制

(一) 不相容职务分离的基本原理

不相容职务是指那些如果由一个人担任,既可能发生错误和舞弊行为,又可能掩盖其错误和舞弊行为的职务,一般包括授权批准与业务经办、业务经办与会计记录、会计记录与财产保管、业务经办与稽核检查、授权批准与监督检查等。实证研究表明,两个或两个以上的人发生通同舞弊的可能性小于一个人,这是在"理性经济人"假设之下相互制约的理论依据。

"理性经济人"是经济学领域的基本假设和逻辑起点,具体分为"经济人"假设和"理性人"假设。"经济人"假设强调个人的自利心,即从个人的主观意愿上讲,每个个体都是追求自身利益最大化的。"理性人"假设强调了经济生活中的个体实现自利目标的能力,即在既定的外部约束下进行最优决策的能力。

为此,不相容职务分离控制要求全面系统地分析、梳理业务流程中所涉及的不相容职务,实施相应的分离措施,形成各司其职、各负其责、相互制约的工作机制。例如,一项支票业务的签发必须经过不同的部门或人员,如支票申领人、支票审批人、支票签发人、支票核对人、支票盖章人、支票记录人等,并保证该业务循环中有关部门之间相互进行检查与制约。不相容职务实行相互分离体现了相互牵制原则的运用,需要贯穿于内部控制的全过程。

通常,一项经济业务的处理会经过授权、批准、执行、记录和检查等步骤。在不相容职务分离控制下,为达到有效控制的目的,任何部门或个人不能独揽业务处理的全过程而必须实现过程分离;同时,还应交由不同的部门或人员去完成,实现岗位(或职责)分离。一般至少有5项要求:1.授权进行某项经济业务的职务与执行该项业务的职务要分离;2.执行某项经济业务的职务与批准该项业务的职务要分离;3.执行某项经济业务的职务与记录该项业务的职务要分离;4.保管某项财产的职务与记录该项财产的职务要分离;⑤保管与记录某项资产的职务与账实核对的职务要分离;等等。

(二) 不相容职务分离控制的基本要点

第一,识别不相容职务,即对通常不能由一个人兼任的职务必须有全面的了解,这些职务包括出纳与记账、业务经办与记账、业务经办与业务审批、业务审批与记账、财物保管与记账、业务经办与财物保管、业务操作与业务复核。

第二,合理界定不同职务的职责与权限,只有这样,才能在各司其职的前提下,合理地分离不相容职务;也只有这样,一旦出现问题,才能准确地分清责任。

第三，分离不相容职务，在进行定岗和分工时，注意将不相容职务分离开来，使其相互牵制、相互制约。

第四，实施必要的保障措施，包括物理措施（保险柜、专用钥匙等）和技术措施（网络口令等），定期岗位轮换等。

（三）内部牵制是不相容职务分离的核心

不相容职务分离的核心是"内部牵制"，重点在于"权责制衡"。《中华人民共和国会计法》明确规定："出纳人员不得兼任稽核、会计档案保管和收入、支出、费用、债权债务账目的登记工作。"并对下列四个方面突出相互分离、相互制约的监督要求：1.记账人员与经济业务事项和会计事项的审批人员、经办人员、财物保管人员的职责权限应当明确，并相互分离、相互制约；2.重大对外投资、资产处置、资金调度和其他重要经济业务事项的决策和执行的相互监督、相互制约程序应当明确；3.财产清查的范围、期限和组织程序应当明确；④对会计资料进行定期内部审计的办法和程序应当明确。

一个会计人员既保管支票印章，又负责签发支票；既登记支票登记簿，又登记银行存款日记账；既负责编制会计凭证，又负责单位与银行之间账目的审核与对账等工作，就完全不符合不相容职务相互分离的控制原则，很有可能导致舞弊行为的发生。在库存管理中，实物保管、仓库记账、财务复核三者之间就是不相容职务，应当实行分离；如此等等。

如果对于不相容的职务不实行相互分离的措施，就容易发生舞弊等行为。因为人性是复杂的，人们的需要与潜在欲望是多种多样的，而且这些需要会随着各种条件的变化而不断改变。所以，不相容职务分离要求每项经济业务都要经过两个或两个以上的部门或人员的处理，使得单个人或部门的工作必须与其他人或部门的工作相一致或相联系，并受其监督和制约，这样可以避免或减少一个人单独从事和隐瞒不合规行为的机会。但是，如果担任不相容职务的员工之间相互串通勾结，则不相容职务分离的作用会消失殆尽；如果两个或更多的人串通舞弊，则可能逃避控制，使内部控制形同虚设。这既是内部控制的局限之一，也是建立的基本前提或假设。离开了这一假设，内部控制就无法建立。因此，单位在设计、建立内部控制制度时，首先应确定哪些岗位和职务是不相容的，再规定各个机构和岗位的职责、权限，使不相容岗位和职务之间能够相互监督、相互制约，形成有效的制衡机制。

（四）岗位轮换是一个行之有效的控制方法

对于关键财会岗位，可以实行强制休假制度，并在最长不超过5年的时间内进行岗位轮换。实行岗位轮换的关键岗位由单位根据实际情况确定并在内部公布。通过轮换交接可以揭露前任工作中可能存在的差错和弊端，同时抑制不法分子的不良动机。此外，顶岗的职工还可能提出改进工作的新设想，改善工作程序并提高工作效率等。

（五）任用会计人员应当实行回避制度

需要回避的直系亲属包括夫妻关系、直系血亲关系、三代以内旁系血亲以及配偶亲关系，如单位领导人的直系亲属不得担任本单位的会计机构负责人或会计主管人员，会计机构负责人、会计主管人员的直系亲属不得在本单位会计机构中担任出纳工作等。

二、授权批准控制

（一）授权控制

授权是指授予对某一大类业务或某项具体业务作出决定的权力。

授权控制是指各项业务的办理必须由被批准和被授权的人去执行，也就是说，单位的各级人员必须获得批准或授权，才能执行正常的或特殊的业务。授权控制也是一种事前控制方法。

"权"与"责"是相联系的，部门（职能部门）或个人被授予权力就负有相应的责任，按照工作岗位所确定的责任制度即为岗位责任制。因此，实行内部控制，应通过制度设计使每项管理工作的执行都得到适当的授权；同时，还应当取得一些证据来证明当事人核准执行业务是在职权范围内的行为，其应负的责任也在其责任范围内，如根据"岗位工作说明"定期检查权力执行和应负责任的情况。这样就使单位做到事事有人管、人人有责任、办事有标准、工作有检查，从而对各项经济业务活动进行有效地控制。

授权原则上采用书面授权委托书的形式，对于临时性、非重大事项，可进行口头授权。

授权委托书是授权人委托被授权人在授权范围内以授权人的名义行使职权或办理有关事务的法律文件，是被授权人的权利证明。授权委托书包括综合和单项两类，从形式上分为标准授权书和指定格式授权书等。

进行授权控制，既可防止滥用职权，又可让员工在授权范围内放手开展有关业务活动。所有业务未经授权不能执行，超越授权范围的审批业务，经办人员有权拒绝办理。

（二）授权批准控制

授权批准是指在办理各项经济业务时，必须明确规定涉及会计及相关工作审批过程中的范围、权限、程序、责任等内容。单位各级管理人员应当在授权范围内行使职权和承担责任。行政事业单位对于"三重一大"业务还应当实行集体决策审。批或会签制度，任何个人不得单独进行决策或者擅自改变集体决策。所以，授权批准控制也是指在处理相关经济业务时对授权批准行为的监控。

授权批准方式有常规授权（一般授权）与特殊授权之分。

常规授权是指在日常经营管理活动中按照既定的职责和程序进行的授权，用以规范经济业务的权力、条件和有关责任者，其时效一般较长。常规授权通常是在对该业务管理人员任命的时候确定，在管理部门中也采用岗位责任制或管理文件的授权形式认定，或在经济业务中以规定其办理条件和办理范围的形式予以反映。例如，会计部门规定某人负责支票的审核与相关政策，那么，只要符合支票签发政策的部门和人员申请支票，该人员就可按这些政策的规定授权办理支票审核业务。特别授权是指对办理例外的、非常规性交易事件的权力、条件和责任的应急性，授权。特殊授权只涉及特定经济业务处理的具体条件及有关具体人员。例如，上述负责支票审核的某会计人员，在审核应当开具的支票时，发现金额高达数百万元，其额度远远超过该会计人员甚至会计部门的权限，对于这笔支票审核业务可以作为特殊授权办理。这样的授权时效较短，有的还须一事一议，授权批准控制的基本原则：一是有关事项必须在发生之前经过授权批准；二是授权的依据是依事而不是依人；三是授权批准责任一定要明确，不可越权授权，对于越权行为一定要有相应的惩罚制度；四是所有过程都必须有书面证明；五是必须适度授权；六是授权的保障是监督。同样，审批控制也有两个原则：一是审批要有限度，不可越权审批；二是审批要有原则，不得随意审批。

（三）授权批准体系

个授权批准体系包括：1. 授权批准的范围（单位所有的经营活动一般都应当纳入授权批准的范围）；2. 授权批准的层次（根据经济活动的重要性和金额大小确定不同的授权批准层次，有利于保证各管理层和有关人员有权有责）；3. 授权批准的责任（明确各岗位办理业务和事项的权限范围、审批程序和相关责任，包括分级审批、分额度审批和逐项审批等）；4. 授权批准的程序；5. 授权批准检查（检查凭证和文件以及现场观察等）。授权批准体系越完整，执行越到位，会计控制就越有效。

即使日常的费用报销也应当纳入授权批准的范围。以差旅费报销业务为例，此项业务一般会涉及以下三个部门和相关人员：一是报销人员与所在部门负责人应对报销事项的真实性负责；二是审核部门与人员应核定费用报销的相关标准；三是会计部门审核有关凭证的合法性、完整性，对符合条件的情形予以报销。在公司制企业中，一般由股东会授权董事会，然后由董事会授权企业的总经理和有关管理人员。每一层级的管理人员既是上级管理人员的授权客体，又是对下级管理人员授权的主体。各级管理层必须在授权范围内行使职权和承担责任，经办人员也必须在授权范围内办理业务。

例如，某公司《对外投资融资管理制度》规定："公司对外投资融资的决策机构为股东大会或董事会。投资及融资金额一次性不超过公司最近一期经审计净资产20%（含20%）、年度累计不超过公司净资产50%的对外投资及融资行为，由公司董事会负责审批；投资及融资金额超过上述比例的对外投资及融资行为，由董事会审议后，交公司股东大会批准；除此以外的任何部门和个人均无权对公司的对外投资及融资作出决定。"

授权批准在层次上应当考虑连续性，应将可能发生的情况全面纳入授权批准体系，避免出现"真空"地带。当然，应当允许根据具体情况的变化不断对有关制度进行修正，适当调整授权层次。例如，出现新业务，应配上相应的规定；金额规模变动，应修改原有的层次界定；等等。

（四）授权批准实施步骤

第一步，明确授权审批体系的意义和实施理念。在建设授权审批体系之初，自上而下树立关于授权审批的正确理念是十分重要的。

第二步，组建或指定授权审批体系的相关机构。一方面，授权审批体系建设不是简单地形成一份权限审批表或者审核流程图，而是应当包括建立、维护、监督和完善的整个过程；另一方面，授权审批体系建设绝不是一项独立的工作，而是涉及单位各项流程中的审批过程，梳理授权审批在某种程度上就是整个管理流程的再造。从这两个方面出发，都需要有相应的机构来负责授权审批体系的建设。第三步，梳理授权审批事项的范围。组织机构确定后，便可进行授权审批事项的梳理，确定这些事项的类别、金额和范围。在梳理授权审批事项的范围时，应体现全面性和重要性原则的具体应用，一方面要尽可能覆盖各个业务流程；另一方面要抓大放小，把精力花在影响大和风险高的事项上，尤其是对关键环节风险的实际分析和控制。第四步，确定各事项的申请、审核和批准过程。单位可根据不同的事项确定该事项经过申请、审核和批准而生效的程序并落实到明确的岗位和层次。

对于复杂、重大的事项应加强审核，一般日常事项应简化程序。对于影响极小的日常事项，也可通过预算管理、总额限制或事后绩效考核来控制，不一定强化事前审核和审批，如对小额办公用品的领用可以实施总量限制。

涉及同一事项不同阶段的权限也应当统筹分析，有效梳理。以采购为例，某采购事项的审批可能涉及预算与计划、事项决策、合同与用印、验收与付款等。对于重大采购，这几个过程都应由领导审核并批准；而对于一般采购，只需预算批准和付款审核即可。

在完成了授权审批事项和授权审批过程的梳理后,单位可以审批权限表的形式将梳理后的结果固化,作为部门和岗位实际操作的依据。某公司大宗业务采购授权审批权限表的样式如表6-5所示。

表6-5 一般授权审批权限

类别	事项	金额（万元）	申请岗位	经办部门	部门领导	单位领导	备注说明
采购业务	大宗采购	<50	需求人员	采购部门	审核	批准	

第五步,建立授权审批体系的持续跟踪和反馈机制。一些单位建立了授权审批体系,但往往运行一段时间后便再无人提及,这与缺乏跟踪和反馈机制有关。例如,由于紧急突发情况而使某事项先做后批,却没有再做事后处理,随后就会有更多的职员倾向于采取这种"高效"的方式。又如,部门或岗位变化,原授权审批体系对不上部门和岗位了,却无人调整,逐渐大家也会迷惑究竟该走哪个授权审批程序,最终造成了授权审批体系无人问津。因此,单位应当指定专门部门对授权审批体系进行持续跟踪监督和评价,纠正和处理授权审批体系中的违规行为,追究违规审批所造成的损失,对不合理的权限设置进行及时调整和再发布。

第六步,建立授权审批体系的追责机制。一些单位可能出现"拍脑袋"（审核缺位）、"拍胸脯"（批准草率）和"拍屁股"（追责缺位）的现象,最终给单位造成了重大损失,却又未能充分吸取教训。追责机制不只是针对具有决策过失的个人进行惩罚,而且是一种健康的组织学习机制,强调对决策失误的分析并提出防范类似问题的方案。良好的追责机制能够协助单位不断优化决策体系,促进管理的健康发展。

三、会计系统控制

会计管理是一项既细致又复杂的工作,各个部门、各种程序、各项手续以及各种数字之间相互关联,要求会计机构和会计人员通过合理的制度、手续和处理程序,有机地联系和沟通生产经营的各个环节,相互配合、协调一致,以保证会计工作质量,提高会计工作效率。

会计作为一个信息系统,对内能够向管理层提供经营管理的诸多信息,对外可以向投资者、债权人等提供用于投融资等决策的信息。会计系统控制主要是通过对会计主体所发生的能以货币计量的各项经济业务进行确认、记录、计量和报告,要求严格执行国家统一的会计准则制度,加强会计基础工作,明确会计凭证、会计账簿和财务会计报告的处理程序,保证会计资料的真实、完整。其内容主要包括以下几个方面：

（一）会计机构控制

会计机构是直接从事、组织和领导会计工作的职能部门。各单位原则上要单独设置专职的会计机构；不具备单独设置会计机构条件的单位，应在有关机构中配备专职会计人员，否则应委托有关代理记账机构进行代理记账。

会计机构内一般可按业务工作分设财务组、成本组、材料组、工资组和综合组等，并建立会计工作岗位责任制，体现内部牵制制度的要求。

会计工作的组织形式应视单位的具体情况不同有集中核算和非集中核算之分。在集中核算的组织形式下，会计部门要完成单位经济业务的明细核算、总分类核算、财务报表编制和各有关项目的考核分析等工作；其他职能部门、车间、仓库的会计组织或会计人员只负责登记原始记录和填制原始凭证。在非集中核算组织形式下，某些业务的凭证整理、明细核算、适应单位日常管理需要的内部报表的编制与分析等分散到各个从事该项业务的车间、部门进行；而单位会计部门则集中进行总分类核算和财务报表的编制与分析等。

（二）会计人员控制

凡是从事会计工作的人员，必须取得会计从业资格证书。未取得会计从业资格证书的人员，不得从事会计工作。

担任单位会计机构负责人（会计主管人员）的，除取得会计从业资格证书外，还应当具备会计师以上专业技术职务资格或者从事会计工作3年以上。

大、中型企事业单位、业务主管部门应当根据法律和国家有关规定设置总会计师。总会计师由具有会计师以上专业技术资格的人员担任。

因有提供虚假财务会计报告，做假账，隐匿或者故意销毁会计凭证、会计账簿、财务会计报告，贪污、挪用公款，职务侵占等与会计职务有关的违法行为被依法追究刑事责任的人员，不得取得或者重新取得会计从业资格证书。

除前款规定的人员外，因违法违纪行为被吊销会计从业资格证书的人员，自被吊销会计从业资格证书之日起5年内不得重新取得会计从业资格证书。

（三）会计岗位职责控制

各单位应当建立内部会计管理体系和会计工作岗位责任制度，对会计人员进行科学、合理的分工，使之相互监督和制约。

内部会计管理体系的主要内容包括：单位领导人和总会计师对会计工作的领导职责；会计部门及其会计机构负责人、会计主管的职责和权限；会计部门与其他职能部门的关系；会计核算的组织形式；等等。

会计工作岗位责任制度的主要内容包括：会计人员的工作岗位设置；各会计工作岗位的职责和标准；各会计工作岗位的人员和具体分工；会计工作岗位轮换办法；对各会计工作岗位的考核办法；等等。

会计工作岗位一般可分为：会计机构负责人或者会计主管人员、出纳、财产物资核算、工资核算、成本费用核算、财务成果核算、资金核算、往来结算、总账报表、稽核和档案管理等。开展会计电算化和管理会计的单位，可以根据需要设置相应的工作岗位，也可以与其他工作岗位相结合。

会计工作岗位可以一人一岗、一人多岗或者一岗多人。但出纳人员不得兼管稽核，会计档案保管，收入、费用和债权债务账目的登记工作。会计人员的工作岗位应当有计划地进行轮换。

会计人员工作调动或者因故离职，必须将本人所经管的会计工作全部移交给接替人员。没有办清交接手续的，不得调动或者离职。接替人员应当认真接管移交的工作，并继续办理移交的未了事项，一般会计人员办理交接手续，由会计机构负责人（会计主管人员）监交；会计机构负责人（会计主管人员）办理交接手续，由单位负责人监交，必要时主管单位可以派人会同监交。

会计机构、会计人员对违反会计法和国家统一的会计制度规定的会计事项，有权拒绝办理或者按照职权予以纠正；发现会计账簿记录与实物、款项及有关资料不相符的，按照国家统一的会计制度的规定有权自行处理的，应当及时处理；无权处理的，应当立即向单位负责人报告，请求查明原因并作出处理。

（四）会计管理制度控制

会计管理制度控制是会计控制最常见、最传统，也是行之有效的方法之一。例如，1.政策法规控制也称合法性措施，是指以单位的方针政策及计划预算作为控制手段；2.记录报告控制也称可靠性措施，任何管理形式和程序都要有对行动负责的授权记录，在正式说明经营状况和经营成果时，应有记录报告制度；3.资产管理控，制也称安全性措施，是指为保护财产的完整和安全所采取的控制措施。建立与健全各项会计基础管理制度，可以为加强会计控制提供切实保证。

个单位的会计工作基础管理制度应当因地制宜、与时俱进，除了内部会计管理体系和会计工作岗位责任制度以外，至少还应当包括账务处理程序制度、内部牵制制度、稽核制度、原始记录管理制度、定额管理制度、计量验收制度、财产清查制度、财务收支审批制度、成本核算制度、财务分析制度和会计信息化制度等内容。制度控制与纪律控制应相辅相成，立法执纪与循规蹈矩应相得益彰。遵守规矩，不敢违反，是会计人员应有的职业操守。因为制度本身并不能作为信赖会计控制有效性的全部基础，所以，为了保证制度的执行，还需要纪律控制。纪律是指为维护集体利益并保证工作进行而要求成员必须遵守的规章、条文，它规定能够做什么与不能够做什么，具有监视、强制和约束会计工作的作用。尤其是财经纪律，它是财务纪律和财政纪律的统称，是指国家为国民经济各部门、各地区、企事业单位和个人所规定的财政经济活动中必须严格遵守的行为准则，是从特定侧面调节人们财政经济活动的行为规范。财经纪律是凭借国家权力，以强制方式付诸实施的。

良好纪律的形成过程是一个由外在的强制逐步过渡到内在自律的过程。法律的生命力在于实施，一方面要坚持有法必依、执法必严、违法必究，另一方面要不断提高依法行政、依法理财的能力和水平。各级管理人员要带头学习和遵守法律，努力增强法治意识，自觉维护法律权威，牢记法律"红线"不可逾越、法律"底线"不可，触碰，把法律的各项规定作为从事管理活动的行为准则，坚持学以致用，经常对照检查，严格依法办事，严肃财经纪律。

（五）会计工作程序控制

程序控制也称标准化控制，是对重复出现的业务，按客观要求，规定其处理的标准化程序作为行动的准则。进行程序控制有助于单位按规范处理同类业务，有科学的程序、标准可依，避免业务工作无章可循或有章不循，避免职责不清、互相扯皮等；有利于及时处理业务和提高工作效率；有利于减少差错，有利于暴露或查明，差错；有利于追究有关人员的应负责任；有利于及时处理和解决问题；等等。实行程序控制，需要将单位各项业务的处理过程用文字的说明或流程图的方式表示出来，以形成制度，须发执行，如制定现金报销流程，材料采购、核算、领用办法，产品成本计算规程及各种业务操作流程等。

程序控制也是一种典型的事前控制方法，它不仅要求按照牵制的原则进行程序设置，而且要求所有主要业务活动都要建立切实可行的办理程序。任何业务的处理程序都要与单位的机构设置、人员配备相吻合；任何业务的处理程序都要有助于制约错误和弊端；同时，还要注意程序的经济性与有效性，既不能繁琐与重复，也不能过于简单或存在漏洞。

会计核算系统控制是一种典型的程序控制方法，它是指对会计凭证、账簿、报表等一系列会计工作及其相关核算岗位的责任所进行的控制。各单位会计核算必须按照规定取得和填制会计凭证，包括原始凭证和记账凭证。会计凭证、会计账簿、财务报表和其他会计资料的内容必须符合国家统一会计制度的规定，不得伪造、变造会计凭证和会计账簿，不得设置账外账，不得报送虚假财务报表。单位进行会计核算不得有下列行为：1.随意改变资产、负债、所有者权益的确认标准或者计量方法，虚列、多列、不列或者少列资产、负债、所有者权益；2.虚列或者隐瞒收入，推迟或者提前确认收入；3.随意改变费用、成本的确认标准或者计量，方法，虚列、多列、不列或者少列费用、成本；4.随意调整利润的计算或分配方法，编造虚假利润或者隐瞒利润；5.违反国家统一会计制度规定的其他行为。

（六）会计凭证控制

任何经济业务都要留印有痕、可资查证，所以，会计凭证（包括原始凭证和记账凭证）是会计控制最重要和最有说服力的基础资料。尤其是原始凭证（又称单据），是在经济业务发生或完成时取得或填制的，用以记录或证明经济业务的发生或完成情况的文字凭据，它不仅能用来记录经济业务的发生或完成情况，而且可以明确经济责任，是进行会计核算工作的原始资料和重要依据，是会计资料中最具有法律，效力的一种文件。

原始凭证的基本要素包括原始凭证名称，填制凭证的日期和编号，填制凭证的单位的名称或者填制人姓名。对外凭证应有接受凭证的单位的名称，经济业务所涉及的数量、计量单位、单价和金额，经济业务的内容摘要，经办业务部门或人员的签章等。

日常收付核算时，除应当具备原始凭证的上述内容外，还应当有以下附加条件：1.从外单位取得的原始凭证应使用统一发票，发票上应印有税务专用章并加盖填制单位的公章；2.自制的原始凭证必须有经办单位负责人或者由部门负责人指定的人员的签名或者盖章；3.支付款项的原始凭证必须有收款单位或收款人的收款证明，不能仅以支付款项的有关凭证代替；4.购买实物的原始凭证必须有验收证明；5.销售货物发生退回并退还货款时，必须以退货发票、退货验收证明和对方的收款单据作为原始凭证；6.职工公出借款填制的借款凭证必须附在记账凭证之后；7.经上级有关部门批准的经济业务事项，应当将批准文件作为原始凭证的附件；等原始凭证记载的各项内容均不得涂改。原始凭证有错误的，应当由出具单位重开或者更正，更正处应当加盖出具单位印章。原始凭证金额有错误的，应当由出具单位重开，不得在原始凭证上更正。记账凭证应当根据经过审核的原始凭证及有关资料编制。

会计机构和会计人员应当对原始凭证进行审核和监督。对不真实、不合法的原始凭证，不予受理。对弄虚作假、严重违法的原始凭证，在不予受理的同时，应当予以扣留，并及时向单位领导报告，请求查明原因，追究当事人的责任。对记载不准确、不完整的原始凭证，予以退回，并要求经办人员更正、补充。

对会计凭证可以要求连续编号。通过凭证编号可以控制单位签发的凭证数量以及相应的交易涉及的其他文件，如支票、发票、订单、存货收发证明的使用情况，等，便于查询与核对，避免重复、遗漏；更重要的是，编号的连续性在一定程度上可以减少抽取发票、截取银行收款凭证等进行贪污舞弊的可能性。

各单位应当规定合理的凭证传递程序，可以运用流程图来确定内部会计控制的流程、凭证的传递与关键控制点等，并明确凭证填制、审核、装订和保管的责任。

（七）会计账簿控制

各单位应当依法设置会计账簿并保证其真实、完整。会计账簿登记必须以经过审核的会计凭证为依据，并符合有关法律、行政法规和国家统一的会计制度的规定。会计账簿包括总账、明细账、日记账和其他辅助性账簿。各单位发生的各项经济业务事项应当在依法设置的会计账簿上统一登记、核算，不得违反国家统一的会计制度的规定私设会计账簿登记、核算。

会计账簿应当按照连续编号的页码顺序登记。会计账簿记录发生错误或者隔、页、缺号、跳行的，应当按照国家统一的会计制度规定的方法更正，并由会计人员和会计机构负责人（会计主管人员）在更正处盖章。

各单位应通过合理设置账户，登记会计账簿，进行复式记账，如实反映各项经济业务。国家统一制度规定的会计科目编号不应随意打乱重编，以便于编制会计凭证、登记账簿、查阅账目、实行会计电算化等。

各单位可运用流程图来设计结账的工作步骤、内容、完工时间和有关责任人，以保证结账工作顺序进行。控制结账程序能够保证单位会计处理的及时完成，并且能及时发现错误加以改正，会计机构和会计人员对伪造、变造、故意毁灭会计账簿或者账外设账的行为，应当制止和纠正；制止和纠正无效的，应当向上级主管单位报告，请求作出处理。

（八）财务会计报告控制

财务会计报告由财务报表、财务报表附注和财务情况说明书组成。各单位应当定期将会计账簿记录与实物、款项及有关资料相互核对，保证会计账簿记录与实物及款项的实有数额相符、会计账簿记录与会计凭证的有关内容相符、会计账簿之间相对应的记录相符、会计账簿记录与财务报表的有关内容相符。

会计机构和会计人员应当对实物、款项进行监督，督促建立并严格执行财产清查制度。发现账簿记录与实物、款项不符时，应当按照国家有关规定进行处理。超出会计机构和会计人员职权范围的，应当立即向本单位领导报告，请求查明原因，作出处理。

财务会计报告应当根据经过审核的会计账簿记录和有关资料编制，并符合国家统一的会计制度关于财务会计报告的编制要求、提供对象和提供期限的规定；其他法律、行政法规另有规定的，从其规定。不得违反规定，随意改变财务会计报告的编制基础、编制依据、编制原则和编制方法，不得随意改变有关数据的会计口径。

各单位采用的会计处理方法,前后各期应当一致,不得随意变更;确有必要变更的,应当按照国家统一的会计制度的规定变更,并将变更的原因、情况及影响在财务会计报告中说明。

向不同的会计资料使用者提供的财务会计报告的编制依据应当一致。有关法律、行政法规规定财务会计报告须经注册会计师审计的,注册会计师及其所在的会计师事务所出具的审计报告应当随同财务会计报告一并提供。

财务会计报告应当由单位负责人和主管会计工作的负责人、会计机构负责人(会计主管人员)签名并盖章;设置总会计师的单位,还须由总会计师签名并盖章。

单位负责人应当保证财务会计报告真实、完整。

四、财产保护控制

财产保护控制要求建立资产日常管理制度和定期清查机制,采取资产记录、实物保管、定期盘点、账实核对等措施,确保资产安全、完整。

资产日常管理制度包括资产记录、实物保管和处置报批等。其中,资产记录控制要求单位应当建立资产档案,对各类资产的信息进行登记、分类、汇总,为资产管理提供信息支持,并且妥善保管资产的各种文件资料,避免记录受损、被盗、被毁。

实物保管控制要求单位明确和落实资产保管及使用的责任,并对特定资产规定严格的限制条件,还可以根据实际情况对重要或特殊资产投保,在意外发生时减轻损失。处置报批控制要求根据有关资产管理的规定对资产的调剂、租借、处置等明确报批程序、审批权限和相关责任,防止未经审批随意处置资产。

资产的定期清查机制,包括定期盘点、账实核对,定期核实各类资产的实际数量,将盘点结果与资产台账和会计账簿进行比对;发现不符的,及时查明原因,并按照相关规定进行处理。

五、预算控制

预算控制要求单位实施全面预算管理制度,明确各责任单位在预算管理中的职责和权限,规范预算的编制、审定、下达和执行程序,强化预算约束。内部会计控制应以建立健全的财务预算为依据,将财务预算分解落实到各责任中心,使之成为控制各责任中心经济活动的依据。

预算指标有定额与定率之分,定额控制没有弹性,定率控制具有弹性。

定额控制(也称绝对额控制),是指对单位和责任中心的财务指标采用绝对数进行控制,如资金、成本、费用和利润等。一般而言,对激励性指标(如利润等）确定，最低控制标准，对约束性指标（如成本费用等）确定最高控制标准。

定率控制（也称相对数控制），是指对单位和责任中心的财务指标采用相对比率进行控制，如毛利率、边际贡献率、资本净利润率、总资产报酬率和税负率等。

一般而言，定率控制具有投入与产出对比、开源与节流并重的特征。

单位应当以财务预算为重点，以业务预算为基础，以现金流为核心进行预算的编制，分季度按月落实财务预算管理工作，并要求做到预算内资金实行责任人限额审批，限额以上资金实行集体审批，严格控制无预算的资金支出。

预算控制不等于预算业务控制。预算业务控制包括对预算编制、预算审批、预算执行、决算和绩效评价等环节实施的业务控制；而预算控制本身是一种方法，在经济活动中发挥着事前计划、事中控制和事后反馈的作用。

六、运营分析控制

运营分析控制要求单位建立运营情况分析制度，综合运用生产、购销、投资、筹资和财务等方面的信息，通过因素分析、对比分析和趋势分析等方法，定期开展运营情况分析，发现存在的问题，及时查明原因并加以改进。

运营分析的过程实质上是对分析资料和信息去粗取精、去伪存真、由此及彼、由表及里的分类、综合、整理、加工过程，有时候还真要有孙悟空"火眼金睛"的洞察能力才能奏效。日常运营分析应当从维护单位运营健康和安全出发，为了财务保健的目的而进行，所以，运营分析应当是经常性的。为了做好日常的运营分析工作，要建立和健全会计信息系统或会计指标台账，要善于抓住最能够说明问题的数据，充分利用信息开展经常性的运营分析，要善于找到分析的重点，写出有说服力的分析报告等。

日常运营分析是会计分析的重点，一般从以下几个方面进行：一是分析与评价财务状况，包括全面了解单位资产的流动性状态是否良好，资本结构和负债比例等是否恰当，现金流量状况是否正常等，说明单位的长短期偿债能力是否充分，从而评价单位长短期的财务风险与经营风险，为单位投资人和经营管理当局等提供有用的决策信息。二是分析与评价盈利能力，包括应从整体、部门和不同项目等角度对盈利能力作深入分析和全面评价，不仅要分析绝对的利润总额，而且要分析相对的收益能力；不仅要关注现在的盈利状况，而且要观察对单位长远发展的促进作用。三是分析与评价资产管理水平，包括对资产占有配置、利用水平、周转状况和获利能力等作全面和细致的分析，不仅要看总体的管理水平，而且要深入观察个别管理水平的高低；不仅要分析绝对额的增减变动，而且要分析相对周转速度的快慢；不仅要关注现在的营运状况，而且要善于预测管理水平的发展前景。四是分析与评价成本费用水平,包括对一定时期成本费用的耗用情况作全面的分析和评价,不但要从整个单位和全部产品的角度进行综合分析,而且要对具体的职能部门和不同产品、不同作业进行深入分析,对成本费用结构进行研究,说明成本费用增减变动的实际原因。五是分析与评价发展能力和发展趋势,包括应根据偿债能力、盈利能力、资产管理质量和成本费用控制水平等其他相关财务和经营方面的资料,对单位中长期经营前景作合理地预测和正确的评价,这不但能为单位经营管理当局和投资者等进行财务决策和财务预算提供重要依据,也能避免由于决策失误而给单位造成重,大损失。

分析与控制都是手段,都是过程,而达到预算的控制目标才是运营分析的真正目的。开展运营分析的关键在于把握经营是否向着预算规定的目标发展,一旦发生偏差能找出问题所在,并根据新的情况解决问题或修正预算等。

七、绩效考评控制

绩效考评控制应当是运营分析的延伸,要求单位科学设置考核指标体系,对单位及其内部各职能部门和全体员工的业绩进行定期考核和客观评价,并将考评结果作为确定员工薪酬以及职务晋升、评优、降级、调岗和辞退的依据。

绩效考评首先明确要做什么(目标和计划),然后找到衡量工作做得好坏的标,准进行分析与监测。发现做得好的,进行奖励,使其继续保持或者做得更好,能够完成更高的目标;发现失误的地方,通过评价指出利弊得失,扬长避短,惩前毖后,改错纠偏。

第四节 信息沟通快捷灵敏

一、信息与沟通应当涵盖整个控制过程

信息交流是组织结构的核心内容之一,也是组织存在的基础。没有信息交流就没有组织。为此,单位应当建立信息与沟通制度,明确内部控制相关信息的收集、处理和传递程序,确保信息及时沟通,促进内部控制的有效运行。

一是通过财务会计资料、经营管理资料、调研报告、专项信息、内部刊物和办公网络等渠道,获取内部信息。

二是通过行业协会组织、社会中介机构、业务往来单位、市场调查、来信来访、网络媒体以及有关监管部门等渠道,获取外部信息。

三是利用信息技术促进信息的集成与共享,充分发挥信息技术在信息与沟通中的作用。应当将内部控制相关信息在单位内部各管理级次和业务环节之间,以及单位与外部投资者、债权人、客户、供应商、中介机构和监管部门等有关方面之间进行沟通和反馈。信息沟通过程中发现的问题，应当及时报告并加以解决。重要信息应当及时传递给董事会、监事会和经理层。

在电算化时代，信息技术成为会计人员手脑功能的延伸。电算化成为手工核算的模拟，其过程对每个单位来说是基本相同的。在信息化时代，会计记录与报告由会计软件自动实现，在会计系统与业务系统对接集成、估值模型与控制规则内嵌入会计软件的情况下，部分会计确认与计量工作已经由会计软件自动实现。信息化不再仅仅是会计工作的工具和手段，而是成为单位会计工作的基础环境，带来了会计工作、会计监督理念与模式的变革。

二、加强会计信息化控制

会计信息化是指单位利用计算机、网络通信、云计算、大数据等现代信息技术手段开展会计核算，以及利用上述技术手段将会计核算与其他经营管理活动有机结合的过程。电算化和信息化以后对会计控制提出了新的要求：一是岗位职责分工界限模糊。由于会计软件的功能集中，导致职责的集中，在手工操作中不易合并的岗位在会计信息化中可以合并。在某些管理不规范的单位中，一些会计人员身兼数职，既负责数据输入处理又负责数据输出报送等，这样就容易发生未经批准擅自对程序和数据库进行修改等舞弊行为。二是对授权批准控制的冲击。在手工会计系统中，授权批准控制要求对于一项经济业务的每个环节都要经过某些具有相应权限人员的签章。在电算化环境下，这种签章转化为特殊的授权文件和口令。由于管理不善或系统程序中存在漏洞，窃取他人口令从而引发失控的案件屡见不鲜。例如，业务人员被客户收买，非法取得他人口令绕过批准程序开出销售提单；非法核销客户应收款及相关资料；等等。三是内部控制的程序化使系统失控不易察觉。由于电算化系统中许多应用程度本身就带有内部控制的功能，使人的依赖性加强，使单位的内部控制取决于应用程序，如果程序发生差错或不起作用，将造成很大的损失。电算化数据的采集虽然要求有原始单据才可以输入，但缺乏可靠信息的记录或未经确认的数据也有可能被输入，数据采集得不谨慎必然导致处理结果缺乏可信度。会计数据存储在磁性介质上，只有凭借计算机与会计软件才能阅读，数据删改容易，程序与数据都保存在计算机中，在监控不力的情况下很容易产生舞弊行为。四是缺乏传统的交易痕迹。手工会计中严格的凭证制度在电算化中逐渐减少或消失，使文件记录的控制功能大大减弱。万一发现错误，由于部分交易几乎没"痕迹"，使得对出错源头的追查变得很困难。

尽管无纸化是方向，但从会计资料作为会计核算结果的证据和线索而具有保存价值来讲，会计资料无纸化是有条件的。单位内部生成的会计凭证、账簿和辅助性会计资料，同时满足下列条件的，可以不输出纸面资料：①所记载的事项属于本单位重复发生的日常业务；②由单位信息系统自动生成；③可及时在单位信息系统中以人类可读形式查询和输出；④单位信息系统具有防止相关数据被复改的有效机制；⑤单位对相关数据建立了电子备份制度，能有效防范自然灾害、意外事故和人为破坏的影响；单位对电子和纸面会计资料建立了完善的索引体系。符合条件的单位对会计资料进行无纸化管理，意味着对单位开展会计监督，包括注册会计师审计和政府监管机构的检查，都不能要求单位提供全套纸面会计资料。但是，单位应当对会计监督工作提供必要的支持，对于监督人员需要查阅和输出的电子资料，包括需要作为证据带走的电子会计资料，单位仍应当根据要求查询、打印，必要时进行签章确认。五是信息存储电磁化使实物保护控制风险加大。在电算化系统下，会计信息以电磁信号的形式存储在磁性解质中，是无形的，容易被删除或复改而不留痕迹；另外，电磁解质很容易损坏，信息资料也就易丢失或毁坏。所以，在电算化系统下，不仅要对交易处理进行控制，还要对网络系统的安全进行控制。六是电子商务的应用也给内部控制带来许多新的挑战。以互联网为基础的电子商务已经给单位带来形式多样的商机。网上采购、网上销售、网上银行、网上支付、网上催账、网上报账、远程报表、远程审计等新功能的出现，必须要求有相应的内部控制程序加以配合。这就要求单位不断设计出新的内部控制制度来应付新情况的出现。

在网络安全日益受到威胁、信息安全事故层出不穷的当下，信息技术控制要求单位结合实际情况和计算机信息技术的应用程度，建立与本单位经营管理业务相适应的信息化控制流程，在提高业务处理效率的同时，加强对计算机信息系统开发与维护、访问与变更、数据输入与输出、文件存储与保管、网络安全等方面的控制，确保信息系统安全运用。

三、加强会计软件操作控制

为了保证会计信息处理质量，减少产生差错和事故的概率，应对会计软件的操作规程进行制度化。上机守则主要是对机房内工作所做的一般性规定。操作规程则是提出了计算机业务处理过程的具体操作步骤和要求，包括输入控制、处理控制和输出控制。

输入控制要点：1.对各类经济业务单据和凭证应该在输入计算机之前进行审核，输入计算机时应由程序自动执行逻辑检验；2.采用必要的人工审核措施，对输入的数据进行确认；3.批量输入数据后要进行正确性检验或平衡检验；4.数据经处理或使用之后，再进行数据修改时要留有痕迹。

处理控制要点：1.对加工处理步骤的正确性进行控制；2.对需要进行处理

的数据再次进行正确性、合法性检验；3. 在主要数据文件刷新之前应进行保护；4. 处理过程中应有适当的控制，以保证对所有数据进行正确处理；5. 计算机处理业务记录应及时、完整、准确。

输出控制要点：1. 及时产生和输出账表；2. 应审核输出账表的正确性、合理性和完整性；3. 对于输出的经济业务，要明确各自的会计责任。

会计软件应当记录并生成用户操作日志，确保日志的安全、完整，提供按操作人员、操作时间和操作内容查询日志的功能，并能以简单易懂的形式输出。

四、严格信息化工作环境控制

机房是会计数据和程序的集中存放地，制定严格的机房管理制度并遵照执行是保障会计数据安全的首要防线，也是单位进行会计信息化工作的基本要求。严格的机房管理制度包括对进入人员的要求、操作机器人员的限制、操作管理规程和机器使用情况登记等。

工作环境控制的具体要求包括：1. 无关人员不能随便进入机房；2. 各种录入的数据均需经过严格的审批并具有完整、真实的原始凭证；3. 数据录入员对输入数据有疑问的，应及时核对，不能擅自修改；4. 机房工作人员不能擅自向任何人提供任何资料和数据；5. 软件操作人员不得泄露操作口令；6. 不准把外来存储设备带进机房，不准使用进行会计管理的计算机玩游戏、浏览网页；7. 开机后，操作人员不能擅自离开工作地点；8. 要做好日备份，同时还要有周备份和月备份；等等。当然，这些制度并不是一成不变的，必须随着单位经营的变化而不断修改、完善。只有借助于完备的制度才能减少错误的发生，从源头上确保会计信息的真实性和可行性。

五、切实保证信息系统安全稳定运行

任何单位必须建立信息系统开发、运行与维护等环节的岗位责任制度和不相容职务分离制度，防范利用计算机舞弊和犯罪；还应积极开展信息系统风险评估工作，定期对信息系统进行安全评估，及时发现系统安全问题并加以整改信息系统不相容职务涉及的人员主要可以分为三类：系统开发建设人员、系统管理和维护人员、系统操作和使用人员。系统开发建设人员在运行阶段不能操作和使用信息系统，否则就可能掌握其中的涉密数据，进行非法利用；系统管理和维护人员担任密码保管、授权、系统变更等关键任务，如果允许其使用信息系统，就可能较为容易地复改数据，从而达到侵吞财产或滥用计算机信息的目的。信息系统的使用人员需要区分不同的岗位，包括业务数据录入、数据检查和业务批准等，他们之间也应有必要的相互牵制。

单位应当建立用户管理制度，加强对重要业务系统的访问权限管理，避免将不相容职责授予同一用户。单位应当采用密码控制等技术手段进行用户身份识别。对于重要的业务系统，应当采用数字证书、生物识别等可靠性强的技术手段来识别用户身份。对于发生岗位变化或离岗的用户，用户部门应当及时通知系统管理人员调整其在系统中的访问权限或者关闭账号。单位应当定期对系统中的账号进行审阅，避免存在授权不当或非授权账号。对于超级用户，单位应当严格规定其使用条件和操作程序，并对其在系统中的操作进行全程监控或审计。

计算机舞弊是指对计算机系统的舞弊和利用计算机进行舞弊的活动。前一种舞弊是把计算机系统当作目标，对计算机硬件、计算机系统中的数据和程序、计算机的辅助设施和资源（如电源等）进行破坏或偷窃。后一种舞弊是利用计算机作为实现舞弊的基本工具，利用计算机编制程序进行犯罪活动，如引入欺骗性的记录和数据；未经授权越级使用计算机；修改数据和程序，破坏数据库和程序；偷窃有价值的数据和软件；等等。

第五节 监督评价持续有效

一、对会计控制的监督检查

控制与监督是一对交义概念。控制的第五大要素就是监督。监督是对某一特定环节或过程进行监视、督促和管理，使其结果能达到预定的控制目标。有效控制离不开监督，之所以监督就是为了控制，"监"的繁体字"監"为会意字，下部是装水的器皿，上部像一个人跪于盆侧正看着自己在水中的倒影（容貌），眼和脸都很醒目。"监"字本意就是以水为镜，自监其容，以观察面部有何脏污，用以清洗不洁之物，引申为"监视"或"监督"。"督"为形声字，目表意，表示用目（眼睛）查看；叔表声，指拾取豆子需仔细查看。督查、检查与监督为近义词。

监督检查法（也称检查控制法）是对内部控制制度的贯彻执行情况进行督查的有效方法之一，其目的是为了保证内部控制功能的充分发挥，促成既定政策的贯彻和管理目标的实现。监督检查可以是春风化雨，润物细无声；也可以是疾风暴雨，横扫枯枝败叶。

会计控制与其他业务控制相比，最大的优势之一就在于持续性的监督检查。

日常工作中所称的会计监管，也就是会计监督与会计管理的简称，即对经济业务既要监督又要管理，要寓监督于管理之中，要寓管理于监督之中。

如果不实行严格的检查控制，会计控制可能形同虚设，管理工作可能会陷入盲目轻信，可能会纵使玩忽职守或贻误工作等。

对会计控制的监督检查可以采用重点抽查和普遍检查等办法，一般又可以分为日常监控和专项监控两个方面。

日常监控是指单位对建立与实施会计控制的情况进行常规、持续的监督检查。

持续性监控具有连续的、全面的、系统的特征。

专项监控是指在单位发展战略、组织结构、经营活动、业务流程、关键岗位员工等发生较大调整或变化的情况下，对会计控制的某一或者某些方面进行有针对性的监督检查。专项监控的范围和频率应当根据风险评估结果以及日常监督的有效性等予以确定。专项监控具有不定期的、专门的、有针对性的特征。

应当由谁来实施对会计控制的监督检查呢？一般由单位财务、监察、审计和相关业务部门联合组成检查小组，负责对单位内部会计控制的执行情况进行监督检查，应挑选具备独立性、业务胜任能力和职业道德素养的评价人员，组成评价工作组。

是否可以由财务部门负责对会计控制进行监督检查？从不相容职务分离和权力制衡的要求出发，应当将内部审计人员（或内部控制人员）从财务人员中分离出来，直接对董事会或审计委员会负责，这样才能真正有效发挥内部审计人员（或内部控制人员）的作用：既要注重查错防弊，又努力为经营管理服务，更重要的是将日常检查监督与会计控制评价结合起来，起到促进作用。

二、评价会计控制的方法与内容

完整的会计控制评价程序一般包括制订评价工作方案、组成评价工作组、实施现场测试、认定控制缺陷、汇总评价结果和编报评价报告等环节。评价方法有个别访谈法、调查问卷法、实地观察法、证据检查法、重新执行法和穿行测试法等。

会计控制评价主要是为了解决会计控制的有效性问题，是对会计控制建立与实施情况进行监督检查的重要组成部分，包括评价会计控制设计是否有效和运行是否有效两个主要方面。

设计有效是指为实现控制目标所必需的控制要素都存在并且设计恰当，即当某项控制措施由拥有必要授权和专业胜任能力的人员按照规定的程序与要求执行，能够实现控制目标，则表明该项控制的设计是有效的。

执行有效是指现有控制按照规定程序得到了正确执行，即如果某项控制正在按照设计运行，执行人员拥有必要授权和专业胜任能力，能够实现控制目标，则表明该项控制的运行是有效的。

如何衡量会计控制的有效性也是一道难题,其标准无法完全通过定量的方法进行明确,通常的标准包括:1. 不存在重大缺陷;2. 不存在一项或多项重要缺陷的组合致使剩余风险未能被控制在合理水平;3. 不存在一项或多项缺陷的组合致使内部控制五要素未能同时存在并发挥作用。

评价会计控制可以单独进行,也可以与单位内部控制情况结合起来。单位建立与实施内部控制应当包括五要素,评价也应从五要素入手。也就是说,单位应当对与实现整体控制目标相关的内部环境、风险评估、控制活动、信息与沟通、内部监督等内部控制要素进行全面、系统、有针对性地评价。

三、发现控制缺陷并加以整改

单位在实施会计控制评价的过程中,应对控制缺陷进行分类分析。按控制缺陷的成因或来源一般可分为设计缺陷和运行缺陷,并根据该缺陷影响整体控制目标实现的严重程度,分为一般缺陷、重要缺陷和重大缺陷。

设计缺陷是指缺少为实现控制目标所必需的控制,或现存控制设计不适当,即使正常运行也难以实现控制目标。

运行缺陷是指现存设计完好的控制没有按设计意图运行,或执行者没有获得必要授权或缺乏胜任能力以有效地实施控制。

会计控制缺陷是描述会计控制有效性的一个负向维度。开展评价的主要目的就是找出控制缺陷并有针对性地进行整改。所以,应当制定内部控制缺陷认定标准(包括设计缺陷和运行缺陷),对监督过程中发现的内部控制缺陷,分析缺陷的性质和产生的原因,提出整改方案,采取适当的形式及时向董事会、监事会或者经理层报告。

缺陷识别后,各单位需要整理出缺陷清单,明确每个缺陷的具体描述、整改责任人和整改时间等信息,然后有步骤地对缺陷进行整改。尤其需要明确分管领导,落实监督责任,要求对所有缺陷的整改情况进行定期跟进,并进行复查。

当然,并不是所有缺陷都需要马上整改。有些缺陷,特别是一般缺陷并不需要立即整改。因为任何整改都意味着控制措施的增加,而任何控制都是有成本的,如果整改的投入大于缺陷可能引起的风险损失,那么,从成本收益角度来看,这一缺陷可以暂时不整改,只要以后不再重复错误就可以了,即对该项风险采取了承受的态度。还有些缺陷可能引起较大的风险损失,但针对该项缺陷的整改不是马上可以开展的,需要一定的时间和过程,那么,对于这类缺陷需要明确具体的整改步骤和整改期间,然后进行持续的关注和进度控制。

四、按规定程序报告评价内容与结果

会计控制是否真正起到了防错纠偏的作用？必须在监督评价的基础上才能进行报告，从而促使会计控制落到实处。

内部会计控制监督与评价的主要职责可归纳为以下几个方面：1. 对内部会计控制的执行情况进行检查和评价；2. 写出评价报告，对涉及会计工作的各项经济业务、内部机构和岗位在内部控制上存在的缺陷提出改进建议；3. 对执行内部会计控制成效显著的单位和个人提出表彰建议，对违反内部会计控制的单位和个人提出处理意见等等。

内部审计机构可以结合内部监督管理的要求，对会计控制的有效性进行监督检查，并按照单位内部审计工作的程序进行报告；对监督检查中发现的内部控制重大缺陷，有权直接向董事会及其审计委员会、监事会报告。通过报告检查与评价的结果，有利于发现内部控制存在的不足，并不断地完善内部控制，以确保内部会计控制的贯彻实施。

有效的会计控制还应当建立于单位内各责任领域，从而建立起相关的责任中心。责任会计是信息反馈系统的有效工具之一。责任会计以责任预算为基础，对责任预算的执行情况进行系统的反映，将实际完成情况与预算目标对比，可以评价和考核各个责任中心的工作成果。责任中心的业绩评价和考核应通过编制责任报告来完成，它是根据责任会计记录编制的反映责任预算实际执行情况，揭示责任预，算与实际执行之间的差异的内部会计报告。

单位也可以聘请中介机构或相关专业人员对本单位内部会计控制的建立健全及有效实施进行评价，接受委托的中介机构或相关专业人员应当对委托单位内部会计控制中的重大缺陷提出书面报告。

单位应当创造条件编制内部控制缺陷认定汇总表，结合日常监督和专项监督发现的制度缺陷和运行缺陷及其持续改进情况，对控制缺陷及其成因、表现形式和影响程度进行综合分析和全面复核，提出认定意见，并以适当的形式向董事会、监事会或者经理层报告，并将会计控制评价报告作为进一步完善内部控制、提高经营管理水平和风险防范能力的重要依据。

第七章 会计风险与控制

风险是指在特定客观情况下,在特定的期间内,某种损失发生的可能性。按内容上看,会计风险是风险的一个分支,是会计人员在会计期间因提供存在重大失误的会计信息而导致损失的可能性。这一定义说明,会计风险的主体是会计人员的行为,客体是会计信息。会计风险的性质,是可能发生的损失,并且具有不确定性。

第一节 会计风险基本理论

随着社会的进步,高校面临着较高的会计风险,这与当前社会经济发展、制度不健全、社会监督机制不够等密切相关。

一、会计风险的具体内容

会计风险又被称为账面风险。风险是在一定时间和空间环境中,人们对待某一事物的行为可能导致的危险或损失,它具有一定的客观性和不确定性。风险是指在一定的时期内可能发生的各种结果的变动程度,是事物本身具有的不确定性,这种不确定性可能会带来收益,也可能会带来损失。

会计风险源于会计信息失真,而会计信息失真不仅会给企业带来经济损失,也使得会计人员承担法律责任,还会给社会公众带来严重的损失,错误的会计信息会使资源配置机制缺乏效率,误导资源流向,造成社会资源的浪费,不利于社会经济的发展。会计信息失实将有损于企业形象,影响企业的生存和发展,也会导致严重的社会信任危机,使各种违法行为有可乘之机。随着社会经济的发展和经济生活的日益复杂化,会计风险与日俱增,有些企业在利益的驱动下视会计风险于不顾,这些行为对企业自身、投资者、债权人以及我国经济的发展都造成严重损害,已经成为会计领域乃至整个经济领域中理论界和实务界共同关注的问题。

会计风险是指在一定时间和空间环境中,会计人员因提供的会计信息存在大量失误，而导致损失的可能性。按照影响对象不同，会计风险可分为会计人员的责任风险、管理者的责任风险和会计信息使用者的损失风险。会计人员因提供的会计信息存在重大失，误而导致损失的可能性。具体来说会计风险是会计机构或人员在进行工作时，由于错报、漏报会计信息，使财务会计报告失实或依据失实的信息误导监控行为而给其带来损失的风险。

二、会计风险的特点

（一）会计风险的普遍性

会计风险普遍存在于会计领域之中，不因行业的性质而消散。所以每行每业都存在着会计风险，而在会计处理的每个环节中也存在着会计风险。在进行会计核算时，如果，没有选用恰当的核算方法，或在核算过程中，由于会计人员的疏忽导致的计算差错都会影响会计信息的真实性，在会计期末就可能会编制错误的财务报表，最终左右管理层和企业投资者的决策。在会计监督过程中，不完善的内部控制也可能导致会计风险。如会计凭证的填制在一开始就是错误的，在没有设置复核程序的企业，这样的错误可能是致命的。所以，会计风险是普遍存在的，它在企业运作的每一个环节都可能发生。

（二）会计风险的客观性

会计风险是客观存在的，它不以人们的意志为转移。首先，由于会计本身的局限性，和市场环境的不确定性，会计不可能面面俱到。财务会计报告只能大致的反应企业的经，营现状，而不能确切的反应经营的全貌。其次，会计工作过程中，很多决策仅凭管理层的主观臆测，有时毫无科学根据可言。这就决定了会计风险的存在。另外，在充满诱惑的年代，会计行为也充满了不确定性。有时，由于会计人员的自身道德修养不够，其可能会提供虚假的会计信息。同时，由于会计人员、企业管理层及政府之间的为了追求各自的利益，故意提供提供误导信息在客观上成为可能。

（三）会计风险的危害性

会计风险不仅会给会计人员带来经济损失或使其承担法律责任，还会给企业和社会带来严重的危害。一方面，会计信息失实会降低企业形象，给企业经营带来难以估计的损失。另一方面，错误的会计信息会使资源配备缺乏效率，误导资金流向，不利于社会经济的发展。高校会计风险的特征：

1. 高校会计风险存在一定的隐蔽性

在高校经济日常管理中，高校会计涉及的范围较广，其中主要包括政府教育机构、财政、债权人等利益关系人。在我们观查看高校内部会计信息时，如果站在外面的角度便会发现高校会计数据显示的信息并不全面，无法直观的查看到当前高校经济发展存在的风险。因此，通常情况下，在外部人员的眼中，高校经济存在的风险都是小而少的。但是，对于高校内部人员来说，由于所在的位置不同，获得相关信息资源的数量也就存在着较大的差异性。在这样的条件下，高校内部工作人员为了维护自身的利益，便会积极采取一些措施来避免曝出相关弊端。为了切实维护学校的整体利益，其监督部门也不会将问题摆出来，根本没有起到高效监督的作用。因此，高校会计风险存在着一定的隐蔽性。

2.高校会计风险存在一定的复杂性

在高校会计经济的发展过程中，要实现的目标是复杂多样的，其所采取的措施也是多种多样的。每一个高校会计流程与高校整体经济发展存在着非常密切的关系，涉及的项目、业务较多。同时，由于高校会计人员处理问题的情况不同，所产生的结果也就不尽，相同，从而产生的风险也是不一致的。因此，在高校经济发展过程中，会计风险存在一定的复杂性。

3.高校会计风险存在联动性

当前现代信息技术快速发展，并且广泛应用在了各个高校的经济管理中。在日常工作中，高校与高校之间，高校内部各个机构都建立了高效的沟通渠道，为快速传播信息创造了良好的条件，并且在不同的地区之间共同形成了利益组织体。在这样的情况下，旦某一所高校出现经济利益受损的风险，便会很快牵扯到其他高校，这样便形成了高校会计风险的联动性。

三、会计风险的成因分析

（一）管理层风险意识淡薄使高校潜藏会计风险

高校的会计风险决非朝夕之间就突如其来，往往是由于管理者对会计风险的监测和危机前的种种征兆重视不够，未能及时采取措施，以至于危机爆发，措手不及。大量调查研究表明，由于高校在很长时间内处在国家预算约束下，不需要考虑会计风险管理的问题，导致了高校领导层和财务管理人员风险责任意识不强，对会计风险管理没有足够的重视，没有有效地开展对会计风险的监测与防范。风险意识淡薄是高校会计风险产生的主要原因之一。

（二）大规模扩招增加了高校会计风险

随着科教兴国战略的实施，大规模扩招成为我国高等教育发展的一个重要现象。在高校规模急剧扩张的过程中，高校原有的资源远远不能满足扩招的需求。扩招导致高校每年大量的资金投入，急需后续资金的补充，缓解资金短缺的压力。与此同时国家允许高校向银行贷款发展教育,银行对高校的贷款政策门槛也较低、操作较简便,因此,高校,普遍利用银行贷款来补充现阶段高等教育发展过程中的资金缺口,这成为高校迅速扩张、形成规模效益的主要方式。随着贷款在整个高校投资中所占的比例逐步增加,高校,每年支付的利息费用逐年增多,还本付息负担沉重,达到了高校承载负荷的极限,高校的会计风险也逐渐升级。

（三）资金结构不合理引发高校会计风险

资金结构是指企业资金总额中不同来源资金各自占有的比重,而狭义的资金结构则指债务资金占资金总额的比率。高校通过不同的筹资方式和筹资渠道,可以筹集到权益资金和债务资金两种性质的资金。不同方式的资金来源应合理搭配,以保证高校资金的正常周转。然而多数高校资金结构失衡,债务资金特别是银行贷款占资金总额的比重过,大,这在加大高校债务利息负担、减少高校经济利益的同时,降低了高校长期与短期偿债能力,削弱了高校短期偿债保障,使高校资金链越绷越紧,加上高校缺乏对贷款规模与还款计划的可行性研究,贷款结构失衡带来还款期的过度集中,加大了高校会计风险程度。

（四）缺乏财务预警系统使高校难以有效规避会计风险

财务预警分析就是通过财务报表及相关资料的综合分析、预测,及时利用财务数据和采用数据化管理方式,在高校现有财务管理和会计核算基础上,设置相关量化指标,对高校经营各环节发生或将可能发生的风险,发出预警信号,为管理当局提供决策依据。但大多高校由于技术、人员素质和管理方面的原因,都未建立财务预警系统,甚至未认识到建立财务预警系统这道"防火墙"的重要性；另一方面,已经建立财务预警系统的学,校,由于现行财务预警系统的局限性,其工作仍停留在表层上,定性分析不足。这给高校,财务安全埋下了隐患。

四、会计风险相关理论

（一）资本结构理论（Capital Structure）

资本结构理论是研究公司筹资方式及结构与公司市场价值关系的理论。1958年莫迪利安尼和米勒的研究结论是：在完善和有效率的金融市场上,企业价值与资本结构和股利政策无关——MM理论。米勒因MM理论获1990年诺贝尔经济学奖,莫迪利尼亚1985年获诺贝尔经济学奖。

（二）现代资产组合理论与资本资产定价模型（CAPM）

现代资产组合理论是关于最佳投资组合的理论。1952年马科维茨（Harry

Markowitz）提出了该理论，他的研究结论是：只要不同资产之间的收益变化不完全正相关，就可以通过资产组合方式来降低投资风险。马科维茨为此获1990年诺贝尔经济学奖。资本资产定价模型是研究风险与收益关系的理论。夏普等人的研究结论是：单项资产的风险，收益率取决于无风险收益率，市场组合的风险收益率和该风险资产的风险。夏普因此获得1990年诺贝尔经济学纪念奖。

（三）期权定价理论（Option Pricing Model）

期权定价理论是有关期权（股票期权，外汇期权，股票指数期权，可转换债券，可转换优先股，认股权证等）的价值或理论价格确定的理论。1973年斯科尔斯提出了期权定价模型，又称B-S模型。90年代以来期权交易已成为世界金融领域的主旋律，斯科尔斯和莫顿因此获1997年诺贝尔经济学奖。

（四）有效市场假说（Efficient Markets Hypothesis，EMH）

有效市场假说是研究资本市场上证券价格对信息反映程度的理论。若资本市场在证券价格中充分反映了全部相关信息，则称资本市场为有效率的。在这种市场上，证券交易不可能取得经济利益，理论主要贡献者是法玛。（五）代理理论（Agency Theory）代理理论是研究不同筹资方式和不同资本结构下代理成本的高低，以及如何降低代,理成本提高公司价值，理论主要贡献者有管森和麦科林。

（六）信息不对称理论（Asymmetric Information）

信息不对称理论是指公司内外部人员对公司实际经营状况了解的程度不同，即在公司有关人员中存在着信息不对称，这种信息不对称会造成对公司价值的不同判断。

五、会计风险学

（一）会计风险及会计风险学的界定。

"会计风险"是由"会计"和"风险"两个名词组合而成的，会计风险概念是风险的从属概念，具有风险的基本特征。对会计风险的界定，首先应从分析会计工作的过程开始。会计工作分为财务会计工作和管理会计工作两大部分，财务会计工作就是根据会计准则和制度的规定对有关的经营信息进行确认、计量和报告以及利用其对经济活动进行监督管理的过程，目的在于取得有助于经济决策的信息。财务报告是财务会计的重要成果，理想的财务报告应该能够客观、真实地反映企业的财务状况、经营成果及现金流量等经济情况。但是，由于各种主观和客观因素的限制，现实的财务报告往往难以达预期要求。意思也就是说，平常披露的财务报告与理想的财务报告之间不可避免的存在着偏差。当这种偏差较小，不至于给报告使用者带来损失时，我们对这种差异可能造成的风险可以忽略不计，而当这种偏差较大时，导致报告使用者决策的失误，就要追究相关会计人员的责任，并对其进行惩罚，甚至提起诉讼，追究其法律责任，这时会计人员就面临着风险。

据此，可将会计风险界定为：会计人员在进行工作时，由于错报、漏报会计信息，使财务报，告反映失实或者依据失实的信息误导监控行为而给其带来损失的风险。对会计风险学的界定，会计风险学是在市场经济不断完善和发展的条件下，研究会计风险如何反映，并在此基础上如何监督控制这一风险，不断提高经济效益的一门经济管理学科。

（二）建立会计风险学的方法

1. 解放思想，开拓创新

在会计界与风险界，会计风险学创新的最大障碍就是思想不解放。解放思想就是要从一切不切实际的条条框框的思想禁锢中解放出来，采用辩证法和逻辑的思维，一切从实际出发。实事求是是会计风险学创新的基础。创新要以"实事"为基础，依据我国的实际情况，依据整个世界的实际情况，去创新，去"求是"，调整、完善和改革在会计风险中出现的同客观实际不相符的思想、观念问题。使之同客观实际相符合，以促进客观事，物的发展。

会计风险学创新要解放思想，就是要采用辩证方法发现会计风险发展的规律。对发现的客观存在的实际情况，要用全面观点、联系观点和发展观点等进行分析，探索其发展规律。要弄清楚是什么、为什么、怎么办等问题，并提出发现的成果。避免对问题分析简单化，如对会计风险现实问题，看现象不深入看本质，看个别而不总结一般；对引进的会计与风险的理论方法，缺乏辩证的分析，绝对的肯定或是绝对的否定；对会计风险历史问题，缺乏历史分析，用现代的观点衡量历史实事。这些都影响会计风险学的创新，我们要提倡科学研究无顶峰、科学研究无绝对权威、科学研究无禁区。

2. 风险理论的借鉴与移植

为了规范会计风险理论，务实企业风险管理的理论基础，提高企业经营管理水平和风险防范能力，促进企业可持续发展，维护社会主义市场经济秩序和社会公众利益，风险理论要得到借鉴与移植。

首先，引人"风险组合观"这一全新的理念要求主体对风险的关注，既要在分别考虑实现主体目标的过程中进行，也要从"组合"的角度考虑复合风险。风险组合的观念要求既要关注各种风险的相互关联性，要关注各种单独的事项是否会产生多重的风险。负责业务单元、职能机构、流程或其他活动的管理人员，应从不同角度对风险进行复合评估，主体层次的管理当局应从主体整体的角度去考虑风险。

其次,"风险偏好"、"风险容忍度"等创新概念的运用要求企业管理者以风险组合的观点看待会计风险,要对相关会计风险进行识别,并采取措施使企业承担的会计风险控制在风险偏好范围内。风险偏好是指一个企业在追求价值最大化的同时所愿意接受的,风险数量。企业通常采用定性的方法分析风险偏好,将风险分为高、中、低三类。或者采用定量的方法分析风险偏好,反映出企业的成长性、收益性和风险性的目标,并在三个目标之间进行权衡,风险偏好与企业战略直接相关。风险忍耐度是相对于目标的实现而言所能接受的偏离程度,在确定风险忍耐度的过程中,管理当局应当考虑相关目标的相对重要性,并使风险忍耐度与风险偏好相协调。在一定的风险偏好和风险忍耐度之内,经营不但能为管理当局实现其目标提供更大的保证,而且尽可能有效地实现其目标。

最后,网络管理的形成是企业内部风险管理组织结构的创新,企业的网络化结构大,大增强了其抵御风险的整体能力。企业通过各个分子公司与总部之间的互联网,建立了企业内部网络经营。企业拥有专业的网站,网站定期公布最新的企业信息,包括:企业的管理手册、法律法规、安全、风险管理制度、员工信息等,便于各个分子公司与总部之间的信息沟通与统一管理。对于财务人员来讲,财务数据系统尤为重要。它包含了财务制度、报表系统的管理规范。具体分为资本化支出、财务预算与报表、资产负债表、损益表、财务分析和费用支出六大模块。在每个模块下又包含了具体的操作细则。例如在存货方面就包含了存货的价格确认,存货的核算方法,存货的盘点,存货减值,委托代销商品的核算等实施细则,这些财务制度成为每个会计人员工作的指导,有效的降低了专业判断的失误带来的风险。

六、会计风险层次论

(一)会计理论风险

1. 会计理论风险种类

到目前为止,尚未发现任何通行的会计理论。理论上无法解决的会计问题,其实务行为必然受到限制。源自会计理论上的风险主要有:会计假设企业在未来持续经营下去并要求对连续性的经济业务进行人为分期,加之,以权责发生制作为会计处理的基础,导致了一系列需要主观估计、判断和选择的折旧、摊销、递延、应计、预提等会计处理程序。没有任何会计系统能够消除管理层的判断,只要存在判断,那么就一直会有争论和操纵的潜力。

出于对历史成本下所提供信息对决策不相关性的抱怨,理论界几乎一致看好公允价值计量属性。抛开有些项目(如套期保值)的公允价值难以取得不说,公允价值有一个天生的缺陷,那就是编制报表的时点与用户阅读、使用报表数据的时点总有时间差,前者提供的公允价值对后者而言总是过时的信息。另外由于会计报表会影响证券市场价格,所以证券的公允价值不应来自证券市场,否则会陷入循环论证的矛盾。

在信息经济下,资产负债表的使用价值有限。因为表中有些资产用公允价值反映,而另外有些资产以历史成本反映。基本的数学规则说明,把不同性质的数字相加,其结果是毫无意义的。还有一些资产因其公允价值和历史成本都不可得,因此根本没有被列示在资产负债表上,例如品牌、忠诚顾客、高质量的管理体系等。甚至研究所的真正价值,在于研究人员的知识技能以及他们的组织方式,会计也仅仅将研究所房产、设备、工具等,作为资产来计量。由于所有者权益等于资产与负债之差,表中反映的所有者权益也是毫无意义的。

2. 会计理论风险诠释

某一信息需要能否得到满足,很大程度上受制于会计理论能否作出合理解释。会计学大师利特而顿认为,会计理论侧重于研究会计行动的思想,缺乏良好的理论基础实务就像缺乏旋律的伴奏;它有可能成功但并不可取。会计学应该做到让所有的使用者都能理解它提供的数据,而不是去误导信息用户。但有迹象表明,会计概念正朝着混沌不清的方向前进。

比如,美国 FAS130 极力推崇使用"综合收益"术语,国内也有许多学者赞成使用,这是毫无道理的。"综合收益"暗指被排除在净收益之外的项目事实上是"收益",其实那些项目直接计入权益是因为它们不是收益,如此做法将使企业报告出的收益数据更加不可信。再如目前市场上对"预计利润"的讨论,很多的公司都认为预计利润信息应该公开发布,以至于人们误认为预计利润是可以接受的会计信息。但这种做法违背了财务会计的一项基本前提,即只有当商品或劳务已经转移给客户后相关的收入才可以确认。实际上,美国证券交易委员会(SEC)并不赞成这一发展趋势。还有,在安然公司事件中,特,殊目的实体(SPE)的"功用"非同小可。它是另外一个组织设立的主体,但其资产和负债,却不在该组织的资产负债表中反映。在安然公司官员创造出的许多特殊目的实体中,合伙人的责任是有限的,安然公司承担了其全部债务,但安然公司却没有将特殊目的实体,作为子公司纳入其合并报表中。这种做法是有问题的。如果经验显示现行的会计规范没能堵塞住特殊目的实体的漏洞,则需要重新规划规范要求。

(二)会计规范风险

1. 会计规范风险种类

会计理论研究取得的成果最终未必会形成规范,形成规范的未必能经得住实践的检验。会计规范风险表现为：会计规范的灵活性。灵活性是大多数发达国家所实施的会计体系的巨大优点，我国很多实务工作者包括部分学者抱怨我国的会计规范不够灵活，无法适应当前多变的经济业务发展的需要。但是，只要存在灵活性，就会存在模糊性；而且只要存在模糊性，经理，们就有机会滥用会计体系。会计规范作为一种合约，其制定不再是纯技术性的，而是各利益相关者相互间多次博弈的结果，是一种不完全合约，这就为企业进行会计政策选择，提供了可能。

会计准则对新业务难以规范。以美国为首的英美法系国家认为，会计法律制度除了其法规属性外，更主要的特征是它的技术属性。从会计准则的技术属性看，一项新业务的会计处理方法只有在实践中反复验证，才能日趋完善和以法规的形式确定下来。这种会计立法思想已被越来越多的国家和地区所接受。正是在这种因素影响下，无形资产会计、人力资源会计和衍生金融工具会计虽然经过多年的探索与实践，至今仍没有形成统，公认的会计处理方法，造成会计处理的不确定性，企业可操作空间很大，会计风险的产生自然无法控制。在当今知识与信息经济形态下，新业务层出不穷，会计准则对新业务难以规范的风险较传统经济时代大大增加了。

经济环境的快速变化和新业务的不断涌现要求各种财经政策、会计规范能够随之改变，而这种政策变化又反过来显著增加了会计领域的风险。

2. 会计规范风险诠释

不可否认，近年来市场交易和商业工具变得更加复杂了，会计规范必须应对这些复，杂问题。既然企业对会计政策选择的问题是不可避免的，可行的途径只有完善会计规，范，并尽量减少可供选择的会计政策的数量，不能让会计政策选择伤害到会计信息的可，靠性。实际上，当会计政策选择影响到会计信息的可靠性时，人们宁愿接受政府对企业强制的会计披露和统一报告方法的要求，以换取可资信赖的信息。

我国的历史传统和当前会计风险逐步成为公共风险的事实，决定了政府在会计风险，的防范和化解中要发挥主导性作用。进一步讲，在中国这样的国家，制定会计规范的事，情被看得太重要了，以至于只有政府才能担此重任。其核心表现就是由政府牵头，组织各方力量制定一套高质量会计准则。同时，政府应积极扶持民间会计组织的发展，发挥，它们在会计准则制定和推广应用中的应有作用。我国目前一个突出的问题是，非政府的，会计组织和人员对会计准则制定的参与热情不够，这从财政部每次仅收到寥寥几份的会计准则征求意见稿的回复中便可窥豹一斑。大多数对会计准则有些新观点的人往往觉得，既然会计准则的好坏都由会计准则制定部门说了算，那么再提什么意见或建议只是白费功夫。显然这是误解。

（三）会计行为风险

1. 会计行为风险种类

当前，高风险的会计行为已不再是少数企业所从事的边缘行为。企业管理当局和会计人员的行为风险是造成我国当前会计信息虚假的重要原因。来自会计行为不当方面的风险有：会计作为经济管理的手段和技术，本身虽不带有阶级性，但政治制度对会计人员的管理体制进而对会计人员的行为决策具有直接影响。长期以来，我国会计人员在实践中扮演着双重角色，在贯彻执行国家财经法规时代表着国家利益，作为特定企业的聘用者在处理业务时又代表着本企业利益。当国家利益与企业利益一致时，会计人员容易处理。但市场经济下国家利益与企业利益的逐步分离使得会计人员经常处于左右为难的境地，影响到会计人员行为的合理性，增大了会计的行为风险。

在市场经济中同一层次的平行主体利益的选择上（如投资者、债权人、经营者等），不同利益主体要求会计人员在计量方法的选用上向有利于自身利益方面倾斜，面对同等，性质的经济事项，不同的企业可能会出现不同的反映结果。会计行为的趋利性决定了会计所提供的会计信息未必是企业真实的财务状况和经营成果。

会计实务工作者技能和道德欠缺所造成的风险。会计准则对实务的规范仅提供指导性意见，其应用水平取决于会计实务工作者素质和技能的高低。由于道德和技能方面，的种种原因，会计实务并不能达到会计准则所要求的水平，导致会计行为风险的形成。

2. 会计行为风险诠释

建立健全会计人员从业资格审查制度；建立一套统一的具有刚性的会计人员职业道，德规范；完善会计人员的继续教育制度；建立健全以会计控制为主的内部控制制度，能够有效地降低会计风险。它的目的是形成一套设计合理、运行高效的包括分工、授权、记录、保密等一系列控制程序的防范机制。

为了正确发挥会计信息系统的功能，专家判断必须成为管理层和会计信息提供者判断的制衡力量。但要成为真正的抗衡力量而不是管理层和企业会计当局的陪衬，会计学者必须重新定义自己的忠诚，将自己放在为股东和广泛的会计信息用户服务的角色。会计专家成就的衡量标准必须是核心的公平价值、透明度和准确性，而不是公司经理的财务报告目标。

鉴于历来空洞的道德说教对于规范公司管理层的经营操行基本无用，适当的刑事惩罚是必需的。美国《萨班斯，奥克斯利法案》第18条（Title18）规定，上市公司欺骗股东的行为最高可判处25年监禁，欺骗与上市公司的证券相关的人员或骗取其钱财的行为也属于犯罪。我国应加强在会计欺诈方面的刑事约束力度。

（四）会计误读风险

会计误读风险因人而异，即对该风险的感受在很大程度上依赖于会计信息用户独特的具体条件。在利益关系人之间，也很难在何为最佳财务报告制度方面达成共识，因为，信息需求是各不相同的。断章取义、片面理解甚至以讹传讹在使用财务报告的过程中并非少见。从会计信息提供方来讲，现代公司的财务报告有越来越复杂的趋势，即使是精明的读者，也难以确定公司所采用的会计方法以及它对企业利润的影响结果如何。从信息用户角度来看，许多财务信息使用者不能合理鉴别会计人员在进行财务信息的计量与报告时所具有的灵活度。

会计信息用户必须清楚，报表上负债的金额是法律义务，它不会消失；但报表上资产的价值可能会以令人头晕目眩的速度消失。另外，任何公允价值都是相对于特定时刻的特定环境而言的，过了那个时刻，离开那个环境，公允价值就不再公允客观。会计的本质，是确定主体在一定期间内的收益（收支相抵后），而非公允估价。资产计价的不准确或，不完全会影响到会计收益计量的正确与否。从此意义上讲，收益表是对资产负债表的一种矫正。还有，企业规模的急剧扩大和经济业务的愈加复杂也导致会计信息的误读风险在增加。众所周知的美国安然公司，在会计丑闻揭发前由于其并购企业的巨大数量（全资并购62家，部分并购55家）和经营业务的多样性（涉及除农业、教育以外几乎所有行业），已经使得对安然公司的审计变成一项无法完成的任务。

由于财务报告的经济后果可能对不同的利益关系人有不同的影响，因此财务报告制度的选择实质上是一种社会选择。美国注册会计师协会的财务报表目标研究小组认为，财务报表应该满足那些获得信息能力最低的使用者的需要。但从会计信息提供者角度来看，会计信息的使用者通常被认为是理解相关会计准则的性质以及使用这些准则的企业的性质，制定准则的人并不需要去解释准则。现实的情况是，大多数信息用户无法了解资产负债表和损益表中哪些项目最容易遭受管理上的相机执择，因而更容易受到操纵，毕竟并非每个会计信息使用者都是专业的"财务侦探"。

七、会计风险与审计风险

（一）会计风险与审计风险的定义及内涵

1. 会计风险的定义

风险，通常指多种不确定因素对盈利性造成的负面影响。衡量风险，就是衡量这些，不确定因素及其对盈利性造成的潜在负面影响。风险与不确定性密切相关。不确定性，是指人们对未来事项的结果所持的怀疑态度。由于人类认识能力的局限性和客观世界的复杂性，风险是客观存在的，所以首先进行风险管理，使风险在各行各业的损失减少。风险管理既是一个自上而下的过程，又是一个自下而上的过程，在最高层次，规定了总体目标收益和风险限度，然后由总体目标分解传递。风险管理的目标是实现回报的替换关系最优化，并为业务发展制订计划和筹集资金。与一些更易于被人接受的数据指标例如资产规模、利润和成本相比，风险管理显得理论化一些，并包含许多复杂的数理技术，这也是风险管理较难以认知的原因之一。但风险管理作为会计风险与审计风险是必不可少的。量化风险的能力是管理风险的基础，但掌握、克服不确定性并非易事，这使风险管理的应用范围长期以来受到局限。

关于会计风险的研究，理论界鲜有涉及，但会计风险却在时刻影响和制约着财会人员的行为。会计工作的最终成果表现为会计报表。真实、理想的会计报表应能提供有关企业财务状况、经营成果和现金流量的真实信息。然而，由于主客观因素的限制，这种信息不可避免地存在着理想与现实的差异，从而误导会计信息使用者。有代表性的观点是已故会计学家阎达五教授提出的："会计风险是会计人员在进行会计工作时，由于漏报、错报会计信息，使财务报告反映失实或依据失实的信息误导决策行为而给其带来损失的风险"。从规避风险角度根据会计风险是否可规避，会计风险又可以划分为三种类型：系统风险、技术风险和道德风险。其中系统风险具有不可规避性，只能采用一定方法减少风险。

（1）系统风险

系统风险是指会计系统内部各环节在发挥作用时，由于受法律、假设、原则、制度等的约束而影响会计信息真实性的风险。

（2）技术风险

技术风险是指会计人员在处理经济业务时由于受技术水平的限制使会计信息不能准确反映经济活动原貌的风险。这是会计人员被认定为对会计风险负有责任的一个重要原因。

（3）道德风险

道德风险是指会计人员因会计立场和喜好不同以及受外界环境影响，对会计信息结果有强烈预期，从而在处理会计业务时采取非正常手段使得会计信息失去其真实性的风险。

2. 审计风险的定义

审计风险的研究较为成熟。国际审计准则第 6 号《风险评估和内部控制》中指出，"审计风险是指审计师对含有重要错误的财务报表表示不恰当审计意见的风险。"中国注册会计师协会在《独立审计具体准则第9号—内部控制和审计风险》中将审计风险，定义为"审计风险，是指会计报表存在重大错报或漏报，而审计人员审计后发表不恰当审。计意见的可能性。"审计风险主要有固有风险、控制风险和检查风险三种。美国注册会计师协会发布的第47号审计标准说明中提出了审计风险模型：审计风险＝固有风险×控制风险×检查风险。可见，审计风险是由固有风险、控制风险和检查风险三个要素构成。

（1）固有风险

固有风险指在不考虑被审计单位相关的内部控制政策或程序的情况下，其会计报表上某项认定产生重大错报的可能性。它是独立于会计报表审计之外存在的，是注册会计师无法改变其实际水平的一种风险。固有风险有如下几个特点：a.固有风险水平取决，于会计报表对于业务处理中的错误和舞弊的敏感程度。业务处理中的错弊引起报表失实的越多，固有风险越大；反之，固有风险越低。经济业务发生问题的可能性越大，固有风险水平越高；反之则越小。就是说，对于不同的业务，固有风险水平也不同。b.固有风险的产生与被审计单位有关，而与注册会计师无关。会计师无法通过自己的工作来降低固有风险，只能通过必要的审计程序来分析和判断固有风险水平。c.固有风险水平受被审计单位外部经营环境的间接影响。被审单位外部经营环境的变化会引起固有风险的增大。例如，由于科技的进步会使被审计单位的某些产品过时，就带来了存货计价是否正确的风险。d.固有风险独立存在于审计过程中，又客观存在于审计过程中，且是一种相对独立的风险。这种风险水平的大小需要经过注册会计师的认定。

（2）控制风险

控制风险是指被审计单位内部控制未能及时防止或发现其会计报表上某项错报或漏报的可能性。同固有风险一样，审计人员只能评估其水平而不能影响或降低它的大小。控制风险有以下几个特点：a.控制风险水平与被审计单位的控制水平有关。如果被审计单位的内部控制制度存在重要的缺陷或不能有效地工作，那么错弊就会进入被审计单位的财务报表系统，由此产生了控制风险。b.控制风险与注册会计师的工作无关。同固有风险一样，注册会计师无法降低控制风险，但注册会计师可以根据被审计单位相关部分的内部控制的健全性和有效性情况，设定一定的控制风险，计划估计水平。c.控制风险是审计过程中一个独立的风险。控制风险独立存在于审计过程中，这种风险与固有风险的大小无关。它是被审计单位内部控制制度或程度的有效性的函数。有效的内部控制将降低控制风险，而无效的内部控制将增加控制风险。由于内部控制制度不能完全保证防止或发现所有错弊，因此，控制风险不可能为零，它必然会影响最终的审计风险。

（3）检查风险

检查风险是指注册会计师通过预定的审计程度未能发现被审计单位会计报表上存在的某项重大错报或漏报的可能性。检查风险是审计风险要素中唯一可以通过注册、会计师进行控制和管理的风险要素。其特点是：a.它独立地存在于整个审计过程中，不受固有风险和控制风险的影响。b.检查风险与注册会计师工作直接相关。

（二）会计风险与审计风险形成的原因

1.会计风险形成的原因

（1）会计风险形成的主观原因

产生会计风险的原因有多方面，其主要原因有：a.道德素质差异的影响。会计从业人员职业道德的差异会给会计从业人员带来道德方面的风险。一方面，会计核算本身的局限性为会计从业人员谋求自身利益而损害他人利益提供了机会；另一方面，会计从业人员、管理者和企业外部集团的利益冲突，往往使会计从业人员受自身利益的驱动，或受，企业管理者的驱使，故意错报、漏报会计信息。b.业务素质差异的影响。会计工作中某些内容需要凭会计人员主观判断来进行，这为会计人员制造虚假会计信息提供了职务上的方便。会计核算工作就其内容而言，虽然具有客观的一面，但也不能完全脱离会计人，员的主观判断。

（2）会计风险形成的客观原因

会计风险产生的技术性原因可被看作其客观原因。会计中的不确定性与模糊性是，导致会计风险的技术性因素，主要体现在以下几个方面：a.会计假设和会计准则的不完，善性导致的会计风险。会计假设和会计准则的不完善首先表现在会计假设和会计准则更新无法与经济发展保持一致。知识经济时代，许多"企业"依靠知识更新，运用网络作，为平台获得利益成为一种普遍现象。这类"企业"的资产就是知识及其载体 人力资源，组织形式是松散、暂时性和不稳定性。b.会计确认、计量中存在不确定性和模糊性。在会计确认、计量中广泛使用的"极少可能"、"有可能"和"很有可能"等，这种可能性往往需用概率和数量统计方法确定，对事件发生概率的理解又因人而异，或多或少地带有主观性，影响会计政策选择和会计处理方法，最终会影响会计信息的质量。c.对未来事,项认识的不确定性和模糊性。未来事项本身有不确定性和模糊性特征，会计人员必须对未来事项进行预测、推理、判断，进行选择处理。这一选择又因环境、会计人员的经验、知识、偏好不同，而产生不同的结果。

（3）会计风险形成的法律原因

由于法律不完善，造成违规成本低。会计信息是一项准公共性产品，以会计信息为主要依据进行各项决策和活动是最普遍的。然而，会计法只详细列示了单位领导人或会计从业人员如果违反本法规，将受到怎样的行政或刑事处罚，却没有涉及任何民事责任的内容。

2. 审计风险的形成原因

（1）审计风险形成的外部因素

审计风险由外部因素和内部因素构成。外部因素：a. 相关法律不完善，法律之间存在矛盾。如：在涉及到审计工作的法律诉讼中，注册会计师与法官对法律依据存在分歧，及争执，这将会增加注册会计师的执业风险。另外，我国相关法律对追究行政责任的规，定较为完善，而对刑事责任与民事责任，特别是追究民事责任的相关条款太笼统，缺乏相应的司法解释，使事务所与注册会计师逃避法律责任成为可能，客观上纵容了他们的违法行为，加大了审计风险。b. 审计业务范围扩展，已经从传统的财务报表扩大到财务报，表以外的事项，社会公众要求审计人员揭示企业经营中存在的重大错误和舞弊行为，对企业的持续经营能力作出评价，对企业财务报表的真实性、公允性发表意见，使审计人员的审计责任、工作内容和工作难度大幅度增加，从而审计风险也相应增加。c. 会计电算化的应用和网络技术发展，使会计信息的生成过程发生了改变，利用传统的审计程序和方法进行审计已经远远不够。审计人员除了对传统的审计对象进行审计外，还应对计算，机系统本身进行审计，即审查计算机内的程序和文件，这样才能作出客观、公正的评价。

但是目前计算机审计的研究相对滞后于会计电算化。审计人员在对利用计算机系统处理经济业务的企业进行审计时，缺少计算机辅助审计环节，这将会给他们的审计结论带来难以预测的风险。d. 利益驱动原因，在审计过程中，个别审计单位违背原则，人为降低，审计成本，甚至不顾审计质量来搞创收，或者与审计委托事项的直接关系人串通，通过损害社会和他人利益来取得非法收益。

（2）审计风险形成的内部因素

审计有内部控制和外部控制，内部控制导致了内部因素：①审计人员对审计风险的认识不足。某些会计师事务所社会责任感意识淡薄或迫于环境所限，为获得经济效益而冒险承担高风险的项目，加之对审计风险理论的掌握不够系统，难以有效地指导实践。他们认为审计是一种保险行为，审计费用也可以当作保险费用，而且审计职业在取得报，酬、利润和威信的同时，也承担了由报表供需双方转移的风险。②审计界存在不规范行为。如低价竞争，为了争取客户而互相压低价格，使审计质量难以提高。与此而来的就，是审计人员收取客户回扣等不良行为。③审计工作追求经济效益产生一些负面作用，注，册会计师事务所属于企业性质，为了讲求经济效益，审计工作人员在审计工作中不得不，采取抽样审查法，从而导致审计风险的产生。在实际工作中不少会计师事务所从审计对象中主观地选择若干项目，例如抽取金额较大的项目进行审查，再根据样本得出的审计结论作为对总体的意见，这样形成的审计结论缺乏必要的科学依据，形成了审计风险。④审计人员业务能力跟不上专业需求，审计是一门技术性、权威性较高的职业，审计人员应具有从事审计工作相关的专业知识和技能，但目前某些地方审计队伍技术水平偏低，而会计行业近几年发展较快，尤其是会计电算化的普及，使不少审计人员在工作中对会计资料的真伪难以辨别，只能凭经验判断，对工作难以适应。⑤少数审计人员思想道德不过硬，在审计队伍中，绝大多数审计人员思想和职业道德过硬，能够从国家利益出发，爱岗敬业，遵守职业和道德规范，在工作中严格执行各项法规政策，但有少数人不能严格要求自己，抵制不住各种诱惑，存在以权谋私和审计舞弊行为。⑥被审计单位内部控制制度不健全，如会计与出纳没有实行职务分离而出现舞弊行为，给审计人员作出判断、提出审计意见增加障碍，从而增加审计风险。

（三）会计风险与审计风险的表现特征

1. 会计风险的表现

会计风险有法律表现和责任表现两种。

（1）法律表现

相关法律不健全且可操作性较差。其一，我国相关法律规定抽象或界定不清。尽管在《证券法》、《公司法》以及相关的法规中已经规定了出具虚假会计信息的人员要承担法律责任，但是关于如何认定虚假会计信息，往往规定得过于原则与抽象。在专业人士看来，只要反映内容与事实有出入，就是虚假财务报告。其二，会计风险责任的设定结构不健全。我国对会计风险责任的追究，主要是追究行政责任为主辅以刑事责任，长期以来轻视了民事责任的追究，应将民事责任形成一种利益机制，鼓励广大投资者通过诉讼赔偿进而积极揭露证券市场中的违法行为。

（2）责任表现

其一，执法力度不够是我国会计风险责任追究的最大障碍。执法力度不够是我国会计风险责任追究中存在的最突出问题，我国虽然制定了各种相关的会计法律，但一些执法机关部门为了地方利益或者由于其他原因，未严格执行相关会计法律现有规定，或执法频率不够，或执法不严，或违法不深究，导致会计相关法规执行难，极大地影响着会计风险责任追究的落实。同时，对会计风险相关责任人处罚不力，客观上也是对违法行为的纵容。其二，法务会计的发展滞后在技术上制约着会计风险责任追究。法务会计在会计风险责任追究过程中是提供技术支持，而且这种技术支持也正是司法过程中迫切需要的。

2. 审计风险的表现

审计风险的表现从不同的角度可归纳为以下几种：

（1）客观存在性

审计风险存在于整个审计过程，是一种客观的现实，它不会因为人的意志而转移或者消失，因而，审计人员只能采取有效的审计方法，经过有效的审计程序，去抑制、降低或控制审计风险。

（2）潜在性

审计风险的潜在性具体表现为：经济后果发生的潜在性，造成经济损失，的潜在性，审计人员承担的潜在性等等，因而它是一种潜在风险。

（3）非故意性

审计风险形成的大部分原因是客观因素，少部分原因是主观因素。即使是主观原因一般也是非故意的，比如审计经验的缺乏导致审计证据的收集不充分或不适当、审计计划的编制欠周密等，这些都不是审计人员的故意所为。

（4）过程性

审计风险不是在某个审计环节才出现，而是贯穿于审计活动的全过程，即只要有审计活动的地方，就一定有审计风险与之相伴。如由于环境或业务的复杂性，使审计人员对被审计单位的情况了解不透彻、不全面，从而仓促签订了审计业务约定书。

（四）会计风险与审计风险的联系与区别

1. 会计风险与审计风险的联系

（1）风险的客观性

会计风险与审计风险是客观存在的，不以人们的意志为转移。人们只能通过各种手段降低会计风险与审计风险及其可能造成的损失，而不能完全消除它们。首先，会计活动与审计活动都存在着固有风险。财务会计是基于一系列的假设和前提的，这些假设和前提是对不确定的客观经济环境所作的一种描述，并以其作为会计确认、计量和披露的理论基础。然而现实生活中，这些假设并不总是成立的。如基于持续经营及由此而产生的会计分期假设，会计要素的确认和计量必然要使用大量的估计和判断，而货币计量假设是以币值不变为前提的，同样是一种远离现实生活的理想状态。审计固有风险是指假定不存在相关内部控制时，某一账户或交易类别单独或连同其他账户或交易类别产生重大错报或漏报的可能性，这是一种由于经济业务事项发生和处理过程本身发生差错的可能性，是被审计单位经营过程中所固有的，同样是与生俱来的。其次，会计活动与审计活动基于其工作性质而产生的风险。由于会计理论、会计方法的局限性和经济环境的不确定性，会计报表只能近似地反映企业财务状况和经营成果的全貌。同时，现实生活中由于所有者、经营者和会计人员在利益追求上客观存在的差异性，使得他们都有可能对会计行为施加直接或间接、有意或无意的影响，从而使会计信息偏离客观真实，导致会计信息的错报、漏报。审计风险同样也是由审计工作的判断性质所决定的。审计工作离不开职业判断，判断贯穿于审计工作的全过程，如被审计单位内部控制完善程度的判断，会计报表编制公允程度的判断等，而审计人员受工作经验、执业水平的限制，对于同样的问题，可能产生不同的判断。正是由于审计工作的测试性质和其固有的局限性，以及内部控制固有的局限性等因素的影响，在形成审计意见时，仍有可能存在某些重要的错报，亦即存在审计风险。

(2) 风险的潜在性

会计风险与审计风险都只是一种可能性，即潜存于会计、审计工作中，它们能否从潜在的风险转化为现实的风险，是需要一定条件的。如果会计信息存在错漏，但没有被发现，或虽被发现未被追究，则会计人员不会全部承担由此造成的损失。同样，如果审计人员在审计过程中虽然判断失误，或者由于违约、过失、欺诈等原因出具了虚假的审计报告，但没有使依赖审计报告作出决策的报告使用人遭受损失，即使审计人员的行为偏离了审计准则的规定，也仅仅是潜在的风险。只有当审计的委托人或依赖审计报告的社会公众要求追究这种责任时，或要求对造成的损失进行赔偿时，这种潜在的风险才会转化，成现实的损失。

(3) 风险的严重性

无论何种风险一旦变为现实的损失，其后果都是十分严重的：信息的真实完整是会计的生命，就一个单位而言，会计信息是改善其内部经营管理的重要依据；就整个社会而言，会计信息是引导社会资源优化配置和维护社会秩序的重要依据。会计信息失真不仅会损坏企业形象，还不利于社会资源的有效配置，阻碍市场经济的健康发展，给国民经济带来巨大危害，会计人员也可能因此承担法律责任。同样，审计人员由于违约、过失、欺、诈或审计失败等原因，也可能给被审计单位或其他利害关系人造成损失，甚至导致经济秩序的紊乱。对此，按照有关法律和规定，审计人员可能要承担行政责任、民事责任或刑事责任。因此，强化会计、审计人员的责任意识和风险意识保证其职业道德和执业质量，其意义非同小可。

(4) 风险的可控性

会计风险与审计风险的影响因素是多样的，当这些因素发生变化时，会计风险与审，计风险就发生相应的变化，因而，通过控制这些影响风险的因素，有可能达到控制风险的目的。现行会计准则中，对同一经济事项往往规定多种可供选择的会计处理方法，但这同时也增加了会计信息的不确定性，可以通过限制这种选择的可能性降低会计信息的不确定性，从而增强会计信息的可比性，降低会计风险。同时，还可以通过建立健全各种社会监督机制，建立和完善企业内部控制制度和风险预警机制，及早发现、识别和控制会计风险，防止各种错弊的发生。另外在审计风险三因素中，检查风险与固有风险和控制风险的综合水平之间存在着反比关系，固有风险和控制风险的综合水平决定着审计人员可接受的检查风险水平。评估的固有风险和控制风险的综合水平越高，审计人员可接受的检查风险水平就越低，反之亦然。因此，人们可以通过实施一系列的评估方法，据以有效地控制检查风险。

2. 会计风险与审计风险的区别

（1）风险产生的基础不同

风险源于责任。会计风险与审计风险虽然表现形式多样，但其根源产生于相应的会计责任和审计责任，而会计责任和审计责任是需要严格区分的。会计责任是建立、健全内部控制制度，保护其资产的安全完整，保证其会计资料的真实性、完整性和合法性。如果一个单位的会计人员或管理当局没有尽职尽责地做到这一点，就必然面临着巨大的会计风险。审计责任是按照独立审计准则的要求出具审计报告，并对出具的审计报告的真,实性、合法性负责。审计人员为履行其职责，必须对审计工作作出合理的安排，并以应有的职业谨慎态度去执行审计业务，以便发现被审计单位会计报表所存在的重大错误、舞,弊以及对会计报表有直接影响的重大违反法规的行为，否则，将同样面临巨大的审计风险。但审计人员的审计责任不能替代、减轻或者免除被审计单位的会计责任。正是由于其产生的基础不同，这就在根本上把会计风险和审计风险区分开来。

（2）风险构成的因素不同

构成会计风险的因素除了会计本身固有的原因外，主要是会计人员和管理当局的行为风险，会计人员和管理当局的行为风险又是由技术风险和道德风险两方面组成。技术风险是指在业务处理上操作失误或理解偏差而产生的风险，道德风险是由于委托代理各方利益追求和行为目标不一致而产生的。而审计风险（AR）是固有风险（IR）、控制风险,（CR）和检查风险（DR）所组成，三者之间构成的模型是：AR=IR xCR x DR。

（3）风险可控的程度不同

就会计风险而言，其固有风险主要是由于会计理论和技术发展本身的局限性而产生,的，一般会计人员没有能力也没有责任去把握和控制。对于技术风险和道德风险，会计人员可以通过加强思想改造和业务学习，提高技术水平，增强职业道德而有效地控制。就审计风险而言，其固有风险和控制风险通常受项目的性质、内部控制的强弱、业务经营的性质、管理当局的可信赖程度、财务状况等因素的影响，这些都是与审计人员无关的，审计人员只能评估固有风险和控制风险，而不能影响和降低固有风险和控制风险。审计人员惟一可以控制的是检查风险。实践中，审计人员就是通过对固有风险和控制风险的评估，收集充分、适当的审计证据,把审计风险降低到可接受的程度。

第二节 会计风险表现形式

当前形势下,对于高校来说,其一味扩张带来的不良后果日渐表现出来。因此,对于高校管理者来说,如何对待目前其遭遇的会计风险以及如何解决和防范已经成为迫切面临、应对的问题之一。如何正确认识目前高校面临会计风险的类型以及对其形成原因进行合理分析显得十分紧急,同时针对不同的风险成因给出相应的问题解决反感也是高校实现长足稳定发展的保障之一。

一、高校会计信息失真与高校负债风险

事实已经证明,高校在"经营"中存在负债风险:近年来,全国很多高校都在利用银行信贷资金,举债投资,以期发展学校各项事业,而资金使用数额越来越庞大,一些学校开始陷人过度举债的泥潭。特别是有些学校因急于发展学校某项或某几项事业,年度计,划中安排投资性支出过大,没有按照自身的规模和发展状况合理负债,远远超出学校财,务承受能力,盲目负债,利息负担太重,甚至超出偿还能力,其执行结果支出远远大于收人。

高校负债如果超过了自身的承受能力,产生过度投资行为,就会产生较大的风险。

高校对项目的投资会挤占大量的现金资产,造成高校资产流动性差,现金收支调度失控,不能维持合理的现金流量,即使不出现由于现金流的断链而产生的债务风险,也会因没有足够的现金而影响学校的正常运转,这种情况如果频繁出现必将有损学校的信誉,影响学校的可持续发展,尤其对广大教职工的心理产生深远的负面效应。高校负债额度与办学规模的扩大是一对矛盾,高校负债投资的增量收益率并不是绝对的,它受诸多宏观,和微观因素的影响,当高校负债投入项目的增量收益率高于负债资金利息率时,负债对学校的发展会产生积极的推动作用;当负债成本高于投资项目的增量收益率时,高校负债则会因成本的增加而降低办学效益,从而成为影响学校发展的包狱。

那么,为什么会产生高校负债过度的现象?不少研究者对此进行了多方面的研究,还提出了相应的防范措施。这些研究主要集中于管理体制特别是高校的内部控制体制方面。笔者认为,高校内部控制需要以准确的会计信息为基础;而我国高校目前由于会计制度等方面的原因,其会计信息在某些方面并不能准确的反映高校的"经营"状况,某些信息失真,产生偏离事实的假象,给高校财务管理带来不可靠的依据,从而产生错误决策。

高校会计信息失真有多种表现形式，有主观人为的，也有由现行会计制度等"客观"因素造成的。前者属于管理及会计人员的职业道德问题，笔者在此不作进一步研究，而主要研究后者的表现形成。

（1）当前高校会计制度实行的是"收付实现制"，完全不同于企业实行的"权责发生，制"

在这种会计制度下，应收及暂付款不能完整体现学校实际债权。高校的"应收及，暂付款"中的暂付款，绝大部分是垫付款未核销数，实际上已经形成支出。与此相反，从会计理论上讲应计人"应收及暂付款"的学生欠费款项，如学生欠缴的学费、住宿费却没有计人。因此在考察高校的实际偿债能力时，有关的会计信息会产生偏离事实的假象。

既然以上失真是由于当前高校会计制度——"收付实现制"（它完全不同于企业实，行的"权责发生制"）所造成的，那么只有在"权责发生制"条件下，才能把应属当期收人，而未收到的款项纳人该科目核算。因此，凡是不属于当期的收入即使在当期收到也不做为当期的收入处理。由此可以看出，在考察高校偿债能力的重要指标"资产负债率"中，"应收及暂付款"的实际资产含量与表列数据相差甚远。在测算贷款依据的具体操作时，应别除"应收及暂付款"中的"水分"。

（2）会计内容不科学、欠完整

例如，在资产负债表中，将支出类科目全部列为资产，类，是与高校支出的实质内容不相符的。支出中的有些内容完全是资金的耗费或损失，比如工资、助学金等。如果把这一部分也算人资产，那报表反应出来的资产质量是不言而喻的了。

（3）高校的固定资产实际价值与账面不符

众所周知，我国目前的事业单位会计制度中，对事业单位的固定资产是不计提折旧的。而高校的固定资产中有建筑物也有实验仪器和科研设备。前者的折旧较易于估算，但对于后者，其折旧的实际速度则存在较大的差异。事实证明，在科技创新飞速发展的今天，许多设备的科技含量越来越高，越是先，进和昂贵，更新的周期越快，折旧越多。有些实验仪器和设备的实际价值几近为零，但在账面上仍以原价计入资产，这使得高校在不考虑折旧的前提下所形成的资产数据，账面价值与实际价值严重不符，如果以此作为决策的会计信息依据必然产生一定的风险。如何应对这种失真？笔者认为，从筹资者角度出发，要依据"资产负责率"测定学校贷款额度，应切实考虑固定资产的账面价值与实际价值不符这个因素。

（4）会计科目设置不完善

现有的高校会计业务与企业相比，除了没有产品生产过，程外，可以说高校的经济业务的复杂程度丝毫不比企业低，有的甚至更复杂，而高校一级会计科目的设置在数量上仅仅是企业的一半。这直接导致在高校的财务核算中，经济业务无法进一步准确细分，在报表上无法反应业务的真实性质。

（5）大型基建项目付款时间的滞后影响高校实际负债情况的即时反映，从而直接影响学校对自身偿债能力的正确评估与判断

高校的负债主要集中在基础设施建设方面，即使是流动资金贷款也绝大多数用于基建工程。由于高校规模的不断扩大，大型基建工程所占比例较多，而大型基建工程的特点是周期较长、首付款比例相对较小。由于建筑市场竞争的激烈程度增大，有的完工工程和在建工程的应付而未付款占工程造价的50%以上，如果只简单的以账面负债作为学校的实际负债也会导致信息失真，从而产生，负债风险。

（6）无形资产没有真实反映

在现行高校会计制度中，有"无形资产"这一科目，但在实际中，大多数高校的无形资产没有在账面上反映。其主要原因是高校无形资产的确认、计量、核算等问题还没有解决好。因此，在高校本来应该计入的资产数额中的无形资产往往被忽略不计，从而直接影响着"资产负债率"的计算。从另一个角度看，无形资产，的真实反映，能体现高校的可资信度。在目前各高校积极申请贷款项目时，银行同时也，在考察高校的信用体系，信用程度。一所资深的名牌大学，其无形资产的价值肯定要高，其可信度肯定要强。因此，在完善高校信用体系的同时应正确反映无形资产的价值，以便正确评价高校的资产状况，评估高校的偿债能力。

（7）受预算管理体制的缺陷造成失真

现行的财政对高校的预算管理办法是"核定，收支、定额和定项补助、超支不补、节余留用"，这一管理办法的改革，看似有利于促进高，校加强计划管理，增强在市场经济条件下自主办学的法人意识。但给学校核定预算的主，要依据还是单位的定员定额标准和单位的上一年度预算执行情况，加之人为因素使财政，事业支出预算在各单位间的不平衡，同时财政还有一部分机动和专项补贴，促使一些高校想方设法能够多争取一些资金。因此，精明的管理者都不可能使单位的资金节余过，多，这样会影响下一年度的经费收入预算。尽管三令五申各单位不准虚列支出，不得转移和挪用资金，然而仍无法避免。还有一些地区，在招生并轨改革后，财政拨款没有按照原有的指标逐年增长，而是把收费部分一并纳入财政的预算收入中，学校收费收入比例逐年提高，财政补助收入逐年降低，收费制度改革后最大的受益者是财政，而不是学校，从而限制了高校的事业发展，使高校的经费在并轨和扩招期间陷入了困境，有的部分高，校出现了高收费、乱收费

现象，给高校带来一定的负面影响。

目前，高校的社会角色、运作方式、管理体制都在发生深刻变化，仅仅以原来的"事业单位"这一称谓来概括高校的性质、特点已很难全面而准确，而采用以住沿用已久的"事，业单位"的会计制度、财务管理体制特别是预算体制已很难保证高校会计信息的客观和真实，因而也很难保证高校内部控制系统的科学性，这是目前部分高校过度负债的原因之一。只有对当前高校会计及相关内部控制制度进行必要的改革，才能使高校的"经，营"更加科学，从而减少负债风险。

二、会计环境与会计风险

会计环境是指会计四周所处的社会情况和条件，即会计赖以生存和发展的客观情况、集合的总称，也可以称为社会环境，并决定着会计思想、会计实务、会计模式及会计的发展水平。可将会计环境分为外部环境和内部环境，其中，外部环境包括经济因素、政治因素、法律因素、文化教育因素和科技因素等；而内部环境包括会计模式、会计人员素质，环境、会计机构的组成、会计工作方法与手段、内部控制及相关机制协调等多方面。会计环境，特别是会计内部环境构成要素错综复杂，多种多样，许多学者观点不尽相同。会计风险是风险在会计工作领域的一种表现，是指会计人员在进行会计工作时，由于错报、漏报会计信息，使财务报告反映失实或者依据失实的信息误导监控行为而给其带来损失的风险。会计风险的构成因素主要有两种：一是会计工作的固有风险，即由于受会计理论和方法支配的会计工作本身的缺陷所造成的会计反映失实，这一风险是客观存在的、不可能完全消除的，不应由会计人员负责，但错误的会计信息仍然能带来损失。二是会计人员的行为风险，即由于会计人员的过失、疏忽、侥幸或恶意等不当行为导致会计信息误，报、错报乃至错控，从而使会计人员承担相应损失的风险，即技术风险和道德风险。会计作为社会文明的产物离不开环境的影响，会计活动本身具有社会性，因此社会环境的因素作用于会计的运行系统以及会计人员的行为是必然的，从会计环境来分析会计风险有其合理性。

（一）会计环境的正面影响

由于会计环境与会计的产生及发展密切相关，决定会计理论与会计工作等，优良的，会计内外部环境影响和推进会计理论的发展，会计理论的发展需要各方面理论的相互渗透与协调，而会计风险问题是会计理论研究不可或缺的重要组成部分，深受复杂会计环境影响，如：一定的经济发展水平、健全的法律制度、多层次文化内容的整合、高素质会计队伍及高水平道德水准、会计系统高效良性运行及协调等都将对会计风险的防范起到积，极作用。

（二）会计环境的负面影响

风险的大小、是否可控、有效防范必然依附于会计环境的良性氛围，但对会计环境的反面影响力更应该正视，对经济发展的影响是有目共睹的事实，如大家熟知的中国的"琼，民源"、"银广夏"、美国的"安然"、"世通"等，可理解为微观层面的会计风险防范问题，同时更是会计系统内外部环境的各种因素的反作用力导致的结果。

会计环境对会计系统的重要性任何人都无法否定。会计之所以能从"结绳记事"发展成为国际商业语言，正是应会计环境的变化而不断自我变革的结果。无论是马克思主义哲学还是系统论均表明，会计环境对会计系统的作用仅是"影响"，而非"决定"。这也，正如亨德里克森（Hendriksen，1995）所说："会计环境对会计的目标及根据逻辑导出的各种会计原则和规则有着直接的影响"。很多会计理论研究学者认同将会计环境作为会计理论研究的逻辑起点，同时各类风险问题的研究也已经成为理论界长期关注的问题，结合国内外众多重大案件的发生情况，很多都与会计环境与风险密不可分，有一个问题必，然会引起人们的思考，那就是一些案件所涉及、蕴藏的会计风险问题，其直接的外在表现，就是虚假、不规范的会计信息，然而这些情况又带来更深层次的思考，即会计环境的优劣必然引发会计风险问题，其后果就是违规操作所带来的会计信息的不忠实表述，误导利益相关者的决策。

就会计风险的具体分类也不难看出，其固有风险还是行为风险都是一定时期、一定，阶段会计环境特点使然。因此会计环境与会计风险防范及管理是互为影响的。会计环境制约、影响会计风险，两者影响的能量互为相关，良好的会计环境对会计风险防范与管理具有一定的积极作用。反之，会计风险防范的有效性也一定程度上营造良好的会计环境。

三、会计职业风险

（一）会计独立性缺失带来的风险

《会计法》第一章总则第五条规定："会计机构、会计人员依照本法规定进行会计核算，实行会计监督。任何单位或者个人不得以任何方式授意、指使、强令会计机构、会计人员伪造、变造会计凭证、会计帐簿和其他会计资料，提供虚假财务会计报告。任何单位，或者个人不得对依法履行职责，抵制违反本法规定行为的会计人员实行打击报复。"然而，现实社会的情况又是什么样呢？会计人员的监督职能具有双重性，宏观上体现国家，法律意志，微观上服从单位授权者的管理旨意，但代表国家意志的监督作用是微小的。尽管会计人员的社会地位随着社会发展进步而提高，但由于历史原因，导致会计人员执法环境差、会计人员监督弱化以及由于会计人员坚持原则受到打击报复和单位负责人干预会计人员工作等现象却屡见不鲜，影响了会计人员职能作用的发挥。究其原因，是因为我国会计人员与其服务的会计主体是不可分离的。他们个人的生存、发展、职务升迁等依附于为之服务的单位。会计人员在单位属于从属性地位。在单位会计工作中，会计职业道德能否发挥作用、作用大小，往往不以会计人员的主观愿望为转移，而是从属于所在单位的文化层次、价值取向及其单位负责人的道德水准。这种从属性在某种程度上往往是制约会计独立性的根源。会计独立地位的缺失，使会计人员陷入"站得住的顶不住"、"顶得住的站不住"的怪圈。

（二）会计职业判断带来的风险

会计职业判断在会计改革的不断深化过程中，作用越来越重要，由此产生的会计职业风险也越来越受到关注。社会经济的发展使会计环境复杂多变，不确定性经济事项日益增多，而会计标准却日趋简约，会计职业判断空间不断增大。恰当的职业判断可以为企业会计信息使用者提供相关、有用的会计信息，如果会计职业判断不恰当，提供失真的会计信息，则可能影响企业利益相关各方决策的正确性，给会计信息使用者造成经济损失甚至是企业破产。目前，我国会计人员的业务水平普遍不高，还有一些人没有经过系统培训就直接走上会计工作岗位，由于工作中职业判断的失误，对会计信息失真的产生，负有不可推卸的责任，也加大了自身的风险。对中国的"会计"而言，提高会计职业判断水平更是当前面临的紧迫问题。

（三）会计政策带来的风险

会计执业中的政策风险体现在三方面：首先，由于国家制定的宏观会计政策在一定程度上存在着不完善性，不确定性、不恰当性以及滞后性，使得会计在处理某些经济业务时无法可依、无章可循，或者对适用的会计政策产生不同的理解甚至产生歧义，从而导致处理结果出现偏差；其次，由于会计政策的可选择性，客观上使得企业在会计信息的收集、处理和报告过程中，存在很多合法前提下的供管理当局和会计人员自主选择、估计，判断及预测的机会，对相同的一些经济活动，不同的会计人员可能作出不同的处理结果，为人为操纵会计信息提供了可能性；再次，由于会计政策的矛盾性，目前会计法规和基本会计准则之间、基本会计准则与具体会计准则之间、具体会计准则与企业会计制度之间、与金融、税收制度之间、会计准则与财务通则之间都还存在着不协调，甚至是相互矛盾、相互抵触的现象，这种不协调性或矛盾性，会使会计人员在处理经济业务时可能遵循了某一方面的政策而违背了另一方面的政策。

第三节 会计风险防范控制对策

在市场经济的不断变化发展过程中,风险是一个重要的特征。在高校经济的管理过,程中,高校会计占有非常重要的地位,在发展过程中同样存在着一定的风险。当前,高校会计风险研究已经成为了整个经济领域研究的重要问题。

一、高校会计风险的成因

(一)会计从业者道德自律不足

高校会计风险存在会计从业者道德自律不足的情况。首先,一方面要明确会计的职,业道德,它是指会计从业者在工作期间应遵守的、体现会计职业特点的、与会计职业相关的人物关系的职业行为准则和规范。另一方面道德自律则是会计从业者对自我职业的约束和控制,通过对会计职业道德规范的理解和认同来行动。一旦会计从业者在高压手段和诱惑的利益面前突破自己的职业道德底线,丧失自己的自律机制,势必会做出违背会计职业道德的事情,风险因此产生。其次,会计行业存在最大的会计风险是会计假账的现象,受社会环境的影响,只要社会中存在会计假账的市场需求,会计假账的现象就不可能消失,加之受到各方的施压、利益的诱导、不愿得罪人心理因素等等的影响,会计从业职很容易掉入自律机制丧失的怪圈中来迎合当前社会的需求。

(二)会计内部监控体系缺失

高校会计风险存在会计内部监控体系缺失的情况。首先,由于我国会计监督机制不够健全,没有事先预测会计风险的监督机制,导致会计风险频频发生,只能事后采取强势手段解决发生的会计风险,这给某些单位及个人带去了侥幸的心态,踩着触犯法律的高压线,继续私下行动。其次,监控体系监督效果低,大部分的会计机构走小作坊的模式,没按照规范化、法制化的要求履行职责和义务,为了能够给自己的企业创造利润,不惜采取恶劣的方法一味的迎合客户的需求,丧失自己的会计职业道德公正、客观的立场,使得监控体系成为摆设,难以发挥其作用。最后,会计监督往往易停留在表面,走流程式的例行公式化的检查,没有落到实处的监督,在这样消极的会计监督大环境下,难以发挥会计,监督的真正作用,效果自然也达不到预期的目的。

总而言之，高校会计风险的成因诸多，不仅仅是会计从业者道德自律不足、会计内部监控体系缺失，还可能受到诸多社会不良因素的影响，制度机制不健全的制约。

二、高校会计风险防范存在的问题

（一）对会计风险认知上的误解

高校会计风险防范存在对会计风险认知上的误解的问题。首先，一方面是对会计风险的认识不够到位，会计从业者遵循上级的指示，不顾会计从业者的职业道德职责和规，范，为了促使达成学校最终获利的目的，暗箱操作。另一方面会计从业者为了达到自己的个人目的，在功利心驱使下，考虑个人的前途，不愿意得罪上级领导，淡化会计风险，盲，目顺从上级指示，在官官相护的现状下，将可能受到的处罚掩盖住，共同谋私。其次，高校对引发会计风险的各个环节不够重视。一方面单一的认为会计风险的出现是由于会计从业者的专业素养和职业道德知识不扎实，忽视会计相关人员的会计知识和会计法律，常识。另一方面忽视业务报销内容的真实性、合法性，只靠业务产生后的凭据判断，没有进行真实的记录，让大部分相关人员为了达到个人的利益，欺上瞒下，通过裙带关系，达到财务报销的目的，给会计风险埋下了隐患。最后，高校会计相关人员的会计风险责任意识不强，他们只将会计风险的防范重心放在会计从业者身上，没有形成，上下一条心的整体思想，不出问题不管理，一出问题就抓一阵，导致会计管理机制存在极大的缺失。

（二）对会计管理结构上的误解

高校会计风险防范存在对会计管理结构上的误解的问题。首先，人为的忽视会计监，管体系，高校大部分会计相关人员由于对会计专业知识的不了解，片面的认为，高校会计只服务于教学科研，认为会计的职责就是理清各项账目的开支即可，约束了会计从业者敏锐的感知风险的能力，限制了会计监督职能的作用，使其约束力、执行力不够，在这样的风气下，导致高校会计的监管体系形同虚设。其次，任用会计从业者不合理，某些领导，为了方便自己谋私，任人唯亲，利用自己的职权之便，走裙带关系，牢牢将经济大权掌握，在自己手中，忽略会计从业者是否具备会计专业知识、会计法律知识、会计风险预防能，力，是要能为自己办事则重用。这导致无法保障会计从业者是否具有专业的业务能力、会计法律常识，会计专业道德品质。最后，对会计从业人员的关注、重视程度不够。一方面会计工作的范畴空间很大，不同的工作岗位其工作的难度和职责不同，高校应根据具体的情况，配备合适的会计工作者。让其各司其职，发挥最大的工作效率。另一方面由于会计从业人员的升迁之路有别于其他部门，再加上会计工作的性质，决定了他们的行政级别，不可能在工作岗位中大放光彩，常年处于默默付出的幕后，一丝不苟的做着自己的分内之事，他们的辛苦付出常常会被忽略，导致付出和收获不成正比，严重的打击会计从业者的积极性。

（三）监管部门形同虚设

学校内部的高层管理，对会计部门的职责认知非常低，仅是通过片面的了解认为会计的职责就是记账、算账、信息收集统计、数据的统计、资金的分配与筹集等，但是会计部门的职责不仅只有这些，高校的会计部门所担任的任务比企业会计多得多，因此，学校在对于会计监管的力度问题上，需要进行调整，而且对于因为学校利益而忽略隐瞒风险的人员要进行严惩，因为，只有平稳的发展才能够得到能多的利益，一旦发生风险，产生的损失可能会是获得利益的数倍，所以为利益隐瞒风险的做法难道不是得不偿失的行为吗？为了高校能够更好的发展并且更好的落实我国教育改革的目标和要求，必须要让监管部门的职责实施起来，而不是形同虚设，要让内部人员知道只有解决风险才能够得到更多且更稳定的利益，不要为了一时的利益导致更大的损失。

三、高校会计风险的防范对策

（一）拓宽资金筹集途径，提高高校会计风险防范能力

在高校会计经济的管理过程中，不断拓宽资金筹集途径是提高高校会计风险防范能力的重要途径。当前，在我国高校发展中，虽然已经形成了多种渠道筹集教育经费的形态，但是大多数高校在发展过程中都主要依赖学生的学费和住宿费收支，对政府的支柱依赖性较大。因此，在高校经济发展过程中，除了尽量解决各项资金的收支问题，还应该增加解决学生欠费问题的时间。学校各项收缴费用应该与各个学院所花费的实际费用联系起来，共同构建科学合理的收缴费用体系，落实各项支助学生的费用，从根本上解决，高校经济问题。从另一方面，在高校经济的管理过程中，还应该突破传统筹集资金的理念，不断创新筹资制度；积极开展技术研究活动，充分利用自身的优势，最大限度的拓宽资金筹集途径，提高高校会计风险防范能力。

（二）建立高校贷款风险预警系统，对高校贷款实施金程监控

为了有效避免高校会计风险，还应该建立科学合理的高校贷款风险预警系统，坚持对高校贷款实施全程监控。商业银行在建立高校会计风险预警系统的过程中，至少应该包括：高校资本结构、偿债能力、营运能力、发展能力等各项评

价指标。其中在审批高校各项经济贷款时，应该对高校各项经济发展风险进行分析，及时发现一些隐藏较深的风险问题，不断加强潜在的高校财务风险的预警。坚持将各项经济风险控制在事前，同时在对高校发放贷款之后采取全程监控的措施，将一些经济风险遏制在萌芽阶段。只有这样才能够最大限度的控制高校经济风险，避免风险所产生的经济损失。

（三）强化会计监督，增强制度约束力

所谓的会计监管主要是指通过会计检查、督促和控制等手段，不断加强对高校各项经济活动采取监督管理的措施。在高校会计经济的监督过程中，必须坚持遵守国家法律法，严格以高校的规章制度为依据，不断加强对高校的经济活动进行控制管理，以确保高，校经济稳定发展。具体来说：高校所有经济业务主要涉及到经办人、审核人、支付人、监督人等，这些工作人员在日常工作中都是独立存在的，但是却存在着相互联系的关系。因此，针对这种现象，我们便需要思考建立合理的监管保障机制。其中主要从以下几个方面入手：其一是在高校会计经济内部控制制度中建立科学合理的评价机制，根据实际情况制定控制标准。同时，加强对高校会计相关工作人员的责任进行考核；其二是评价审核的主体应该是独立存在的机构，这些组织与被评价的主体之间并不存在相关利益关系。并且在评价和审核的过程中，将各项制度落到实处，具有一定的权威性；其三是应该充分发挥高校会计工作人员的监督作用。高校会计工作者在日常工作中，应该熟悉各项经济业务，并且能够非常敏感的发现一些隐性的会计风险。要做到这点，就需要采取激励的措施来提高高校会计工作人员参与会计监督工作的积极性。

加强高校会计外部监督。首先，实行财务公开，引入外部监督机制。在高校财务活动中，审核与被审核，监督与被监督总是相对的，审核人员在对票据进行审核的过程中，也是广大教职员工监督会计人员执业的过程。通过财务公开，接受教职工的监督，增加资金使用的透明度，在大家的通力合作、齐抓典管之下，高校的经济监督一定能够落到实处。其次，加强政府监督。政府监督主要指财政、审计、税务等机关的监督，这些职能机构都是具有权威性、独立性和强制性的高层次监督机构，要充分发挥其作用，不断调整和规范高校不规范、不正确的财务会计行为。再次，加强社会监督，真正做到公开、公平和公正。社会监督主要是注册会计师监督，它以第三者身份出现，不以盈利为目的，能够客观公正地反映各单位财务状况，因此应适时加强社会监督的力度。

（四）强化对会计人员的管理，健全人才评价机制

为了提高高校会计风险的防范能力，还应该不断强化会计工作人员的管理，逐渐健全人才评价机制。其一在高校选择会计人才的时候，应该坚持德才兼备的

原则。着重考察应聘人员的思想道德,只有品德优秀的人员才能够在日常工作中做到忠于职守。同时,又因为高校会计工作专业性较强,便还需要注重对会计工作人员工作能力的考察;其二是构建完善的会计人员道德规范条例。只有采用完善的道德规范条例,才能够规范会计人员的日常工作行为;其三是组织高校会计人员继续参与学习。通过学习来不断提高,高校会计人员的业务素质,以保证他们能够更好的应对日常会计工作中出现的风险问题;其四是为高校会计工作人员营造一个轻松的工作环境。管理部门应建立健全会计人,员的评价激励机制,切实提高会计人员地位和待遇,给会计工作创造一个宽松环境。

(五)实施会计人员委派制,最大限度地发挥会计人员的监督作用

实行会计委派制度,是加强会计监督和管理的有效形式,实施会计人员委派制对提,高会计信息质量具有积极的作用。在经济运行过程中,由于目前会计人员大多由本单位,管理者聘任,当单位利益与国家财务制度相矛盾时,财会人员往往自觉或不自觉地服从,单位管理者的旨意,向本单位的利益倾斜,在这种情况下,会计人员委派制应运而生。实施委派制,有利于加强政府对高校的宏观调控,有利于规范高校的经营行为,也有利于充分发挥会计部门的管理职能。当前解决法律、法规与学校利益冲突的有效办法,就是实,行会计人员委派制,要合理确定实行会计人员委派制的范围以及选择科学、合理的委派方式,将会计人员的切身利益与学校利益分开,才能充分发挥会计人员的监督作用。

参考文献

[1] 李莎. 与职业标准相衔接的 MPAcc 人才培养模式研究 [D]. 山东工商学院, 2017.

[2] 李向红. "互联网 +" 背景下高职会计实践教学体系的构建 [J]. 职业技术教育, 2017, 14.

[3] 李宇红. 职业教育分级制度研究 [M]. 中国财务出版社, 2014.

[4] 卢佳友, 谷钧仁. 中国大学会计专业教育的改革: 国内文献研究 [J]. 财会研究, 2016（12）.

[5] 马国军. 构建创新人才培养模式的研究 [J]. 高等农业教育, 2001（4）: 19-21.

[6] 麦可思研究院. 2016 年中国高职高专生就业报告 [M]. 北京: 社会科学文献出版社, 2016.

[7] 苗若婷. 以职业需求为导向高职高专会计信息化课程改革思考 [J]. 金融与财会, 2016（10）.

[8] 缪启军. 基于财经专业群下"三位一体、分层递进"的会计专业课程体系研究 [J]. 商业会计, 2014（8）.

[9] 欧群芳. 基于工作过程的高职会计专业课程体系构建 [J]. 经营管理者, 2012（04）.

[10] 彭波. 高职院校"嵌入式"工学结合人才培养模式研究——以湖南工业职业技术学院为例 [D]. 湖南农业大学, 2013.

[11] 饶正婵, 杨福林. 能力本位理念下职业院校学生探究性学习方式研究 [J]. 职教论坛, 2019（01）: 145-150.

[12] 盛洁. 应用型本科院校会计实践教学模式研究 [J]. 财会学习, 2016（9）.

[13] 史菊林. 高职会计专业教育与就业环境对接现状分析及对策研究 [J]. 中国市场, 2011（12）.

[14] 孙玉芹, 冯洪涛. 高职会计专业"1234"交融并进式人才培养模式研究——以潍坊工程职业学院为例 [J]. 潍坊工程职业学院学报, 2018, 31（06）: 94-98.

[15] 方红星, 池国华. 内部控制 [M]. 大连: 东北财经大学出版社, 2014.

[16] 池国华，朱荣.内部控制与风险管理 [M].北京：中国人民大学出版社，2018.

[17] 陈武朝，贾丽丽.上市公司如实披露了内部控制重大缺陷吗？[J].财会通讯，2021（04）：137-141.

[18] 吴妮娜.内部控制缺陷与会计信息价值相关性——基于违规公司的实证研究 [J].经营与管理，2021（03）：34-40.

[19] 张曾莲，王雅情.关键审计事项对上市公司股价崩盘风险的影响研究 [J].金融理论与实践，2021（02）：52-61.

[20] 邵瑞庆.内部控制应用评价审计 [M].上海：立信会计出版社，2013.

[21] 张俊民.内部控制理论与实务 [M].大连：东北财经大学出版社，2012.

[22] 门华红，杜同同，邵应倩.中国上市公司内部控制信息披露现状 [J].经济与管理研究，2016（03）：131-136.

[23] 张道潘.我国内部审计研究可视化分析 [D].财会月刊，2021（06）：99-104.

[24] 张晓红，朱明侠，王皓.内部控制、制度环境与企业创新 [J].中国流通经济，2017，31（05）：87-95.

[25] 张超，刘星.内部控制缺陷信息披露与企业投资效率——基于中国上市公司的经验研究 [J].南开管理评论，2015，18（05）：136-150.

[26] 周中胜，徐红日，陈汉文，陈俊.内部控制质量对公司投资支出与投资机会的敏感性的影响：基于我国上市公司的实证研究 [J].管理评论，2016，28（09）206-217.

[27] 朱丹，周守华.战略变革、内部控制与企业绩效 [J].中央财经大学学报，2018（02）：53-57.

[28] 王英格.国内企业内部控制文献综述 [J].财讯，2018（10）：107.

[29] 吴正海.国外内部控制研究文献综述 [J].会计师，2014（03）：53-54.

[30] 张春艳，政策不确定性、内部控制缺陷与企业创新能力 [J].会计之友，2021（05）：57-67.

[31] 徐玉德，杨晓璇，刘剑民.管理层过度自信、区域制度环境与内部控制有效性 [J].审计研究，2021（02）：118-128.

[32] 王慧君.中国上市公司内部控制问题探析 [J].老区建设，2017（22）：64-66.

[33] 王海林，王晓旭.企业国际化、信息透明度与内部控制质量—基于制造业上市公司的数据 [J].审计研究，2018（01）78-85.

[34] 宋小保，郭春.治理抑或风险：负债融资与公司内部控制 [J].南京审计大学学报，2021，18（02）：32-40.

[35] 叶陈刚，裘丽，张立娟.公司治理结构、内部控制质量与企业财务绩效 [J].

审计研究，2016（02）：104-112.

[36] 黄娟，张配配.管理层权力、内部控制信息披露质量与企业绩效[J].南京审计大学学报，2017（02）：1-10.

[37] 李冰轮，韦婷.主板上市公司内部控制缺陷信息披露的统计分析[J].财会月刊，2015（29）：74-79.

[38] 许宁宁.上市公司高管因隐瞒内部控制重大缺陷受到惩罚了吗？[J].企业经济，2021，40（04）：55-65.

[39] 雷方旭.上市公司内部控制审计问题研究——以A公司为例[D].北京：中国财政科学研究院，2016.

[40] 林钟高，张春艳，丁茂桓.市场化进程、内部控制缺陷及其修复与企业社会责任[J].安徽师范大学学报（人文社会科学版），2018，46（02）：58-68.

[41] 刘桔林，赵枚辉，我国上市公司内部控制信息披露问题探讨[J].湖南财政经济学院学报，2017，33（168）：57-65.

[42] 饶华明.上市公司内部控制环境的探讨[J].中国商论，2018（9）：129-130.

[43] 时军.内部控制缺陷披露的国外研究文献述评[J].财会月刊，2012（36）：71-73.

[44] 刘灿华，探究民营企业内部控制的建立与完善[1].中国集体经济，2020（36）：39-40.

[45] 朱晨曦：房地产企业资金管理内部控制优化研究[J].合作经济与科技，2021（02）：120-121.

[46] 郭东凌.制造业企业内部控制存在的问题及对策研究[J].中国集体经济，2021（07）：73-74.

[47] 王泽云.SJ公司内部控制体系优化研究[D].西安：西安理工大学，2020.

[48] 柏文静.上市公司内部控制案例分析[J].财会通讯，2016（08）：116-118.

[49] 池国华，张传财，韩洪灵.内部控制缺陷信息披露对个人投资者风险认知的影响：项实验研究[J].审计研究，2012（02）：105-112.

[50] 蒋百惠.家族控制上市公司关联交易掏空行为分析—以华泽钴锦为例[J].经营与管理，2021（02）：21-25.

[51] 曾耀锐，基于管理会计的瑞幸咖啡公司财务舞弊研究[J].中国商论，2021（04）：146-147+169.

[52] 周凯伟.从瑞幸财务造假事件谈中概股发展之路[J].中国市场，2021（06）：54-55.

[53] 叶陈毅，杨蕾，管晓，陈依萍.全面预算管理与内部控制的协同策略探讨[J].河北地质大学学报，2020，43（06）：127-131.

[54] 李莹，吴妍，上市公司信息披露的内部控制及监管问题研究 [J]. 会计师，2020（24）：48-49.

[55] 刘灿华，探究民营企业内部控制的建立与完善 [J]. 中国集体经济，2020（36）：39-40.

[56] 朱晨曦，房地产企业资金管理内部控制优化研究 [J]. 合作经济与科技，2021（02）：120-121.

[57] 耿爽 . 东盛药业股份公司内部控制研究 [D]. 长春：吉林大学，2020.

[58] 田旭 .WY 公司内部控制体系优化研究 [D]. 长春：长春理工大学，2020.

[59] 王培录 .WXD 公司内部控制体系优化研究 [D]. 长春：长春理工大学，2020.

[60] 陈阳 .ZC 企业内部控制体系构建与应用研究 [D]. 长春：长春理工大学，2020.

[61] 陈奕彬 .A 股份有限公司内部控制问题及对策分析 [D]. 南昌：江西财经大学，2019.

[62] 甄文明 .BY 公司内部控制有效性研究 [D]. 长春：长春理工大学，2020.

[63] 周洪宇，国有企业内部控制体系构建的研究 [D]. 北京：北京林业大学，2013.

[64] 李燕 .JC 股份有限公司内部控制改进研究 [D]. 长春：吉林大学，2018.

[65] 陈淑武，刘畅 . 吉林省金融类高职院校职业技能型人才培养模式探索和实践 [J]. 长春师范大学学报，2019，38（07）：173-175.

[66] 陈蒙 . 基于能力培养的高职院校人才培养模式构建 [J]. 湖北函授大学学报，2017，30（20）：24-26.

[67] 董娜，陈健峰 . 高职院校"教学工厂"人才培养模式的实践探讨 [J]. 现代营销（创富信息版），2018（12）：192.

[68] 邓建平，周敏，阳征助 . 高职院校职业导师制的人才培养模式研究与实践 [J]. 高等职业教育（天津职业大学学报），2018，27（05）：43-46.

[69] 邓丽 . 基于 AHP 的《财务会计学》课程考核体系研究 [J]. 中国证券期货，2013（02）：55-60.

[70] 李钢 . 基于行业特色的高职院校会计专业人才培养模式的创新——以广州民航职业技术学院会计专业为例 [J]. 商业会计，2017（21）：123-125.

[71] 方法林 . 基于 AHP 法的会计领军人才评价模型构建 [J]. 会计之友，2011（14）：39-43.

[72] 付立彬创新民办高校应用型人才培养模式研究 [J]. 黄河科技大学学报，2012，14（2）：61-65.

[73] 郭赞伟 . 职业院校会计专业人才培养模式改革研究 [J]. 西部素质教育，2019，

5（01）：201-202.

[74] 郝忠胜，刘海英．人力资源管理与绩效评估 [M]．北京：中国经济出版社，2011：125-142.

[75] 洪波．浅谈中国的职业教育 [J]．中国多媒体与网络教学学报（中旬刊），2019（08）：234-235.

[76] 李慧凤．高端技术技能型人才培养理论与实践研究 [M]．北京：中国财富出版社，2017.

[77] 李能红．高职高专院校会计专业建设面向小型企业 [J]．教育教学论坛，2012（23）：75-77.

[78] [美] 诺思，张五常，制度变革的经验研究 [M]，北京：经济科学出版社，2003.

[79] 朱新秤，教育管理心理学 [M]．北京：中国人民大学出版社，2008（6）

[80] 刘秋香，重视人民银行会计风险的防范 [J]．金融理论与实践，2004（3）

[81] 阁达伍陈东辉，会计风险初探 [J]．财会通讯，1998（8）．

[82] 梅成王德清胡媛．会计风险分类识别初探 [J]．财会通讯（综合），2009（8）．

[83] 刘玉廷．新形势下加强单位内部会计监督的里程碑 [J]．会计研究，2001（9）．

[84] 李恩柱，会计风险的内涵及其主客体分析 [J]．财会研究，2001（3）．

[85] 李恩柱，引发会计风险宏观因素分析 [J]．财会研究，2003（2）．

[86] 李恩柱，引发会计风险微观因素分析 [J]．财会研究，2004（7）．

[87] 常华兵．会计风险层次论 [J]．商业时代，2008（1）．

[88] 林俞，试论会计风险 [J]．会计研究，1999（10）．

[89] 韩传兵，论会计风险的形成于防范 [J]．商业经济，2005（4）．

[90] 汪伟，会计风险的经济学分析 [J]．当代经济研究，2005（8）．

[91] 贾圣武李国红付荣霞，试论会计风险及其防范 [J]．财会通讯（综合），2006（4）．

[92] 王东艳．会计风险的防范与控制 [J]．财会月刊（综合），2007（1）．

[93] 曹明国，浅析高校财务的会计风险与控制 [J]．中国财经信息资料，2005（16）..

[94] 袁志刚王修宏，论高校职业会计风险与防范 [J]．徐州工程学院学报，2006（8）．

[95] 金或防李若山徐明磊等．COSO 报告下的内部控制新发展——从中航油事件看企业风险管理 [J]．会计研究，2005（2）．

作者简介

侯聪聪，女，1988年9月生，河南荥阳人，毕业于德国吉森大学，获硕士学位。现为郑州商学院外国语学院教师，主要研究方向为德语语言、文学与文化、外语教学法，发表学术论文数篇，合作出版专著《德语教学理论与改革实践研究》，主持和参与科研课题二十余项。

前　言

目前，各国高等教育所培养的人才对社会的影响越来越大，在各国之间的交流、合作中，外语人才成为不可或缺的纽带，这给我国的高等教育带来了新的挑战，高校外语教育也肩负着为社会培养所需的优秀外语人才的重任。

本书以外语教育理论研究为主，涉及英语、日语、德语等，涉及具体语种只为更好地服务于理论研究。全书共六章。第一章为绪论，主要阐述了外语教育的基本关系、外语教育的目标、外语教育的基本原则、外语教育的理论基础等内容；第二章为外语教育的现状和发展方向，主要阐述了外语知识教育现状、外语技能教育现状、外语师资和学生能力现状、外语教育的未来发展方向等内容；第三章为外语教育的模式，主要阐述了情感教学模式、分级教学模式、个性化教学模式等内容；第四章为外语教育的方法，主要阐述了情境教学法、交际教学法、任务教学法、自主学习法等内容；第五章为德国双元制教育模式下外语教育的策略，主要阐述了德国双元制教育模式对外语人才培养的启示、德国双元制教育模式下外语教育的策略等内容；第六章为校企合作模式下外语人才培养的路径，主要阐述了校企合作外语人才培养现状、校企合作外语人才培养师资要求、校企合作外语人才培养标准体系、校企合作外语人才培养基本路径等内容。

在撰写本书的过程中，笔者借鉴了国内外很多相关的研究成果以及著作、期刊、论文等，在此对相关学者、专家表示诚挚的谢意。

由于笔者水平有限，书中有一些内容还有待进一步深入研究和论证，在此恳切地希望各位同行专家和读者朋友予以斧正。

目 录

第一章 绪 论 ··· 1
第一节 外语教育的基本关系 ·· 1
第二节 外语教育的目标 ··· 10
第三节 外语教育的基本原则 ·· 14
第四节 外语教育的理论基础 ·· 18

第二章 外语教育的现状和发展方向 ··· 32
第一节 外语知识教育现状 ··· 32
第二节 外语技能教育现状 ··· 38
第三节 外语师资和学生能力现状 ··· 58
第四节 外语教育的未来发展方向 ··· 60

第三章 外语教育的模式 ··· 77
第一节 情感教学模式 ·· 77
第二节 分级教学模式 ·· 88
第三节 个性化教学模式 ··· 93

第四章 外语教育的方法 ··· 105
第一节 情境教学法 ··· 105
第二节 交际教学法 ··· 113
第三节 任务教学法 ··· 119
第四节 自主学习法 ··· 128

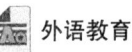

第五章　德国双元制教育模式下外语教育的策略 …… 134
第一节　德国双元制教育模式对外语人才培养的启示 …… 134
第二节　德国双元制教育模式下外语教育的策略 …… 149

第六章　校企合作模式下外语人才培养的路径 …… 151
第一节　校企合作外语人才培养现状 …… 151
第二节　校企合作外语人才培养师资要求 …… 156
第三节　校企合作外语人才培养标准体系 …… 162
第四节　校企合作外语人才培养基本路径 …… 165

参 考 文 献 …… 174

第一章 绪 论

外语教育的核心价值在于要尊重外语教育的重要性及特殊性，对外语教育的重要程度要有全面的了解和认知，并且肯定外语教育的重要性，使外语教育在具体实施的过程中能够达到教学要求，并根据教育的具体特点和内容调整教学方式。本章分为外语教育的基本关系、外语教育的总体目标、外语教育的基本原则、外语教育的理论基础四部分，主要包括外语教育国际化和本土化的关系、外语教师与学生的关系、外语教育的目标分析、外语教育的哲学理论、外语教育的语言学理论等内容。

第一节 外语教育的基本关系

一、外语教育国际化和本土化的关系

（一）外语教育国际化和本土化的内涵

1. 外语教育国际化的内涵

国家的发展以及个人的发展都需要不断地与外界进行交流。因此，高校外语教育的国际化也必须与时俱进，不能满足于当前的教育现状，要紧跟时代潮流，顺应时代发展，勇于开拓创新，大力发展我国外语教育，使教育理念同国际步伐一致，并且从人才培养以及个人发展的角度来看，外语教育国际化也会发挥重要作用。

外语教育国际化能够极大提升我国青年人才的外语交流能力，使得各高校的外语教学水准大幅度提升。新时代需要我们国家敞开门、走出去，因此国家教育要紧跟时代潮流，着眼于提升学生的外语实际应用能力，培养与世界接轨的人才。

中国比以往任何时候都更接近世界舞台的中心，因此，中国需要更多地参与到全球治理之中。据统计，2019年中国缴纳的联合国会费占比12.01%。然而，中国雇员在联合国及其附属机构中的占比不到2.5%。中国很多大型企业需要大量外语能力强、专业背景强、了解国际规则的人才来参与承接国外大型项目，开拓海外市场。中国高新技术企业走出去需要科技创新，尤其是能够改变世界未来的重大科技创新，因此科技创新人才必须具备国际视野、良好的外语能力和研究能力。同时，中国文学艺术作为世界文化的重要组成部分，理应为人类文明进步做出自己的贡献。同时，中国文学艺术作品走向世界需要大量具备外语技能、熟悉国际文化领域游戏规则、能参加国际比赛的专业人士。

2. 外语教育本土化的内涵

外语教育走向国际化的同时也要进行本土化。外语教学的本土化是发展的必然结果，同样也是一个不争的事实。从语言教学自身的规律来看，每个国家和地区都有其独特的"本土化"语言，例如，教学政策、教学途径和教学方法等都有其独特的本土文化、语言习惯、思维方式和母语的"迁移"干扰。每个民族都会基于自己的文化和传统去对待和接受外语。

从语言规律上看，任何一种语言都具有工具性与人文性两个特性。近年来，经济全球化已经成为人们日常生活中的高频词，世界各国的人在生活的各个方面（经济、政治、文化、技术和环境）的联系越来越紧密。

党的十八大以来，习近平总书记在重要讲话中多次提及中华传统文化以及文化自信。讲好中国故事成了外语教育的一个新的指向标。学者刘友桂提出要形成中国特色外语教学本土化，换言之就是要使教学与我国的国情、教情、学情结合起来。也就是说，中国经济飞速发展的国情、中国文化融入外语教育的教情和学情是外语教学发展的外在推动因素。

（二）外语教育国际化和本土化的关系

"国际化"和"本土化"是一对关系的两个平等维度。国际化不是西化，本土化也不是封闭化，本土化不但反映在民族特色、国家特色上，而且表现在地域特色、学校特色以及个体特色上，因此，外语教育是不能全部照搬的。换句话说，我们能效仿钱梦龙、魏书生等优秀教师的教学思想和教育理念，但他们的教学方式、教学计划、教学方案、教学策略是不能生搬硬套的，稍有不慎，就会出现"东施效颦"的情况。说到底，大家还是要高度重视"本根本土"的"本土特色"。

因此，就外语教育的国际化和本土化来讲，不应是生搬硬套，而是应切实地联系实际，真正实现外语教育的国际化与本土化的融合。外语教育本土化应调整现行的外语教育的理论、教学内容和教学目的，实施一种跨文化、跨语言的融合教育，从而实现我国外语教育的国际化和本土化的"和"与"合"，形成具备当地特色和国际化的教育方式。

二、外语和汉语的关系

汉语教育是外语教育的语言基础，更是双语教育的基础。汉语的教育和学习也是外语学习的前提，只有把汉语学好了，具备了一定的认知、思维基础，才能更好地学习外语。因此，我们要想把外语教育做好，应当厘清其与汉语的关系。由于篇幅所限，在此只对英语、日语、德语与汉语的关系进行阐述。

（一）英语与汉语的关系

1. 英语和汉语音系的关系

（1）英语音系

英语属于印欧语系—日耳曼语族—西日耳曼语支—盎格鲁-弗里西语组，内部结构差异非常大，呈现出多中心的结构。因此，在挑选标准语时，为了能方便探讨又不失文中的语言环境，这里选择了我们中国人学习时广泛接触到的标准英音和通用美式英语。这两种英语标准语的音系大同小异，因此在此处不考虑其内部差异，只将其看作一种语言。

元音方面，标准英音含有数量较多的元音音位和双元音组合，并且存在长短元音对立的现象，标准英音含有12个单元音音素与8个双元音音素，如表1-1所示。需要注意的是，英语中元音的系统包容性非常大，因此，在较大范围内的元音发音都不会影响理解。

辅音方面，标准英音有28个辅音音素，如表1-2所示。

表1-1 英音元音音素表

名称	音素							
长元音	/ɑ:/	/ɔ:/	/i:/	/u:/	/ɜ:/			
短元音	/ɒ/	/ə/	/ɪ/	/ʊ/	/e/	/æ/	/ʌ/	
双元音	/eɪ/	/aɪ/	/ɔɪ/	/ɪə/	/eə/	/ʊə/	/əʊ/	/aʊ/

表1-2　英音辅音音素表

名称	音素				
清辅音	p	t	f	k	θ
	tr	tʃ	ts	ʃ	s
浊辅音	b	d	g	v	ð
	dr	dʒ	dz	ʒ	z
鼻音	m	n	ŋ		
似拼音	h	r	l		
半元音	w	j			

（2）汉语普通话音系

汉语普通话音系属于汉藏语系—汉语族—汉语—官话—北京官话，需要注意的是，普通话不属于典型的音调语言，而是具有声调轮廓（音节的音高因声调不同而改变）。普通话母语者习得语言时着重强调的也是声调的变化，而不多涉及音位的变换，这一点与汉语拼音的学习也有一定的关系，汉语普通话的元音数量，根据分析角度不同，有数种不同的观点，从零个到六个不等。此处选择五个元音音素的分类法，元音分为三个部分，分别是高元音 /i/ /y/ /u/，中元音 /ə/ 和低元音 /ɑ/。另外，汉语普通话的辅音包括 /m/ /n/ /ŋ/ /z/ /ʐ/，其中后两个在很多汉字发音中都有出现，甚至作为一个完整的音节出现。但是值得一提的是，这一现象的观点与许多非专业人士的看法不同，他们普遍认为在普通话中，每一个音节必然有一个元音，因为中国传统上将每个字的读音分为声母和韵母，而韵母一般为元音音素。当然也有部分学者认为，汉语中的成音节辅音 /z/ /ʐ/ 可以被视作元音，因为普通话包含 22 个辅音音素。

（3）英语和汉语音系的关系

汉语普通话与英语的元音音素相比，两者相重合的音素的相对位置大约一致，虽然不是完全相同的音素，但是具有相当数量的共同特征，并且在发音、听感上都十分相近，例如，汉语普通话中的 /ɑ/ 与通用英语中的 /ɑ/，其中英语中的 /a/ 发音更靠前，而汉语普通话中的 /ɑ/ 发音更靠后，虽然是不同的音素，但是两者更加靠近相同的音位，而且英语中的元音 /ə/ 与汉语普通话中 /ə/ 也有相当大的重叠，并且不构成对立，这在一定程度上完善了以上的观点，总而言之，汉语普通话与英语的元音有许多重叠的音位。

2.英语和汉语词汇的关系

（1）英语构词法

①派生法构词。派生法的意思是以某一个词语为主干，在这个词的前面或者后面加上一些词缀，这个词缀称为前缀或后缀。在英语语言中，派生法造词的能力非常强，用途非常广泛，不只是当今时代的新词，甚至许多原有的英语单词也是根据派生法造出来的。因此，英语中的前缀和后缀非常多，有的新词汇使用的是原有的词缀，而有的新词汇则直接创造出了新的词缀。

常用的派生法前缀有 di-，mis-，bi-，sur-，per- 等。

常用的派生法后缀有 -ic，-en，-ary，-cy，-ist，-ness 等。

②合成法构词。与派生法相比，合成法更加简单粗暴。它是将两个或两个以上的独立的单词组合成一个新单词的方法，这个方法被称为合成法。派生词中组成单词的词缀并不都是单词，也有"-ic"这一类的非单词词缀。但是，合成词都是由两个完整的单词直接拼接组合而成的。因此，这一类词表达的意思也非常简单明了，就是原本两个单词的意思合在一起，例如，"housewife"，其中"house"是"房子"的意思，"wife"是"妻子"的意思，连在一起就是家庭主妇的意思，当然，除了这些原来的单词，许多有趣的网络热词也纷纷诞生，例如，"road rage"（路怒）、"screen-rage"（对着屏幕发怒）等。

（2）汉语构词法

①派生法构词。不仅英语的词缀用途广泛，汉语中的词缀数量也十分丰富，例如，常见的后缀有以下分类。

第一，用于代指人的：者（学者、志愿者、读者），员（演员、队员、官员），民（农民、村民、居民），手（选手、歌手、棋手、助手），迷（歌迷、影迷、车迷），客（游客、乘客、黑客、政客）等。

第二，其他类：化（现代化、工业化、城镇化），感（责任感、归属感、幸福感），性（国际性、全球性）等。

常用的前缀：多（多雨、多风），非（非卖品、非法），亚（亚健康、亚文化）等。

②合成法构词。在中文里，复合词由一个名词和一个动词语素组合而成，例如，日落、打雷、出家、写信等。中文中也有不少其他种类复合词，如古今、上下、男女、外卖、飞机等。

（3）英语和汉语词汇的关系

在学习英语的过程中，如果你遇到一个新单词，能够归纳出与它相匹配的其他的派生词，然后系统地记忆这一新单词，并根据不一样的造词法来分辨这一单词的词意和词态，就能迅速并且准确地进行记忆。因此，我们要对汉英两种词汇采用的不一样的构词方式进行分析，尝试从派生词、复合词、词性转换、缩略语等领域找到它们的不同点和共同点，化繁为简，能够更快更有效地记忆生词，扩大词汇量，提高阅读能力。

（二）日语和汉语的关系

1. 日语和汉语文字的关系

中日两国使用的文字，本来都是汉字的繁体字。但后来两国都进行了文字改革，有的字我国简化了，日本没有简化；有的字日本简化了，我国没有简化。有的字两国虽然都简化了，但简化得却不相同。所以要注意它们的区别。

写日语时，一定要写日语汉字，不能写中文的简化汉字。日本政府于1946年进行了一次文字改革，规定了一些汉字使用的范围，共有1850个，这叫作"当用汉字"，"当用"即"当前使用"或"应当使用"之意。这1850个之外的汉字不再使用，改以假名表记。但这只是政府的规定，仍然有人按习惯使用非当用汉字。1981年，日本政府又公布了"常用汉字表"，规定1945个常用汉字作为"一般社会生活中使用汉字的大致上的标准"。汉字，也就是中国字，在日语中叫汉字，实际上是表意符号，每一个符号都代表一件事或一个观点，常见的是一个汉字有一个以上的音。

在日本，汉字起源于中国的词和土生土长的日本词。汉字中的"日本语"是汉字。"日本语"就是"日语"的意思，但它的发音却不是中文发音，"日本语"的读音为"にほんご"（发音"nihongo"），在这里，假名"にほんご"就相当于日语中汉字"日本语"的拼音（当然它并不是真正的拼音）。

2. 日语和汉语语言文化的关系

历史在不断地变迁和发展，不同的文化有不同的发展历程，但大部分国家的文化发展都有一些相似之处。文化与社会的发展与创新，使得每一个国家都具备一个个性化的文化体系。各国之间的文化相互兼容，取长补短，促进世界文化的全面发展。中国文化对日本文化的影响是各个方面的。中日两国地理位置接近，所以中日两国的关系一直都紧密相连。

但从目前的世界文化发展趋势来看，中日两国的文化还存在着一定的区别，两国在世界观与价值观方面也有不同。但是，不管中国与日本的关系如何，两国在文化方面都具有密切的联系。从两国的历史发展来看，中国文化发展和日本文化发展有着明显的重叠部分，日本文化中总会掺杂着中国文化的因子。

在长期的历史发展过程中，中国文化对日本文化产生了深远的影响。通过对日语语言文化与汉语语言文化之间的关系进行了解可知，日本语言文化发展到今天，与古汉字的演变、传承、改进是分不开的，生活中的大部分词汇都是通过日语文化与汉语文化的结合而出现的。正因如此，才能体现文化的内在魅力，这些词汇的出现符合我国语言的发展趋势。

当然也有部分学者对于此种文化的流传和融合表示质疑，认为选择此种方式会对我国本土文化产生一定的影响，为了更好地传承和保护汉语语言文化，应该注意汉语语言文化的完整性，不可与其他的文化进行融合。但是，在这样的情况下，需要考虑语言文化自身的魅力，各个国家需要相互交流、相互学习，在交流的过程中必然会运用语言，选择此种方式可以在语言文化融合的过程中完善我国民族语言的内容，促进我国语言的进一步发展，有效地提高语言的创造性和新颖性。加之汉语文化在发展过程中本身也会与本地词汇相融合，因此引入一些同源文化基础上的日语词汇，并不会影响汉语发展过程中的完整性。

（三）德语和汉语的关系

1. 德语和汉语词组的关系

（1）德语词组

德语传统语法对词组的界定遵循着自下而上的视角，认为词组由词组成，但又不同于句子。德语传统语法研究遵循着印欧语早期语法研究的传统，即重视词法的研究，重视对德语词的分类、构成、功能与意义的描述，进而略过词组而直接描述德语的句子。

然而，越来越多的学者意识到孤立描述词类的弊端，从而重视词组层面的研究，霍贝格（Hoberg）认为词与词之间不是孤立地排列在一起，一些词的关系要比另一些词的关系紧密，它们之间首先构成了词组。

（2）汉语词组

较早明确提出"词组"这一概念的是黎锦熙，将其界定为两个及以上的词组合起来且没有成句。黎文以句子为汉语语法体系的核心，并没有对词组进行阐述，但明确指出主谓结构不属于词组。吕叔湘指出词组是词和词配合，形成了联合关系或附加关系，而这不同于词与词之间的连接关系，即词结，词结是指主谓结构，一个独立的词结就是一个句子。

总体上看，德语词组作为语法体系中的一个语法单位，其界定遵循着自下而上视角，即词组由词组成。汉语词组分类遵循自上而下的视角，将句子的结构成分划分直接移植到词组的结构划分上。这种分类借鉴结构主义语言学的句法研究路径，从句法关系的角度描述词组的内部关系，例如，表达支配关系的是述宾词组，表达修饰关系的是偏正词组，表达补充关系的是述补词组等。但这种将句子成分分析法直接运用到词组层面的做法，一定程度上模糊了词组与句子之间的界限。

（3）德语和汉语词组的关系

不论是汉语还是德语，都各自形成了自己的研究传统，然而，这不利于两种语言的对比，同时，各自的研究又不可避免地产生一些问题。例如，汉语中将词组的句法分析等同于句子分析，德语中以形式语法为主导的词组分析坚持二分法，坚持以线性组合中的距离反映成分间的紧密关系，忽视了成分的句法功能及意义，这不仅在理论上造成了循环论证，也与语言的实际使用存在较大差距。

2. 德语和汉语句子语序的关系

（1）德语句子语序

德语句子的语序一般有两种形式。正语序的顺序规则是：主语＋谓语＋宾语＋状语。反语序的顺序规则是：宾语/状语＋谓语＋主语＋（状语/宾语）。正语序是德语的基本语序。反语序的顺序通常是将状语或宾语置于句子首位，谓语置于第二位，主语则置于谓语之后。

（2）汉语句子语序

汉语中最基本的是主语、谓语、宾语，其排列语序为主语＋谓语＋宾语，即SVO模式——Subject+Verb+Object模式。阴国庆提到句子按成分语序分类可分为常式句与变式句。常式句是指语序正常的句子，变式句是指为满足表达需求而打破常规语序的句子。常式句的顺序通常为主语＋状语＋谓语＋补语＋宾语。汉语句子中主语、谓语和宾语通常都是单项的，定语、状语常为多项，补语常为双项，多项定语、多项状语及双项补语的顺序需注意其排序规则。

三、外语教师与学生的关系

（一）外语教师与学生关系的内涵

师生关系指的是教师和学生在教育、教学活动当中形成的相互关系。教师和学生这两个主体是外语教育教学活动中最为重要的两个方面，是构成教学活动的主要因素。因此，构建和谐的师生关系有助于教学活动正常、顺利开展，进而使外语教师和学生两者之间的发展趋于成熟化、完美化。

（二）外语教师与学生关系的现状

1. 教师和学生的共同成长意识较淡薄

外语教师和学生是高校人才培养的一体两翼，本应相互激发并不断创造活力，但在实际的外语教学活动中存在一种机械化、刻板化的教育关系、师生关系。从教师方面来看，有以下几点原因。

一是部分外语教师的授课模式依然是传统的、单向的、填鸭式的知识灌输，其教学目的在很大程度上是教育和管理学生，学生往往是服从的一方。

二是随着现代教学技术的发展，课堂教学多数采用多媒体课件进行教学，但一些外语教师没有充分发挥多媒体的优势，反而让鲜活的师生关系变成了冰冷的人机对话模式。

三是外语教师在面临教学、科研和社会服务等多重考核下无暇在课后再去关心学生的学习情况。

从学生方面来看，部分学生课前不预习、课中自由散漫、课后不复习，在很大程度上仅仅满足于课程的学习、考试的及格、学分的获得等。

2. 师生间缺乏共同学习交流的机会

共同学习交流是联结外语教育师生共同体的纽带。但是就目前情况来看，部分高校外语教育师生缺乏共同学习交流的机会，原因有如下几点。

一是自1999年高校扩招以来到2019年高等教育进入普及化阶段，我国部分高校的师生比还不达标，外语教师数量不足。

二是互联网技术的飞速发展在增强了外语教育师生交往便利性的同时导致面对面的交流减少了。

三是有些学生在校园里遇到教师避而远之，在课堂上也是捧着手机，不认真听讲，不跟外语教师互动交流。这些现象都大大削减了高校外语教育师生在物理空间上交流的次数，仅有的单向交流大多是在课堂上的知识讲授环节，在一定程度上也促使师生关系被简化为"教与学"的教育关系。

3. 师生关系呈现功利化和庸俗化的倾向

随着社会经济的快速发展，师生关系也不断被异化。

一方面，高校现有考核和晋升机制基本上是以科研成果为导向，外语教师为了更好地谋求生存和个人发展，常常把大部分的时间和精力放在了科研上，在教学研究上花的心思相对较少。

另一方面，学生在学校学分制的考核要求下往往将学分的获得作为唯一目标，不会过多地关注自身的学习能力；在升学的压力下，很多学生将分数作为唯一的目标；更有学生将上课当成一种消费，有兴趣、有时间就去上，没兴趣、不想去就不去上的现象时有发生。

第二节 外语教育的目标

当代外语教育改革大体经历了教育目标的四个转向，我国外语教育的目标也经历了同样的过程。

第一个转向是"知识中心"论。在教学实践中以外语语法知识为中心，教师的教学活动一切围绕"知识"、一切以"知识"为标准。

第二个转向是"教法中心"论。以行为主义语言学为理论基础，在这种理论指导下，改革者认为教学的决定因素是如何"刺激"学生的"反应"，教法就成了中心，一切围绕教法、一切以教法为中心。

第三个转向是"教师中心"论。当教师成为教法的"奴隶"的时候，自然会奋起反抗，"教无定法"就是对于传统经验的高度总结。

第四个转向是"学生中心"论。这是以交际语言学理论为基础，语言被看成一种活动方式，换言之，语言活动是一种离不开交际的活动。

一、外语教育目标的内涵

（一）外语教育目标的含义

"教育目标"，指的是通过进行教育而达到希望达到的最终结果。教育目标反映了相关教育活动的发展方向和教育的具体标准。此外，教育目标还充分体现着教学活动的具体特征，在对教学培养目标进行确定、对教育方法进行选择以及对教学内容进行筛选时，教育目标都是要考虑的因素。

在外语教育的教育目标、教学活动和教学评价这三者当中，教育目标是最重要的，教学活动与教学评价是受教育目标制约的。教育目标明确地规定了教学的内容和能力要求，是外语教育的出发点和归宿。

（二）外语教育目标的功能

外语教育的内容是外语教育目标的体现。在制定教育目标时，依据有关内容标准综合考虑学生的具体情况，合理地融合相应的教学资源。这样的教育目标才算是遵循教育原则和学生发展趋势的目标。换句话说，外语教育目标不仅是外语教育最终要达到的要求，也是外语教育的起点。总体来说，外语教育目标的功能有下列三个方面。

首先，外语教育的目标对教学方式的选取和教学方法的运用有着关键的引导功能。从某种意义上说，教育活动的发展趋势在一定程度上受到教育目标的影响。假如没有外语教育目标的指引，就很难选择有效的教学方法。

其次，外语教育的目标能够确立外语教育的方向，这一功能也可称作定向功能。在确立外语教育的目标后，学生在学习中的方向性会更强，并且外语教育活动还可以依据总体目标井然有序地进行开展，教师和学生都能够清楚地了解自己努力的方向。

最后，外语教育目标的明确，能够对实际的外语教育教学工作进行相应的检验，也就是说，能够依据教育目标合理地定期检查一段时间内的外语教育教学工作，使外语教育工作能够更好地进行，进而向着外语教育目标的方向发展。

外语教育是外语教师对学生进行的教育活动。外语教育的目标不仅要由教师进行把握，学生也需要进行把握。作为教师，首先确定和掌握外语教育的总体目标，这一点是至关重要的。在外语教育中，教师务必在心中有明确的目标，并把各个知识点的要求逐一在教学活动中加以落实，使思维从过去重视教的结果转为重视教的过程。作为学生，在接受外语教育中应当掌握外语教育的学习目标是什么，应当把握住重点知识，心里要有明确的目标方向。

总而言之，外语教育的目标是提前阐述外语教育在规范的时间内应该达到的要求，要在外语教育的不同教育阶段表现出不同的教育价值。这种教育目标的定义也是受到世界各国学者一致认可的。

二、外语教育目标的作用

（一）培养学生的文化品格

一些高校外语教育重视语言技能的学习，而忽视文化知识的教学，阻碍了学生跨文化交流能力的提升，影响了他们文化品格、综合文化素养的形成与提高。正是如此，教师需要审视外语教育的人文属性，重视外语教育的文化教学，将培养学生的文化品格作为外语教育的重要教学目标之一，并结合教学实践，不断探索有效培养学生文化品格的教学路径。

在外语教育中培养学生文化品格具有现实的必要性。学生的文化品格是内潜于其思想中的文化认识和修养，外显于其表现中的文化活动和行为，与综合文化素养具有内在的一致性，因此，提高学生的综合文化素养必然需要培养他们的文化品格。现阶段，国家、社会对学生的外语标准已不限于语言浅层次的视听识别和理解的状态，而是在此基础之上，穿透文化背景明晰更加深层次的语言含义，超越文化背景进行更加深层次的沟通交流，甄别、选择及吸收其他国家的优秀文化，弘扬、宣传及输出我国的优秀传统文化。高校只有培养学生优良的文化品格，提高优秀的文化能力，才可以培养出适应国家和社会发展的高素质人才，那样学生才可以真正融入社会，达到社会发展对优秀人才的要求。

（二）提升学生的文化自信

文化是一个国家、一个民族的灵魂。在经济全球化日益深入的今天，我们必须加强文化自信教育，这是立德树人根本任务的内在要求。

在古代汉语中，"文"与"纹"互通，其本意就是指事情运动过程中留下的纹路和印痕。"化"是"变"的一种，多与"变"连起来用，也就是所说的"变化"，但"化"和"变"的原意也是有差别的，"化"是事情从无到有的变化，"变"是指事情由小到大的转变。总的来说，"文化"是指人类在改造自然的过程中创造的一切事物或行为的记录。而"自信"是心理学名词，是人们对自身进行的积极的评价，是发自内心的肯定和信心。由此可知，文化自信就是人们对本国、本民族及本地区在过去的时间里，通过实践所创造的各种成果的丰富性的认可，以及对自身能够有效传承这些成果并能够通过进一步的实践将其更加发扬光大的一种信心。可以说，文化是属于历史的，是对于过去的人们所创造的成果的反映；但文化自信却是现代的，它是现代的人们对之前成果的肯定，以及由此可以推动个人及社会进一步发展的肯定。对于此事，习近平总书记明确地表明："文化是一个国家、一个民族的灵魂。文化兴国运兴,文化强民族强。"总而言之,文化自信非常重要,它是对先前文化成果的肯定,也是激励我们继承和发扬先人文化成果的信心。但是,作为文化自信基础的文化本身却是沉默的,它静静地在那里,需要后人去认识、去发觉、去体会。因此,文化自信需要融入外语教育。

一方面,通过外语教育提升学生的文化自信,促使学生不仅了解外国文化,也更加深入地认识本国文化的博大精深、源远流长,由此提高文化自信。从传播学的角度来讲,任何一种文化信息的传播,除了传播主体和传播客体,还需要传播媒介或手段。教育就是这样一种千百年来被无数实践证实了的有效文化传播方式。通过外语教育,让学生不仅感受到外国文化与我国的差异性和相同性,并且深刻体会到中华文化的广博,感受到中国共产党领导人民在马克思主义指导下所创造出来的丰功伟绩,可以有效提升学生的文化自信。

另一方面,通过外语教育,在提升学生文化自信的同时,也提升他们的道路自信、理论自信和制度自信。中华文化绵延几千年,为人类文明的发展做出了应有贡献。通过外语教育,可以让学生讲好中国故事、讲好党的故事,可以让学生在享受改革发展红利的同时,感受精神伟力,感到信心满满。

总的来说,外语教育对提升学生的文化自信具有突出意义。

一是,有利于提升学生"以我为主"、博采众长的使命感。外语是大学生需要学习的课程,其目的是提升他们对外语的听说读写译的综合应用能力。这种能力是适应中国改革开放和经济全球化的现实需要,是落实习近平总书记人类命运共同体理念的需要。大学生学好外语,就可以在后续的工作过程中更好地同国际友人进行沟通与交流,能够更好地学习国外成功的经验和核心理念,为全面建设社会主义现代化国家服务。但是,在大多数情况下,外语对于我们来说是一种工具和手段,因此把自信教育融进外语教育,帮助大学生树立并巩固对中华文化的自信,使他们清晰地认识到,文化交流要始终坚持"以我为主",做到为祖国做贡献,为社会主义做贡献、在推动中外交流的情况下永远不能忘本。

二是有利于提高学生传播好中国声音、讲好中国故事的意识。沟通交流是相互的。在经济全球化过程中,提升中外交流是必然趋势。在这一情况下,大家不但要学习国外的工作经验,"放眼全球",而且需要努力向外传递中国声音,加强世界各地对中国的了解。

（三）提高学生的交际能力

在这个新时代背景下，我国外语教育发展迅速，招生规模也在不断扩大。国际合作交流对优秀人才的人际交往能力提出了更高的要求，以往高等教育中太过注重理论教学，因此，学生应用性差等问题逐渐暴露出来。当今社会，在人力资源市场上，学生的交际能力成为用人公司重视的首要因素，由此，高校也不约而同地为培养交际能力强的外语人才而努力。

（四）提升学生的辨别能力

以往高校外语课程教学内容的侧重点是外国的语言、文化、历史、制度等，较少关注国内相关状况，因此，中国精神、中国价值观在外语课中涉及不多。然而，大学生思维非常活跃、好奇心很强，在当下价值观复杂多元、新旧时代交替的背景下，学生的辨别能力不够。外语课程在提高学生语言能力的同时，帮助学生提高了思想觉悟，有助于提升学生的辨别能力。

第三节 外语教育的基本原则

一、以学生为中心原则

以学生为中心是随着我国主体性教育的深入发展和素质教育改革的推行而逐步盛行的一种教育核心理念，是教育改革创新的主要基调，是教育高质量发展的客观性规定。以学生为中心作为一种新的教学核心理念，具备丰富的意义，其本质是根据高质量的外语教育推动学生的高质量发展，进而完成外语教育发展的总体目标。

（一）以学生的需要为中心选择教学内容

学生的需求是教师开展外语教育的立足点和归宿，达到学生的要求是激起学生学习兴趣的主要前提条件。形成以学生为中心的教学观，要以学生的需要为价值标准，挑选合乎学生学习需要、能力提升需要的实践创新规定的教辅资料，在教学内容中反映学生的主导作用，注重学生的主体地位，重视学生的主体价值，维护学生的合法权益。美国教育家博克（Bock）曾将现代教学归结为一种以需要为中心的服务关系，并深刻地指出，"大学出售教学服务"，而"学生购买"。

世界著名的哈佛大学、耶鲁大学、斯坦福大学都是因为给学生提供高质量的教学服务，才赢得了学生的青睐。

在市场观念从经济领域日益向教育领域渗透的今天，外语教育必须贯彻"顾客至上"的教学原则，思学生之所想、急学生之所需，将教学内容的重心放在发现和了解学生的需要上，根据学生的不同学习水平、价值偏好选择相对应的理论与实践教学内容，努力使学生的需要得到最大限度的满足，使学生的潜能得到充分的开发，激起学生的求知欲和好奇心，这样才能保证教学质量，实现外语教育的高质量发展。

（二）以学生的生活为中心组织教学活动

学生的灵感和创新源于丰富多彩的生活。外语教育务必以生活为教学活动的主要载体，进而培育学生的素养。英国教育家怀特海（Whitehead）说过："教育只有一个主题，那就是五彩缤纷的生活。"

每个学生对于世界的看法都是不同的，对于生活的了解也各不相同。由此可见，以学生的生活为中心组织教学活动并不是单纯地在外语教育中描绘学生生活的画面，也不是用外语教育的知识阐述学生的生活场景，而是要避免外语教育教学活动改变学生的主人身份和主体地位，毕竟内心的和谐自由为和谐自由的生活提供了保障。因此，为了保证每一个学生生活的独特性，必须尊重每一个学生对生活世界的理解，外语教育要以学生的生活为中心组织教学活动，本质上就是要唤醒和释放学生本性中的精神渴望，使学生天赋潜能和内心自由都能得到广泛的关注，使外语教育真正满足学生的愿望，成为解放心灵和启迪智慧的活动，让学生能够在外语教育中找到自我，体会学习的快乐。

（三）以学生的发展为中心评价教学效果

促进学生发展是教学评价的实质和生命。换句话说，只有教师为了学生的发展而教、学生为了自己的发展而学，才可以产生高质量的教学评价。在互联网技术时代，教师的外语教育致力于使学生学好专业知识、战胜困难、学会思考、学会团结合作，进而全方位发展成具备创新意识和实践能力的人。评价教师的"教"是否达到了这样的教学效果，关键在于是否能建立一种以学生发展为中心的评价机制，即现代教学评价应当是一种以促进学生高质量发展为根本宗旨的发展性评价模式，其评价指标应该更加注重学生学习探究的过程而不是结果，更加强调学生的个性成长而不是"千人一面"，更加突出学生的潜能开发而不是分数的增长。

总而言之，当代外语教育教学评价要革除之前陈旧的评价方式，以学生的发展为中心评价教学效果，激励学生自身评价，推动学生的发展，激发学生的潜力，提升学生的学习效率。

二、情感教学原则

（一）寓教于乐原则

寓教于乐，简单地说是将教育内容与学生喜欢的有意思的主题活动结合在一起，传送给学生，在学生积极学习的情感状态中达到外语教育的目的。在外语教学中，要求教师利用目前的教学资源，调动学生学习的积极情绪。众所周知，内因是事物发展的根本原因，只有学生心里真正拥有"我想学，我要学"的念头，才可以使其积极地参加课堂教学活动，才可以维持爱好和不断学习的驱动力，以及开心、积极、开朗的情绪。需要注意的是，教师对学生学习主动性的激发不可以拘泥于表层，要注意观察学生的学习情况，把学生的"兴奋点"一个个相互连接，形成完整的"兴趣带"，促使学习兴趣与内心的真实学习需求合二为一，转化为更深层次的"学中乐"，进而形成持久而强劲的学习热情，为后续外语教育教学奠定学习基础。

（二）以情促教原则

以情促教是通过情感沟通交流推动教学活动的进行，加速学生对知识的学习和消化吸收的过程。"情感"变成教学活动的根基，教师首先在课堂上要表现出积极乐观的情感。换句话说，无论生活中遇到什么困难和挫败，站在讲台上面对学生求知的眼睛，都要重整心态，让学生看到自己积极向上的一面，同时要传递积极乐观的心态。换句话说，根据教学语言、肢体语言的表达等，让学生能够体会到教师的情感，并且认可这种情感。因此，教师必须调动起积极的教学因素，最大限度地提升外语教育效果。还要根据教学内容产生相应的教学情感，使两者达到和谐统一，即悲伤的故事要用伤感情绪，欢乐的故事要有开心的语调。通过情绪引导学生深刻理解教学内容，万不可情绪混乱，让学生产生违和感。

（三）情感交融原则

情感交融就是指教学环节中教师和学生情感的沟通交流和结合，让整个外语教育在宽松自由、其乐融融的氛围中展开。与学生的情感交融，要求教师高度重视与学生的沟通和互动交流，即把学生的学习要求放在第一位，真正地去倾听学生的所思所想，将素质教育的"以人为本"理念落实到外语教育的各个方面，由此激发学生想要表达的欲望，形成敢说的不惧怕心理，与教师开展真实有效的交流。

（四）迁移感染原则

迁移感染，简言之就是"移情"，即学生的情感在正方向的迁移中受到积极地感染和熏陶，从而产生不可估量的积极影响。教师要正视自己"为人师表"的职业身份，一言一行皆要符合教师行为规范，以专业素养和人格魅力"征服"学生，让他们从喜欢外语教师延伸到喜欢上外语课再到爱上外语的语言。

三、实用性与实效性原则

（一）实用性原则

外语教育教学中的文化知识渗透和文化自信培养主要体现在两方面：

第一，外语教育教学中的文化导入与培养要与日常交际紧密联系。教师教授的文化内容应该是学生在日常生活中容易理解的，或者在今后的外语使用中会经常遇到的内容。只有让学生发现所学知识确实有实用性，与他们所处的社会和生活环境关系密切，与他们感兴趣的话题相关，学生才能乐于接受新知识，乐于自主学习、了解语言和文化，这样语言教学中的文化知识渗透才能激发学生的学习兴趣。

第二，外语教育教学中的文化知识渗透和文化自信培养要努力做到与学生的能力考查接轨。外语教育教学以语言知识的教学和训练为目标，因而在语言教学中导入文化知识要掌握一个度，不能影响正常的教学进度和内容，不能无限地进行文化的熏陶，以免对学生的学习效果产生消极影响。教师对学生进行的文化知识渗透要与课程思政教育接轨，根据不同的教学内容和学生具体情况选择合适的文化内容进行文化自信培养。

（二）实效性原则

语言学习离不开文化背景知识的积累，文化知识的渗透对语言理解和学习能够起到事半功倍的作用。教师在教学中需要敏感地察觉出适用于增强学生文化知识、培养学生文化自信的教学内容。这需要教师自身具有丰富的教学经验和敏锐的教学观察能力。教师不仅自身要具备较高的文化素养，同时要不断学习，了解最新的资讯信息，并利用其为教学服务。在外语教育教学时效性方面，教师不能拘泥于已有的文化知识，要不断更新自己的文化知识，结合时事新闻，分析其背后折射出的文化内涵，解析其爱国主义、家国情怀、工匠精神、奋斗精神等时代内涵，并将其与教学内容相结合，让文化教学、素质教学、课程思政教学与时俱进。

第四节　外语教育的理论基础

一、外语教育的哲学理论

（一）主体间性理论

1. 主体间性理论的含义

主体间性理论源于人们对现代社会多元化人际关系的哲学反思，是当代哲学消解一元主体，用对话理性、交往理性取代主体中心理性的基础性论题。胡塞尔（Husserl）认为，主体间性是"自我"与"他我"之间通过交流与沟通所达成的认识上的一致性。海德格尔（Heidegger）认为，主体间性是"自我"与"对象"之间交流与对话，是主体与客体的共同存在。哈贝马斯（Habermas）指出，主体间性的主体与客体都是超越自我的存在，不仅双方构成交互主体，同时双方也互为主客体。

2. 主体间性理论视域下的外语教育

（1）互动交流

相对于主体性启蒙教育更加注重的是个人来说，主体间性特别注重主体间的互动交流。强调从单一主体性向互动主体性变化，即突破了极端个人主义的困境，将主体从自我中心的局面中解放出来，明确提出交往的内在联系，明确交往双方均为主体，是相互关系的影响者和创立者。如同黑格尔（Hegel）常说，现实中的个人都会同人际交往中的他人产生相互联系。这一观点响应了历史唯物主义的观点，即事情是相互依存、互相存在的，在此基础上建立的主体间关系是具有情境性与实践性的，是可以在实际情境和教学实践活动中存在和实施的。在外语教育中，学生和教师都是主体，是相互影响、相互促进的两个个体。

（2）公平交流

交往活动中的主体之间没有主客或先后之分，主体间性强调的相互交往是民主的、平等的交往，单个或多个主体在地位、权利等各方面都是平等的。以外语教育教学实践的师生为例，在探讨教学环节中的师生关系时，教师和学生之间并不存在先与后或主动与被动之类的不平等关系，二者在教学活动中应是相互平等的，具有平等对话、平等合作和平等共处的权利，同时师生双方也是平等自由的，每个主体都是自我的表达者，交往中的每个人都不会因为对方的存在而成为依附性的客体。

（3）理解交流

在人本主义意义上，主体间性倡导的是主体间的相互理解，能够实现将人的情感与价值融入交往过程中。这也是主体间性超越主体性的一大特点。如刘要悟教授所言，教师和学生要亲自参与到交往关系中，让双方在交往中理解并协调各自的行为。交往双方以尊重、信任为基础，借助于语言媒介实现移情式的相互理解，突出了"人"作为交往主体的鲜活生命力。因此，在外语教育中，师生双方要相互理解，了解对方的想法，进而提高外语教育的教学效果。

（二）人本主义学习理论

1. 人本主义学习理论的内涵

人本主义学习理论最先在美国兴起，是心理学的重要流派之一，主要代表人物为罗杰斯（Rogers），提倡教学理念要以学生为中心，课堂教学过程中要给学生充足的时间进行自由学习。人本主义学习理论重视学习者的主体地位，在教学中要注重其情感态度及价值观的发展，同时，强调人格发展的重要性，最终是要达到实现自我价值的目标。

2. 人本主义学习理论视域下的外语教育

（1）教育目标

罗杰斯认为教育的目标应该是实现学生的逐步发展，让学生在变化中成长，学会自我学习。

首先，培养出来的学生要具有一定的适应性，无论生活中发生怎样的改变，都能逐渐适应，并感受到新生活的意义，对变化前后的事物表现出良好的适应性。因此，外语教育要注重对学生适应性的培养，与时俱进，紧跟时代潮流。

其次，行为举止要符合社会发展的规律，但是也不能受人摆布，用人本主义理论培养出的学生要是自由的人、有自己思想的独立的人，同时，自身行为可以随着周围变化进行转变。因此，外语教育要注重对学生个性的培养，每个人都是独立的个体，学生要积极向上，要信任他人。

最后，运用人本主义理论培养出的学生要有自我选择的自由，并有自我选择的能力和为选择负责的担当。

（2）意义学习

意义学习是罗杰斯学习观的核心内容。他认为有一种学习是无意义的，与形成完整的人没有关系，与人的个人情感也没有联系，即机械式的学习方式，这种学习方式不仅无法促进个人全面发展，而且还会导致学习效率降低。而意义学习则是将所有人的经验整合到一起的一种学习方式，这种学习能够影响学生的行为态度、个性发展，并且让学生在学习的过程中不断积累经验，甚至在一定程度上影响学生在未来的重要选择，是一种不断增长知识的学习。而且逻辑与直觉、理论与经验，还有理智与情感等都是意义学习融合的因素。外语教育运用这种方式进行教学有利于促进学生成为一个综合发展、更加完整的人。罗杰斯将意义学习主要分成四个方面：

一是学生的求知欲是来自内部的，自我主动去探索学习，并且理解、掌握知识的整个过程是主动的。

二是学生要全身心地投入教学活动中。

三是学生学习的过程要与之前的经验相结合，从而影响自己的学习态度、举止及个性。

四是学生要对自己的学习方式有清晰的认知，要对是否适合自己、是否有助于学习发展、是否促进深入学习探究等问题有明确的思考与正确的判断。

（三）文化回应教学理论

1. 文化回应教学理论内涵

文化回应教学理论诞生于美国，其出发点是促进教育公平。盖伊（Gay）指出，文化回应教学需要在教学活动中融入社会非主流文化的相关内容，以适应有色人种学生文化背景、认知经验、学习风格等，实现教育公平，调动非主流文化学习者学习动机，提高学习成效。

2. 文化回应教学理论视域下的外语教育

在当今的跨文化交际中，人们越来越清醒地意识到，彼此交流中的误解和摩擦是因为自身文化理解能力的欠缺和不足，无法克服不同文化间的障碍和壁垒，这就对外语教育提出了新的要求和挑战，我们必须以全新的视角去看待外语教育。外语教育应克服目前单一的语言学立场的局限性，实现由语言学立场向文化立场的转变；外语教育必须将文化教学作为"显性课程"，强调文化回应，重视文化理解能力的培养，从而使学生具备与不同文化背景的人交流沟通和共同合作的能力。

英美等国在二十世纪八九十年代就已正式将文化教学与学生语言能力的培养提升到一个同等重要的位置，强调文化理解能力，强调在适当的文化情境中整体地使用语言。由此可见，重视外语教育的文化立场、实施文化回应教学是时代发展对外语教育提出的现实要求，具有积极的现实意义。

（四）产出导向法理论

1. 产出导向法理论内涵

产出导向法理论具有较强的针对性和系统性，倡导学用一体，认为输入与输出的相互对接能促成选择性学习，并以此提升教学效果，优化教学模式。

产出导向法的推广和优化使其受到众多专家与学者的关注，虽然其具体效果尚未获得定论，但给我国教学模式带来的教学思路仍获得诸多学者认可，他们认为应用产出导向法确实能推动高校外语教育改革，助力语言教学体系优化，虽然产出导向法为高校外语教育教学设计了美好蓝图，但这一理论的落地生根仍面临诸多困难。因此，外语教师必须勇于接受挑战，在实践中推动高校外语教育教学的优化。

2. 产出导向法理论视域下的外语教育

（1）注重引导学生优质产出

在高校外语教育中应用产出导向法，可进一步增强教育质量，提高效率。在此过程中，教师是重要的指挥者。

第一，外语教师要注重引导学生优质产出，并明确学生在不同时期的学习能力提升效果。

第二，教师要重视提高学生外语应用能力，利用不同主题和规模的实践项目，培养学生的核心素养，并在整个教学过程中动态跟踪与反馈，给学生明确的指导。

第三，外语教师要以实践活动为载体，在活动中承载不同的教育目标和内容，在实践中引导学生进行知识产出，在有效锻炼他们语言表达技能的同时，多元和直观地评价学习质量。

第四，根据学生产出的成果和结果，诊断高校外语教育模式的具体问题，继而对产出导向法的应用形式进行优化和调整。

第五，要坚持以问题为导向。在实践训练环节多视角地分析外语教学中存在的问题，并根据学生的真实反馈和外语表达能力，有针对性地创新和优化外语教学方法和形式。

（2）增强外语教育的交互性

外语是交流和沟通的工具，所以，外语教师应注重创设多样化和多元化的交流情境。在高校外语教育中运用产出导向法训练学生的语言表达能力和跨文化交际能力的时候，教师要注重增强各个教学环节的交互性。吸引学生深度参与和演练，为学生营造轻松的外语表达氛围，使他们积极和自觉地调取积累的原始知识，由此才能真正展现产出导向教学法的应用意义和价值。

只有搭建不同的交互场景，才能有效训练学生外语表达技能，并在实践的过程中直观地反映出不同问题。外语教师要将趣味元素科学融入高校外语教育的各个环节，并利用新媒体技术和计算机设备等营造多维度的交互空间，通过不断增加外语教育的交互性，最大限度地活跃课堂学习气氛，令学生能进行更深层次的交流和交互。这样学生才能真正在表达中掌握与了解外语知识和相关文化。外语教师要科学地构建高效外语课堂，要将理论知识与实践应用深度结合。

（3）教师要保证输出资料的多样性

产出导向法更强调学用一体，通过教学资料的有效输入和输出，保证学生切实掌握理论和方法，在日常的生活和社会实践中发挥外语的作用，高校外语教育教学要注重增强学生外语表达能力和跨文化交际能力，致力于高质量培养学生跨文化意识和能力，以此为目标设计多样化的课程内容，根据学生学习效果和外语表达能力，精准和多渠道地进行教学内容的教授，保证内容具备交叉融合性。

此外，外语教学与专业课程内容需做好衔接，从外语视角审视专业领域知识，既可增强学生专业技能，又可巧妙地开展学术类外语教育，根据学生的选择和职业生涯规划，筛选和整合优质的教学资源，并设计精品的外语课程，引导学生在学习外语知识和文化的同时，能够对专业领域有深刻的了解。

外语教师要秉承全面提升学生专业能力的理念，对高校外语教育内容进行优化，从而有效丰富学生的知识层次，令他们成为具备良好职业素养和外语核心素养的技能型人才。

（4）有效控制外语教学过程

教师在开展外语教育工作的整个过程中，要有效把控驱动、促成、评价等各个教学环节，时刻关注学生的思想动态和学习效果，有目的性地应用产出导向法。

教师要有效控制外语教育的教学过程，善于利用真实交际场景，对学生外语表达能力和理论实践能力进行强化，尤其需重视驱动环节的教学把控，为学生进入深度学习奠定扎实基础。从某种角度来说，驱动环节的教学质量会对促成环节的展开产生影响，因此，教师务必要保证课程导入的趣味性，驱动学生积极自主地参与各种教学活动，外语教师要详细介绍项目内容和执行任务的具体步骤，并为学生提供广阔的选择空间。

教师必须有层次性地开展外语教学活动，并恰当地引入产出导向法，使学生能够选择学习，而不是被动完成任务，由此才能真正达到预期的教学效果和目标。

外语教师尤其需注重高质量把控评价环节，要设计多层次和多维度的评价体系，对学生学习质量和效果进行综合评价，基于完整和可靠的大数据，评判学生的学习效果和能力，尽量弱化主观意识，要能公正地对学生的产出效果和质量进行数字化评价，同时要利用客观的评价结果，引导学生正视自身的能力短板和不足，使其能够自觉地进行自我完善和提升。

（五）认知负荷理论

1.认知负荷理论的含义

认知负荷理论是斯威勒（Sweller）于1988年代提出的关于工作记忆的理论。认知负荷理论认为，因为工作记忆的容积不足，人们的认知有时候会出现超负荷的状况，这直接关系工作记忆的生产效率。依据负荷产生的原因，该理论可分成下列三类：第一类，与认知对象难度有关的内在认知负荷；第二类，与认知对象信息提供方式有关的外在认知负荷；第三类，促进图式建构的关联认知负荷。当三种负荷累计总值超出工作记忆容积时，便会发生认知系统资源不足的情况。对于内在认知负荷，之前的科学研究早已强调，在已知的学习条件下，难以更改它，因为它取决于学习资料的特性和学习者的经验水平，体现了得到某类图式所必不可少的、还在工作记忆中处理信息的容量。内在认知负荷是通过学习内容造成的，在外语教育教学过程中无法改变，而外在认知负荷与关联认知负荷相同，都是由外语教育教学过程直接控制的。此外，关联认知负荷是内在认知负荷和外在认知负荷产生的负荷较低时，学习者运用剩下的认知资源推动图式构建时发生的负荷。

2.认知负荷理论视域下的外语教育

依据认知负荷的特性和由来，内在认知负荷与外语教育本身的难度和学生相关领域的知识是相关的；外在认知负荷则是由外语教育本身的素材内容有问题或者教学方式出现问题导致的；关联认知负荷是学生在充分利用自己的认知资源促进外语教育影响自身时产生的负荷。外语教育教学的有效性包含两个方面，即教师教学的有效性和学生学习的有效性。学生"学"的有效性是外语教育教学有效性的起点和目标。为了能让外语教育教学活动顺利进行，教师应当调节学生的认知负荷，进而促使学生"学"的有效性的产生，从而推动教师"教"的有效性。依据认知负荷理论，在调整学生认知负荷的教学过程中，教师掌握"减负增效"的标准，即降低原有的内在认知负荷和外在认知负荷，提升关联认知负荷，使学生的总认知负荷在学习记忆的高效"生产加工"范围之内，进而实现教学目的。

二、外语教育的语言学理论

（一）语言监控理论

1. 语言监控理论的内涵

语言监控理论的内容是由五大假说构成的，即习得—学得假说、自然顺序假说、监控假说、输入假说及情感过滤假说。每一个假说都有存在的意义，都反映了语言学习的问题和特点，对外语教学有着一定的影响。

（1）习得—学得假说

克拉申（Krashen）认为"习得"和"学得"是两个完全不同的概念。他认为语言的习得是人在无意识的情况下学会的语言，在日常的生活通过交际学会的；学得则是刻意地有计划、有规划地学习语言。通过习得获得的语言是高质量的，而学得的语言是来监控人们所说的话是否正确，在语言运用中作用甚小。

习得的知识是通过在日常生活中自然的交际，人们会更多地关注语言意义来传达交流目的，最后达到可理解性的输入来获取知识。

学得的知识则是人们有意义地学习，在学习中人们会关注语言的形式、注意语言规则从而达到学得的目的。

（2）自然顺序假说

不言而喻，自然顺序假说，就是认为人们对语言结构知识的习得是按自然顺序进行的假说，突出表现在自然顺序性。

（3）监控假说

监控假说，顾名思义就是在学习者学得语言的过程中，大脑随时监控自己输出的语言是否存在错误，就像我们母语为汉语的人用外语交流时总会顾及很多规则和是否具有语言错误。

在人们的大脑中，潜意识系统也是一直存在的。存在于人们大脑中的监控系统和潜意识系统与习得—学得假说相呼应，在学习者学得语言的过程中需要通过监控来时刻保持自己所输出的语言是正确无误的，而在日常的语言习得过程中，学习者通过潜意识地语言输出是没有经过监控的。这个过程就像操母语的人在说外语的时候是存在监控的过程的，而母语输出则是没有监控的，是潜意识里面的知识调动。

（4）输入假说

可理解性输入是语言习得的必要条件，它指的是学习者所接触到的语言应该是可以理解的语言材料。这些语言材料的难度应该略微高于学习者当前的语言水平和语言能力，即克拉申所说的"i+1"这种水平的语言材料，其中"i"为学习者当前的语言知识水平和语言技能水平，"1"指的是当前水平与下一阶段语言状态的间隔距离。

输入材料的难度应该是相当的，不宜太简单也不宜太难，在学习的过程中应该让学习者有进步的空间，不能与现有的水平齐平。输入材料应该在学习者现有的水平之上，但又不能过多超出学习者现有的理解能力。

（5）情感过滤假说

在情感过滤假说中，克拉申认为学习者产生的学习动机、自信和焦虑等情绪都会影响学习者的语言输出水平。充满自信的学习者会在学习过程中更加轻松，提高学习效率也会相对容易。在学习者学习的过程中会产生一系列的情绪，如果这些情绪是正面并且积极的，那么就会提高学习效率，反之就会影响学习效率，学习者的情绪就像过滤器一样影响着知识的吸收。

2. 语言监控理论视域下的外语教育

（1）习得与学得相结合

习得和学得都是学习过程中固有的现象，各有各的特点和优势，那么在教学中外语教师应尽量将习得和学得相结合。

在外语教育教学中，教师可以多鼓励学生使用外语进行互动和交流，尽量少使用母语。对于教师而言，在教学的过程中，应该使用目标语来讲授知识，让自己的授课语言尽量精练，少使用长难句与学生交流。为学生创造一个目标语的环境是非常重要的，因为除了上课时间，学生在课下很少能够有机会使用目标语。在学生使用目标语交中流出现语法错误时，如果不是非常严重的错误，教师可以选择为了交流的流利性而忽略一些小错误。当学生使用目标语的次数多了，就能够脱口而出，使习得的知识与学得的知识相辅相成，并存于学生的潜意识当中。针对习得与学得过程中的学习特点，外语教师应该在教学中注意把语言形式与意义结合起来，不能只注重形式或者只注重语言意义。在关注用外语交流的流利性的时候可以对语言规则的使用稍加放松，但不能出现违背语言规则的问题，同样在注重规则的同时也要关注语言的流利性，二者在交流的过程中是都需具备的。

总而言之，从习得与学得的概念解释来看，学生能否在现实生活中多使用目标语是非常重要的，作为外语教师应该多鼓励学生使用目标语。即便在使用的过程中会出现一些小错误，也不应该打消学生的积极性，而应让目标语慢慢成为习得过程中使用的语言。

（2）选择合适的输入材料

在输入假说中，输入的材料应该遵循"i+1"的规则。在选择材料时应该考虑学习者自身的背景知识，输入的材料应该是学习者通过学习后能够接受的，并且学习者通过教师教授和自身的学习，学习的水平应逐步有所提升。

首先，在材料的难度选择上，既不能太难也不能太过容易。太难的材料会让学习者产生畏难的情绪，而太过容易又会让学习者失去学习兴趣。

其次，在输入材料内容的选择上，外语教师应多选择富有趣味性和真实性的材料，贴近现实生活的学习材料会让学生更加容易理解，学习效率更高。

教师在挑选教学材料时不应该局限于课本的难度，应该尽量结合学生自身的基础来挑选输入材料，不同的学生的理解力也是不同的，输入材料应该具有科学性且难度与学生的能力相匹配。在网络资源非常丰富的今天，输入材料的形式也是多种多样的，不再像从前那样单一。因此，外语教师在设计和挑选的过程中也应该将多种形式相结合，让学生感受到知识的多元化。

（3）减少学生学习过程中的负面情绪

在情感过滤假说中，学生的情绪会直接影响知识的吸收程度。作为外语教师，在教学过程中应该多关注学生的情绪，帮助学习兴趣不高的学生培养学习兴趣。

在外语教育教学中外语教师可以营造相对轻松的学习氛围，不宜对所有的学生统一要求，而应创造一个适合的氛围，让所有的学生都能够参与进来。面对学习基础较薄弱的学生，教师应该多加鼓励，制定不同的教学计划，对不同的学生应该有不同的要求。在学习的过程中会产生情绪是避免不了的，教师要让学生明白这些情绪是可控并且可以转化的。每个学生都是一个独立的个体，在个体的发展过程中会出现很多不一样的问题，学生的情绪多变是非常正常的，教师在教学中要时刻关注这一点。学生的心理发展对于学习是非常关键的，教师应该具备心理学的知识，及时疏导学生的负面情绪，让学生的负面情绪对学习的影响降到最低程度。

(二)中介语理论

1. 中介语理论的内涵

20世纪70年代,科德(Corder)、奈姆瑟(Nemser)、塞林克(Selinker)的研究成果共同构成了经典的中介语理论。从科德的"特异方言",到奈姆瑟的"近似系统",再到塞林克的"中介语",尽管三位学者研究成果的称呼不同,但他们都将学习者的语言看作一个独立的、具有完整结构的语言系统,这个系统介于学习者的源语言和目的语之间,并随着语言学习的深入无限地趋近于目的语。

2. 中介语理论视域下的外语教育

第一,中介语是可变的,伴随着学习过程而产生和发展;第二,中介语是系统化的,处于两种语言表达的中间位置,学习者在这一情况下所产生的问题并不是偶然的,而是系统化的;第三,中介语的偏误具有顽固性和反复性,中介语不是直线向目的语靠拢,而是曲折地发展的。

作为外语教育教学里的中介语,结合了学习者学习汉语的特性以及学习外语的特性,进而展现出不一样的特性。由此,我们可以从两个层面来剖析:一是学习的过程,二是语言的表达因素。

从第一个方面来看,它具备下列特性。一是民族性。一个民族的语言包含着自身的思维模式和特性,不同民族的学习者都反映着自身特有的文化含义。二是动态性。需要注意的是,在动态性上面有一些差别,导致这些差别的缘故:两种语言表达的差别、学习者触碰外语的频次和总数、学习者本身的学习方法和人际交往对策、教师的教学模式是不是适当等。三是不平衡性。这类不平衡反映在两个层面,即语音、词汇、语法发展的不平衡和听说读写能力发展的不平衡。四是个体差异性。个体差异通常是由能力、喜好、学习条件等导致的。

从第二个方面来看,主要涉及语音、语汇、语法、音调的特性,目的是对外语本身知识的剖析和探讨。

(三)认知语言学理论

1. 认知语言学理论的内涵

认知语言学指的是将语法知识和规则作为教学内容以此来提高学习者的外语语法水平,在此之前外语语法教学很少涉及语法规则,外语学习者基本选择学习语法的结构或者直接在情境中学习外语的语法。久而久之,语言学家认识到这种语法教学方式的缺点,于是针对这种只学习外语语法之"形"而不学习语法之"神"

的问题提出了认知语言学理论。认知语言学理论是一个大方向，它按照语法教学内容和形式又可以细分成不同教学理论，如认知语法理论和构式语法理论。

2.认知语言学理论视域下的外语教育

认知语言学理论应用最多的领域是外语教学。从认知语言学角度可以发现适用于外语教学的新视角，这对革新教学方法起到不可忽视的作用。在近年来的学者研究中，原型范畴理论、概念隐喻理论、图式理论常常被应用于外语教学。原型范畴理论认为多义词是基于原型意义词的各种含义所构成的语义范畴。概念隐喻理论认为隐喻是一种手段，而隐喻的本质是概念性的，是通过一类事物来理解和体验另一类事物，即通过具体的、熟悉的源域映射到抽象的、不太熟悉的目标域。通过隐喻手段，我们可以不局限于词汇的基本意义，而是与其他复杂抽象概念相联系，进而形成一个语义系统。图式理论最早由康德（Kant）提出，在认知语言学中，图式指的是存在于记忆中的知识结构或认知结构，是结构化了的意象。

认知语言学理论对高校外语教育教学有很大的帮助，在传统教学模式的基础上把认知语言学理论融入进去，可有效弥补当前外语教育教学的弊端，提高教学质量，强化学生的学习效果。认知语言学理论从学生对语言的认知方法和语言思维入手，把一些隐喻、范畴化的语法和理论运用到实际的教学过程中，加强对学生思维的引导。认知语言学理论本身就是一种学习型的理论，研究的内容是学习经验的变化，从特定的语言环境中对语言进行研究，重视语言环境的作用。在认知语言学理论当中，教学方法更加侧重于感知结构，以及获取经验的过程。人们的某种语言的能力并不是单独的、独立的能力，学习语言的过程以及认知经验都是和语言能力息息相关的，在认知语言学理论中，学习者对于语义的运用是更重要的，对语法和词汇的掌握属于次要能力，语言的学习要和实践联系起来，只有在实践中去使用语言，才能在语言能力上有所突破，不断收获新知识，掌握新的语言技巧。

首先，认知语言学理论的人文性增强了外语教育教学对于学生的吸引力。认知语言学是将认知能力与语言紧密结合的交叉学科，具备丰富的语言学含义。语言教学需要借助认知语言学的基础理论方法来增强吸引力。

其次，增强认知语言的能力有益于增强学生对外语学习的理解。外语教育和汉语教育教学的最大区别在于东西方认知能力和表达方式的不同。依靠认知语言学理论在外语教育中的运用，能够寻找二者之间的语言共性，充分发挥语言认知能力在教学实际中的功效。

最后，认知语言学理论有利于设计科学合理的外语教育教学方案。认知语言学融合了语言学习的特点、标准、过程等众多内容，有益于对外语教育教学内容的设计方案给予有效的指导，使教学阶段性、高效率地进行。

（四）跨文化交际理论

1. 跨文化交际理论的内涵

跨文化交际理论源于美国，美国人类学家霍尔（Hall）是跨文化交际理论的奠基者，他提出了"intercultural communication"和"cross-cultural communication"两大术语，均指旅居海外的美国人与当地人之间的文化交流。后来，"跨文化交际"的含义逐渐扩展为拥有不同文化背景的人之间的相互交流。

2. 跨文化交际理论视域下的外语教育

20世纪80年代，我国学者逐渐看到跨文化交际理论对我国外语教育教学的重要影响和使用价值。因而，跨文化交际理论在我国教育行业，特别是在我国外语教育行业迅速发展。我国学者对跨文化交际理论进行了很多的研究，毕继万、关世杰和贾玉新等学者以论著的形式对这一领域进行了全方位且深层次的分析。

毕继万在《跨文化交际与第二语言教学》一书中明确指出，"跨文化交际"就是指不一样背景的人之间的交流，在交际过程中，他们必须处理跨文化语境中出现的问题，而这些问题正是不同的人之间的文化背景差异所导致的"交际信息的失落、误解甚至冲突"。要成功解决这种"交际问题"，必须具有优良的跨文化交际能力。针对这一点，很多学者都进行了进一步的分析。凯米（Kim）强调，跨文化交际能力是推动不同背景的人之间交流的一种综合性能力，是交际者与生俱来的本能反应。贝内特（Bennett）提出跨文化交际能力就是指在跨文化语境中进行有效沟通，并在不同的文化环境中做出适当反应的能力。贾玉新认为跨文化交际能力是由基本交际能力系统、情感能力系统、关系能力系统、情节能力系统和交际方略能力系统构成的。毕继万强调，跨文化交际能力是不同文化背景的人在交流中具备较强的跨文化意识，可以识别文化差异，并能成功免受文化差异干扰的一种能力。

在跨文化交际过程中，语言和文化之间拥有紧密的关联。语言结构的挑选、句式的应用、语言表达意义的形成和交际方式的建立都受到价值观念的牵制和影响。因而，在语言教学中培养学生的跨文化交际能力无疑是不可缺少的。外语教育作为跨文化的主战场，是塑造跨文化交际能力的重要途径，担负着塑造学生为日后和不同文化背景的人顺利沟通交流的重任。

（五）评价理论

1. 评价理论的内涵

评价理论最早由悉尼大学教授马丁（Martin）提出，他从话语语义学视角把评价资源范畴化为"评价系统"。

评价系统是在系统功能语言学基础上发展起来的，是一整套运用语言表达态度的资源，主要分为三大子系统，即态度系统、介入系统和级差系统，是对三大元功能中人际功能在词汇方面的发展。王振华于2001年将评价理论作为系统功能语言学的新发展引入国内，引起了国内学界的高度关注，并成为研究热点。

评价理论最初应用于语篇分析，随后经过王振华、李战子、张德禄、廖传风等学者对其完善和补充，其应用的范围也扩大到翻译研究和外语教学研究。外语是与世界沟通交流的重要工具，而课堂教学是中国学习者学习外语的主要方式，相对完善的教学理论对于中国学习者更好地习得外语显得尤为重要。评价理论以系统功能语言学理论为基础，对外语教学具有独特的指导意义。

2. 评价理论视域下的外语教育

（1）评价理论在外语阅读教学中的应用

外语阅读教学是课程教育改革的重点内容之一，阅读理解不应只是注重理解每篇文章每个段落句型的字面意思，更多的是通过阅读培养学生的阅读技巧以及良好的阅读习惯，从而提高其阅读能力。对于评价理论在外语阅读教学中的应用，不同学者也有不同的看法。

廖传风将评价理论运用到解读语篇教学新思想的外语阅读教学之中，指出重要评价是语篇的中心思想，在某个特定语篇里，它是通过具有评价意义的语言成分来表达的，例如，具有评价意义的词汇、句子、段落等。通过分析段落中的评价词汇和中心思想能够帮助学生掌握文章的主旨，理清文章的脉络。

综上可以得出，评价理论对阅读教学具有十分重要的作用，其介入系统、态度系统、级差系统可以用来分析语篇的主旨和作者的观点态度，从而帮助学生更好地理解所学文章。评价理论能否运用于初中生或者其他年级的学生、能否运用于阅读理解中的其他题型均有待于探索。

（2）评价理论在外语口语教学中的应用

随着我国经济快速发展，整个社会对学生的外语口语水平要求也越来越高，甚至将口语能力视作外语能力的直接表现。

评价理论主要用于研究人们如何运用语言中的评价资源来表达人际态度,并调节主体间立场,因而可以作为培养学生口语交际能力的有效理论工具。但通过搜索《中国期刊全文数据库》发现,在评价理论指导下的口语教学成果并不多。对于评价理论在外语口语教学中的应用,不同学者也有不同的看法。

马伟林指出,口语中有许多场合都需要表达说话者的情感,并且需要对各种事物进行描述和评价。说话者在表达自身观点态度的同时也希望说话的对方给予相应的回应,使得对话得以成功实现。他将评价理论运用于指导口语教学,让学生了解在口语对话中怎样才能更好地掌握对方的话语态度和强度。然而,他并没有将这一理论运用于教师的课堂评价话语之中。

总而言之,由于外语口语表达在当今社会十分重要,外语口语教学改革也显得更为迫切,评价理论对外语口语教学的指导性作用有待进一步挖掘。

(3)评价理论在外语写作教学中的应用

写作的能力是衡量学生语言综合运用能力的标准之一,因此要培养学生书面语言的实际运用能力。而写作教学是外语教学的重难点之一,许多外语教师虽然意识到学生在写作上存在问题,却一直找不到解决这些问题的有效方法。然而,成功的写作教学离不开先进的理论指导,教师在教授外语写作时,可以先给学生一些表达情感、态度、观点等关键性词汇,并且指导他们合理运用这些词汇进行写作。

第二章　外语教育的现状和发展方向

外语教育关系一个国家的政治、经济、外交和国防安全，为此，对外语教育的现状进行分析，并根据得到的启示深化改革尤为重要。本章分为外语知识教育现状、外语技能教育现状、外语师资和学生能力现状、外语教育的未来发展方向四部分。主要包括外语语音教育现状、外语词汇教育现状、外语语法教育现状、外语听力教育现状、外语口语教育现状、外语阅读教育现状、外语写作教育现状、外语翻译教育现状等内容。

第一节　外语知识教育现状

一、外语语音教育现状

（一）教师方面现状

1. 教师教学方法比较单一

对于高校学生而言，学习外语的积极性不高，不能长时间集中精力学习外语，这就要求教师在进行外语教育教学的过程中，尤其是在外语语音的教学过程中，必须结合学生的年龄特征、学习兴趣来进行教学。但是，很多高校的外语教师，在进行外语教学的过程中，不能很好地采用教学相长的方式，越来越趋向于迎合学生的能力水平，一再降低教学难度，采用单一的教学方法进行简单的教学，着重完成教学任务，这不利于提高学生外语综合能力水平及外语语音水平。随着科技化进程的不断推进，很多高校的教室都已配备多媒体设备，而部分外语教师在进行高校外语教学的过程中，没有充分利用多媒体教学设备去强化学生练习外语语音，因此，教师要改进教学方式，适应学生与时代的特点，让学生积极主动地投入外语语音学习。

2. 教师对于外语语音教学不够重视

一些高校的外语教师在进行教学的过程中，认为学生的主要任务是掌握一门职业技术，而不是提升自己的文化素养，他们在进行外语教育教学的过程中，降低了对外语语音教学的重视程度。因此，高校教师在进行外语教学的过程中，都将外语教学的重点内容放在外语词汇及外语语法的讲授上，很少将时间与精力放在外语语音的讲解与练习上。

（二）学生方面现状

1. 语言环境不能满足要求

对于大多数学生而言，缺乏外语语言学习环境，不能有效地练习口语。对大多数高校的学生来说，外语基础知识薄弱、缺乏相应的外语语言学习环境与学习设施，这是学生提高外语口语能力的一大难题。

2. 学生外语语音水平比较低

在外语学习方面，一部分高校学生外语基础水平比较薄弱，其外语语音水平也不高，不能很好地运用外语进行交流。外语语音训练过程需要投入大量的时间，不能一蹴而就。同时，一部分高校学生不积极主动地跟随教师的教学步伐，导致教师的教学活动不能正常、有效地开展，耗费时间与精力，达不到预期的效果。

此外，部分高校学生对学习产生排斥心理，教师在讲课的过程中，部分学生由于存在厌学情绪，在课堂上干扰课堂秩序，使得教学活动无法正常有序、有效地进行，进一步加剧了提升高校学生外语语音水平的难度。

二、外语词汇教育现状

（一）教师方面现状

1. 词汇教学手段单一

外语词汇本身就是一个复杂的综合体，在不同的句子、篇章和语境中的意义都有细微的差别。词汇知识可以从发展连续体、不同维度、自动化程度及心理词汇组织方式等视角来理解。学习外语单词必须在牢记单词的用法下，才能够得以进行更深层次的词义辨析、词组拓展等教学内容。教师通过对词汇的讲解，并构建词汇的使用情境，同时学生还需要对词汇进行多次练习、重复使用和测试才能够完全掌握重点词汇。目前，外语词汇的教学还停留在以学生死记硬背为主的阶

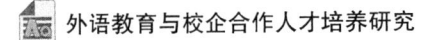

段，更深层次的词汇教学开展较少，存在教学方法单一的问题。

2. 词汇测评体系缺乏

正是因为词汇是基础，所以一般教师或传统考试都采用被动的方式来检测学生词汇的掌握，如在听说读写译中的反馈。测评体系能系统检测学生对词汇的掌握程度，从而辅助教师教学。反过来，学生也能够从测评系统中找到背单词的诀窍、掌握的词汇程度、加强对词汇的感知。传统的教学模式很难构建合理完整的词汇评价体系，因为受到资源来源、操作手段等方面的限制。

3. 词汇教学目标不明确

由于是公共课程或通识课程，受学时等因素制约，一般不开设专门的词汇课，只是将词汇教学融合到外语的精读、泛读或其他课程当中，这就导致了外语词汇教学没有明确的目标。甚至在有些课程当中，教师完全结合课程特点将词汇的讲解忽略掉，这对于学生来讲，在词汇的学习上完全没有抓手，不知道如何开展。例如，在精读课程中，教师会专门讲解文章后面词汇表中的单词，但是具体应该讲解什么、怎么讲解，学生对于词汇的掌握应达到什么程度，这些完全根据教师的理解和经验。而在泛读课程中，教师一般会淡化对词汇的讲解，将重点偏向于文章的理解及分析，综上可见，教师会频繁告知学生词汇的重要性，却没有给出具体的指导，这让学生一头雾水，非常茫然。

4. 词汇的认知教学薄弱

在外语习得领域，认知语言学的词汇教学占有重要地位。对词汇的本体研究能够直接影响大学生对词汇的认知与使用。语言学家奈达指出了外语词汇的五个特点：一是多义性，二是习语性，三是文本性，四是文化性，五是对应性。在认知教学中，词汇的形式与意义的联系，需要学生在接触真实的语言同时，还要花费更多的时间去使用。中国业内专家多以研究词语的用法和宏观层面的句法为主，忽略了词汇微观层面的探究。对于高校外语教师来说，特别是在词汇的教学中，较少从词汇的认知角度进行教学以及提升学生对外语词汇的认知。

5. 教师对最新研究的关注度不及时

在认知语言学和二语习得研究的推进下，国外的词汇教学呈现出四个新的研究方向：一是精细化分类计算，二是海量数据支持，三是技术性分析，四是智能化转变。对于词汇的精细化分类计算，能够摆脱孤立的计算方式，转变成更加丰富的测评维度，并区分母语与外语的加工与形态结构，为语言学习者提供更加客观、科学的词汇学习路径，并为语言学习者能力和水平的测评提供依据。在语料库建设中，通过建立词汇与语言能力的关系，为大数据平台的语料库建设提供了理论支撑。由于人工智能的发展，词汇的精细化、系统化、智能化使得海量词汇信息得以轻松获取。国外的二语教学词汇研究也异军突起，为外语教学的发展提供了理论和实践的指引。就我国的研究状况来说，这些领域的基础研究多以引进为主，以我国国情为基础的基础性研究较少，对一些智能化、精细化的词汇研究领域缺乏前瞻性，这也使得高校外语词汇教学中，教师不能及时更新教学方法和思路。

（二）学生方面现状

1. 词汇认识不够

学习动机是否明确及其强烈程度，会对学习者的学习效果产生直接影响，很多学生虽然认识到了外语学习的重要性，但是没有认识到词汇在外语学习中的重要作用。由于元认知不够，他们在词汇学习的过程中不能建立明确的学习动机，同时也不能自觉地规划、调整和监控自身的词汇学习。词汇的积累和掌握并不是一蹴而就的，学生对词汇学习的认识不够、动力不足，势必会对他们的外语学习发展造成很大的影响。

2. 被动接受外语词汇

当前，有的高校采用传统方式开展外语词汇教学，词汇教学课程多以教师为主体，学生作为词汇知识的被动接受者，词汇教学效果不够理想，学生在学习过程中的需求也难以得到有效满足。

一方面，有的高校对学生在学习中主体地位的重视还不够，教学过程存在不足。在传统的外语词汇教学中，教学节奏、教学效果由教师掌握，学生被动接受知识，在词汇教学中遇到的问题难以被教师感知，外语词汇教学效果便受到影响。

另一方面，高校学生在外语词汇教学中的主观能动性还未得到有效发挥，词汇教学中存在互动性不强、创新力不足等问题。一些学生外语知识基础不扎实，难以积极参与外语词汇教学课程，在与教师的互动中存在怯场的现象。同时高校学生将背诵外语词汇作为主要学习任务，而学习外语词汇不能仅仅依靠背诵，词义、拼写及词汇应用也占据重要部分，在此背景下，高校外语词汇教学效果需要改善。

三、外语语法教育现状

（一）教师方面现状

1. 外语语法教学的针对性不强

大学生源比较广泛，因此大学生外语语法知识掌握程度参差不齐。外语教师应当注意了解学生的实际情况，明确他们的外语基础水平，进而遵循因材施教的原则，设计不同层次的外语语法教学活动，以便有针对性地教授不同层次的学生，使各层次学生均能良好学习，不断提高自身外语语法知识水平。但事实上，诸多教师实施一刀切教学，也就是直接按照教学要求，将教材内容搬到课堂上，教授学生外语语法，其针对性不强，即对于优秀学生来讲，他们已经掌握了这部分知识，比较浪费时间；对于基础薄弱的学生来讲，讲授的语法知识与他们所掌握的知识未能有效衔接，相应语法知识学习比较迷茫、困惑。

2. 外语语法教学的重视程度不高

外语教师需要认真对待外语教学，根据教学要求及学生的实际情况，合理地策划并实施此项教学活动，以便通过持续不断的教授和锻炼，提高学生外语综合应用水平。但通过深入了解现阶段外语语法教学，发现部分教师未能正确认识语法教学的重要性，学生外语语法掌握不扎实，无法准确地进行外语表达或外语写作。

3. 外语语法教学理念错误

随着教育的不断改革，传统的教学方法已经无法满足如今的教学要求与教学目标，落后的教学方法是由陈旧的教学理念所引导的。教师在进行大学外语教学的过程中，对语法知识的判断出现错误，认为一些语法知识在中学已经讲过，大学就没有必要再重复，但其实在中学阶段，学生所接触的外语语法教学主要是服务于高考的，教学方法是顺应应试教育的理念，只是在语法上有短暂的记忆。大学的知识与高中所教授的语法知识仍然具有本质上的区别，并且在紧张的高考结束之后，学生经过暑假的消耗，大多数已经没有高考前的外语水平，因此许多高校还针对大一新生进行外语摸底考试，对外语语法进行全方面测试，以此来制定大学生的外语教学目标与计划。另外，教师还因为太重视对外语口语的训练而忽视了语法的教学，错误地认为语法教学对外语交流能力的提高没有帮助，甚至认为会打消学生学习外语的兴趣，这是外语教学过程中的最大误区。外语语法教学是外语本身的核心部分，与外语交流能力的培养是共同促进的。如果跳过语法教学，直接进行口语上的交流，则会导致学生犯基础性的语法错误，在交流过程中错误较多，准确率下降，最终无法完成良好的交流过程。

4. 外语语法教学模式滞后

提高外语语法教学的有效性，可以激发学生的学习兴趣，使之积极主动地学习外语语法，逐渐克服学习困难，系统地、扎实地掌握外语语法，逐步提高自身的外语语言水平。当然，前提条件是采用切实可行的教学模式。但现阶段一些高校外语语法教学依旧以灌输式教学模式为主，教师根据教学要求及教学任务，围绕外语教材来策划教学活动，在外语课堂上向学生灌输大量的外语语法知识，并简单举例解释说明外语语法的用法，学生只能被动地、机械地学习，因而学习效果不佳，对外语语法的理解一知半解，在实际解题或写作的过程中难以准确地运用外语语法，常常出现语法问题。

（二）学生方面现状

随着高校扩招，高校学生数量剧增，目前我国高校招生仍实行统一考试择优录取的制度。高等教育发展趋势对高校生源存在基础性影响。

高校学生入学前具有一定的语法知识，但其与应达到的目标水平存在一定的差距，部分学生词汇量少，写作语法结构错误较多，词性概念不强，从句结构混乱，时态使用含义不清，对非谓语动词等问题掌握不足。

一些学生中学时文化基础薄弱，缺乏自信心，学习被动消极，从而影响了学习的积极性。高校学生学习自控力较差，对自己的学习目标不明，缺乏明确的学习计划，较依赖教师的调控。少数学生纪律性差，逃课迟到，学生逃课的主要原因为对课程缺乏学习兴趣或不喜欢任课教师等。教师如无明确的要求，仅有少数学生会主动进行课前预习。课中学习依赖于教师的教学，课后作业不能独立完成，学生对待考试的态度不同，很多学生认为考试及格即可，对自己的学习目标定位较低，缺乏主动学习的习惯及动力。

第二节　外语技能教育现状

一、外语听力教育现状

（一）教师方面现状

1. 观念创新不足

部分高校教师仍在以传统观念主导教学，没有意识到"以生为本"的重要性，在外语听力教学实践中没有充分采用新的教学手段。这导致不少学生只能被动地跟随教师进行学习，难以有效激发学生的学习主动性，也很难构建以生为本的教学模式，相应的外语听力教学效果也有待提升。

2. 听力教学方法单一

虽然近年来许多高校的教学设备有了明显改善，多媒体广泛应用于听力教学中，但部分教师仍然采用传统的教学方法，单纯传授语言知识和技能，不能做到以学生为中心以及培养学生语言的实际应用能力。听力课上只是单纯地放录音，学生只是被动地接受信息，然后写出答案，教师核对答案，周而复始，课堂气氛沉闷，学生学习热情不高，很难提高听力能力。

（二）学生方面现状

1. 听力词汇基础薄弱

我国学者杜诗春从认知心理层面对学习者内部词汇系统进行了深入研究，结果表明词汇形式与词汇意义分别存储在学习者头脑中的不同区域内。当前大学生头脑中对外语词汇的视觉形象较为发达与完善，看到词汇后可以联想起意思及其在语言表达中的应用方式，但大学生头脑内对词汇的听觉形象并不完善，究其原因，在于外语教学中长期存在重阅读理解、轻听力理解的现象，学生难以通过外界刺激、与外界环境的交互建构词汇听觉形象认知架构，看得懂词汇意义，但在听到词汇后难以分辨其意思，导致学生头脑内存储词汇意义的语音区域处于空白状态，难以激活学生听觉—意义反应心理。因此，在听力技能教学中应当兼顾阅读理解与听力理解，逐步完善学生的听力词汇认知体系，丰富学生的听力词汇量。

2. 听力素质有待提升

大学生外语基础较为薄弱，大部分学生外语发音不规范，口语表达中的词汇及句子的发音与标准语音具有较大的差异性。学生发音不标准，在听力中便难以正确辨音，也难以正确理解所听的内容。外语具有音变的语用习惯，为了更加直观地表达对话意图、体现表述的重点，通常会弱化部分词的读音，或是采用连读的形式简化语言表述。在近音干扰的情况下，学生很难辨别其中的关键信息，仅一词之差便会导致听力理解南辕北辙。

3. 难以跟上听力语速

大学外语教材以基础为主，所涉及的听力材料较为简单，语速适中，但仍有大部分学生在听力训练中会出现跟不上听力语速的现象，主要原因在于学生语音辨识及速记能力较低。部分学生在听力训练中难以听懂前面的语句，不能把握语句的框架及关键词汇，听力材料不断播放，后续信息持续输入，学生便会感觉听力材料的语速过快。

与此同时，学生在短时间内掌握说话人意图、理解说话人意思的能力较为薄弱，倾向于在头脑中将外语翻译为汉语再与题目相匹配，这一过程需要耗费大量的时间，导致学生很容易出现听下文而忘记上文、遗漏关键信息等问题，从而弱化学生听力技能。

4. 缺乏文化背景知识

我国学者彭宣红从认知心理学角度对学生听力技能进行了调查研究，结果表明影响学生听力技能的因素主要包括心理障碍、语言知识障碍及非语言知识障碍，具体包括焦虑、动机、记忆、推断、语音、语调、词汇、背景知识等12项评价指标。其中，缺乏背景知识导致听力技能薄弱的学生占比高达84%。任何一种语言都离不开其所依托的社会环境、文化环境以及时代背景，大学外语听力技能教学中，语言材料包罗万象，不仅与学生生活息息相关，而且包含诸多与外语国家民俗文化、语言习惯相关的素材，学生缺乏外语语言的文化背景知识，便会对听力材料产生陌生感，加剧学生面对听力材料时的心理障碍与非语言障碍，导致学生出现听力技能不高、难以理解内容的问题。

（三）学校方面现状

1. 教学资源和内容有待改进

高校外语听力教学需要大量、丰富、生动的教学资源和内容作为基础支撑。

然而，不少高校在开展外语听力教学活动时，都是以教材为主要资源和内容，缺乏多样化的资源获取途径，同时教学内容也较为枯燥乏味。不同学生的实际情况有所差别，他们对教学资源和内容的需求自然也存在不同，过于枯燥和匮乏的课程资源不利于外语听力教学的有效改善。

2. 教学模式不够多样化

多模态、多样化的教学模式能够满足不同师生的实际需求，也能适应不同的教学情况，进而保障教学实效。但是，部分高校外语听力教学模式还不够丰富多样，基本上都是采取口头讲解、机械化训练的方式开展教学活动。这不但难以充分激发学生的兴趣与积极性，而且也不能根据实际教学需要合理调整与优化，相应的教学效果很难达到预期。

3. 教学实践落实不到位

外语听力教学一定要落实到实践上，才能切实推动学生听力水平的有效提升。然而，部分高校在外语听力教学方面缺乏良好的实践意识，不注重教学过程中的实践性和应用性，往往从理论出发引导学生进行机械化的课内训练，没有给学生提供丰富多样的实践机会。尤其是在学生专业层面的外语听力实践较少，没有针对学生实际情况合理优化实践方案和策略，导致学生外语听力水平乃至外语应用能力很难得到有效提升。

4. 教学评价存在不足

教学评价在外语听力教学中的重要性毋庸置疑，其不但能够反映实际教学情况以及学生在学习中的表现情况，而且还能针对教学中存在的不足提供相应的改善依据和支持，促进听力教学水平提升以及学生听力应用能力的发展。然而，目前部分高校外语听力教学评价有一定不足，没有充分考虑本校的实际情况，对学生学习意愿、需要、表现等的关注还不是十分充分，同时在评价模式上也存在较为明显的主观性，难以充分发挥教学评价的作用和价值。

5. 信息技术应用水平低

进入新时代，信息技术已然成为现代教育中应用极为广泛的重要技术，其对于教育的创新进步、改善优化有着重要意义。部分高校信息化程度不高，信息技术应用水平不高，在信息技术与外语听力教学的融合方面缺乏有效探索。

二、外语口语教育现状

（一）教师方面现状

1. 教学方法单一

在大学外语口语课堂上，很多教师依然采用传统的、单一的讲授式教学模式。在有限的课堂教学时间内，对学生进行机械化的"听说读写"训练，教师带着学生分析句型、句意、语法等语言知识，学生忙着做笔记，记忆文本的重难点词组及句子，师生互动较少，课堂气氛沉闷，学生缺乏积极性和主动性，这样的课堂教学自然无法提升学生口语能力。

2. 课堂教学活动单一

在现阶段多数高校外语口语教育实践当中，部分教师表示只要有互动和交流，并以外语语言进行表达的便是交际活动。所以，在外语口语教学中，往往会存在教师准备了部分外语相关素材，同时选择其中涉及的经典句型，明确要求学生进行跟读和背诵，学会将其运用到自身口语交际当中；也有部分教师准备一段外语素材，要求学生根据素材中的语境展开对话训练，这些是当前高校外语口语教育中较为常用的教学形式，其难以切实提高学生的口语交际能力，根本原因在于教师难以熟练且充分地应用交际教学法，并且部分教师针对学生课堂中可能出现的问题也难以有效应对。此外，部分外语教师的教育理念较为保守，创新性不足，忽视学生的认知能力与个性，使得学生群体口语学习成效并未达到理想效果。

3. 教师过度主导口语教学

在以往的高校外语口语课程教育中，教师作为课堂教学主导者，把控课堂教育节奏，使学生学习始终处在被动化状态下。现阶段多数学生存在的问题在于"金口难开"，此种现象是因为学生在课堂中习惯听教师的讲解，将自身视作课堂中的听众。因此，在高校外语口语课程教学中，存在多数学生沉默的问题，很少有学生积极地以外语语言进行表达。教师始终主导着课堂教学，难以激发学生对口语表达的主动性和热情。久而久之，导致学生群体不愿以外语进行表达，从而促使口语教学难以发挥有效提高学生群体口语交际能力的作用。

4. 过于重视精准语言表达

一些高校教师在外语口语教学中过于重视精确语言表达，并要求学生背诵固定的句型词汇，这种方式并不能充分提高学生的口语交际能力，长此以往容易使学生对外语口语练习产生厌烦心理。语言源于人与人之间的沟通，在多方思想有效表达方面，具有一定的灵活性。换句话说，只要成功传达语言中的主要思想，语言形式的精准程度可以暂且不提。教师在口语训练时多次批评学生的词汇错误，很可能会使学生产生抗拒心理，不利于学生在口语锻炼中树立自信心，继而影响学生的口语交际能力，不利于学生的学习成长。

5. 外语教学内容缺乏整体性

纵观外语口语教学，常见教学现状为教师围绕外语教材选取某个话题让学生以小组形式讨论交流，并补充与话题相关的词汇与句型。受课堂时间与教学内容限制，学生很少有机会一一阐述话题，课堂通常以教师表达传授为主。与此同时，口语教学内容缺乏实践，外语教师往往并未基于整体角度对学生语言输出能力培养进行规划。学生虽然在课堂上掌握了大量知识，然而却鲜少将其应用于实践，不敢开口表达。

6. 外语口语课程内容设置不恰当

即便是在高校的教学环境下，高校教师对于外语课程的教学内容设置仍然忽视了外语口语教学，一些高校的外语教师将自身教学的重点放置于对学生语言等级考试的教学上，由于这些考试并不涉及学生口语能力的测试，故学生的外语口语水平也迟迟得不到提升。当前，部分高校学生对于外语口语的掌握能力处于初级阶段，实际与人进行沟通时难以进行口语交流，这对学生综合外语能力的养成是非常不利的。除此之外，还有部分高校外语教师在进行教学时过分重视对学生口音和语法进行纠正，而忽视了外语口语实际上是沟通的工具，过分强调外语表达的专业性，这也在一定程度上削弱了学生对于外语口语学习的兴趣和信心。

（二）学生方面现状

1. 学生口语基础薄弱

部分大学生外语基础相对薄弱，外语词汇量少，发音不标准，外语学习兴趣低且学习自信心不高，这些都制约着学生口语能力的提高。在日常口语教学过程中，很多学生不敢开口，或者在交流时出现很多语法错误，表达混乱，磕磕巴巴。久而久之，学生越来越畏惧口语教学，遑论提高外语交际能力。

2. 无法满足个性化学习需求

实际上，大学生在外语口语基础、学习能力、学习兴趣以及专业等方面都有较大的差异，但大学外语口语教学通常是集体式、大班式授课，不同专业、不同水平的学生按照同样的进度和内容进行教学。部分基础好的学生感觉过于简单，学习动力不足，没有成就感；部分基础一般的学生则反映跟不上。

3. 学生对于外语口语学习的信心不足

大学生在过去的学习生涯中由于一直接受应试教育，对于外语口语的培育相对不足，这就导致其外语口语能力不高，许多学生在进行外语口语表达时经常会由于卡顿、口音不佳等感到尴尬，进而导致其不愿意进行外语口语表达。除此之外，由于受到中国传统观念中谦逊、中和等因素的影响，学生在课堂上也通常不愿意主动进行口语表达，不习惯和教师进行沟通，从而就导致教师即便设置了口语训练内容，学生的参与积极性也并不高。由于大学生对于外语口语学习的积极性不佳，教师也会逐渐降低对学生进行外语口语教学的热情，从而形成外语口语教学的恶性循环，导致学生的外语口语学习水平不佳。

（三）学校方面现状

1. 教学模式单一固定

虽然很多高校已经逐渐完成教学方法的优化改革，但部分高校仍旧使用传统的方式对学生进行教育，外语口语教育教学相对保守固定，对外语教育教学中的口语交际不够重视，并没有充分认识到教育发展趋势。同时，一些教师没有正确认识到外语实践的重要性，在外语教育教学中主观意愿强烈，想法过于局限，将外语教材和学生交流处于同等地位，让学生对教材内容进行朗读练习，认为通过这种方式能够提升学生交际能力。长此以往，学生同样会形成僵化的外语口语思维，不利于学生交际能力的培养，对学生的全面发展带来阻碍。

2. 考试系统有待完善

目前，部分高校在开展外语实际教学过程中，并没有配备全面的考试系统，只是通过课堂锻炼并不能帮助学生有效提升外语交际能力。学生的个人素质存在差异，对知识掌握也不尽相同，完善的考试系统能够使教师对学生学习程度了解加深，对学生的督促加强，同时提升学生之间竞争的主动性。通过完善的考试系统，学生可以更加清晰地得知自身的学习情况，并对薄弱部分加强学习，巩固已经学会的知识点。虽然考试系统具有多种优势，但各个高校的发展存在较大差异，由于不同因素的影响，一些高校很难将这种考试系统确切落实。

三、外语阅读教育现状

（一）教师方面现状

1. 观念意识淡薄

近年来，高校外语教育教学一直在强调要重视能力和应用。然而，在具体教学工作中仍然会出现观念偏差，例如，有些外语教师会片面看重考试成绩，对文化素养的培养重视程度不够，忽视学生外语运用和跨文化交际能力的提升，使得教学工作滞后，造成教学效果弱化。还有些学生在进行外语阅读的过程中，表现出很强的功利性。这主要受内外两方面因素影响。一方面，阅读能力在各类型外语考试中所占比重很大，阅读能力的提高能够帮助外语成绩提分。若拿下几个外语等级证书，对自身的前途帮助很大。这种为了考试而去学外语的现象，让学生越来越功利。另一方面，观察一下不难发现，现在的人们越来越重视外语学习，各类相关辅导机构铺天盖地。学习外语已从娃娃抓起，有些学生从幼儿园开始接触外语，但有些学生不是出于兴趣去学，慢慢出现抵触情绪，以至于到了高年龄段，都是被动地去学。

2. 教学方法单一

在高校外语教学工作中，教师所采取的教学方法会对最终的教学效果产生重要影响。就当前的教育情况来看，有些教师采用较多的是借助语言分析的教授法，单词、语法、句型、段落以及文章结构，都会一一讲解，一堂课下来会让学生感觉很枯燥。教学步骤往往是先简单介绍背景知识，再进入段落讲词汇、重点句型，最后是结构主旨等。在这种传统教学方法中，教师往往会根据教学大纲，将知识传授给学生。整个过程是以教师为主导，学生则比较被动，缺乏互动。当然，这种教学方法对教师的要求很高，教师需要具备较高的专业知识、文化素养。如果教师运用得好，也能达到很好的教育效果；运用得不好，会让教学呈现体系分割、讲解表层化现象，导致学生虽表面懂得了词语、词汇的意思，但具体运用起来还有一定难度。时间长了，学生会对外语产生一种抵触情绪。

3. 文化导入方法不足

首先，文化导入方法单一，以理论讲授为主。一些大学外语教师在阅读教学的过程中，缺乏系统科学的讲授方法和对文化差异的对比，并且文化知识渗透方法以理论讲解为主。这在某种程度上，造成学生对文化学习缺乏积极性，导致文化知识渗透的成效不高。

其次，缺乏对现代信息技术的灵活应用。计算机信息技术的兴起与普及转变了人们的生活方式和思想理念，使社会呈现出创新发展的趋势。大学生由于成长于信息时代，对信息化技术存在明显的依赖感。因此，教师加强对信息技术的应用，能够更好地契合学生的认知特点，提升外语教学的质量。但大学外语教师在教学的过程中，忽视了对信息技术的充分应用，导致教学过程缺乏生动性、多元性、新颖性及趣味性。

最后，缺乏文化活动。开展与文化学习相关的活动，可以丰富外语第二课堂的内容和内涵，提高学生参与外语学习的积极性。然而，由于受传统教学观念的影响，教师很少开展文化学习活动。并且，部分教师在开展文化活动的过程中，存在方法单一、形式刻板的问题，很难通过文化活动，帮助学生理解和认识外语阅读教学中的文化思想、文化理念。

4. 外语教师能力有限

（1）教材挖掘能力有限

一些大学外语教师对教材的理解还存在不够深刻的问题，致使教师对教材中所蕴含的文化元素的挖掘不够充分。这种不充分主要表现为教师难以确定外语文化知识与外语语言教学的联系以及外语国家历史文化、民族文化、民俗文化对外语语言所带来的影响，从而在文化资源挖掘中局限于历史文化背景上，缺乏对经济、社会、科学等多方面文化内容的阐述。

（2）中西文化知识全面掌握能力有限

文化知识是大学外语教师挖掘外语文化元素的前提保障。然而根据相关调查发现，虽然有部分外语教师能够充分了解和积累西方文化知识，但在跨文化交际上，存在着中华传统文化知识不足的现象。此外，既了解西方文化又熟悉中国文化的大学外语教师相对较少，这在某种程度上影响了大学外语阅读教学的效率。

（3）实践能力缺乏

个别大学外语教师缺乏跨文化交际能力和经验，难以通过总结经验的方式，帮助学生掌握、学习西方文化以及理解外语语言的内涵。

5. 语法和单词的教学过度重视死记硬背

通过对现阶段的外语教育教学现状分析，在具体的教学中部分教师依然采用死记硬背的教学方式让学生学习单词和语法，这种教学方式虽然可以在短时间内让学生对所学的单词和语法进行记忆，但是学生并没有理解其中的含义和道理，因此在脑海中留下的记忆是短暂的。

此外，部分教师为了提高学生的考试分数，在有限的课堂教学时间之内开展知识的讲授，而对学生是否了解教师所讲述的内容没有给予足够的重视，并且学生为了完成教师布置的教学任务也会采用这种死记硬背的方式记忆单词和语法，但是这种不注重理解的教学方式显然不能使学生灵活地运用知识，阅读教学的作用和优势也会因为这种机械式的记忆方式而无法发挥作用，更别提培养学生的语言核心素养了。

（二）学生方面现状

1. 词汇缺乏

目前，大学生在外语学习中，其词汇量要求是 2500 个单词。词汇量的学习需要注重数量与质量，即学生在词汇学习时需要了解其字面含义，也需要通过语义了解词语在语境中的含义。事实上，学生在外语单词记忆中仅注重汉语意思的理解，无法有效进行语言环境中词语含义的灵活运用。而词语理解得不细致，往往会导致学生无法有效进行语法结构的梳理，无法掌握外语阅读中的含义。

2. 阅读技巧不足

高校学生在进行外语阅读的过程中会存在阅读速度慢的问题。首先，由于学生存在盲目性阅读，无法依据材料问题进行文章的精读与略读，导致其阅读效率不高；其次，学生在阅读过程中只注重逐个单词的理解，缺乏对于文章词组、意群的分析，进而导致阅读存在速度慢的情况；最后，学生因担心理解错误，会出现一个句子重复阅读的情况，进而导致无法科学有效地把握段落以及词语的含义。

3. 学习方法不科学

新课改下，整个教育界一直在强调改革传统教学模式，要以学生为主，不断提升他们的自我学习能力，进而促进全面发展。然而，当前的教育模式还存在一些不合理的地方，有些学生可能被应试考试长期束缚，慢慢忘记了学习的初衷，降低了学习外语的热情，有些学生可能习惯了传统的教学法，思想容易被禁锢等。

总之，在很多原因的影响之下，学生的学习方法比较单一死板，不太重视对外语文化素养的积累。积累词汇量，靠死记硬背，甚至会脱离文章去背外语词典。掌握重点句型语法，也是靠机械背诵。还有的受"好记性不如烂笔头"影响，认为自己记不牢，就不分主次地去写笔记。对整篇文章的把握，也是逐字逐句一一研究，这样学下来，虽然整篇文章密密麻麻都是笔记，但是做题准确率并不高。

（三）学校方面现状

1. 对阅读文本的整体性把控缺失

长期以来，非母语语言文本资料阅读与教学工作，在一定程度上存在整体性把握不准确的情况。我国外语阅读教学的方式处于动态的调整过程中，例如由传统的以教师为主导的教学模式转换为交互式教学模式。在以学生为主导的教学模式中，对外文文本资料主题意义的把握更为重要，如果脱离了文献阅读的中心思想，学生群体在阅读过程中将很难把握阅读的主旨。现有的课堂教学外语阅读模式通常也是从语篇的整体出发，再逐层理解句子、词汇及两者之间的关系。但在教学设计中对于外文文献的主题意义把握不清，或对外文文本内容的理解不到位，导致对外文文本的整体性把握不足，缺少对文章整体意义的感知，最终导致对阅读文献理解的片面性和碎片化。

2. 文本阅读在整体上偏离主题

通常对外文文献主题意义的理解具有较大难度，外语并非学生群体的母语，即使是主题意义挖掘和把控的主要角色教师，有时理解外语阅读文献也具有较大难度，而最终导致了在文章主题把握上的偏差。对于主题意义较为明显的文献资料，比较容易掌握其内在主旨，课堂教学也容易把握，而对于理解难度较大的外语阅读文本，如果采取传统意义上的教学模式，将会偏离阅读资料的内在主题意义及其内在的价值内涵。由此可见，针对难度较大或较为晦涩难懂的外语阅读文献，在进行教学构思前，从教师的视角应准确把握外语文献的主题意义，并针对文献资料的中心思想开始有目的、有机会地挖掘文本资料主题，避免在外语阅读教学中出现主题偏离的情况。

3. 高校外语阅读教学资源缺少

阅读资源的缺少是现阶段外语阅读教学中常见的问题，也是影响阅读效率提升的主要因素之一。而造成这一现象的因素则来自多方面，比如在考试制度的影响下，个别教师过度重视学生的考试成绩，所以导致阅读教学的开展主要是为了完成教学任务。在这种对阅读教学缺乏足够重视下所开展的阅读教学大多是让学生阅读课本上的内容，而对课外阅读的开展则没有给予重视，殊不知学生已经有了自己的思维能力和理解能力，并且正处在学习知识和获取知识的重要阶段，但是仅仅依靠教材中的阅读内容开展阅读教学无法满足学生的阅读需求，也无法达到培养学生外语核心素养的教学目的。

四、外语写作教育现状

（一）教师方面现状

1. 教学模式滞后

现如今，在高校外语写作课上，部分教师都是采用传统的教学模式。教师在课上结合不同的作文体裁，讲解结构、语法、句型等知识，并提供范文让学生模仿写作，在课后布置相关的外语写作作业，这导致学生的课堂参与度不高。由于国内大部分高校的外语写作课学生人数较多，小组互动的开展难度增加，学生的语言输出量不够，学习积极性不高。与学生的"说"相比，传统的课堂模式更倾向于教师的"教"。

2. 反馈形式单一

当前，学生的习作测评大多以教师评阅为主，部分教师在评改语法、文章结构上下了很大功夫，而忽略了对学生情感表达的评阅，脱离了预期的教学目的。学生所得到的反馈，大多是教师批改的分数及指出的语法错误。另外，有些高校教师采用"同伴互评"的方式，相较于传统的教师评阅，虽然同伴互评这一方式更有助于学生的反思，但由于学生人数较多，教师很难在有限的时间内对每个学生存在的写作问题进行一一讲解，因此不利于外语写作课堂教学实效的提高。

3. 对写作教学重视度不够

写作教学虽然是高校外语教学中的重要部分，但是我国一些高校外语教师都存在对写作教学重视度不够的问题，实践中往往将语法教学、单词教学等作为主要内容，忽视写作教学。例如，教师在对学生开展写作教学的过程中，往往是为学生讲解写作主题或者话题，让学生自由开展写作。在整个写作教学过程中，忽视写作技巧、写作方法等有关的教学，导致学生写出来的文章不够精彩。深入剖析发现，外语教师对写作教学不够重视的原因在于教师认为写作是需要学生自己构思的，教师的引导"无处可放"，即教师难以寻找到良好的方法对学生进行引导，这需要外语教师寻找写作教学的方法。实践证明，通过"以读促写"、技巧讲解等途径可以帮助学生提升写作能力，能有效解决写作教学中遇到的问题。

4. 写作题材与体裁狭窄

写作本身是一项较为"宽泛"的工作，学生应当"随心所写""随心所想"，但高校外语教师在开展写作教学的过程中，通常习惯于为学生"画圈圈"，将学生局限于圈子内展开写作。例如，规定写作的范围、内容，或者限制写作体裁等，导致学生难以放开思想，写出来的内容格局不够。同时受到应试教育的影响，教师习惯于将写作教学放在考试目标下，一些学校的外语写作教学都是为四六级考试服务，学生写出来的内容也是"考试型"，与将来的求职、留学等严重脱节。

5. 思维训练缺乏

大学课程中，专业课的占比远远大于外语课的占比，通常分配到每个星期也就4—6个课时，但是每学期的教学任务则很重，不单单要培养学生听、说、读、写、译的能力，还要向他们传授如何进行跨文化交流，让他们在以后的工作中能够与国际接轨。针对这种情况，教师通常无法做到面面俱到，无法做到把每个板块都拿出来单独训练，这一点在大学外语写作教学中表现得尤为明显，大学外语教师很少在课堂上讲授与写作有关的知识和技巧，与写作有关的训练往往被当成课后布置的作业，教师收上去之后所关注的也仅仅是单词、语法以及句子表达的规范性是否合规，这样虽然解决了语言层面的问题，但是并没有解决思维层面的问题。虽然近些年高校外语教材不断改进，但是课本中仍然缺乏与思辨能力培养有关的专题，要想在大学外语写作教学中将思辨能力培训落到实处，教师就必须针对思辨相关的课题进行深入研究，设置能够培养学生思辨能力的相关专题，这个过程可以在课堂上由师生共同讨论，也可以让学生在课余时间搜集相关资料，要让学生做到真正的独立思考，要有自己独特的见解，而不是一味地求助于万能写作模板，在知识积累方面也要鼓励学生在日常生活中拓展相关的素材积累，尽量在平时就有所准备，而不是到最后临阵磨枪，教师要从根源上改善外语写作教学。

（二）学生方面现状

1. 写作缺少实质性内容

高校学生在外语写作上存在思路无条理、语篇结构混乱、写作内容空洞等问题，而写作内容的挖掘则是最大难点。大部分学生在面对题目时，经常会感到束手无策，甚至还会陷入"无话可说"的尴尬局面。因而所写文章就没有实质性的内容，往往词穷语尽、空话连篇、缺乏变化。

2. 受母语迁移的负面影响

高校学生在外语写作上，尽管熟练掌握外语语法规则，但从小接受文化的不同，造成了母语负迁移和思维模式上的较大反差，产生"中国式"的写作习惯，加之缺乏外语语篇构建规律的敏感度和认识度，总是下意识地将汉语语篇构建规律迁移到外语写作中，导致句法、段落乃至整篇文章结构都是以"中国式"的作文模式体现的。

3. 缺乏写作技巧

大学生缺乏较为系统的练习，写作技巧的欠缺是高校学生面临的难题。一方面，在写作前，缺少必要的整体构思环节，写出来的内容往往东拼西凑、行文随意；另一方面，过多重视句法，忽略了相邻句子及段落的衔接，导致前言不搭后语，整篇文章连贯性较差。造成此种局面往往是由于学校未单独开设外语写作必修课，写作教学多数情况下是在精读课进行，或者被安排在课后练习环节，课时限制导致教师不能系统地开展写作教学，而是过多强调理论、套路的应试教学，其中大部分是应用文写作。

4. 语言基础水平不高

高校学生在外语写作实践中，由于语言基础能力薄弱、掌握的词汇量有限、语法不规范、缺乏语篇衔接能力，经常会出现错误拼写、结构混乱、逻辑不缜密、词语滥用或误用、段落或篇章条理性差、语义不连贯等问题。

5. 学习主动性不高

在传统的外语写作课堂中，学生主要是结合教师所提供的话题开展课下写作练习，这些话题一般学术性较强，与学生的实际生活距离较远，再加上缺少实际情境，学生学习兴趣不高。长此以往，学生的写作主动性受到影响，有的学生甚至出现厌倦外语写作的情况。

6. 传统应试教育的学习观

在进入大学之前，学生大多着眼于如何取得更高的分数，将获取较高的考试成绩当作学习的目的，学生学习的重点也就放在了如何快速提升卷面成绩之上。教师强调通过一遍又一遍重复的机械记忆来进行学习，从而忽视了外语的学习可以促进学生思辨能力的发展。这也使得学生的知识存储较少，不能够在思想的碰撞中产生独立思考的火花。外语教师在课堂上也往往将知识的教学放在优先位置，更加重视语言的形式，而不是语言背后的意义，在外语写作教学领域则显得尤为突出，教师更多的是关注写作过程中与句子相关的词汇、句型、语法等，而对语言所在背景下的含义以及所表现的作者思想不够重视，这也就导致学生在写作过程中只停留于表面，缺乏对问题的深度思考，当涉及较有深度的领域时则表现得无话可说，所写的作文往往中心思想不够明确，且常常结构较为混乱，缺乏逻辑性。

所有事物的形成都有一个过程，写作能力的提升也不例外，应试教育使得教学注重结果，而忽视了过程的重要性，许多学生在此基础上将目标投向了万能模板，企图通过修改关键词来快速完成一篇质量较高的外语作文。从某种程度上讲，万能模板在形式上启发了学生写作的逻辑，通常是文章首段解释现象、引出观点，中间段落分条概述观点，最后总结并再次强调观点。万能模板往往在谋篇布局上比较精良，让学生从多个角度分析同一个问题，但是不要忘了，万能模板需要学生填充的部分才是学生自己真正的观点，是思辨能力的真正体现。

无论是传统应试教育的学习观，还是教学过程中的万能模板，都表现出当前外语写作教学过程中对思辨能力培养的忽视，以及没有注意到写作在发展思辨能力方面所能起到的重要作用。

（三）学校方面现状

1. 教学培养定位不清

外语写作应该以"增强学生运用外语开展交流"和"提升学生外语素养"为目的。所以，高校外语写作课程要将"外语交际能力的培养"作为目标。但在具体的课堂活动中，部分教师过于重视学生语言形式上的对错，造成学生在语言表达正确性方面投入大量精力，而忽略了写作内容上的交际性、思想性，限制了学生外语综合素养的提高。

2. 写作主题缺乏创新

作为能够培养学生思辨能力的有效途径，高校外语写作能够帮助学生在不同的情境下快速捕捉自己所需要的信息，并从不同的角度看待同一个问题，在严谨分析的基础上做出理智的选择。思辨能力之所以受到人们的重视，不仅仅是因为它是一种思考方式，还因为它具有即时性和多元性，这也告诉我们思辨写作的主题不应该是单一、老套的，而是应当与时俱进，并且尽可能地多样化。

目前，高校外语课堂写作相关的主题主要源于各种考试。这些考试相关的主题往往比较老套，多是一些个人品质类的写作，与实际生活的联系并不密切。像这种与现实脱节的陈旧主题并不能够激发学生的思考欲望，在提升学生思辨能力方面价值不高，所以能够提供的参考意义也不大。在布置写作主题时不妨多关注一下当前社会的新闻热点，鼓励学生大胆创新。

2. 缺乏专门的写作指导课程

在高校外语教育教学中，写作教学是较为关键的一部分，学生是否具备较高的写作能力，直接影响着其外语综合素质的提升。传统的"附加式"写作教学将写作附加在每节课教学中，显然难以满足学生对写作学习的需求，因此需要开设专门的写作指导课程。但现实中，我国很多高校都没有开设专门的写作指导课程，外语教师在讲解教材知识或者讲解语法知识的过程中，附带对写作内容进行讲解，这导致很多学生学到的写作技巧、写作方法等内容还不够，取得的写作效果不理想。此外，有部分学校虽然开展了专门的"读写"课程，但是缺乏专业读写教材，且读写课程时间与"听说"课程相比较少，也不利于学生写作能力的提升。

3. 忽视写作运用能力培养

尽管新课程改革的实施强调了外语综合能力的重要性，也明确了外语写作的关键作用，但是在实际教学活动中，类似于"填鸭式""灌输式"的教学方式仍然存在。之所以会产生这样的现象，一方面是因为教师教学理念滞后，另一方面则是因为高校对外语学科重视不足。

目前，在高校外语写作教学中，被动式的学习状态让学生过于依赖课堂和教师，不愿主动思考和探索，甚至形成了懒惰的思想，一味采用死记硬背的方式，积累外语写作素材，这样的写作课堂效率低、效果差，不利于培养学生外语运用表达能力，甚至还会导致学生写作思维僵化，影响外语写作质量。

4. 忽视外语写作课堂创新

目前，教学模式和手段单一是外语写作教学的重点问题，一味沿用模板化的教学模式，难以激发学生参与课堂的积极性，不利于学生外语写作兴趣培养，也影响了写作教学质量。例如，在高校外语写作课堂中，课堂形式以"教师讲、学生听"为主，教学内容以用词造句、段落结构为主，忽视了学生思维能力和创作能力培养，导致学生写出来的外语文章句式单一、语言贫瘠，外语写作质量不理想。同时，千篇一律的外语写作课堂，过于关注写作知识的输出，忽视了知识的理解和内化，存在学生"知其然而不知其所以然"现象，难以将所学知识运用到写作中，影响了学生外语写作能力的培养。

5. 忽视外语师资团队建设

师资水平的高低直接影响教学质量，如果想要提高大学外语写作教学质量，外语师资实力必须过硬，这样才能为外语教学奠定基础。但是，大学现有的外语师资队伍，在教学能力、职业素养、专业素质等方面存在一些问题，影响了外语写作教学工作的开展。一方面是高校片面关注外语教学成绩，不重视外语师资团队建设，导致高校外语师资力量不足，满足不了新时期外语写作教学的需求。另一方面是外语教师自身的问题，不仅忽视了外语写作的重要性，而且不愿主动创新教学模式，从而出现了"照本宣科"现象，影响了外语写作教学的质量。

五、外语翻译教育现状

（一）教师方面现状

1. 外语翻译教学方法存在问题

当前高校外语翻译教学仍然沿用传统的教育模式。外语教师在实际翻译教学中多采用逐字逐句翻译的方式。这种教学方法致使学生过分依赖教师的讲解，无法深刻理解外语翻译理论知识与翻译技巧。而且，这种教学方法过于刻板枯燥，无法有效激发学生的学习兴趣，学生学习积极性不高，因此外语翻译教学质量和效果很难得到保障，也不利于培养学生的学习主动性和创造力。

高校外语翻译教学方法存在不足，究其根本，在于外语教师在外语翻译教学上存在不足，缺乏相应的外语翻译理论知识体系和外语翻译教学经验，这致使在实际教学中没有科学的理论知识和教学方法作为支撑，一定程度上阻碍了外语翻译教学有效性的提升。高校外语教师的专业能力以及教学能力直接影响学生的学习效果，综合考评教师的翻译教学能力对于教学质量的提升具有重要意义。然而，在实际教学中，个别外语翻译教师存在专业水平不高的情况，主要体现在翻译理论知识以及实践能力的不足，这些问题使得翻译教学效果不佳。

2. 外语翻译教学缺乏实践性

高校在开展外语教育教学时，应该注重外语翻译技能的实践练习，需要合理地组织学生将相关知识在实践中有效运用。教师培养学生外语翻译能力的核心目的，是使学生具备与来自其他国家的人交流的能力。而想要实现这个目标，教师应加强翻译教学的实践性。翻译实践活动可以提高学生对外语知识的掌握程度，培养学生的交际能力，有效提高学生的外语翻译核心素养。然而，目前我国部分高校在开展外语翻译教学的过程中，忽视外语交际活动与翻译实践教学，过于注重外语语法知识的讲授、阅读教学以及翻译技能的讲解。教师若不能将外语翻译理论与实践相结合，外语翻译教学质量就难以提高。外语翻译实践应该是教师重点关注的一个方面。

2. 跨文化意识教学深度不够

在高校外语翻译教学过程中，教师起到非常重要的作用。教师是知识与学生之间的桥梁，直接影响对学生跨文化意识的培养。通过对我国大多数高校外语课程的调查发现，大多数外语翻译教学将理论知识作为教学的重点，而将翻译中涉及的社交礼仪、中西文化差异介绍的内容作为选修课程。在课堂教学中教师只是单一地教授理论知识，很少结合当地文化、语境来培养学生综合运用语言的翻译能力，如果将外语翻译课程与国家礼仪、习俗等教学割裂开来，学生很难掌握文化的共性与差异性，难以对国外的文化有正确的理解。由于学生不了解外语文化，在进行外语翻译时都是靠自己的死记硬背，运用语法知识翻译时存在语意不到位的现象，翻译出来的意思和实际文化背景产生较大的差异，从而容易引起误会。教师在授课时对翻译方法也没有进行过多的讲解，只是专注于学生考试部分的内容，学生对语境一知半解，翻译能力得不到提高，缺乏实际应用的能力。

3. 跨文化知识掌握欠缺

目前，少数大学教师本身对有关外语文化和交际方面的知识掌握不足，在跨文化知识上的理解能力不够，在教学中就只能过多地进行语法知识的讲解，而无法对学生跨文化应用能力进行培养，教师由于工作繁忙，缺乏对外语报纸、杂志等的阅读，教师应在外语教学中实现对学生跨文化意识的培养，使学生更好地理解母语和外语之间的文化差异，并将自己的独到见解教给学生，让学生能更深刻地了解两国文化。

5. 文化语境定位不明确

由于中外文化环境、地域环境的差异，外语和汉语这两种语言存在很多不同之处。但是，在部分高校的外语翻译教学中，教师未能引导学生准确辨析英汉语言差异，使得学生在进行翻译练习时常被母语思维限制，不能很好地产出准确而流畅的译文。

（二）学生方面现状

1. 缺乏跨文化意识

大学生在学习外语的过程中，对于外语知识并没有完全理解，大多数是靠背诵来学习外语的，学习外语是为了考试，而不是为了以后在工作中的应用，受到整个教育体制和考试体制的制约，学生在外语翻译的过程中只注重书本知识的运用，对跨文化意识没有主动了解，对于外语的交际策略、文化习俗等方面的知识知之甚少，所以意识不到国家之间文化的差异。我国正处在一个建设民族先进文化的新时代，对于学生母语文化素养的培养，是弘扬民族传统文化，构建社会主义核心价值观的表现，可以通过母语文化素养的培养促进学生综合素质的提高和跨文化意识的培养以及学生对不同民族文化开放性和包容性的提升。

2. 自学能力不足

在高校外语翻译教学中，学生对外语翻译的重视不足，缺乏主动学习外语翻译知识的意识，自主学习能力也相对欠缺，严重影响了高校外语翻译教学的实际效果。在高校组织的各类外语测试中，学生对于翻译题目不够重视，甚至选择性忽视这类题目，学习参与度不够，态度不端正，不利于学生外语翻译水平的提升。另外，部分学生在对材料进行翻译的过程中，无法熟练地使用翻译技巧，无法正确地选择直译和意译方式，无法体现高校外语翻译教学的实际效果。

（三）学校方面现状

1. 教材与社会实际需求脱节

外语翻译担负着为社会培养优秀翻译人才的重任，需要满足社会对翻译人才的需求。然而，目前的外语翻译教学，在教学内容选择上偏离社会的需求，学生在大学学习活动中所掌握的外语翻译技能并不能适应社会的要求。外语翻译教材的不适应性成为造成这种局面的主要因素。大学外语翻译课程中所选用的教材倾向于外语翻译理论、规范、方法的教授，更加强调词语的解释、语法的运用，同实际应用的相关性较小，针对性和实用性都不强，学生在这样的学习模式下，其学习兴趣得不到激发，翻译技能提高效果不佳，降低了学习热情。除此之外，大学外语翻译教材脱离现实，一些资讯和最新的技术无法在教学内容上得到反映，这种落后的教学内容与当前社会的发展相脱节，学生学到的翻译技能在就业发展中未见优势，也就背离了现今外语翻译人才的培养方向。

2. 教学重视程度不足

目前，部分高校已经认识到外语翻译教学的重要性，并将翻译教学的内容纳入高校外语教材中。但是，在实际教学中，高校外语教师更为重视学生基础知识与基本技能的培养，针对学生外语水平的考查也基本集中在基础知识，针对外语翻译能力的考查内容较少。另外，虽然部分高校将外语翻译教学作为外语教学中的一项重要内容，重视对学生外语翻译能力的考查，并在具体的外语水平考查中增加了外语翻译能力的考查内容，但是翻译教学模式仍然不够完善，教学方式不够科学，阻碍了高校外语翻译教学有效性的提升。这些问题存在的根本原因在于高校对外语翻译教学的重视程度不够，因此没有对外语翻译教学体系以及教学方法的完善投入充足的资金和人力。

3.教学内容陈旧

部分已经开设专门外语翻译课程的高校存在拘泥于传统教学模式的问题，教学创新相对不够，也忽略了学生在学习中的主体地位，导致其思维模式僵化，缺乏自主学习精神。同时受多方面因素的影响，教师对教学内容缺乏系统的认识，只是对课本内容进行简单翻译，限制了教学效果与质量的提高。教材的选用是教学指导思想的直接反映，但外语翻译教材所涉猎的内容常以经济、科技为主，不仅学生翻译理解起来难度较大，也容易影响学生的翻译思维及其学习积极性。现代网络技术发展迅速，无论是学生还是教师获取知识的途径都越来越便捷，但一些教师对互联网这个高科技工具的利用明显不足，在教学中缺乏对翻译教学内容的拓展与创新，导致课堂长时间处于沉闷、缺乏活力的状态中。翻译课程教学的专业针对性不够强，内容相对宽泛，没有充分考虑学生的专业特点，无法更好地给其日后的工作带来实质性的帮助。同时在汉英翻译练习中，也存在句式覆盖面窄的问题，难以满足学生的学习需求，导致学生练习效果不佳。

4.课堂主体不明确

在部分高校，外语翻译课堂教学通常以教师为中心。教师掌握外语课堂的教学进度和具体教学内容，通常采用逐句逐段翻译的传统教学方式，在这样的教学模式下，学生的参与度不高。外语翻译教师在授课时，如果忽视学生的主体地位，就难以充分了解每位学生具体的外语翻译水平与学习需求。这容易导致教师在日常授课过程中选取的外语翻译文本难度与学生现有水平不符，学生难以对所学知识进行有效吸收和消化，更不要谈对译文词语的斟酌与文章内在文化的反思了。在部分高校，外语翻译课堂气氛沉闷，师生交流和互动较少，学生的主体作用得不到有效发挥，学生的学习积极性低，这些现象都导致外语翻译课堂的教学效率整体不高。

5.教材与课程设置不合理

外语教材是高校外语翻译教学的重要依据，对于翻译教学具有重要指导作用，教材内容直接影响了高校学生的外语学习水平。例如，外语翻译人才的培养，不仅需要培养其外语译汉语的能力，还需要培养其两种语言互译的能力，但是在外语教材中关于互译的内容设置较少。在课程安排上，部分高校针对翻译教学的课程排课较少，对外语翻译教学的重视不足；一些院校将翻译教学作为课后作业布置，没有安排相应的课堂讲解教学。此外，高质量的翻译人才不仅需要具备外语翻译知识、掌握一定的翻译技巧，还需要具备一定的翻译能力与实践能力，但是外语翻译课程中针对学生的实践应用内容设置较少，而且一些高校外语教师在实际教学中更为重视学生翻译知识与翻译能力的培养，忽视学生实践能力的培养，导致高校学生无法进行有效的沟通交流，甚至部分学生惧怕进行外语实践。这些问题都致使高校外语翻译教学的有效性降低。

6. 实践教学平台不足

外语翻译是趋于技巧性和实用性的外语教学环节，其根本目的是满足工作和社会沟通中的需要，促进人与人之间的交往。翻译能力的养成离不开充分的实际应用与练习，因此，如何为学生提供翻译实际应用与练习的机会和空间就值得教师和高校思考。受到思想理念的束缚和外在条件的限制，现阶段的外语翻译教学中这样的实践教学平台为数不多。即便有，也是效率不高、规格也不够高，无法满足学生的实践需求。由于高校对翻译实践活动没有给予足够的重视，课程中缺乏实践课程的安排和设置，校内外又较少组织翻译实践活动，加之翻译实践实习的形式化，学生的实际翻译能力得不到真正提高，翻译教学的效果不够理想。

7. 教材在跨文化教育方面内容缺失

外语教材是学生学习外语文化知识的主要来源，但是外语教材对跨文化教育的知识只是进行浅显的介绍，对于涉及的文化差异只是一笔带过，并没有进行解读。外语教材中很少涉及本土文化的知识，对于国家之间的文化学生没有感觉到差异的存在，从而导致学生在学习过程中忽视对文化差异方面的了解，不能引导学生形成积极的跨文化学习态度和提高有效的跨文化学习能力。

8. 师生生态位违背教育生态位原理

生态位是生态学中的基础概念，是指一个种群在生态系统中占据的时空位置与相关种群之间的功能与作用，是每种生物生存必需的生境最小阈值。而具体到教育领域，生态位与教育理念结合生成教育生态位原理，是教育生态学的基本原理之一，具体指教师、学生以及教材等基础生态因子的生态位要保持合适位置，在对应位置发挥应有功能，从而达到教育生态系统整体平衡。然而，当前外语翻译教学过程中，教师与学生的生态位产生混乱，学生主体地位缺失，师生生态位明显违背教育生态位原理。

在外语翻译教学目标中，学生作为知识受众，应当成为课堂主体主动汲取专业知识，锻炼专业技能。而在当下外语翻译教学生态中，一定程度上教师成为教学主体，不但承担着知识传授、课堂组织以及教学研发等工作，还需进行教学评价等工作，这样的生态位使得教师定位过于明显，学生个体价值发挥受限，无法发挥自身主观能动性，成为被动的教育接受者。

第三节　外语师资和学生能力现状

一、外语师资现状

（一）重教书，轻育人

教师最基本的职责是教书育人，但是长期以来，思政教育被片面地认为只是思政课程专任教师和系书记、辅导员等学生管理专职人员的职责，专业课教师和公共基础课教师更重视教书职责。

在当今世界风云变幻、国际形势愈加复杂的情况下，高校坚持立德树人的办学宗旨，回答好"培养什么人、怎样培养人、为谁培养人"这一根本问题显得尤为重要，必须坚持以"成人"教育统领"成才"教育。

（二）重言传，轻身教

言传身教，就是用言语传授、讲解，用自己的行动表现作示范的教育方式。而外语教师平时与学生的接触基本局限于课堂内，在教学过程中能给予学生的教育以"言传"为主，"身教"欠缺。教师课堂上口头教导学生什么是对的、什么是错的、什么是应该鼓励和提倡的、什么是要避免和禁止的，但由于缺乏代入感，学生难以深刻理解，难以入脑入心，在行为上也就难以践行。这种情况下，教师苦口婆心的教导未必能产生应有的育人效果。所以，教师要"言传"也要"身教"，有时候"百言不如一行"。

（三）重课内，轻课外

传统教育教学实施、产生教育效果的主要场所是课堂。随着互联网的发展、信息化时代的到来，无阻碍的信息流通和分享成为可能，突破了传统意义上的时空概念，给传统教育教学提供了新的发展机遇，也提出了前所未有的挑战。教师仅倚重课内的教育教学已难以适应教育新形势的发展和学生成长成才的需要。网络上丰富多彩的文字、图片、音频、视频等内容对学生的影响力不可低估。

教师必须主动适应这种教育形势的重大变化，深刻意识到课外信息对学生潜移默化的影响，为学生提供课外学习、生活的指导和建议，保证学生学到更多课外知识。

（四）重教学，轻科研

一方面，高校外语教师承担着公共基础课的教学任务，课时量大，任务繁重，没有充裕的时间开展学术研究，部分教师把主要时间和精力放在教学上，缺乏科研意识。另一方面，高校外语教师在核心期刊发表的论文和申请到的省部级以上的科研项目的数量较之其他学科要少，横向项目的来源渠道需要拓展，基础理论研究多，应用研究少，科研项目获奖数量少，科研成果转化能力不足，服务地方经济与社会发展的力度不够，这些都限制了高校外语教师的科研能力发展。

（五）师资队伍结构不均衡

一些高校重视引进数量，但忽视了外语教师队伍结构的现状：性别结构不均衡，以女教师为主；年龄结构以青年教师或中青年教师为主；学历结构以硕士研究生为主；职称结构不均衡，以讲师为主，高级职称比例不足，教授的比例低。资深教师，拥有博士研究生学历、高级职称教师的比例小，使高校外语师资队伍中学科带头人匮乏，难以发挥学科带头人对其他教师的"传帮带"作用，不利于外语学科的高质量发展。

二、外语教育中学生能力现状

（一）学生外语自主学习能力现状

1. 自主学习意识薄弱

一些高校学生外语基础较差，且层次参差不齐，学习兴趣不高，信心不足，缺乏有效的学习方法。学生习惯了传统的以教师讲授为主的课程教学模式。传统课程教学以教师为中心，教师扮演知识传授者的角色，课堂气氛较沉闷，学生不重视参与教学及自由表达的机会，成为课堂上的旁观者，只是被动地接受知识，机械地完成教师布置的任务，课堂学习效率低。高校学生过度依赖教师的知识灌输降低了对外语学习的热情和兴趣。

2. 课堂教学与自主学习脱节

高校外语教师队伍存在结构不合理的问题，师资力量存在一定差距。在传统教学模式的影响下，高校外语教师大多采取"填鸭式"教学方法，教师只是书本知识的传授者、灌输者；与学生之间缺乏交流，不能充分了解学生的学习状况和实际需求；对学生的学习目标、内容、进度、方法、效果缺乏有效的监督和评价。课堂教学也面临着困惑，尽管教师很想与学生进行互动教学，但是由于外语教学依然采取班级授课制，一个班的学生将近60人，人数过多，无法开展以学生为主体的互动的课堂活动。这些问题制约着高校外语教学的良性发展。

（二）学生外语思辨能力现状

1. 难以摆脱以教师为中心的教学模式

目前，很多外语课堂教学模式在不断创新与变革，但大多外语基础课程仍以教师为中心，学生在课上、课下的参与度不高，独立思考、分析、整理、综合应用的能力有限；在教学内容上仍以识记内容为主，很多课堂提问、练习仍然围绕着固定的句式结构与固有模式进行，课堂小测及期末测评更为重视结果，忽视学习过程，这不利于学生外语学科核心素养及思辨能力的培养。

2. 自我管理意识薄弱

高校学生受生源地区差异、学习基础参差不齐等因素影响，存在外语基础薄弱、自学能力不足、学习兴趣不足等问题，当学生脱离了课堂教师的监督及辅助，在自我学习、自我监督、自我管理等方面均面临困难，这也是高校学生思辨能力缺失的一个重要原因。

第四节　外语教育的未来发展方向

"互联网+"是利用信息通信技术以及互联网平台，与各传统行业进行深度融合，充分发挥互联网在社会资源配置中的优化作用，为传统行业带来新的活力以及机遇和挑战，还引领教育进入一场基于信息技术的伟大变革。"互联网+"时代的到来，意味着外语教育内容的持续更新和教育模式的不断变化。

一、外语网络教学是大势所趋

（一）网络教学的相关概念

1. 网络教学的含义

网络教学，顾名思义就是将网络与教学相结合，也就是将网络技术融入教学去进行教学活动，它的发展伴随着网络与教学实践的结合不断深入。在文献调研时检索"网络教学"的真正内涵,可以发现诸多学者关于网络教学的定义是在谈论网络技术所具有的功能和优势,认为只要运用了网络技术就属于网络教学,而忽视了技术与教学之间是相互作用且紧密联系的。在实践层面上,网络和教学有待进一步有机融合,具体表现:网络教学活动注重技术的展示,对网络教学的理解停留在"网络技术有没有被引进"这一层面上,网络教学发展被解读为对传统课堂教学的一种补充。其中,较具影响力的网络教学定义是由学者柳栋提出的。他指出,网络教学是将网络技术作为构成新型学习生态环境的有机因素,以探究学习为主要学习方式的教学活动。这标志着网络教学的发展正由技术回归到教学之中,只有将网络的优势有效地运用到教学之中,促成学生的有效学习,才能实现真正意义上的网络教学。

2. 网络教学的特点

(1)校园数字化

在网络教学的实施过程中,学校的作用尤为关键,因为以校园网为基础的数字信息校园网络平台需由学校逐步构建。网络教学平台由多方面组成,包括教学资源、教学管理和电子校园系统。在教学资源方面,包括有效资源的收集、制作和管理等。在教学管理方面,主要包括专业课程的安排、学生信息的管理、学生课程学习情况、毕业信息管理等。在电子校园系统方面,主要包括在线授课、答疑解惑、电子档作业的提交、数字化文献查阅等。

(2)教材科学化

依据教育原理与传播学原理,充分发挥互联网的多元化和非线性化作用,使电子教材具有快速、与时俱进等特点。这既有利于学生有意义学习的建构,也有利于提高教师的教学水平。

(3)学生主体化

网络教学对学生和教师产生了巨大的影响。对于学生而言,其创新能力得到了很大的提升,学习模式也发生了质的变化。在传统教学中,学生总是被动地接受知识,而在网络教学中,学生成为认知的主体,由被动学习转变为主动学习,解决问题的方式也从死记硬背、生搬硬套转变为灵活应变,使得学生的学习有了目的,对学生综合素质的提升有莫大的帮助。对于对教师而言,其角色从"布道者"转变为学生学习道路上的"指路人"。在传统教学中,教师是"知识传授者",而在网络教学中,教师转变为信息的组织者和设计者,引导学生进行高效学习,成为一位"助推者"。

（4）教学组织形式多元化

相比于传统教学中单一的教学方式，网络教学的形式更加多元化，为满足个性化学习需求，提供了一种集协同学习、课堂教学、远程网络教学等多种教学模式于一体的混合教学模式，这极大地提升了教学质量，实现了教学价值最大化。

（5）学生素质合理化

通过开展网络教学，可以提高学生的创造力和信息技术水平，拓宽学生的知识面，使学生的素质结构更加科学化和合理化。

（6）学校开放化

在传统观念上，"学校"是指一个有形的实体，由围墙、混凝土构成的建筑物。而网络教学突破了这种固有观念，特别是远程教育的实施，颠覆了传统的"学校"概念，形成了开放、虚拟和社会化的学校。这为全民教育、终身教育的推广创造了有利的条件。

（二）外语网络教学的重要意义

传统的教学模式不利于展现生动的情境，不够直观，难以激发学生的好奇心和求知欲，导致"哑巴外语"长期存在。而在语言活动中利用网络技术营造出逼真的动态情境，可以全方位、多层次地刺激学生感官，使学生能够获得真实、形象、具体的表象，受到特定氛围的感染，从而培养学生对语言的感知能力，进而活跃思维，提高语言运用的创造力。同时，也可增强学生模仿和创新的能力，为全面培养学生的听说读写能力打下坚实基础。由此可见，外语网络教学有着很大的优越性。

1. 有利于外语教学模式的革新

外语教学模式是在一定教学理论的指导下，教师组织和实施某一具体教学方法的策略体系。当前我国的高校外语教学，大都以传统教学模式为主。在这种教学模式下，不论是在教学内容还是在教学方法方面都有一定的局限性。在教学内容方面，教师按照课本和教辅资料进行教学设计，创新不足且难以适应不同学生的学习需求。

教学活动是一项复杂性的活动，虽然教师是固定不变的，但学生是千变万化的，不同学年甚至不同班级的学生都是千姿百态的。如果长时间按照传统的授课方式进行新一轮的教学，不仅会使外语教师缺乏创造性，产生懈怠心理，造成思维方式的固化，还会造成学生学习缺乏积极性、主动性和创新性，使他们对枯燥乏味的外语知识提不起兴趣。这不利于外语教学的创新发展，不利于在外语教学中注入新鲜的血液，也不利于培养符合新时代需要的外语人才。

在教学方法上，外语教学手段单一，采用传统的教师讲、学生听的讲解接受式教学方式。课堂上教师处于主导地位，学生处于被动的灌输状态，自主性很难得到有效的发挥，也很难激发起学生的学习热情。长此以往，容易使他们产生厌学情绪，导致学习效率下降。而把网络技术融入高校教学的外语网络教学具有形式自由、灵活多样等优点，能够做到课堂以学生为中心，充分体现了学生的主体地位，极大地调动了学生学习的积极性、创造性。同时，网络教学汇集了大量丰富的外语教学资源，加上多种手段的联合运用，能够使教学变得更加生动、形象，富有感染力。

外语网络教学不但使教学内容更加容易理解和接受，还让学生可以充分利用自己的视觉和听觉去获取知识，提高教学效率，具有较好的学习效果。由此可见，网络教学有利于外语教学模式的革新，能够更加顺应社会发展的需要，促进我国外语教育教学的发展。

2. 有利于提高教师的教学技能

在现实教学中，教师是学生接触最为密切的一个角色。他们不仅是知识的传授者、学生学习的引导者，更是学生成长道路上不可或缺的长者。教师的理论知识、为人处世、教学素质、教学技能、对热点问题的见解、对现代信息化内容的掌握都潜移默化地影响着学生。

教师要与时俱进、更新知识，不断充实自我、提高自我，不断更新自身的教育观念，把现代信息化网络技术融入外语教学中。这种外语网络教学方式对教师的教学水平要求更高，即教师要有足够的驾驭课堂的能力，具有网络教学的理论基础，熟悉信息传播功能、计算机功能、管理常识等。在这种方式下，教师不仅能及时掌握外语教育方面的热点问题，还能在更严格、高要求的教学中，不断增强教学技能，不断提升自身教学能力。

3. 有利于发展学生的多元智能

首先，外语网络教学使师生以及生生之间的课堂互动方式有所改变。在外语网络课堂中学生通过网络与教师以及同学进行互动，这要求学生有极强的口头语言表达能力。面对网络镜头，学生对教师的问题，进行认真的思考，组织自己的语言，自如流畅地表达自己的所想与所感。教师可以通过教学平台的一些功能，充分调动学生学习的积极性和热情，让学生以话题讨论、论坛问答以及匿名问卷投票形式发表自身观点等，可以减少学生与教师面对面互动带来的紧张感和压力感，另外，学生叙述和表达观点的过程，增加了学生语言组织的能力和随机应变的能力，这就直接培养了学生的言语智能。

其次，在针对一些外语教师的访谈中可以得知：在外语网络教学中学生的作业布置形式更加的多样化。学生通过个人、两人、小组之间合作完成一项作业。在完成作业的同时，要求学生能够很好地与别人进行交流，来解决作业问题。在个人完成作业中，学生可以认识到自己的长短处，个人解决问题的能力。在与同伴、小组成员进行交流的过程中，学生具备了组织能力、协商能力、分析能力以及人际关系能力。这四种能力也就是我们所说的多元智能理论中的人际交往智能。

最后，外语网络教学课程资源丰富，在网络授课中教师可以结合PPT等多媒体，利用形式多样的音频、视频等方式来引入以及呈现自己所要讲授的内容，通过这些形式吸引着学生去学习。在生动的视频以及熟悉的音乐旋律中，可以发展培养学生的音乐智能以及视觉空间智能。

网络教学发展了学生的言语智能、人际交往智能、音乐智能、视觉空间智能等多元智能。这些在理论层面体现了美国哈佛大学教育学家霍华德·加德纳（Howard Gardner）于1983年提出的多元智能理论。他指出过去我们对智力的狭窄定义不能完全正确地反映出某个个体的真实能力。在他看来，人类思维和认知的方法是多元的，并且人的智力属于一个量度的指标。基于此理念，他把人类的智能分为以下几个方面，它们分别是：语言智能、空间智能、逻辑—数理智能、音乐智能、运动智能、人际交往智能、内省智能以及自然观察智能。从对学生的调查问卷和教师的访谈中，可以发现：外语网络教学的模式为学生提供了丰富的外语视、听、说、读、写资源，发展与培养了学生的多元智能。

4. 有利于培养学生自主学习能力

首先，在相关调查问卷的数据分析中，可以发现在网络教学中，教师可以做课堂的引领者，把课堂中以及课前的时间还给学生。在课前，教师科学地设计上课之前的预习环节，而学生在教师的指导下能及时完成课前知识的预习。通过课前预习来激发学生学习外语的兴趣，提升学生自主学习的能力。在一些教师的访谈中，可以得知在传统的教学中，课前的预习一般是让学生对所要讲授的文本进行阅读，了解文本中的知识结构，找出文中的重难点知识以及语法知识。这样的布置方式，对于好奇心强，但自控能力较弱的学生来说，很难激发他们学习外语的兴趣和主动性。因此在网络授课下，教师通过布置具有趣味性、合作性、实践性以及探究性的课前预习，可以激发学生自主学习的积极性，培养学生预习的主动性。

其次，因为网络课堂教学时间的有限性，教师会改变教学方法，不会把课堂占满。教师可以通过布置不同的任务，让学生通过自主学习、搜集信息资料的方式，丰富知识储备，提高自主学习和独立思考的能力。从一些教师的访谈中，可得知针对一节课，教师让学生通过收集大家的活动时间表，以此为素材展开课堂知识的练习与讨论，学生通过这样的自主活动，从而练习与学习了本节课的知识点。因为活动利用的是身边的素材，学生对课程内容会感到非常的熟悉，也会积极地参与活动，这样的自主学习不仅有趣而且取得了事半功倍的效果。

最后，根据相关调查问卷结果可以得知，学生可以自主完成家庭作业并且能做到及时检查教师作业的批改与反馈情况。课后作业是学生在家独立完成的，独立完成与检查作业，有助于提高学生的自我监控能力。

在网络教学模式下，教师可以有计划地"让"出课堂，引导学生独立思考、独立学习，这体现出了自主学习理论。自主学习就是"学习者在学习过程中能够负责自己学习的能力"，有学者认为，学习主体在学习的过程中从开始设定目标，到确定学习内容和学习时间，再到选择学习手段和判断学习成绩等，都体现了学生对自己遇到的学习问题的决策，这几个方面是影响学生自主学习能力的因素。培养学生自主学习能力不仅是素质教育的要求，也是现代社会发展的必然结果。在互联网时代，教师主导课堂的传统被改变，教师的地位和作用也都发生了很大的变化。教师的角色由讲授者变成了"学习交流者"和"引导者"。作为引导者，教师要帮助学生设置合理学习目标和计划，并给予答疑和学习引导，辅助学生进行自我监督和评价。通过分析问卷发现，在网络教学中，学生缺乏教师的监督和督促，没有实际的时间和地点限制，自由性更多，这就锻炼了学生的自主学习能力，能够促进学生自主能力和独立思考能力的培养。

二、外语网络教学的具体实施策略

（一）常见的外语网络教学形式

1. 外语网络直播教学

外语网络教学是网络教学这种新型教学方式在外语教育中的具体体现。网络教学有多种方式，其中之一便是网络直播教学。网络直播教学是基于信息化网络，利用网络学习空间进行远程直播教学的一种教学方式。网络学习空间是服务于网络教学的平台，也就是通常所说的网络教学平台。在日常网络直播教学中，常用的网络学习空间有钉钉、腾讯会议等，有的教师会通过QQ屏幕共享、快手、抖音这种网络小视频软件进行直播教学。无论使用哪种学习平台，教师都需要完成收集资料、课程设计、课堂直播教学、课后作业布置与评价这四个方面。

教师根据教学目标，课前在网络搜集与教学内容相关并能够反映教学目标的图片、视频等资料，取其精华、去其糟粕地对其加以归纳整理，选择合适内容备课、设计课堂或制作PPT课件。教师通过网络学习空间创建直播链接并向学生分享，学生打开链接即进入课堂。教师播放PPT课件，展示图片、视频等资料；学生进行课堂的学习，在课堂中可以通过打开麦克风或者以发送文字的形式与教师交流。课下学生完成教师布置的习题，通过照片的形式上传至网络学习空间，获得教师的教学评价。教师根据学生作业的情况及时反馈并掌握学生的学习完成度。

这种教学方式是传统教学在信息化大背景下新的发展形势，是传统课堂教学的直接延伸。教师使用网络计算机和智能手机便可以给学生上课，学生则可以通过观看直播或回放的方式进行不受时间、空间限制的学习。这种教学方式具有学生与教师沟通方便、能够面向全班集体授课、学习自由的优点；但同时由于师生处于同一课堂的不同地方，教师不能够有效监管学生的课堂状态。高校外语知识具有复杂性，外语直播教学可以将优质的资源作为扩充与辅助，加之教师的讲解更容易加深学生印象，从而将知识转化为稳固的知识内力。

2. 外语网络录播教学

在外语网络录播教学中，教师通过搜集外语学习资料，现场录制教学视频、音频或能够在电子设备中展示的图像文件。除此之外，如果教师认为该节内容相对困难，所具有的仪器设备无法满足教学需要，则可以通过网络搜集名师名校课程，随后将这些教学文件上传至网络学习空间。教师可以一次性上传一个视频学习资料，也可以上传多个；可以一次性开放全部学习内容，也可以按照教学进度解锁新的学习。课堂结束后，教师可以发布课后作业，学生完成作业并上传至系统；教师后台评分，反馈该节内容学习目标的完成度。

在外语网络录播教学下，学生根据自身时间在规定的时间段观看视频安排学习地点和进度，如果觉得认知有困难或者在外语知识没有掌握好的情况下，可以随时打开视频进行反复学习，加深理解。学生可以针对学习中出现的问题向教师提问，教师给出解答。在实际外语教学中，应用范围较广的有超星学习通、EV

录屏等，这些录播的软件各有优势，可以满足不同教师与学生的不同需求。

3. 外语网络微课教学

外语直播和录播是和传统课堂较为接近的教学方式，是完整的一节课在网络上的展现，其时长一般是 40—45 分钟。外语微课一般指 5—8 分钟的课例片段或微课例。微课时间较短、内容较少，教师不需要花费很长的时间备课、查找资料。教师随时根据学生的认知和教学重难点来对主题鲜明、指向明确、相对有意义的外语知识内容进行讲解。微课容量小，教师可以随时录制或是搜集微课视频，下载播放；学生可以打开视频，在线观摩课例，查看课件等资源。

在实际的教学中，外语教师通过作业和课堂表现发现学生对某一章某一节知识点存在困惑，就可以自己录制关于这个知识点的微课视频，对这部分内容加以详细讲解，使学生在较短的时间内掌握该内容的学习方法和技巧，提高学习效率。

目前在微课教学中比较受欢迎的是畅言智慧微课。这款软件以 AI 重新定义微课，具有智能转写、智慧提取关键词、自动标识关键内容、同步播放音频视频等便捷特点；特别是对于外语微课来说，其炫彩的视频和图文视图，更容易把学生带入更为真实的外语课堂；除此之外，其自由剪辑、分类创建微课、快捷分享给学生等功能也更便于外语教师开展微课教学。

4. 外语网络慕课教学

慕课（MOOC）是网络教学的一种方式，通俗地说就是大规模开放在线课程。这种形式最早出现在美国，21 世纪随着网络信息技术的发展逐渐在我国普及。教师通过在网络上搜集名校名师的讲解资源让学生自主学习，加之自身的扩充辅导，让学生把重难点吃透理解透，达到教学目的。目前发展最大的慕课平台是 coursera，国内发展较为迅猛且人们较为熟知的是国家精品课程在线学习平台：中国大学 MOOC。

慕课为广大学习者设计的在线开放式课程，任何有互联网连接的人都能随时随地访问，它向每个人开放且没有准入要求，免费提供完整的在线课程体验。不同于传统课堂及网络公开课，慕课包含了学习课程、反馈问题、互动讨论、评价（课程评价及学生间互评等）、学习成果认证（学分或证书）等环节的完整知识传授体系，它以互联网为基础，以慕课平台为载体，学生可以通过慕课平台与教师或其他学生进行交流和互动。

5. 外语网络资源教学

运用外语网络资源进行教学是较为方便有效的一种教学方式，优质的外语网络资源能够使教学活动保持活力。在外语教学中，教师不仅要自己学会从庞大的网络信息资源库中发现对教学有益的外语资源，也要帮助学生学会准确有效地搜集、筛选、下载阅读信息。学生首先要选择合适的搜索引擎网站来提高搜索效率，输入外语概念、外语问题等或是使用专业网站进行资料的搜索；其次要学会快速筛选优质资源，选择那些专业性强、时间新、点击率高的内容进行阅读或下载；最后要使外语资源融入外语学习中以发挥其有效性。在此过程中，学生根据自身的外语学习需要，通过微信公众号、微博、知乎或具有现代储存信息功能的APP找到相关知识，甚至可以通过电影、纪录片等进行外语课外知识的阅读与扩充。教师可以适当地给学生推荐有关外语知识学习的网页；也可以向他们推荐有关的外语视频资源。

6. 外语网络评价教学

教学活动的成功与否，在于学生是否在教学活动中充分发挥其主动性，是否真实地参与课堂，是否在课堂中提升外语兴趣并发展外语思维。虽然在传统教学下教师通过课堂测评、课下考试获得反馈的形式机械、单一，但可以在上课期间观察学生的听课状态，加以判断学生是否掌握某个知识点。在网络教学下，由于教师无法准确掌握学生听课情况，无法对其进行实时的监督，所以不能通过单一的指标衡量这些综合要素。由此，建立有效的外语评价体系显得格外重要。举例来讲，教师在网络学习空间的后台，上传相应章节内容的电子教材，每节课开始之前发布在线签到，掌握学生在线参与度；课中，教师通过学生回答问题次数、在线小组讨论来掌握学生的在线活跃度；课后，通过学生的课堂笔记、在线测试和章节测试来具体获得学生对知识的掌握度。具体效果评价指标与体系如表2-1所示。

除表2-1中的指标外，外语网络教学还具有一项重要的反馈功能。传统教学下，教师对学生的评价指标仅限于单一的成绩与课堂作业。"班级授课制"下的学生人数众多，教师很难通过作业与试卷精准地把握学生哪部分内容失分较多，且未能掌握具体的原因。在外语网络教学下，学生对知识的理解以及错误认识则可以通过数据进行显示。例如，一次考试结束，教师可以通过网络工具把每道题的正确率以及每位同学的错选项统计出来，这样不仅能够看到哪部分内容有所缺漏，还可以看出哪个选项错选的人数最多，从而在评讲试卷以及复习时有针对性。学生可以通过教师展示的数据一目了然地注意到易混易错项，听课中更有针对性，提高学习效率。

表 2-1 外语网络教学效果评价体系表

等级 评价项	优秀	良好	中等	及格	不及格	权重
签到	>5次/周	>4次/周	>3次/周	>2次/周	≤2次/周	10%
视频观看次数	>5次/章	>4次/章	>3次/章	>2次/章	≤2次/章	10%
电子教材阅读次数	>4次/章	>3次/章	>2次/章	=2次/章	<2次/章	10%
学习笔记	内容完整，重点归纳非常突出	内容较完整，重点归纳比较突出	内容基本完整，重点归纳基本突出	内容完整，有重点归纳	内容不完整，无重点归纳	10%
回答问题次数	>4次/节	>3次/节	>2次/节	=2次/节	<2次/节	10%
在线小组讨论	观点清晰，有很强说服力	观点较清晰，较有说服力	观点基本清晰，有说服力	发表观点，无说服力	不发表观点，不发言	10%
在线测试	正确率>90%	正确率>80%	正确率>70%	正确率>60%	正确率<60%	10%
课堂作业	按时完成，正确率>90%	按时完成，正确率>80%	按时完成，正确率>70%	按时完成，正确率>60%	正确率<60%或未按时完成	10%
章节测试	>95分	>85分	>70分	>60分	<60分	20%

（二）网络环境下外语教学所应遵循的原则

互联网外部教学环境的改变，对外语教学模式的教学环节、教学活动、教学资源、教学交互方式和教学评价等多方面产生深层次影响，外部环境的改变引发教学模式内部结构重塑，"互联网+"背景下的外语教学模式呈现教学环节联通、教学环境翻转、教学资源开放、教学活动互动等特点。因此，网络环境下外语教学应遵循以下原则。

1. 联通性原则

连通性原则是指云计算、移动互联网等新一代信息技术的出现，为教育创设了物联化、智能化、泛在化的教育信息环境，实现了教学主体、教学环节互联互通。

第一，教学主体互联。"互联网+"背景下的育人模式强调家校合作，协同育人，伴随"云、网、端"互联互通的智能教学常态化，通过智能移动终端畅通学生与教师、学生与家长、家长与家长之间的沟通渠道，实现学生—家长—教师三方互联，为家校共育搭建桥梁。

第二，教学环节联通。由于大学阶段是学生系统学习外语知识的重要时期，课程难度大并且知识点细碎，课前预习和课后巩固是外语教学有效开展的基础，线上线下的混合式教学有利于将课堂内外串联形成完整的教学回路，保障教学行为的持续性。教师通过学生课前预习的情况精准定位教学疑难点，学生通过课后作业促进对课堂知识的吸收。因此，基于"互联网+"背景下的教学模式要将师生的课内外教学活动进行串联，形成畅通的回路。

2. 翻转性原则

翻转性原则是指教学活动的开展遵循"先学后教，以学定教"，改变传统课堂中教师进行"信息传递"、学生进行"吸收内化"的教学方式，实现教学流程翻转和师生角色翻转。

第一，教学流程翻转。外语教学由"边教边学，以教带学"转变为"先学后教，以学定教"。外语教学内容中包括大量语言词汇、文化知识，适应于利用丰富的学习材料帮助学生课前自学的翻转课堂教学模式。课前教师提供丰富的语言视频资料及学法指导，帮助学生进行自主学习和知识建构，并提出学习问题。课上教师根据学生课前自学情况，针对学生的问题进行引导启发和精讲释疑，组织学生开展讨论。

第二，师生角色翻转。外语教学的核心在于培养学生的语言表达能力，外语教学重在学生进行语言输出，因此转变师生角色，凸显学生的课堂主体地位是关键，学习的决定权应由教师向学生发生转移。教师不再是知识的传授者与灌输者，而是思维启发和问题解决的引导者与帮助者，教师的重要职责在于如何促进学生进行知识内化与吸收。学生成为学生探究学习和合作交流的主人，在课堂内外都拥有更多充分发挥主动主观能动性的机会和空间。

3. 开放性原则

开放性原则是将外语教学看作一个整体，整体的发展必须由封闭状态走向开放状态。外语教学作为一个系统，如果要保持长期的稳定就必须保持开放性，吸纳外界环境中的新信息、新理念。

第一，教学途径开放。语言学习无处不在，有语言场景的地方就可以开展学习。拓宽教师教和学生学的途径，灵活采用线上线下相结合、自主学习与合作学习相结合、正式学习与非正式学习相结合的学习方式，打破学校和课堂的局限，为师生提供多种教学路径，促进学习过程的高效完成。

第二，教学资源的开放。教学资源不只局限于书本、教师、图书馆等有限的学习空间内，伴随网络的不断发展，外语教学资源不再局限于传统教材资源，还包括开放共享的网络资源，如微课、配音视频、外语电影等，其让课堂逐渐向社会、网络领域延伸。因此，要不断挖掘网络资源的开放性、共享性和生成性潜能，在外语教学中，充分利用开放的优质互联网资源，实现课内资源与课外资源、教材资源与网络资源的整合应用。

4. 交互性原则

交互性原则是指教学过程中，教师采用多种教学方式开展互动教学，学生利用互联网教学平台及其资源开展交互式学习。

第一，师生教学交互。外语教学需要进行大量的语言输入与输出，反复进行语言应用练习以强化语言表达能力，特别是口语表达需要在与他人的交流互动中进行。因此，教师在教学过程中尽量使用讨论式、谈话式、探究式、小组合作式等多种方法，通过提问引导等方式帮助学生思考问题，表达自己的想法；学生之间进行交流合作，学生以小组协作或团队竞赛的形式进行学习，团队成员通过协同交互以达到共同的学习目标。

第二，信息技术交互。丰富的教学资源是语言学习的基础，借助互联网开展基于资源的学习为师生提供了更多人机交互的机会。师生在教学过程中需要接触多种数字化平台及资源，基于数字化平台及资源开展自主学习、探究式学习、合作学习，师生在教学活动过程与智能设备进行教学交互将趋于常态化。

（三）"互联网+"背景下外语教学的优化策略

1. 加强基础设施建设

网络教学活动的开展必须得到教育部门和社会的支持。近年来，国家对教育越来越重视，实行的一些新举措在一定程度上促进我国教育教学的快速发展。在此基础上，教育部门和各个学校要加强完善网络教学的硬件设备，例如，建立专门可供教师使用的教室，安装计算机、投影仪等。有关部门可以协调网络运营商，降低无线网络的资费，解决部分家庭因网络收费高而缺乏网络学习条件的问题。

外语网络教学是对教学模式的革新，在短时期内可能较难被人们接受，所以建议有关部门采用鼓励性和强制性相结合的措施。首先，要对教学活动进行有意识的干预,增强网络教学意识。其次,只要教师有网络教学的意识就应该鼓励,而不是随意扼杀,学校定期为教师开展网络教学宣讲,久而久之才能改变传统教学观念,逐步为网络教学的开展提供条件,为外语学科开展网络教学奠定基础。最后,合理使用有关外语的教学软件。当前很多学校都开发了校内软件,教师可以在软件中上传教学资料,实现资源共享。外语教学中可以设立外语学习模块,每位教师和同学都可以以图片以及视频等形式上传自己在学习过程中遇到的有用的知识;除此之外,还可以在该软件上同步外语课程,学生之间可以进行在线交流等。

2. 开发精品教学资源

"互联网+"背景下外语教学模式的相对优势主要表现在该模式运用互联网技术提高教学效果、减少教师教学工作量、提供网络教学资源。教学模式的实施以丰富的教学资源为基础,其中,数字化资源是学生学习的重要来源,教师要为学生提供多种学习资源以满足学生的学习需要,而现有的在线资源与教材存在脱节现象,在这种情况下,教师要摆脱现有教材资源的局限,积极开发精品教学资源,增强资源与教材的关联度。

第一,开发大量精品教学资源。教师可以借助学生资源、在线资源和社会资源,通过自主研发和二次开发的方式,开发大量精品教学资源,具体包括教案、微课、测试题和其他学习素材,这些都是宝贵的学科教学资源。

第二,形成优质教学资源共享机制。骨干教师可先将分散的课程资源集中在网络平台中,再筛选出精品课程形成系列栏目并传送到平台上形成特色校本教学资源,为快速共享创造条件。如此,教师不必花时间为每节课都设计教学内容,而是根据自己的教学情况在平台上选择适宜的教学资源,大大减少教学工作量。

3. 开展外语网络教学培训

经调查发现,外语网络教学效果不理想的因素之一是教师没有得到专业系统的培训,这导致教师在外语教学中容易出现软件操作不熟练、师生交流困难、无法很好地融入教学活动等问题。教师能否制作出内容丰富、重点突出的课件资料是影响教学质量的重要因素。外语网络教学下教师除了需要布置作业、批改作业外,还需要搜集所教内容的信息,制作精美课件、录制视频、将资料上传到网络学习空间等,这要求教师能够熟练运用计算机、手机以及教学软件。调查显示外语教师很少参加系统的培训,为此建议教师可以参加视频录制剪辑、网络学习空间的操作等培训,在拓宽自身知识的同时,增强软件操作能力,在教学设计环节节省时间,以利于搜集更为精确有用的外语资源。

针对教师对外语网络教学的应用方面了解不够深入的问题,建议教师应该参加有关外语网络教学的培训,主要对外语教育和网络教学的融合进行学习,学习如何在外语教育中发挥网络教学最大的优势,如何调动学生学习积极性等。教师可以通过实地交流的方式,也可以通过网络搜集这方面的培训视频,加以学习。

网络教学并不是一个新颖的概念,从慕课出现后便被师生熟知,近年来网络教学逐渐成为一个主流的教学形式,因此,有关部门应该组织一系列的网络教学培训,加强对教师网络教学技能的培训,引导教师不仅在思想上深化对网络教学的认识,而且在实际操作上增加学习应用。

4. 探索线上线下外语教学融合路径

教师要做好外语教学结构的优化工作,促使教学内容安排的合理化。众所周知,线上和线下教学各自有其优势,对外语教师而言,要有效结合线上与线下各自的教学资源优势,从而优化教学结构,合理安排教学内容。

首先,教师可以通过对学生的问卷调查、个人访谈、学习效果的线上检测以及与学生家长的电话沟通等不同的方式,清晰了解学生线上的学习情况,做好线上教学情况的摸底工作。与此同时,教师也要对学生制订查漏补缺计划。教师要在课后整理自己的讲课笔记,找出讲课中的疏漏点和知识点讲解不清楚的地方,了解学生对课中重难点的掌握情况、课后的作业完成情况、学生的出勤(缺课)情况,制订出有效的查缺补漏的计划。

其次,利用线上丰富的网络教学资源,让学生对要学习的知识进行自学探索;教师根据学生线上学习的测评情况,综合分析全班学生的学习情况,总结出学生在线上学习中遇到的、存在的共同问题以及个别问题,分析问题产生的原因,从而找出解决问题的办法。

最后,在线下课程中,教师针对线上的疑难问题进行专门讲解,面对个别基础薄弱的学生,教师给予耐心辅导,促使解决难题,从而实现高校外语教学的真实目的。

总之,教师要创新教学方法,实现线上+线下资源优势互补。面对线上与线下教学各自的优劣势,要求外语教师要有敏锐的甄别能力,在开展教学活动时扬长避短,发挥各自的优势,突破传统教育观念的瓶颈。借助网络资源和技术,挖掘更多的外语宝藏,培养学生的学习兴趣。在线下教学中,教师利用课堂教学讲解,对相关外语知识进行梳理和巩固,促使学生掌握学习规律,培养他们思维的开阔性和灵活性。

5. 完善外语网络教学平台建设

（1）学术性支持服务方面

在学术性支持上，可以从优化教学内容、实现数字图书馆资源共享、完善学习过程支持等角度来提升服务质量。

第一，优化教学内容。网络课程是目前平台学习者的主要学习资源，因此资源质量的审核是第一步。平台方要做好对课程资源的系统监控，把管理落到实处。在课程脚本的编写、授课教师的考察、素材的审核等各方面，平台都要做好监管。课程审核上传后，应定期对平台课程进行评估，并根据评估情况改进。

在保证课程质量的基础上，强化平台课程分类管理，解决资源丰富但学生不知道学什么的问题。首先，对视频内容进行进一步的细化分类，帮助学习者理清课程视频的分类导图及选择次序。根据不同领域设置关联性强的课程，使课程资源系统化。其次，保证时效性。外语学习网站要充分利用互联网媒介的便利，及时更新，定期处理过时的信息资源。

第二，真正实现数字图书馆资源共享。全面、高质量的学习资源可以吸引学习者，优质的学习资源支持服务对于线上外语教学，具有重要意义。为了让线上学习者得到与在校学生一样高质量的教育资源，数字图书馆就非常重要。根据我国外语教学领域的现实，可以建设国内的外语教学图书馆联盟。

第三，完善学习过程支持。学习过程支持，平台必须建立一套完善的机制。该机制应该包括以下环节：入学测试、学习计划指导、复习指导、学习效果评价、持续监控诊断、阶段性反馈、学习反思。

入学测试：目的在于确定学生的水平，更合理地了解学生的基础，可以为学生提供个性化的服务。平台可以在学生初次进入时进行水平测试，并根据测试结果推荐课程，避免学生大海捞针似的盲目选择不适合自己能力的课程。

学习计划指导：制订学习计划，能够最大化地利用有效的学习时间，切实提高学习效率。平台可以通过在线指导教师制订学生的学习计划、阶段目标等，以此为学生提供更好的参考。

复习指导：复习同样也是一种学习，有效复习能巩固所学成果，让知识掌握得更加牢固。平台可以通过设计小组活动、呈现重要内容等方式帮助学生复习。

学习效果评价：课程作业、定期测试是检验学生学习效果的重要一环。此外，通过平台题库系统，学生可以随时抽取测试题，在学习过程中自测，检验学习成果。

持续监控诊断：能够帮助学生衡量阶段学习成果和自我反思效果，帮助学生找到学习中存在的问题并及时提供解决办法。

阶段性反馈：根据持续的监控诊断，解决学生出现的阶段性问题，帮助学生有效完成学习目标。

学习反思：反思是学习中不可缺少的重要环节，学生形成反思思维，可以优化学习方式，提高自学能力和学习效能。平台可以提供"笔记本"，帮助学生记录学习过程、测试成绩等的反思记录，方便学生根据反思及时做出改变。

（2）非学术性支持服务方面

在非学术性支持服务方面，可以从管理、情感和技术上提出以下建议。

第一，提高管理支持服务质量。管理支持服务质量的提升可以在完善基础性服务（注册、学前指导等）的前提下，进一步提供个性化的支持服务来实现。在保证基本服务的基础上，通过问卷调查、详细注册等方式了解学生的不同学习动机和需要，定制个性化课程。

增加网站可切换的语言种类，网站多种语言切换，旨在帮助学生更好地学习。外语网络教学平台主要面向的是母语为汉语的学生，对于学生而言，熟悉的语言可帮助其快速适应平台，减少畏难情绪，所以在设计网站可切换的语言时，尽可能多地增加汉语的使用。

第二，建立和完善情感支持服务。完善交互功能。平台应当为学生提供内部交流区域。教师可以在此空间就热点话题、难度问题等发布讨论，帮助学生更好地掌握课程内容；学生也自发地就自己感兴趣的话题发表意见，沟通交流会让学生在线上学习中降低孤独感。此外，还可以设置虚拟教室，学生可以选择自己创建或者加入不同类型的教室，在教室内相互学习，取长补短。在解答学生疑问方面，帮助支持功能必须完善。可以提供常见问题、在线答疑、邮箱等几种答疑方式，让学生可以方便快捷地寻求帮助，避免因问题长期得不到解决而影响学习。

丰富学习激励机制。平台可以设计丰富的激励方式来激发学生的学习热情，如组队打卡学习。几人组成小团队开始挑战，在活动周期内全队累计打卡次数达标可获得奖励；再如瓜分奖金的活动。学生预先支付契约金开启挑战，连续在规定时间内打卡即算挑战成功，成功者分享奖金池里的奖金。

持续关注线上学习。平台要建立科学完善的服务效果监测机制。通过增加平台日访问量和各类在线课程的点击量，通过留言板等形式收集意见，定期开展问卷调查、深度访谈等方式，持续收集学生对平台的服务效果评价，并根据信息指导，不断调整优化服务形式和内容。

第三，解决技术支持。及时解决网页版平台的问题。网页崩溃、某些内容长期无法打开，这些都需要平台在日常运维中及时解决。移动端APP流畅运行，学习资源丰富，才能真正实现实时可学、处处能学。就移动端APP而言，最基础的是保证APP的稳定运行。疫情暴发突然，由于上线匆忙或其他原因，许多平台没有认真地还原APP的用户使用路径和使用场景，导致APP推广出去后因为用户体验和产品问题而流失部分用户，这一问题要及时处理。另外，针对学生的常见技术问题和解决方法，平台可以搜集整理成手册，并提供检索功能，方便学生快速处理。此外，平台也可以充分利用官方账号，定期推送技术方面的新功能等，提升学生的信息技术能力。

第三章　外语教育的模式

随着我国与其他国家的交往日益密切，市场对于外语应用型人才的需求越来越大。因此，在这种形势下，应当不断地提高高校学生的外语专业技能和专业素质。但就目前的实际情况来看，由于受到传统教学模式的束缚，高校亟须对外语教育的模式进行探索。本章分为情感教学模式、分级教学模式、个性化教学模式三部分。主要包括情感教学模式概述、情感教学模式在外语教育中的应用策略、分级教学模式概述、分级教学模式在外语教育中的应用现状、分级教学模式在外语教育中的应用策略等内容。

第一节　情感教学模式

一、情感教学模式概述

（一）情感及情感教学的内涵

1. 情感的内涵

情感是人发出的一种心理信号，属于人复杂的情绪化表现，具有非理性，表现出敏感性、多重性的特点。对情感内涵的概述多种多样，其中，《辞海》对"情感"的具体释义为"情感，指人的喜、怒、哀、乐等心理表现"。

德育心理专家朱小蔓通过借鉴我国前人的科学研究成果，对主体情感意识内涵释义为，个体情感主要是一个以自身内心精神价值需求和自身人生价值需求为主要检验对象的一种自我价值感受、内心价值体验、情境价值评价、移情情感共鸣和心理反应方式的选择。

学者唐广勇在《情感教育策略论》中，从情感美学、价值论的两个角度分析出发，情感意识本质上也就是一种基于价值观的意识，它主要具有如下几个特点：从自我感受的检验对象角度来看，情感是一种主体需要对客体事物的心理节律反应；从自我感受的表现方式上来看，情感主要是对主体价值认识关系的"前理性""前意志"的直接心理反应；从自我感受的检验结果上来看，情感和价值认识的本质区别主要在于它的感受性质和认识内容取决于一个客体事物是否完全满足了一个主体的某种心理需要。

2. 情感教学的内涵

学者刘强将情感教学解释为，"我们所谓的情感教学，是指在教学活动过程中，教师可以借助一定教育教学手段，有一定目的地去引入或组织创设一些具有一定情感教学色彩的，以形象人物为教学主体的生动具体的教学场景，以便引起学生以一定的思维态度去体验、激发、调动和满足学生的各种情感活动需要，从而能够帮助学生积极地去理解新的教学内容，并从而使学生的主体知识、情感、意识、行为等各个方面能够得到积极变化的一种教学活动"。

卢家楣教授在《情感教学心理学》一书中，从情感心理学的角度来对其进行案例分析，得出"所谓情感心理教学就是指教师在课堂教学管理过程中，既能够充分考虑情感认知心理因素，又能够充分发挥具体情感心理因素的积极推动作用，使得情感认知心理因素和具体情感心理因素之间得到和谐的相互统一，以达到完善课堂教学过程目标、增强课堂教学的效果。从现实教学来说，情感心理教学已经矫正了传统教学中重认知、轻情感因素的教学现象，注重知情交融，并提出相应的教学原理和教学方法"。

（二）情感教学模式的特征

1. 人文价值性

人文价值性属于情感教学内容层面。思想政治理论课教学注重的是"寓教于情"，其目的是以情感人、以情育人。对于人才的需求，社会更注重的是人的全面发展，这也是我国素质教育的主要内容，并且为了构建文明社会，更要做到精神文明建设和物质文明建设的和谐统一。情感教学是素质教育的基本要求，也是精神文明建设的题中应有之义。人文情感是一种至真至诚的情感，表现为国家责任感、民族认同感、社会义务感、集体归属感和对他人的道德义务感等方面。在情感教学的指导下，情感教学的人文价值性要求教师提高自身人文素养、创设人文环境、注重人文关怀，努力挖掘具有人文价值性的教学素材，培养全面发展的学生。

2. 非智力性

赫尔巴特认为教学是一个具有教育性的活动过程，以此奠定了知识的重要地位。近年来，人们开始顺应时代发展趋势，除了关注知识教学，更注重"非智力因素"在教学方面的作用。而情感不仅作为非智力因素的重要组成部分，而且已经成了影响学生掌握和运用知识的重要原因。

3. 复杂性

情感作为非智力因素的组成部分，对于学生学习的影响是十分显著的。情感教学的复杂性，主要体现在"情感"方面。因班级授课的趋势所使，一个班级学生的容量很大。然而，每个学生都是一个独立的个体，他们认知方式的差异、家庭背景的不同以及个性心理特征的差异等方面对实施情感教学来说都是挑战。

4. 情境性

情感的产生依托一定的情境。卢家楣教授认为："人类情绪从本质上说都是通过'以境生情'的模式发生的。"

情由境生，感由境发，所以教师需要创设一定的教学情境和情感氛围，促使情感产生，以此来发挥情感因素的作用，这也就是情感教学法情境性的特点。

情境性是情感教学的一个重要特征，同时也是情感教学的一种重要途径。课堂中的情境设置能唤起学生的感知和体验，这也为教师在教学时如何更好地完成情境目标提供可供参考的依据。由于课堂教学内容的理论性和思想性较强，学生往往不感兴趣，教师可以创设以教材内容为前提、以学生实际为原则、以社会生活为基础的教学情境，将书本上抽象难懂、枯燥乏味、远离生活实际的知识放置于具体的情境中，使其具体化与生动化，进而唤起学生内心深处对新知识、新世界探索的欲望，使学生在良好的情境中进入学习状态，完成学习任务。除了创设教学情境，教师还要给学生创设具有情感氛围的课堂，不能过度强调课堂纪律，多给学生一份柔情和温馨，以情感为核心，进一步发散学生思维，强化记忆效果，建立完整的知识体系。

5. 审美性

美和情是紧密联系在一起的，审美活动从本质上讲是一种情感活动，美感本身也是人的一种情感体验，因此审美性是情感教学法的又一个重要特点。情感教学不同于传统的机械的传授认知的教学，整个教学过程充盈着审美的教育活动，是学生不断获得美感的愉悦的享受过程。教师通过各种教学手段，诱发学生的积极情感，学生在正性情感状态下去获取知识，这个过程不仅有利于理智感的发展，同时也有利于学生获得美感。

当教师用情感教学法进行教学时，呈现审美化的认知活动，营造和谐愉快的课堂教学氛围，构建互动合作的师生关系等这些审美要素时，学生在满足自己的审美需要的同时，还能够增强和提升创造美的激情和热情，在潜移默化中培养学生的情操，完美地实现认知信息传递和情感提升的双重任务。

6. 体验性

情感教学中的情感、审美，不是等待被教师传授的静止的知识，而是学生和教师共同体验的动态的过程。无论人对客观事物持什么态度，人自身都能直接体验到，离开了体验根本谈不上情感。情感教学法的体验性强调的是通过情境的创设，以学生的个性体验和发展为主，在教师的引导下进行活动、讨论和体验，让每一位学生在活动参与中有体验成功和交流探讨的机会，力求不断丰富学生的认知和情感体验，在活动中掌握知识，促使情感目标的达成。

众所周知，学生在愉快的情感体验状态下，会对所讲知识产生更为深刻的印象，而且比死记硬背保持得更长久。教师通过相关情境的创设并引领学生进入情境，在这个过程中学生亲身去体验、去参与，在体验中形成对知识的内化，进一步领悟知识内容。这种课堂小活动，以活动的形式展现真理的魅力，可以激发学生学习热情，让学生在亲自动手检验中深刻理解所要学习的知识。

7. 感染性

一个人的情绪状态很容易受到周围的人和周围情感气氛的感染。究其原因，在于情感具有感染功能。情感的感染就像物理里面的感应现象一样，当一个人察觉到他人产生的某种情感时，他自己也会产生强烈的内心体验，形成与之相应的情感。情感的感染，犹如一座桥梁，可以将人与人的感情、人与物的关系连接起来，推动情感的社会化。在教学中，教师用生动的语言、现代化的教学手段、丰富的教学方法等都可以激发学生的情感，同时学生的情感也会感染教师，这样一来，师生双方会产生情感共鸣，形成良好的教学气氛。学生在这种良好的情感氛围里所领悟到的知识就不再是死板的、教条的，而是注入了色彩、融入了力量、焕发着科学精神，使教学进入艺术境界。情感的强烈触动，常常可以使学生主动接受所讲的知识，与教师产生积极的情感交流，可以发挥说服教育不能发挥的作用。

（三）情感教学模式的功能

情是打开心灵之窗的钥匙，是拉近师生关系的桥梁。情感教学的功能是指情感在教学中所发挥的作用，情感教学具有感染功能、协调功能、动力功能、调节功能等。

1. 感染功能

情感教学的感染功能是指在教学中教师通过各种方式，将教材中和自身的情感释放出来，用外部的情感陶冶学生的内部情感，从而对学生的情绪状态和情感需求进行调节。在情境创设的基础上，一定的情感才会油然而生。情感教学要求教师利用教材内容，选取学生感兴趣的生活材料创设情感情境，酝酿学生的情绪，加深学生对知识的理解和掌握。合理的情感教学要求教师用自己的仁爱和关切之情，与学生沟通交流，营造积极向上的情感教学氛围。相反，如果一位教师不能以身作则，出现情绪化教学，那么给学生带来的就是消极情绪，课堂的教学效果也会大打折扣。因此，情感教学需要发挥积极的感染功能，在感染学生情绪和情感的基础上，激发学生的学习动机，促进学生情感态度价值观的形成。

2. 协调功能

协调功能是指通过情感调节教师和学生之间的关系。学生是具有独立意义的人，情感教学的协调功能要求教师转变教学观和学生观，发扬教学民主。赞科夫在《和教师的谈话》中也明确地指出："教育教学能否获得最大的效果，关键在于教师与学生之间的关系是否融洽和谐。"和谐的师生关系表明师生的情感联系密切，教师了解学生，学生喜爱教师。一般来说，学生喜欢哪一科的教师，对该学科的学习会具有积极性，会花更多的精力去学习该学科的内容。在教学的过程中，只有师生相互尊重和配合，才能使学生乐于表达自己的观点和见解，从而建立和谐民主的师生关系。情感在时空层面具有一定的弥散性，教师可以通过情感教学用外部的情感激发学生潜在的情感因素，以情感培育情感，在和谐的师生情感关系中培育学科核心素养。因此，情感教学在教学实践中具有重要作用，也具有普遍的指导意义。

3. 动力功能

在教学中，情感的动力功能是指情感能够对人的行为起到推动的作用。当一个人处于低沉的情绪状态时，其学习的注意力、行动力就会大大降低。相反，当一个人的情绪表现出积极、乐观、快乐的状态时，对学习的兴趣和主动性会有所提高。

外语教师首先需要研究学生的心理状态和身心发展规律，在备课、上课的过程中都要努力挖掘情感因素，在和谐宽松的课堂氛围中发挥情感教学的积极作用。组织开展小组活动、角色扮演、社会实践活动，将学生消极的情感状态转化为积极的情感状态，提高课程学习的能动性和内驱力，提升学生学习的行动力和执行力，从而使学生在愉悦的情绪状态中获得知识、提高能力，促进学生学科核心素养的落实。因此，情感教学的强大动力功能使学生学习行为产生驱动力。

4. 调节功能

情感的调节功能主要表现为在情感的作用下，能够引导学生积极的行为，具有督促学生完成学习任务的作用。在教学中，既要发挥学生的智力因素，也要发挥非智力因素。合理运用情感教学的调节功能，组织与教材相关的活动，在积极的情感交流中有助于推动学生学习效率的提高。外语教学需要教师打破枯燥乏味的刻板印象，运用丰富的情感教学手段，发挥情感因素的作用，通过以知育情、以情促知，促进学生智力和非智力因素的发展。

（四）情感教学模式的原则

原则是人们处理问题的准则、依据，而情感教学的原则是以情感教学的客观规律为依据，以情感教学实践经验为基础而确立的相关活动准则。因此，教师在运用情感教学时应以理论为基础，从教学实践出发，遵循三个基本原则，即乐情原则、知情原则、融情原则。

1. 乐情原则

该原则意在让学生心情愉悦、饶有兴趣地去学习。这便要求教师将着眼点放在学生乐不乐于接受教学内容之上，在教学过程中充分发挥情感因素的积极作用，使得学生乐于学习。当前学生的厌学情绪多数与学生缺乏学习乐趣有关，教师应多加关心学生在接受知识时内心的自我感受，即要使学生在学习过程中产生积极、快乐的情绪，激励其主动探索知识。

2. 知情原则

学生的认知情感传递需要教师的正向引导，克服一些消极的认知情感，积极发挥认知情感传递的正向功能，以积极的认知情感信息去感染每个学生，以便能达到师生认知情感信息交融的良好效果，即知情原则。具体工作要求可以分为三点：第一点也就是教师应首先学会合理抑制自己的主体情绪，使之始终保持良好的主体情绪管理状态；第二点也就是教师应努力做学生的榜样，要做到课内、课外言行一致，用真理、真情引领学生；第三点也就是教师在处理教学内容时应饱含一定的感情，使之促进感知。

3. 融情原则

该原则重点注重教师、学生之间互爱、共情，以此促进教师教学、学生学习的共同发展、进步。其基本含义主要指教师应该要重视师生情感交往活动中的各种情感驱动因素，努力以自己对全体学生的良好学习情感关系去调动、引发全体学生的积极学习情感，以此优化师生关系。

具体工作要求大概有三点：第一点是在外语教育教学实践过程中，教师应该要怀着对全体学生的一片真挚爱心共同来努力促进全体师生间各种人际关系情感共同交融；第二点是在外语教育教学实践过程中，教师应该要怀着对全体学生的一片真心共同促进全体学生间各种人际关系情感的交融；第三点是教师必须高度重视外语教育教学外部的师生情感交际活动，怀着对全体学生的一片真心，来努力促进师生之间情感的共同积累。

（五）情感教学模式的理论依据

1. 人的全面发展理论

马克思的教育思想详细论述了人的全面发展理论，认为教育与生产劳动相结合，能够促进人的全面发展。全面发展既关注学生的德育、智育、体育等方面的发展，同时也关注学生的个性发展。教育是实现人的发展的必要路径，在教育过程中，教师是教学的主体，学生是学习的主体，二者相互配合，营造良好的教学和学习氛围，才能实现人的全面发展。

2. 建构主义的教学观理论

建构主义的基本观点是注重在各种生活情境中进行教学。皮亚杰（Piaget）作为建构主义理论的代表人物，主张围绕现实生活，创设生活化的真实的活动情境。将学习者嵌入和现实相关的情境中，以确保每一位学生都能获得情感体验，从而进行知识建构。建构主义注重协作学习，通过小组学习、合作学习等学习形式，建设"学习社区"，营造师生互动、生生互动的良好的情感教学氛围。

3.人本主义学习理论

人本主义学习理论思潮兴起于美国，该理论抨击行为主义只关注人的行为，而忽视对人的内心的研究。罗杰斯主张心理学应该以人的发展需要为基础，更加强调学生要主动建构知识，提高学生的主观能动性。同时也明确提出教学要具有情境性，将情感延伸到课堂教学和课外实践活动中。当前我国教育的现状就是高度强调学生的认知，却忽视了学习的主体是"人"。正如人本主义心理学家表示，人并不是冷血动物，并且具有强烈的感情。在外语教育教学过程中，既要关注学生知识的掌握情况，也要通过各种教学方式了解学生的身心状态，使学生获得情感的满足，进一步培养学生正确的三观，推动核心素养的养成，实现学生的全面发展。

4.情感教学心理学理论

卢家楣致力于情感教学心理学的研究，将情感教学与教育心理学建立联系，目的是使情感教学的运用更具可操作性，使教师上课有一套科学的模式以促进教育教学质量的提高。卢家楣是提出"以情优教"情感教学理念的第一人，为其他专家学者探索情感教学提供了很好的借鉴。

以情优教主要指运用情感对教学进行优化，具体内容是第一要把优教的关键点放在教学上，第二要发挥情感的积极作用，第三要创设情感与知识相互促进的教学情境，第四要直接把情感作为教学的目标，第五是将情感作为教学的手段。卢家楣的以情优教思想从教学目标、教学情境、教学手段等多个方面为情感教学的运用提供了思路和途径。

（六）情感教学模式的实施环节

从这种静态的教学角度出发来进行分析，可以得出这种情感教学模式的基本结构为诱发、陶冶、激励、调控。而这种情感教学模式中的结构在课堂教学活动中又以一种动态的教学方式表现为一定的实施环节。

1.诱发环节

诱发这一教学要素的基本内涵主要是通过诱导、引发广大学生对课堂活动的强烈兴趣，调动、引导学生自主参与的活动积极性，为外语教育课堂教学活动的有效顺利展开进行创造必要的教学条件，确立这一教学模式诱发要素的根本作用就是为了引导学生学习态度由"要我学"转变为"我要学"。教师在诱发教学中一定要想方设法操纵各种诱发教学变量，其实际操作上的要点一般在于通过引导、满足学生学习需要来达到符合各种教学要求或是通过改变各种教学活动形式来满足学生更多的学习需要，所以诱发环节中的综合教学策略大致有态度认知综合匹配教学策略、形式认知匹配教学策略、超出学生预期教学策略、目标综合吸引教学策略、情境综合模拟教学策略与综合设置教学悬念等。

2. 陶冶环节

情感教学模式的首要目标就是必须着力促进学生自身情感道德素质的不断提高，不仅需要包含各种高尚道德情感的教育培养，还包含情感智力的发展。陶冶这一教育要素的基本内涵旨在积极主动推进各类认知教育活动开展的同时，培养广大学生各种高尚认知情感以及认知情感陶冶能力。由于认知教材内容是认知教学中为了完成各种认知教育任务、实现认知情感教育目标、陶冶学生情感的重要资源，这就需要教师善于根据教学内容所蕴含的情感因素的不同情况，选择不同的情感处理策略和方法。要求教师本身表现出较高的情感素质，即良好的情感品质、高尚的情操，而且特别需要具备突出的情感智力，例如，体验自己和学生情感的能力、表达自己和教材内容蕴含的情感能力、调控自己和学生情感的能力等。

3. 激励环节

激励是指教师在教学活动的创设过程中应激发学生学习的主动性，使其获得学习胜任感，引导学生亲身体验并得到成功的喜悦，以各种激励形式及时给予学生各种鼓励性质的评价，并以学生是否获得良好的教学情感活动体验效果作为重要标志，实现教师以激励手段激发学生情感的意义。

4. 调控环节

调控这一关键要素的基本内涵是指使全体学生的学习情绪，在外语课堂教学活动过程中始终保持一种稳定状态。稳定的情绪状态不仅有助于学生形成积极的情感，而且还能通过发挥各种情感功能的积极作用，来提高学生学习活动的效率，促进学生各方面素质发展。

因此，教师在这种课堂教学活动积累过程中必须明确一个调控愉快且富有兴趣教学活动情绪的教育目标，让学生在这种课堂教学活动中能够始终处于愉快且富有兴趣的乐学状态。而愉快且富有兴趣的情绪活动状态，又有效帮助教师形成一种有利于全体学生各方面综合能力发展的最佳兴趣状态氛围。

二、情感教学模式在外语教育中的应用策略

（一）营造和谐的课堂氛围

基于传统课堂教学所存在的缺陷，营造和谐的课堂氛围需要教师改变单方面备课形式，备课之前结合学生的学习情况，让学生参与备课环节，提高学生对课堂的关注度。开始备课之前了解学生的性格特征，结合实际情况建立和谐的师生关系，让学生自觉预习。对于外语基础比较薄弱的学生，要培养学生的自尊心和自信心，以学生为主体，尊重学生的主体地位，从学生角度出发进行教学。

（二）开展情感教学

教师可以从学生的心理需求出发，开展针对性教育，如帮助学生获得成就感。在外语教育教学中，教师要关注每个学生在外语学习上的心理需求，培养学生学习外语的成就感和兴趣，帮助学生养成自主学习的良好习惯，减轻学生的学习压力，激发学生的学习热情，让学生更乐于学习外语。对于部分不在乎自己学习成绩的学生，教师可以在学习中适当施加学习压力来提高其学习动力，让他们意识到学习外语知识的重要性。

对于学生而言，他们喜欢的东西都不一样，教师可以从学习的兴趣入手，比如有的学生热爱运动，喜欢看NBA等赛事，教师可以与该学生就运动项目积极分析，以及相互探讨；有的学生热爱阅读，教师应在提问的过程中积极肯定，推荐适合学生阅读的外语书籍，并且鼓励学生。热爱运动的学生阳光热情、活泼好动，热爱阅读有利于拓宽视野、增长见识等。教师要多鼓励学生，肯定学生，通过有效地设计课堂，让学生在学习外语的过程中获得成就感，让不同层次的学生感受到喜悦，激发学生学习外语的兴趣。在课堂学习中，互动之后的评价非常重要，因此，在学生评价这一个环节中，教师因人而异的评价能够给学生提示与指引，同时能够为学生点燃信心。教师通过话语能实现对学生的有效评价，帮助学生培养发散性思维，充分发挥情感教学的作用。教师在评价时，要用微笑、鼓励的语言、饱满的情感去感染学生，将真挚的情感融入课堂教学，引导学生完成外语学习，让学生沉浸在和谐而美好的学习氛围中。

（三）丰富课堂教学形式

为改善传统课堂教学僵硬、单一的形式，应创新课堂教学模式，以多元化手

段丰富教学内容。学习一门语言是枯燥且乏味的，教师在教学中要为学生创设情境，也就是采用情境教学方式，让学生在特定情境中感受语言、运用语言，促进学生主动参与外语课堂学习的过程，激发学生的主观能动性。例如，教师在讲述节日的时候，以"Christmas"为例，为学生创设情境。教师可以从春节入手，讲述春节的时候大家都在做什么，同时引导学生去搜索关于春节的神话传说和神话故事，引出节日。教师可以让学生分析节日之间的差别，比如人们的庆祝方式、饮食等区别，让学生在情境中了解与掌握关于节日的知识。有的学生会结合自己的需要来接受不同的知识，如部分学生受外来文化的影响，谈起外国文化兴致勃勃，对本国传统节日不感兴趣。这需要教师有效引导，告诉学生，中国传统节日承载了中国人对团结、和平、幸福、安康的美好向往，并将中国丰富的文化底蕴在外语课堂上描述出来，让学生在学习外语知识的同时，接受中国文化的哺育。学生在这种情感和谐交流的过程中将会对文化有更深入的认识。教师还可以设置问答环节，以平等的师生关系进行提问，让学生在心理上获得鼓舞，激发学生的学习兴趣，从而使其养成积极的学习态度。教师除了要在课上对学生充满爱、自豪，让学生感受中国文化的源远流长外，还要在课下积极与学生交流，讲述自己的真实情感，并及时关注学生的情感变化，采取针对性措施开展教学。

创新教学方式还可以借助多媒体，更直观而形象地向学生展示多彩画面，给学生提供音频、视频，播放外语原声，感受外语对话时候的情感转折，通过创设外语学习情境来激发学生的求知欲、学习兴趣。例如，在讲述饮食健康的时候，根据多媒体营造的良好环境，展示健身的相关图片，向学生提问："Do you often take exercise? Why should we do exercise every day?"出示一张健身人士的照片和肥胖人群的照片，提问："Is he a healthy person?"根据图片展示情况，营造良好的氛围，通过健身房、运动、节食的图片，提问学生。教师在这个过程中一定要和蔼、亲切，而且不要过分询问学生不了解的内容。利用多媒体教学可以提高学生的学习积极性，提高课堂学习效果。

第二节　分级教学模式

一、分级教学模式概述

（一）分级教学的概念与内涵

1. 分级教学的概念

分级教学这一概念有很多种解释。国外很多教育学家认为分级教学就是分班或分组进行教学，又称分层教学。分层教学包括班内分层，这是指教师根据学生基础能力，对学生开展不同层次的教学。同时，教师会根据学生层次进行因材施教，展开针对性培养，以此促进不同层次学生的共同成长，从而真正实现教育的公平、公正。分层教学还包括走班式分层，是指学生可以根据自身的综合能力和兴趣特点，选择相应班级进行学习。这种流动式学习模式属于分级教学的特色学习模式，不仅有利于因材施教的开展，而且能使学生得到个性化成长，并促进学生潜能的激发，使学生积极主动地参与课堂学习。外语分级教学会根据学生能力不同而采用相应的教学内容和教学模式，这不仅能尊重学生的主体地位，也能满足不同层次学生的发展要求，促进学生综合能力的全面提升。

2. 分级教学的内涵

分级教学的内涵是根据学生学习能力和基础能力的不同，依照学习能力和语言学习目标，在教学时根据教学大纲，对学生进行分层次的教学。这不仅要在教学内容和教学形式上分层次，也要在教学检测和教学考核中分层次，这样才能帮助所有层次的学生共同成长，并充分激发不同层次学生的潜力。学生自身认知能力将得到更好的教育和发展，这不仅会使学生加强对外语学习的兴趣，也会使学生的听、说、读、写、译能力得到有效提升。分级教学不仅可以为学生构建快乐的学习环境，也在教学时综合考量学生的个性特点、发展方向、兴趣爱好等，并根据学生的主体差异性，制定符合学生层次的教育内容和考核内容。同时，教师可以通过分级教学，加强对学生薄弱点的教学和指导。所谓分级教学，就是差异化教学，这种教学是为了更好地展开因材施教，促进学生个性化成长，而不是对学生进行简单的层次划分。

（二）分级教学模式的理论依据

分级教学模式是教师把学生划分成几组，将知识水平、能力水平和潜力相近的学生集中，根据学情规定相应的人才培养计划、教学大纲、教学方法，并提供相应的有针对性的指导，使每个小组的学生的学习效果得到最大程度的增强，教学质量得到最大程度的提高。

不同学生的知识层次、学习能力、学习潜力以及个人发展需求都不尽相同，分级教学正是根据学生在各个方面的差异，有针对性地为学生选择和制定个性、有效且能最大程度帮助学生实现个人发展和提高的教学方式，即一种能够体现分类指导和因材施教理念的个性化教学方式。

分级教学模式是建立在美国语言学家克拉申的 i+1 理论、瑞士心理学家皮亚杰的建构主义理论以及英国的哈钦森（Hutchinson）和沃特斯（Waters）的需求分析模式基础上的一种模式。

克拉申的 i+1 理论认为，在学习一门语言的过程中，首先要做到理解性语言输入，i 是语言学习者当前的语言状态，而 1 是高于当前语言状态的相关语言知识，当学习者遇到了比 1 更高的语言知识，就是 i+2，如果遇到的语言知识更低，就是 i+0，后两种状态对语言学习者来说，是较为困难的，因此不能取得良好的语言学习效果。

皮亚杰的建构主义理论认为，学习的过程并不是学生将知识从外界搬运到记忆中，而是以现有的知识为基础，通过同外界的环境和刺激产生相互作用而构建内部心理表征和新图式的过程。这就要求学生在课堂中发挥主动性和积极性，并在思考和学习的过程中，构建新的图式。

需求分析模式是由哈钦森和沃特斯提出的，该种分析模式一般以学习者的学习需要为中心，对需求进行分析，在充分考虑学习者能力的基础上，由教师制订教学计划、选择合适的教学方法、组织有效的教学活动、完成相应的教学评价。

二、分级教学模式在外语教育中的应用现状

（一）分级标准不科学、不合理

大学外语教育教学要兼顾不同层次水平的学生，既要兼顾语言水平层次较差的学生，也要为外语基础较好的学生提供更好的发展空间。自大学外语实施分级教学以来，教学成果丰硕，教学模式获得广泛好评。然而，由于全国缺乏统一的分级标准和分级测试试题，目前各高校在进行大学外语分级教学时，采用的分级

方式大多数只是按照学生的高考分数或入学后的摸底考试分数排名进行分级，许多高校分级编班后没有根据学生后期的外语学习成绩进行动态分级教学，并且不同层级的班级仍使用相同的教材进行教学。这种分级方式没有充分考虑学生的外语听说能力及学习技能需求的差异，忽视了学生的个体情感、自身意愿及个体差异等因素，容易挫伤外语水平层次较低的学生的自尊心及学习外语的积极性。以高考或入学摸底考试分数的排名进行分级，比较明显的是在整个分级考核中外语读写部分所占的比重较大，而听说部分所占比重较小甚至没有，这会使学生误认为大学外语教学和高中外语教学一样，只是侧重外语阅读和写作，从而忽视了听说部分的重要性。很明显这种预期不符合大学外语教学的目的和要求。

（二）分级教学管理存在一定缺陷

大学外语开展分级教学在一定程度上加大了外语课堂管理的难度。首先，在分级教学编班过程中，同一个教学班级可能由几个不同专业、不同自然班级的学生组成。由于这些学生相互之间并不了解，除了一起上大学外语课，相互之间交往甚少，致使分级教学班级的凝聚力和学生的集体荣誉感不强。其次，分级教学班级的学生一般来自不同专业和自然班级，日常教学管理可能会出现缺少原自然班级辅导员监管的现象，外语课缺勤现象比较严重。再次，如果实施动态分级教学的话，分级班级成员的变动会增加各相关学院对本学院学生管理的难度，也会为教学活动的顺利开展和正常的教学管理工作带来一定的困扰。最后，分级教学改变了传统的直接按专业进行分班教学的模式，由于各个专业学生的见习时间安排不同，教务管理部门很难将不同专业的学生安排在同一个时间段进行授课，这在一定程度上增加了教务管理部门的排课难度。

（三）分级教学会影响学生的心理健康

目前，不管采用的是三分法、两分法，还是分级+模块式，国内各高校大学外语分级教学的分级标准大多数只是按照学生的高考分数或入学后摸底考试分数的排名来进行，很少考虑其他外在因素，这就导致在分级教学过程中，倘若任课教师不能正确引导、不能恰当地处理好各层级学生的情感问题，大学外语分级教学就可能会使部分学生的心理抑制现象得到强化，并造成学生外语水平两极分化现象的出现，给大学外语教学工作带来一定的消极影响。在进行分级教学以后，部分外语水平层次较高的学生内心充满骄傲情绪，外语学习容易出现浮躁现象。他们认为自己是优等生、外语基础好，即使上课不好好听讲也能把外语学好。而那些外语水平层次较低或偏中的学生则在分级之后内心充满自卑感，自信心深受打击，对外语学习产生"破罐子破摔"的心理，致使这些学生上课不认真听讲，不积极思考问题，学习自律性和积极性大打折扣，体现不了个性化教学的需要，不利于大学外语教学质量的提升。

（四）分级教学评价标准存在不足之处

大学外语分级教学应制定科学、合理、全面而又客观的教学评价体系和考核标准。然而，如何建立科学、合理的评价体系和考核标准仍然是顺利开展大学外语分级教学工作所面临的一大难题。进行分级教学测试时，不管是使用统一测试试卷还是使用分级试卷，都存在考核标准制定的问题。如果使用统一测试试卷进行学期测试，考试难易程度又不易把控，低级班学生认为试题难易程度适中的试题对于高级班学生来说往往又可能太过于简单。反之，适合高级班学生能力水平的试题对低级班的学生来说难度往往又太大。因此，使用统一测试试题进行分级教学测试不太科学合理，学生容易质疑考试的公平性，并且也很难真实地检测学生的实际语言知识能力水平。而使用分级试卷进行教学测试则往往带有一定的随意性，由于对不同等级测试试题的难度标准界定比较模糊，这就造成学期测试试题的难度与学生的分级水平脱钩，导致教师难以对不同层级的学生在不同难度的测试题中取得的分数进行比较衡量，不利于形成良性竞争的外语学习氛围，教学评价标准的科学性和合理性值得怀疑。

三、分级教学模式在外语教育中的应用策略

（一）明确分级教学目标

制定全面、综合、科学而又合理的分级标准是大学外语分级教学高质量开展的前提和保证。美国著名应用语言学家克拉申认为只有在获得大量的可理解性的语言输入，且输入材料略高于学习者现有的能力水平时才能顺利实现第二语言习得。传统大学外语教学的目标基本围绕学生顺利通过四六级考试而开展，在教学中以教材教案为基础，以知识考核点的灌输和训练为方法，让学生被动接受知识，这不利于大学外语教育教学质量的提高。

因此，大学外语教育开展分级教学时要制定科学、合理的分级标准，避免分级标准的单一化和测试成绩的片面化。只有准确测量学生当前的语言知识能力水平，把能力水平相近的学生编排到同一个班级进行教学，才能高质量地完成大学

外语分级教学的目标。学校在新生入学后可以举行一次统一的外语分级测试，对学生的外语听说读写译能力进行全面检测，通过测试分数大致了解每个学生的外语能力水平状况。在进行分级教学时，避免传统的"一刀切"式教学，学校应综合考虑学生的高考成绩和入学分级测试成绩，对学生外语综合应用能力水平进行全面评价。根据学生的实际外语知识应用能力水平情况编入对应的级别班级进行教学，从而增加测试数据的精确性和可信度。

（二）加强师生情感建设

众所周知，语言习得除了受认知因素和生理因素影响，学生自身的情感因素也会直接影响第二语言习得。积极情感可以使学生在愿意学和喜欢学的状态下，努力克服学习中遇到的困难和障碍，从而保证教学活动的顺利进行，促进教学目标的实现。反之，消极否定的语言习得态度则会阻碍第二语言的习得。实施大学外语分级教学或多或少会对部分学生的心理产生一定的影响，尤其是那些被分到低级班的学生，他们的自尊心和自信心会受到打击，导致他们对外语学习产生自暴自弃的心理。因此，教务管理部门在开展大学外语分级教学工作之前要提前做好宣传工作，让学生充分了解外语分级教学的目的、意义以及分级教学的具体实施方式。同时，各学院也要与每个学生进行有效沟通，尊重学生的个人意愿，广泛收集、汇总、上报学生对分级教学的意见。在综合考虑每个学生的高考成绩、分级测试成绩和尊重学生个人意愿的基础上，帮助学生确定分级班级。在分级教学中，教师要对所有层级的学生一视同仁，尊重学生个体差异，课程教学中多与学生进行沟通，给予学生一定的情感关怀，让每个学生都能较好地适应分级教学模式。

（三）完善教学管理体系

在外语分级教学中，各高校应根据学生的实际需要进一步更新外语教学方法，广泛采用"交际式"和"情境式"教学模式进行大学外语分级教学，从而加强外语课堂师生之间的互动，充分激发学生学习大学外语的积极性，全面提升学生参与大学外语课堂的热情及课堂表现欲望。大学外语作为公共必修课程，教学覆盖范围广，在进行大学外语分级教学时，教学管理若仅仅只是依靠大学外语教师，管理效果就很难达到最佳。

因此，除了大学外语教师进行课堂教学管理之外，还需要各级教学管理部门的大力支持和有效引导，只有各级教学管理部门密切配合、齐心协力构建比较完整的教学管理体系，才能进一步提升分级教学的实施效果。针对分级后分级班级管理重叠、混乱、松散的问题，教学管理部门可以在不影响正常分级教学活动开展的前提下对分级班级实施动态管理，明确各相关教学管理部门人员的具体职责，确保大学外语分级教学的良性、可持续发展。

（四）建设完善的分级教学评价机制

为全面评价学生学习能力，有效激发学生日常学习主动性和积极性，充分提高学生的语言交际水平与能力，在高校外语混合式分级教学中，教师要针对不同层次的学生运用难度不同的试题进行考核，但所采取的整体考核方案要大致相同。高校要在外语教学中以混合式教育模式为基准展开教育改革工作，以各模块外语课程要求为基准，提高模块学习的过程性考核评价力度，建设模块学习的终结性评价及过程性评价有机整合的教学评价机制。

在考试类型当中，各考试项目所占比例为终结性评价和过程性评价各占50%，而在考察类型中，各项目所占比例为终结性评价30%，过程性评价70%。一般来说，在混合式分级教育模式下，高校外语课程模块考核评价更为直观，考核结果也更容易生成。例如，听力模块考试通常是在学期末以班级为基本单位，组织学生在指定教室和规定时间内完成考核习题的一次性考试，开课前，教师在平台后台明确设置各内容模块所占的分值比例之后，在学生完成学习时，计算机便会自动生成学生成绩报告，涵盖学生个体学习时间、学习分数以及答题准确率等各项数据。

第三节 个性化教学模式

一、个性化教学模式概述

（一）个性与个性化教学的内涵

1. 个性

关于个性的内涵，有两种表述：在学校教育、社会发展、家庭教育等一些客观因素的持续作用下，产生了相对稳定的生理心理习惯特性；个性是一个相对固定的特性，是一件事物区别于另一件事物的重要特征。

下面从心理学、哲学、教育学这三个不同的维度来阐述个性这个专业术语。

在心理学中，个性指一个人的整体精神面貌，即一个人在长期社会条件影响下形成的具有一定倾向性、稳定性的心理特征的总和。在心理学上的个性主要包含以下四种含义：第一种是表示完成某种活动的潜在可能性的特征，即能力；第二种是心理活动的动力特征，即气质；第三种是通过行动与实践的成功实现的既定的完成活动任务的态度与行动方式方面的特征，即性格；第四种是活动倾向方面的特征：动机、兴趣理想、信念等。在哲学中，个性主要从一般意义上强调了某事物不同于其他事物的差异性以及共性与个性共存的辩证关系。个性与共性是一个相对概念，是辩证统一的：共性是不同事物普遍存在的特征，而事物区别于其他事物的特殊性质就是个性。共性寓于个性之中，个性又受共性制约，共性通过无数个个性体现出来，脱离了个性的共性是不存在的。共性与个性在一定条件下可以相互转化，个性是矛盾的主要方面，对于事物起决定作用。在教育学中李如密教授认为个性是这样的：教育学中的个性是在个体在先天基础上通过后天环境（主要为教育）的作用而形成的有利于自身解放的多种素质的融合而成的独特特征。

结合以上各种释义，个性是个多维度的复合体，具有整体性的特征，是对人格的完整概括，还具有相互关联性、社会性的特征，同时个性还具有稳定性与可变性的特征。所以个性是个多维度的复合体，首先是人的维度，即基本的尊严与完善的人格。其次是个别性的维度，即在生理，心理等诸多方面的独特性。最后是统一性的维度，即共同性与独特性两个方面的统一。

2. 个性化教学

《国际教育百科全书》中认为个性化教学是将学生聚集在一起的学习时间、学习进度比较灵活的群体教学模式。因为每个学生的学习特征比如学习态度、学习归因、学习习惯等都不一样，所以教师要充分考虑这些特征之后为每个学生设计专属的教学方法、配套的作业来精准提高他们的学习成绩。

邓志伟在《个性化教学论》这本书中对个性化教学下了一个定义：围绕一个既定的教学目标，考虑每个学生的需求与意愿，采用小组与集体的形式，开展较为灵活变通的教学的一种教学模式。

李如密教授认为个性化教学是指教师以个性化的"教"为手段，满足学生个性化的"学"，并促进学生人格健康发展的教学活动。

为了更加精确地理解个性化教学的内涵，接下来分别对个性化教学和个别教学、个别化教学、差异发展教学、因材施教这四个概念进行比较辨析。

（1）个性化教学与个别教学

个别教学是区别于班级授课的一种由教师一对一指导个别学生学习的教学模式。在《中国大百科全书》中对"个别教学"的内涵有所介绍，教室里集中了不同年级段与年龄段的学生，每个学生的知识基础水平、学习能力水平参差不齐。教师对每个学生进行个别教学，个别教学没有统一的教学进度、教学时间、教学内容，这也导致个别教学效率低下。

在我国，个别教学的萌芽出现在古代的私塾教育，欧洲中世纪的学校在一开始也盛行个别教学，个别教学后来被班级授课逐渐取代。但是一些教育学家依旧推崇个别教学，比如后来出现的道尔顿制和文内卡特制。个别教学增加了教师的教学负担，教师没有办法顾及每个学生的需求，这无疑造成了个别教学效率严重低下，而个性化教学效率显然要高很多。

（2）个性化教学与个别化教学

个别化教学是在现代教育思想中的一种教育理念。它以学生个体自身的特点为起点，以发展学生个性为目标，以开放、灵活的手段，根据不同个体的不同学习需要而有机结合个别的、小组的、班级授课的方式，使每个学生获得最充分的发展。个别化教学与个性化教学在教学目标上有所不同，个别化教学侧重于让学生完成教师所指定的学习任务而达到一定的培养目标，只要学生完成教师所布置的任务或者单元测试过关了就可以进入下一阶段的学习。整个过程并没有考虑学生的实际接受能力、学习基础、智力水平、学习兴趣等，其本质类似于应试化教育。而个性化教学在充分考虑与研究了学生的学习能力、知识基础水平、学习动机等之后，为其精心设计教学方案，布置教学练习，提供相应的教学资源，从而让每个学生都得到他自己应有的和谐的发展，最大限度地发挥每个学生的主观能动性与创造精神，使其成为全面发展的新时代所需要的多元化人才。

（3）个性化教学与差异发展教学

差异发展教学指的是教师在经过一系列的调查分析之后，了解到学生之间的差异，在尊重学生差异的基础上，开展的差异性教学。虽然每个学生在智力、学习态度、学习能力、学习方法上有所不同，但在有些地方存在共性。所以差异发展教学缺少共性教学，毕竟在很多情况下，个性发展并不等同于差异发展。

（4）个性化教学与因材施教

因材施教，指的是教师要根据学生的资质进行有针对性的教育。教师要在进行因材施教之前了解每个学生自身的特点与学情，然后从每个学生的自身情况出发为学生开展教学，从而满足学生的学习需求，促进学生的全面和谐多元化发展。因材施教与个性化教学有相似之处，但由于两种教学方法所处的时代背景不同，所以两者的培养目标不一样。在古代，因材施教这种教学方法强调培养君子、士人、贤人，即道德高尚、知识渊博的人，而个性化教学则是要培养新时代所需要的具有创新精神与批判精神的多元化人才。

（二）个性化教学模式的理论支撑

1. 建构主义学习理论

建构主义学习理论是20世纪90年代在教育心理学领域兴起的一种教育理念，其融合了维果茨基（Vygotsky）的文化历史发展观、加涅（Gagne）的认知信息加工理论、皮亚杰的认知发展的阶段性理论、布鲁纳（Bruner）的教育理论，是各大教育理论的结合。建构主义理论的最早提出者是皮亚杰，皮亚杰是认知发展理论的创始人，他认为知识学习过程是一个知识形象化，并在头脑中形成图式的过程，而知识达到形象化的方式有同化和顺应，所谓同化是将新旧知识之间做出关联的过程，顺应是将旧知识的逻辑结构进行改变和调适，以容纳新知识的过程，然而知识形象化的过程并不只有同化或顺化，而是找出两者之间的一个平衡点。随后众多教育学家、教育心理学家［维果茨基、奥苏贝尔（Ausubel）、布鲁纳等］都对建构主义从不同角度进行了延伸，最终形成了完整的建构主义。直到20世纪90年代，国外许多学者发表了以建构主义指导教育教学的相关文章，如桑娜·贾维拉（Sanna Jarvela）等人在建构主义的框架下探讨了学习的动机基础，从学习环境、情境式学习等方面对建构主义在学习领域的研究进行了详细的论证和检验，这极大地推动了建构主义学习理论的发展，最终掀起了以建构主义为主导的教育改革浪潮。国内也有学者进行了相关方面的研究，如华南师范大学电教系的谢幼如在1997年向国内学者介绍了建构主义学习理论的基本内容，提出该理论在实际应用中应注意的几个问题。

建构主义学习理论认为知识不是绝对正确的，而是在历史和实践的进程中可以被翻新的，也不是问题的最终答案。因此，知识不是通过教师传授获得的，而是学习者在一定的情境和文化背景下，在学习过程中其他人（教师或学习伙伴）的帮助下，利用必要的学习材料，通过意义建构的方式获得。所谓的意义建构是学生对新旧事物之间的性质、规律及联系达到深刻理解，从而形成特定认知结构的过程。

情境、协作、交流、意义建构是建构主义学习理论的四大要素，其中，情境是学习条件，建构主义学习理论提倡情境式教学，教学应使学习在与现实情境相类似的情境中发生，以解决学生在现实生活中遇到的问题为目标，因此学习内容要选择真实性任务，不能对其做过于简单化的处理，以免使其远离现实的情境；协作和交流是学习过程，建构主义学习理论认为在学习过程中教师和学生、学生和学生之间的协作和交流应该贯穿整个学习过程，在协作和交流的过程中学生的想法应该是共享的，协作和交流是推动学生学习进程的重要手段；意义建构是整个学习过程的最终目标。在意义建构过程中，一方面学生对新知识的理解需要原有知识经验的支撑，另一方面在学习新知识的过程中不断调整原有知识的结构去适应新知识的存在。

建构主义学习理论对于个性化教学设计的价值在于：一是建构主义学习理论所强调的认识能动性和情境式教学对于个性化教学设计中教师采取教学方法有重要意义，一方面在于传统课堂中采取的是教师讲授知识点，学生在下面听讲做笔记，学生成了知识的被动接受者，忽视了学生认识的主观能动性，而在建构主义学习理论中强调认识的能动性，是释放学生主观能动性，培养学生发现问题、解决问题能力的理论基础；另一方面可以看到教师的教学方法是以引导学生主动构建知识的方式——以现实问题创设教学情境，引发学生思考，是以建构主义学习理论中的情境式教学为理论基础。学生的培养是一个潜移默化的过程，但传统的课堂往往将学生从具体的情境中抽离出来，导致学生课堂学习和实践相脱离，从而出现了学生只会学、不会做的现状，个性化教学尊重学生差异，强调学生学习自主性，让其在不同的文化、问题中去获取知识和经验，为知识在学生头脑中能够更好地构建提供条件。二是建构主义学习理论强调意义建构和协作、交流，对于个性化教学设计中教师采用的教学组织形式有重要意义，小组合作学习强调学生之间相互合作、交流，以解决问题为手段，以培养能力为目标，能够让学生在合作、交流的过程中产生思想上的碰撞，取长补短，同时在小组交流的过程中也有利于知识的构建，因为在这个过程中学生在表达自己的想法，会不断提取自己脑中的旧知识去促进新问题的解决，从而达到新知识的获取，所以个性化教学中教师采取的小组合作教学组织形式是以建构主义学习理论为理论基础的。另外，建构主义学习理论认为学习是知识在头脑中的建构的过程，课堂重心从绝对知识的教授转化为探寻知识，学生的主体性得到了进一步提高。在过去传统观念中，学生是被动接受知识的个体，现在学生是探寻真理的主体，知识每一次进入头脑中，学生都会主动构建知识的意义。

2. 人本主义教育理论

人本主义教育理论源于 20 世纪 60 年代的人本主义心理学和卢梭的自然人性论，自然人性论认为人的本质属性是自然属性，是跟动物没有差别的，人之所以有差别是因为人具有了社会属性，自然属性才是人的本性，人本主义心理学强调从人的内部经验和感受来了解人的心理，因此人本主义教育理论的核心是强调人的本性，认为学习的实质是学习者获得知识、技能和发展智力，探究自己的情感，学会与教师及班集体成员进行交往，阐明自己的价值观和态度，激发自己的潜能，达到最佳境界的过程。

人本主义教育理论的核心要义主要有以下几点。

第一，人本主义教育理论强调学习过程中人的因素，把学习者视为学习活动的主体，充分尊重学习者的意愿、情感、需求和价值观，让其从自己的角度感知世界，产生对世界的理解。在学习过程中，学生有能力通过自我学习、自我教育、自我选择从而达到"自我生成"的目的，这颠覆了教师主导的课堂模式。

第二，人本主义教育理论强调个人情感、爱好、兴趣、信念、意图等非理性因素在自我实现中的作用，主要体现在把学生看成一个整体来看待，在认识上，强调对整体的把握，尤其是把人的心理现象、人的学习或者说人的教育作为一个整体的、不可分割的整体；在方法上，强调教育过程本身，尤其是学生此时此刻的心理体验过程，强调学生心理体验过程的愉悦性，以便学生能够逐步达到自我实现的理想境界；在指导思想上，人本主义教育理论的一个引人注目之处是对人的创造潜能的重视与强调，这不仅是人本主义关于人的基本认识之一，也是人本主义教育组织教学过程、选择教学方法、确定教学内容、规定教学形式的基本依据之一。

第三，人本主义教育理论肯定人的无限潜力，认为学生通过教育可以成为"完人"，教育可以使人成为全方面发展的人，正是因为人是有无限潜力的，所以学习是一个动态发展的过程，学生有能力接受课堂外甚至更远的知识，因为他们有这个潜力，所以教学中，教学内容、教学形式应该具有开放性，而不是封闭的。

个性化教学的实现需要人本主义教育理论，一直以来，教育信息技术在"工具观"的影响下，已经偏离了"技术是支持学习的手段，而不是目的"这一基本要义，人本主义教育理论告诉我们不管教师用什么手段教学生，都要始终牢记是"人"在学习，个性化教学中突出的是充分发挥人的主体性。一方面，教师运用现代教育技术为学生创建学习环境,是在充分了解学生学情的基础上进行的,体现了教师在运用技术上的主体性;另一方面,学生以技术为支撑,通过互联网、移动终端和学习伙伴、教师保持学习上的互动,最终也都是为了实现教师和学生、学生和学生之间在课堂中的教学互动,提高学生的学习积极性,这是传统课堂中由于缺乏技术而难以实现的。

人本主义教育理论对个性化教学的价值,一是人本主义教育理论中强调的学生主体性,是个性化教学的基本原则。在传统课堂中,对学生主体性的认识是极度缺乏的,而在个性化教学中强调学生在学习过程中的自主性、创造性。一方面,教师关注学生的学习需求,学生需要学习什么,教师便教什么;学生喜欢什么样的学习方式,教师便用什么样的教学方式上课。另一方面,承认学生的差异性,教师在课堂中应该因材施教,当然人本主义教育理论中的个性化教学不是强调学生是与众不同的个体,而是在学生的共性中去发现学生的个性,同时个性化教学并不是把每位学生割裂开来,而是注重在与学生协作、交流中去发现个性。二是强调非理性的作用,应试教育下,学生的学习目的已经演变为了升学,大部分家长、教师都在督促学生学习,我们在生活中经常听见的话语是你要认真学习,考上某某中学或大学,你就轻松了,这折射出的是应试教育下对学生情感、兴趣、爱好等方面关注的缺失。人本主义强调人的非理性作用,是对当前教育环境的一种冲击。个性化教学的一个重要目标是熏陶学生情操、培养学生能力,学生只有在教学中感觉到学习的愉悦感,才能产生主动学习的想法,只有摆脱理性的束缚和当前知识本位的教学课堂,才能够真正提高学习兴趣,所以在个性化教学中采取能够陶冶学生情操、培养学生能力的教学组织形式凸显出的是人本主义教育理念中关注人的非理性的观念。

3. 多元智能理论

多元智能理论由美国哈佛大学教育研究院的心理发展学家霍华德·加德纳在1983年提出,其把智能解释为"在特定的文化背景下或社会中解决问题或制造产品的能力"。2003年,加德纳发表了"多元智能二十周年"演讲,回顾了多元智能理论的发展和影响,直到今天学者对多元智能理论的关注度依旧未减,多元智能理论被广泛应用与师资培训、学习模式、特殊教育等教育领域,但是多元智能理论也出现了一些问题与困惑:班级授课制下多元智能理论实施受到限制;课程评价难度加大;如何利用与多元智能理论不兼容的教材实施教学等。虽然多元智能理论出现了一些问题,但是对我国高等教育的改革具有重要意义。

多元智能理论最开始提出时，认为人的智能分为七种：语言智能、逻辑数学智能、空间智能、肢体运作智能、音乐智能、内省智能、人际交往智能，随着研究的深入加入了自然探索智能、存在智能。我们正确理解多元智能理论应该从两个方面入手。一是多元智能理论体现了人类认知的丰富性，多元智能理论从认知角度揭示了人类的本质，我们每个人身上的智能不是单一存在的，而是多种智能的结合。一个人表现出来的语言智能比较突出时，不代表他不具备其他智能，这些智能在我们体内是同时存在的，只是激发程度和外显程度不一致。二是每个人都有独特的智能组合，九种智能不是独立存在于人体，不同的人会有不同的智能组合，人与人之间的差异性就在于智能在人体内的组合方式不一样。多元智能理论肯定了智能的多样性和智能在人身上存在是有差异性的，系统地展现了智能的多元结构和发展。

多元智能理论在个性化教学中的价值体现在：多元智能理论肯定了人与人之间智能的差异性，在学习过程中，有的学生可能数学逻辑欠佳，但是语言表达能力好；有的学生可能语言表达能力欠佳，但是他的空间能力可能比较好，所以教师在教学中要正确、充分了解每位学生在能力方面的差异，不能因为学生某一方面的能力欠佳就嫌弃学生，更不能放弃学生，同时正是因为学生智能上的差异，所以要在教学中引导学生关注别的学生身上的能力，取长补短。这促进了教学评价内容与方式的多元化，也为教师评价学生提供了更多参考，看到的学生方面更多，评价得越自然越全面。这具体体现在：一方面帮助教师树立正确的学生观——学生是具有差异性的；另一方面，传统评价方式仅仅以学生学期成绩作为评价标准，这一评价方式不仅评价内容单一，而且忽视了学生智能的多元性。在多元智能理论的支持下，建立多元化的评价体系有了理论支撑，在个性化教学中，学生采取的是个别学习＋小组学习＋集体学习的学习方式，在这一过程中学生的人际交往能力、语言表达能力等能力都能得到体现和发展，加上课中、学期测试，以及作业，从多方面评价学生，使评价更加立体化和个性化。

二、影响外语个性化教学的主要因素

（一）学生因素

1. 学生的学习模式

学生在刚开始大学学习时，首先要面临学习方法的转变，这对学生大学阶段的外语学习产生一定的影响。部分大学外语教学没有做好衔接工作，导致大学外语与学生以往学习到的外语知识存在脱节。大学外语在教学方式上的特殊性，也是让学生感觉学习困难的因素。在我国，大多以教师为主导开展外语教学，学生在进入大学之前就已经形成了被动的学习方式，一旦缺乏教师的正确指导，学生就会缺少主动性。而在大学外语教学中，课堂不再是教学的唯一环境，教师会将学生带领到校园以外，让学生通过实践活动产生深刻的学习印象，转变教师与学生之间的关系。

2. 学生的学习兴趣与学习动机

学生对学习产生的情感就是学习兴趣。学生对学习材料和教学活动能否保持较高的兴趣，会对学习者的学习情绪和学习效果产生影响。

3. 学生的外语学习策略与方法

学习策略是个性化学习的前提，学习策略会影响学生的学习效果，并制约个性化教学的实施，只有良好的学习策略才能促使学生形成自主学习意识。

（二）教师因素

1. 教师的教学理念

由于受到多种因素的影响，目前个别大学外语教师的教学观念仍停留于以往时期，认为学生学习外语主要就是为了参加等级考试和学校的各项考试，将通过率作为教学的重点。

2. 教师的自身素质

我国外语教育的发展时间较短，存在师资不足的问题。随着时代的不断发展，人们对教师的专业能力提出了多元化的要求，不仅需要教师对本学科的知识结构有正确的理解，还需要教师掌握相应的教学技能，不断总结教学经验。

3. 教师的培养与培训机制

个别高校没有采取合理的方式提升大学教师的理论知识和教学方法，也没有为教师更新知识提供培训和机会，这不利于大学外语教师教学水平的提高。因为很少有机会参加学习和进修交流，所以大学外语教师不了解如何应用创新的教学方式开展教学，对最新教学动态也缺乏了解。

三、个性化教学模式在外语教育中的应用策略

大学外语是大学生必须学习的一门课程，不同学生存在一定的差异性，对外语教学的需求也会有明显的不同，而学生个人的外语水平会对外语教学效果产生

一定的影响。教师在实施个性化教学时，需要对学生的需求有充分的了解和认识，结合学生的实际需要，采取合理的方式教学，使学生在教学中学习到更多的知识，提高学生的外语学习能力，并全面强化课堂教学效果。

（一）形成个性化的教学观念

个性化教学的顺利实施，主要在于教师树立个性化的教学理念。教师作为个性化教学的重要组成部分，承担非常重要的教育责任，只有积极转变教学观念，尊重和了解学生的需求，才能开展真正意义上的个性化的教学。部分大学外语教师对所教班级的过级率比较注重，但忽视学生个性化自主学习能力的培养，这对学生今后的学习乃至工作造成了消极的影响，并且与大学外语中对学生应用能力培养的要求存在明显的差异。现代外语教学理论认为，学生是教学活动的主要参与者，只有积极吸引学生广泛参与，才能顺利实现教学活动目标。而在实施教学活动的过程中，教师不应该过多干涉。

（二）采取个性化的教学方式

分级教学理念更加重视学生的需求，坚持针对学生的个人特点开展教学，全面实施分级教学。在学生刚刚进入大学时，可以组织外语分级测试，根据测试结果分配班级。对于不同级别的学生注重教学侧重点，对目标管理更加关注，尊重每一位学生存在的差异性，为有效组织教学提供便利。在个性化教育理念的影响下，教师和学生的压力也会逐渐减小，并进一步拓展学生的学习范围，让学生在不断学习的过程中积累丰富的学习经验，全面夯实基础，使不同学生之间的差距得到有效的缩小，让学生之间能够互相帮助，更加愿意学习外语。

第二课堂能有效克服在教学时间、教材方面的限制，以更加独特的方式吸引学生的关注，可以使学生对学习产生更加浓厚的兴趣，逐渐摆脱对教师的依赖，采取科学的学习方法，并进一步提高学生的综合能力。同时，第二课堂可以补充教学中的不足，使学生对外语知识有更加全面的了解。此外，外语第二课堂与现代教育理念完全契合，充分考虑了学生的个性化需求，促使教学观念更加民主、科学。

当代的微课主要是指微视频课程，核心内容是课堂上的一些视频课例片段，这种微课属于教师课堂教学的一种辅助手段。如今，微课普遍应用在各个高校的教学课堂中，教师对教材中某一知识点进行讲解时，采用微课的形式进行授课，通过播放视频来对知识点进行详细讲解，这种方式不仅可以吸引学生的注意力，提高课堂活跃度，还可以为学生带来丰富的视觉和情感体验。通常情况下，微课是以视频片段为主要表现形式，但它不仅仅局限于这一种形式，而是对资源有效利用，将测试练习、教学反思等资源聚集起来，形成新颖的、系统的教学资源，构建多种情境化教学形式。相比于传统的教学课例，微课的教学时长比较短，教学内容也相对较少，它是将教材中的某一知识点，以视频课例片段的方式呈现出来，它的授课内容不但精简，而且一个课程对应一个主题，具有较强的针对性。此外，这种教学模式也更符合教师和学生的需求，能够将学习成果及时进行反馈，从而提高学生的学习效率。

在传统的教学模式中，通常都是教师单纯地授课，学生负责听讲，教师是课堂和知识的主导者，学生像一个被动的知识接收者，师生之间缺少交流互动。翻转课堂则是将这种角色进行了互换，学生成为课堂的主导，由学生来提出问题、分析问题、解决问题，充分发挥了主观能动性，与教师和其他同学一起探索学习的新模式。教师则成为课堂上的辅助者，当学生遇到困难时，提供有效的指导，让学生自主地解决问题。这种教学模式就是"翻转课堂"，它能有效地提高学生学习的热情，不断加强学生的自主学习意识，培养学生良好的学习行为和习惯，让学生找到适合自己的学习方法。

（三）组织个性化的教学活动

在大学外语教学中，通过组织个性化的教学活动，吸引学生的参与，可以更好地贯彻以学生为核心的教学思想，使学生通过收集与学习内容相关的资料，验证所学习的问题。同时，教师需要注意引导学生，使学生充分利用旧知学习新知，并做好知识衔接，建立完善的知识结构，这对于新知识的产生具有一定的促进作用。开展以学生为主的教学活动，可以使学生得到针对性的发展，并对学生的自主学习能力进行全面培养，创造其他教学方式无法比拟的价值。

（四）创设个性化的教学环境

实施个性化教学对教学环境有着一定的要求，只有全面改进和优化环境，才能为教学开展提供稳定的基础。因此，学校需要针对个性化教学增加资金投入，确保大学外语个性化教学可以充分发挥先进技术手段的优势；通过设置外语多媒体教室，使学生可以在多媒体技术的辅助下加强学习，以更加直观的方式学习知识；增加语音室和自主学习系统的数量，并结合多种外语教育资源，尽可能满足学生对外语学习的需求；同时，为了提升学生自主学习的效果，适当延长语音室开放时间，满足学生的外语学习需要，促进学生外语应用能力的提高。

(五)实施个性化的教学评价

教师应该以个性化的方式评价学生,因为每个学生在课堂中具有不一样的表现。评价不是为了将学生分成等级,而是通过评价促进学生的发展。评价需要客观、公正,以鼓励性的语言为主,使学生可以从中获得启发。教师的评价需要具有一定的引导作用,通过合理引导让学生自主探索学习。评价学生的外语学习情况时,密切关注学生在学习过程中的变化和最终的学习结果,并重视学生在教学活动中的学习态度。采取不同的方法和标准评价不同的学生。对于学习水平有待提升的学生,需要努力发现其存在的个人优势,肯定学生的努力,使其始终保持积极的学习态度;同时以竞争性的方式评价优生,对其严格要求,促使其不断努力学习。

在设计考核内容时,需要保证可以充分发挥学生的自主选择和独立思考能力,重视评价学生的发展因素和个性因素,力求通过评价对学生的个性品质进行培养。

第四章 外语教育的方法

在传统的外语教育方法中,教师是课堂的中心,也是教学的主导,但是这样的教育方法容易引起学生的反感和抗拒,因此在新时代背景下,外语教育方法势必要进行一定的改革,教师应该充分发挥学生的主体作用,调动学生的主观能动性,推动外语教育的发展。本章分为情境教学法、交际教学法、任务教学法、自主学习法四部分。主要包括情境教学法概述、情境教学法在外语教育中运用的意义、交际教学法概述、交际教学法在外语教育中的应用策略、任务教学法概述、任务教学法在外语教育中的应用意义等内容。

第一节 情境教学法

一、情境教学法的概述

(一)情境教学法的来源与定义

情境教学法产生于二十世纪二三十年代的英国,早期被称为"口语法",五十年代后被称为"情境法",它主张先从口语教起,媒介语主要是目的语。代表人物是被称为"英国应用语言学之父""20世纪上半叶最杰出的第二语言教育家"的帕默(Palmer)。而斯金纳(Skinner)作为行为主义心理学的创始人,发展了桑代克(Thorndike)的"尝试—错误学习理论",提出了"操作学习理论",把动物的学习行为推广到人类的学习行为上,强调环境对人和动物的影响至关重要且不可逆转。情境教学法受行为主义心理学的影响,把重复和替换作为语言获得的条件。

情境教学法是在直接教学法的基础上发展起来的。"直接法"顾名思义,就是不以其他语言为中介去直接学习一种语言,或者是像儿童出生以后直接学习母语那样，直接学习目的语的口语。"直接法"是作为语法翻译法的对立面而产生的，它主张课堂语言教学应通过活动来进行，教师应采取鼓励学生主动地、直接地使用目的语进行交流的方法来教学，而不应仅仅停留在对目的语的解释翻译上。古安（Gouin）的《语言教授法和学习法》一书是直接法的代表作之一，在书中古安详细介绍了直接法的教学步骤，主张教师先做示范，教师每说一个句子就做出一个相应的动作，让学生在充分理解的基础上进行模仿，并在口头掌握这些句子后再进行同一内容的阅读。直接法的有力推行者贝力兹（Berlitz）提出了几点有关直接法的教学主张，包括课堂教学完全使用目的语，语法用归纳的方式进行教学，具体词汇要通过图片、实物或手势进行教学，抽象词汇则利用和一定的想法关联起来的方式进行教学等。直接法的广泛使用推动了语言教学的发展。但是随着它的普及，其缺点和不足也日渐凸显出来，因此二十世纪二三十年代，英国的一些应用语言学家开始探索新的教学方法来弥补直接法的不足，于是产生了情境教学法。

自 20 世纪末始，学界关于情境教学法的定义层出不穷。1981 年，霍恩贝（Hornby）给出的关于情境教学法的定义，被学界引用许久。他指出："所谓情境教学法是指在教学过程中教师有目的地引入或创设具有一定情绪色彩的以形象为主体的生动具体的场景（Concrete Setting），以引起学生一定的态度体验，从而帮助学生理解和获取知识或技能，并使学生心理机能得到发展的方法。"张清华首次提出教学法存在"三化（情境化、语境化、交际化）合一"的特点，他主张教师在教学全程集中精力，创设以语言情境色彩为主体的场景和语言环境，引起学生的情感体验，使他们在情境化、交际化的语言操练中掌握知识技能，发展心理机能。刘珣提出："情境法是一种以口语能力为培养基础、强调通过有意义的情境进行目的语基本结构操练的第二语言教学法。"梁妮认为，"情境教学就是要求教师在教学过程中借助实物、图片、幻灯、多媒体、表演等各种教学用具和教学手段把教学内容以直观的、生动的情境表现出来达到教学目的一种教学方法。"

综上所述，虽然学界对情境教学法十分认可和推崇，但对于情境教学法的概念仍有不同的解释和理解，至今也不存在一个对情境教学法的公认定义，不过从情境教学法的中心思想和操作角度来看还是保持了一定的一致性。

具体说，教师在课堂中并不是语言知识的搬运工，而是要在各个课堂环节直接或间接地创设情境，营造良好的课堂氛围，让学生在类似真实的语言环境中获得有效语料，进行认知、模仿、操练和巩固，提高学习兴趣，理解语言知识，掌握交际能力。这一过程大大发挥了学生在课堂中的主体作用，使学生主动参与课堂，建构独立的知识体系，提高语言的运用能力。

（二）情境教学法的特点

情境教学法的教学法目的是使学生能够熟练掌握"听""说""读""写"四大语言技能，培养交际能力。

1. 口语第一位

情境教学法强调口头训练优先、教材次之、书面最后，口语要放在第一位。在情境教学中，口语交际处于第一位，教师的语言、情境的创设都要为其服务。

2. 使用目的语

情境教学法强调在自然语境中教授语言。本杰明·布卢姆（Benjamin Bloom）指出，教学环境感染力能影响学生的语言思维系统，强化学生的语言行为。教师在整个教学过程中不应忽视目的语，而应随时随地运用它，使学生完全沉浸在目的语的环境里，并主动去学习。

3. 学生是关键

学生在情境教学法中占据主位，学生配合参与是关键。在课堂上进行情境创设时一定要适宜，要符合学生的认知水平和接受能力，不可脱离学生而随意设置情境。

4. 分层优化

情境教学法对新知识点采取先易后难、循序渐进的原则，通过结构来掌握语言技巧。在教学过程中，学生在教师的指导下从重复到机械练习，再到自由表达的情境练习，最后延伸到阅读和写作教学。

5. 暗示性强

情境教学法的情境创设具有很强的目的性，教师扮演着重要角色。在教学过程中，教师暗示学生进入自己预先设定的情境，让学生主动接受这个创设的语言环境来学习和掌握语言。

（三）情境教学法的理论基础

1. 建构主义理论

建构主义代表人物——瑞士心理学家皮亚杰在《发生认识论原理》（1970）一书中提出学习的过程就是在情境中通过意义建构获取知识的过程。顾明远

（2004）指出，建构主义学习理论认为"情境、协作、会话、意义建构"是学习环境中的四大要素。在建构主义理论的影响下，外语教育教学逐渐探索出了自己的教学模式，即"以学习者为中心，在整个教学过程中由教师起组织者、指导者、帮助者和促进者的作用，利用情境、协作（包括会话）等学习环境要素充分发挥学生的主动性、积极性和首创精神，最终达到使学生有效地实现对当前所学知识的意义建构的目的"。

2. 第二语言习得理论

美国应用语言学家克拉申在《输入假说：理论与启示》（1985）一书中提到，语言习得是在可理解的语言输入的基础上形成的，而输入之所以能够被理解，是因为借助了情境的帮助。他用"i+1"来表示"可理解性"：i代表学习者目前的语言水平，也就是在自然顺序上所处的某一阶段。"i+1"则是下一阶段应达到的语言结构的水平，即稍稍高出学习者目前的语言水平，让学习者通过上下文、一定的语境或借助于图片、教具等非语言手段，来理解"i+1"的信息，从而也就习得了该信息所包含的下一阶段的语言结构。只有这样的输入才能提高学习者的语言交际能力。

3. 情境语境理论

章兼中在《国外外语教学法主要流派》一书中指出，波兰籍语言学家马林诺斯基（Malinowski）最早提出了情境语境概念和理论，并对"情境语境"和"文化语境"两个概念进行了区分。英国社会语言学家弗斯（Firth）继承和发展了上述理论，认为语境同语法一样是衡量语言意义的重要标准。人们只有在特定的社会生活情境中使用语言进行交际活动，才能更好地吸收、把握和发展语言。

4. 行为主义心理学

章兼中还指出，情境教学法的心理学基础是经典条件反射说和联结主义心理学的"刺激—反应"说。他认为，人类像动物一样学习，无需经过有意识的理性思考，只需不断重复练习就能形成自动化的习惯。在具体场景中建立词语概念和具体实物间的直接联系并不断操练运用，这样就能够作用于感官，刺激条件反射，深化语言在大脑中存储的印象。

（四）情境教学法的研究

随着外语及外语教学在世界范围内的蓬勃发展，众多国内外专家和学者都越来越关注情境教学法，而广大教育者和研究者通过长期的教学实践和研究，为推动外语情境教学的发展做出了重大贡献。

1. 国外情境教学法的研究

国外关于情境教学法的探索研究最早出现于古希腊时期,教育家及思想家苏格拉底(Socrates)从长期的实际教学中归纳出一套独具特色的教学法,后来被人们称为"苏格拉底式教学法",又称"产婆术"或"问答法"。该教学法以"问答"为手段,通过对学习者提问的方式引导其主动思考和探索,并循序渐进地创设出问题情境以供学习者积极参与,从而提高学生的思维能力、理解能力和问题解决能力。美国教育学家杜威(Dewey)首次明确提出"情境"这一概念,针对人们在日常生活中遇到的不同情境,他在《我们怎样思维》一书中进行了具体论述。他提出,教学法的主要组成部分之一是情境,个体与外界事物相交互的环境即为"情境",而学习者在真实的情境中可以锻炼其思维能力。实践证明,杜威的教育思想和理论将情境教学向前推进了一大步。苏霍姆林斯基在教育实践与理论研究方面进行了广泛的探索和研究,他在《给教师的建议》一书中倡导,学生应该在大自然的环境中学习,这样才能身临其境地体验大自然的美,目的是让学生在感受自然事物的同时获取知识、培养创造力和审美能力,以此达到教育学生和教会学生学习的目的。布朗(Brown)、柯林斯(Collins)和杜吉德(Duguid)在《情境认知与学习文化》中也提出情境教学理论,指出在具体形象的情境中学习是最有效的方法,越真实的教育活动对学习者的影响越大,也更能引起学生共鸣,从而更好地理解学习内容。

情境教学法有其自身的发展历程,20世纪60年代,英国的语言学家和外语教师率先设计情境教学的具体实施方案,之后被世界各地的教育者纷纷效仿。20世纪70年代初,功能和交际法在教育界中崭露头角,这一方法强调任何形式的语言交际都应放在特定的情境之中进行,这样方可达到真正的情感交流和意义表达的作用。20世纪80年代,加德纳在其《智能的结构》一书中提出,潜能可以在特定的刺激情境中被激活或发掘出来,他特别强调在多元智能理论的发展中,情境教育起到至关重要的促进作用。20世纪90年代初,克鲁克斯(Crookes)提出了任务型教学法,这一教学法旨在为学习者创造各种不同的学习情境,促使学生主动参与教学活动,从而获得更多的学习契机,锻炼了多种学习技能,同时对学生的心理素质发展也起到良好的培养作用。21世纪初,西方的众多教育专家和学者也意识到情境教学的重要性,开始着手相关的教学研究,并通过这一基本教育理念设计具体情境教学的策略,继而在各学科各领域中广泛开发了相关课程,很多学者还为此发表了诸多论著。在不同阶段和领域中开展情境教学,使这一教学法的理论得到了很大程度的补充和丰富，同时教学实践的成功开展也使其得到了广泛认可。

国外的情境教学法研究成果已相当成熟，很多教育专家以身试法，在真实的实践中穿插使用情境教学法，从而获得了宝贵的教学经验，这为保证情境教学法的顺利发展提供了强有力的支撑。然而，由于国情和教育理念的差异，情境教学法在不同阶段和领域中发挥的作用也不尽相同，因此要选择性地借鉴国外的研究成果和理念。

2. 国内情境教学法的研究

早在中国古代，人们就开始重视环境对人的作用。墨家学派创始人墨子曾在其著作《墨子·所染》中提到"染於苍则苍，染於黄则黄"，意思是"白丝染了青色颜料就会变成青色，染了黄色颜料就会变成黄色"，由此强调环境对人的思想、品质甚至对社会风气也会产生巨大的作用。还有很多教育故事和思想都指出并强调了学习环境和良好情境对人的发展具有积极的作用，如"孟母三迁"、孔子的教育观"不愤不启，不悱不发"以及《学记》中"道而弗牵，强而弗抑，开而弗达"等。

直至近代，古代思想家的理论学说仍然影响深远。教育家叶圣陶先生认为，要想吸引学生的学习兴趣，让他们全身心地投入学习中，这就要求教育者要为学生创造适宜的学习环境，教师在教学中营造良好的学习氛围，而情境教学法正是叶圣陶先生所提倡的能够吸引学生兴趣、让学生主动参与的教育方法。儿童教育家、全国特级教师李吉林明确提出"情境教育"这一教育理念，经过长期的一线教育和教育改革，他潜心创作了一套独具特色的教学理论和实践体系，并主要探讨了情境教学法的本质、特点、理念及具体实施方法。关于情境教学法的特点，他总结为，形象逼真、情真意切、意味深远且寓教于理。在教学中充分体现这些特点，课堂就会一改以往传统课堂单调重复的教学模式和流于形式的师问生答，通过形式多样且富有意义的情境设置让学生耳目一新，并更加积极地投入课堂，从而使教学效果显而易见。

想象是创造的开始，情境是培养学生智慧的基础，教师应该始终以发展学生的思维为核心，在教学中充分发挥情境作用。教师应该挖掘文本内容，设计一些有意义的、接近真实的场景，从而挖掘学生的想象力和创造力。早在中国古代，教育家孔子就提倡教育要通过类似情境教学的方式，他主张："不愤不启，不悱不发。"意思是在呈现新知前，教师要先启发学生思考，设法让学生理解和领悟相关知识，在特定的情境下进行教学，这样方能提高学习效果，这与现代的情境教学理念相一致。

从古至今，虽然历史经过了漫长而复杂的变迁，但"环境影响人"这一思想亘古不变。随着科技文化的不断进步和发展，情境教学更加先进、丰富且富有时代气息，其理论和实践均符合当前的教学要求。

二、情境教学法在外语教育中运用的意义

就目前高校外语教育教学现状来看，学生需要的外语教学方式必须能适应社会企业应用需求，应该着眼于培养能够与人沟通的语言能力。而情境教学法是一种侧重于特定语言运用场景下学生交流表达能力的提升，并且能够充分调动学生的积极性和表达诉求，从而使学生快速掌握和熟练运用语言的学习方法，在高校外语教学中运用具有重要意义。

①充分发挥学生的主体作用，激发学生自主学习外语的热情。在传统的教学模式中学生处于被动状态，缺乏学习兴趣及学习目标，师生间缺乏良性的互动，学生外语应用能力提高缓慢。而以兴趣及应用的目的性为支撑的学习才是具有持久性的，情境教学法与传统的外语教学模式最大的区别在于情境教学法以学生为主体，通过自主学习调动学生主动学习外语的积极性，学生学习的主体地位得到充分的尊重。情境教学法需要教师充分了解学生外语学习的情况，营造较为真实的语言运用情境与氛围，将学生带入语言的实际运用场景中，在互动中激发学生使用外语的热情，并针对场景中出现的知识点进行掌握，由此提升整体外语运用水平。外语情境教学法具有很强的可迁移特性，学生可根据自身的学习特点及学习状况自行营造外语对话场景，并对照教材知识点，提升自己的外语思维，更好地理解和尊重文化的差异性。

②多种媒介综合运用，打造立体的情境体验。情境教学法需要教师综合利用多媒体设备，充分调动听、说、读、写等环节并将教学内容具体融入其中，根据课堂具体的空间特点，创设不同的外语语言运用场景，如日常对话、商务沟通、学术交流、出行旅游等场景，让学生体会不同场景下的交流特点，以此做到学以致用。

教师在使用情境模拟过程中结合教材内容，将对话场景中涉及的标志性信息进行展示模拟，让学生充分发挥想象力，去表演和模拟情境角色。同时，教师可结合国外的电影或影视剧，截取部分片段进行讲解，将生活化的场景和具体的教学内容相结合，让学生充分调动主观能动性，体会语言的魅力和语言使

用场景。教师也可以将国外的经典歌曲融合到课堂教学中，让学生学习歌词中的语言知识点及语言文化现象，通过调动听觉及记忆的方式，给学生打造立体的情境体验感，由此激发学生学习外语和使用外语的热情。部分高校还将MOOC、网易公开课、TED演讲等网络上丰富的视频资源引入课堂教学，带领学生感受外国文化课堂的气氛，并结合学生感兴趣的话题进行有针对性的探讨，模拟社会热点情境，将外语学习由单纯的学习任务转化为提升自己的学习工具。

③有助于增加学生的职场竞争力。情境教学法对应外语语言环境中真实的交流场景，恰好契合企业对应聘者的语言沟通运用能力的要求，因此学生在外语课堂中练习不同场景下的语言交流方式及技巧，例如职场面试、商务沟通、社交谈判、出差商旅等场景，通过对这些场景的反复模拟有利于切实提升学生的职场竞争力，为其未来的职场道路打下良好的语言基础。

例如，结合大学外语教材中的内容，教师可借助多媒体等模拟商旅场景，设置前往国外出差并到某酒店咨询订房信息的商旅人士，以及酒店前台服务人员的角色，两个角色在沟通交流后，商旅人士最终成功订到了满意的房间。在这个情境中，教师应该将学生分为两组，其中一组是出差人员，另一组扮演酒店的前台接待服务人员。这就需要饰演不同角色的学生准备不同的内容，如出差人员需准备具体行程信息及在国外订酒店的具体要求等，而另一组同学则需要了解服务接待的基本流程和技巧等。

④有助于变革现有的教学模式，提升外语教学质量。传统的外语教学模式是以课本和教师为主的，忽视了学生主体性的关注，让学生始终处于知识的被动接受方，不利于激发学生学习语言的兴趣和能动性。而对情境教学法的运用有利于变革现有的外语教学模式，使外语教学真正做到"授之以渔"。

与此同时，这种教学方法也对教师提出了更高的要求，要求教师转变原有的教学思维，关注学生的特点，调整自己的教学模式，在教学过程中要以学生为主体，充分将学生的意愿及教学内容相结合，找到学生的兴趣点，同时掌握营造不同语言应用场景的能力，在过程中扮演好监督者和引导者的角色。同时也要给学生一定的平台，让其自行探索和设计适合自己外语能力提升的情境，注重与其他学生的良好互动，引导学生发挥主观能动性。同时，在师生的良性互动中，教师可以发现自身课程的问题，优化现有课程和教学模式，通过多维的评价体系来对学生及课程进行综合效果评定，转变原有的简单、单调的考试评估方式，以此更好地提升高校外语教学的质量。

第二节　交际教学法

一、交际教学法的概述

（一）交际教学法的内涵

交际教学法的前身是功能法、意念法或功能—意念法。20世纪70年代，由于欧洲国家的经济已经进入繁荣时期，欧共体成员国之间的交往日趋频繁。在如此一个时代的推动下，交际教学法悄然而至。

交际教学法是以语言功能为纲，培养在特定的社会语境中运用语言进行交际能力的一种教学法。在教学中，教师针对学习对象的不同需要加以安排，且教学对象以学生为主，教师为辅；教学过程以语言交流为主、知识教授为辅。通过启迪和诱发语言输出的活动，让学生充分接触所学语言，让学生主动地、创造性地学习和运用语言。因此，培养学生的交际能力成了交际教学法的主要任务，培养学生创造性地运用语言的交际能力成了第二语言教学目标。

（二）交际教学法的特点

交际教学法主张从实际出发，关注学生的实际需求，赋予课堂交际化的意义，在课堂中注重创设真实的生活场景，让学生可以在接近真实的环境中进行学习。美国语言学家海姆斯（Hymes）在1971年提出了有关语言交际能力的概念，认为交际能力应该是人所具有的语言能力，一个人对语言形式和语法掌握的程度并不能决定其语言交际的能力，交际能力的好坏往往取决于其运用该语言参与社会交往的能力强弱。我们总结归纳出交际教学法有以下两个重要特点。

1. 以意念功能为大纲

作为人与人交往的桥梁，语言一直被视为一种表达意义的工具。因此，交际教学法认为学习一种语言应具有一定顺序性，要从语言社会功能入手到语言的形式结构，再到项目意义最后到表达作用。交际教学法认为学习语言最有效的途径就是培养学生的交际表达能力。因此，交际教学法提出培养交际能力是习得语言的根本目标，并尝试将课堂交际化，希望通过这种"交际化的课堂"提高学生的交际能力。主张培养语言能力，要以"语言的意念功能"为大纲，摆脱传统教学方法以语法分析能力、语言结构为纲的束缚。虽然交际教学法在某种程度上打破了传统教学方法的束缚，但其对传授语言知识还是保持乐观的态度，如句型和词汇的教学，只是认为语言的形式结构是实现社会功能的一种手段，学习者学习语法的目的是掌握语言的社会功能。因此，交际教学法认为语言形式结构要服从于语言的社会功能，并要以"意念功能"为大纲。

2. 以学生为中心创造接近真实的交际环境

传统的课堂通常是以教师为中心，教师上课按照书本讲授，学生发言的机会较少，得到锻炼的机会也就相对很少。通常是学会了知识但是却不知道如何运用。而交际教学法冲破了传统的束缚，主张对课堂活动的中心——学生进行语言交际能力的训练。因此，课堂就是锻炼学生交际能力最好的场所，课上教师注重讲解知识，课下学生可以直接将知识运用于交际之中，实现了理论与实践相结合。作为第二语言的教师，其应充分掌握学生的性格特点、兴趣爱好等，在此基础上寻找学生的实际需求点，根据其需求创设出不同的交际场景，再将第二语言的社会特点融入其中，让学生在接近真实的环境中学习语言，往往会得到事半功倍的效果。

（三）交际教学法的产生背景

语言在外语教育教学中扮演的角色是交际的手段与工具，语言教学的最终目的是使第二语言学习者能够在正确的场合使用得体的语言让听话者能够理解说话者的意图并进行沟通。正是基于这种核心理念的指导，交际教学法开始形成。在19世纪60年代至19世纪70年代之间，社会语言学及心理语言学的兴起对传统的结构主义语言学提出了挑战，以海姆斯为代表的交际能力理论、韩礼德（Halliday）为代表的功能语言学理论、奥斯丁（Austin）为代表的言语行为理论、乔姆斯基（Chomsky）为代表的转换生成语法理论得到了巨大发展。交际教学法在这样的大背景下，兴起的具体原因可以从两方面来论述。

第一个原因是，19世纪60年代以前，语言教学的主要形式以传统的词汇教学为主，但是传统词汇教学的存在受到诸多学者的质疑，许多应用语言学家认为它的重心在于对基础词汇、语法知识的掌握，不能实现语言本身所具有的功能，也不能发展学生的语言交际能力。第二个原因是，19世纪70年代以来，整个西方教育界对语言教学给予重视，各个发达国家的文化教育组织开始针对本国出现的教学情况进行交流与沟通，探讨语言学习者存在的共同问题及适合本国国情的语言教学方案。

（四）交际教学法的理论基础

为了解决语言问题，促进政治经济的发展，20世纪70年代，语言学家在会上一起讨论和制定了语言教学的大纲——《入门阶段》。《入门阶段》的发表，标志着交际教学法的真正诞生。

交际教学法的诞生，本身是带着目的来的。其强调语言具有交际功能，是一种交际工具，重点在于解决人与人之间交流存在的问题，培养学习者的语言交际能力、信息的接受和交流能力，即"Communicative Competence"。交际教学法诞生后，美国的乔姆斯基首先提出了"语言能力"这个概念，语言能力指的是一种反映双方语言知识的心理语法。并且乔姆斯基强调这种能力是一种非明显的、潜在的一种语言知识，多数要靠语言使用者的语感、直觉进行直接判断。在这以后，海姆斯基在其基础上，在《论交际能力》中提出不同观点——"交际能力"。"交际能力"和"语言能力"不同，交际能力更强调提升学习者的语言交际能力，这种交际能力是一种外在的能力，这种能力是交流者能感知的。

"交际能力"包括四个方面的内容：辨别和组织能力、可接受性、语言得体性和判断语言形式出现的频次。即是否能够辨别和组织符合语法的句子、是否能判断语言的可接受性、是否能在不同的环境中使用得体的语言以及能否判断某种语言形式经常出现或从来不可能出现。后来《论交际能力》成为交际教学法的直接理论基础。

1. 交际教学法的语言学基础

20世纪40年代，在交际教学法产生之前，美国外语教学中主要以听说法（Audio-lingual Approach）为主。由于第二次世界大战，美国急需大批有外语口语能力的军人，听说法应运而生。听说法强调听说、口语第一、句型结构的模仿和训练。但是，听说法到了60年代就不太适用了，学生即使掌握了句型结构，掌握了语法，但是在进行交流时，依然会出现问题，连最简单的日常交流都会出现问题。针对听说法出现的问题，乔姆斯基认为听说法只重视句子的浅层研究，对于句子的深层结构完全没有研究。对听说法赖以存在的美国结构主义和行为主义心理学进行了抨击。并且在此基础上，乔姆斯基区分了语言学中的语言能力和语言运用，促进了语言学的发展。他认为，语言能力是一种抽象的根据有限的语言规则，推导出无限合乎规则的句子的能力。语言运用依附于环境，是语言能力的外在表现。

2.交际教学法的心理学基础

20世纪60年代前,心理学家斯金纳的新行为主义学习理论在心理学界占重要地位。他的著名的老鼠"刺激—反应"实验,研究的是老鼠的学习动机,就像人学习一样,是一种通过不断刺激,最终反馈、学会的过程。但是,乔姆斯基认为,人和动物不一样,人有思想、有创造性。儿童的学习,如果错过了最佳时期或过了期限,儿童的学习能力就会受到影响。如同印度狼孩的事例一样,错过了最佳学习时间,狼孩就很难学会语言。后来,乔姆斯基提出了"语言习得机制"理论,心理学家们也在此基础上,提出了新的语言学习理论。对交际教学法影响较大的两个见解分别是:强调以学生为学习的重心和不必有错必纠。至今,还有很多人一直在强调,在学习中,无论是语言学科的学习还是其他学科的学习,都要以学生为中心。

3.交际教学法的社会语言学基础

20世纪60年代,学者们将语言学和社会学结合起来进行研究,产生新的学科——社会语言学。"其研究的主要内容是不同群体的语言变体以及人们在不同的交际环境中使用的语言变体。"布莱特(Bright)认为,社会语言学的研究重点应该放在语言本身,即"语言变异"上。海姆斯强调社会语言学的目标应该是广泛的、跨学科的。随着社会语言学研究的内容和深度不断加深,社会语言学逐渐发展出跨文化交际、语言社会化和语言习得、语言变异研究等众多学派。

社会语言学在中国的发展情况,主要是一些研究方言的学者在不断研究和探索,代表作有陈建民的《中国语言与中国社会》、游汝杰、周振鹤的《方言与中国文化》、陈松岑的《语言变异研究》等。

(五)交际教学法的相关研究

1.国外交际教学法的相关研究

交际教学法在国外的研究可以从萌芽、发展和完善三个阶段来进行总结。

交际教学法发展的第一阶段为20世纪70年代初期,即萌芽阶段。以海姆斯为代表的交际能力理论从社会学的角度对语言发展所具备的能力进行了论述;以韩立德为代表的系统功能语言学理论从语言学的角度对语言所要发挥的功能进行了论述;以奥斯丁和塞尔为代表的言语行为理论从哲学的角度对语言能表达的含义进行了论述,这些理论奠定了交际教学法的理论基础。

交际教学法发展的第二阶段为20世纪70年代末期,即发展阶段。威多逊(Widdowson)指出,语言的意义可以划分为语言本身所具备的传统的语法和词汇的意义以及语言在交际过程中所产生的使谈话者双方能够理解的交际意义。随着交际教学法的提出与应用,威尔金斯(Wilkins)构建了意念功能大纲。格拉斯(Gless)强调交际教学中学生真实的情感体验与交际需要。在这一时期,交际理论得到了进一步发展。

交际教学法发展的第三阶段为20世纪80年代以后,即完善阶段,利特伍德(Little Wood)对交际法在语言课堂教学中的使用形式进行了分类与阐述。约翰逊(Jonhson)和莫罗(Morrow)结合交际教学法的理论,对一线课堂的教学实践进行了分析和论述。此外,努南(Nunan)、威利斯(Willis)等语言学家对交际法理论进行了补充与完善,交际教学法在教材编写及课堂教学中都得到了体现。

2. 国内交际教学法的相关研究

交际教学法的理论在国内的研究主要可以划分为三个阶段:引进阶段、发展阶段及提高阶段。

第一阶段为20世纪70年代初到80年代末,交际教学理论风靡全球,也就是此时,交际教学理论被引进中国,对于我国外语教学起到了一定的引领作用。

第二阶段为20世纪80年代以来,交际教学法在我国得到了很大程度的发展,李筱菊在《浅谈外语教学的交际教学法》中把"交际能力"概括为"知、会、能"三个方面;李观仪等学者持有交际教学法应结合我国外语学习者的基本情况对传统教学法进行取舍,互相补充,来提高语言学习者交际水平的观点。

第三阶段为进入21世纪以来,交际教学法在我国的发展进入了提高阶段,大批学者不仅对交际教学法的理论进行了补充,同时大量实证研究,从不同角度对交际教学法进行了探讨。在这一阶段,结合我国外语学习者特点及现有教学状况来探讨交际教学法在课堂教学中的应用成为研究的一大趋势。

二、交际教学法在外语教育中的应用策略

(一)创设交流情境,促进学生自主交流

所谓交流,一定是在固定的情境下产生的,所以在交际教学法中,情境创建是十分重要的部分,教师创设生动的交流场景,让学生能够将所学的知识运用于实际生活场景,才能够达成有效的交流,进而提升学生的外语应用能力。例如,教师可以在课堂上创建一个面试的场景,由教师与几位同学担任招聘方,逐个选

出同学来模拟现场应聘，在应聘场景进行中，教师的几位招聘搭档可以随时进行更换，以便让更多的学生通过应聘方与招聘方的双向体验，强化自身的应变能力，了解在不同角色背景下应当使用怎样的交流方式。应聘是学生走向社会后最先面对的环节，也是与学生生活息息相关的环节，教师创设这样的情境，来提升学生的交流能力，不但能够让学生积极地参与到学习与交流中，而且能拓展学生的思维，让学生通过实际的演练，来强化自己的交流能力。

（二）创造母语环境，强化学生口语能力

想要深入了解一个国家的语言，并达到精通，首先就要与这个国家的人进行长期的交流，跟外国学生学习中文都要与中国人交流是同样的原理，中国学生想要学到灵活、口语化、标准化的外语，也要与讲这门外语的人进行长期交流，所以，高校想要为学生创造良好的外语沟通环境，就需要加强校内外教师队伍的组建。目前，我国的许多高校，在教育改革的号召下，也都对校内外籍教师队伍进行了人才招揽与管理，但就实际情况来看，个别高校聘用的外教，都是在校的大学生或非语言专业的教师，这便无法确保教师口音的标准与教学的技巧，另外，教师之间英音与美音的差别，很容易造成口音的混淆，所以在外籍教师队伍的组建上，高校应当更加谨慎，在招聘教师时，应当确保其是具有相应教育资格的教师，而非在校学生或其他职业，因为只有拥有相应教育理念及经验的外籍教师，其授课的过程才更加具有条理性，这在国内或国外都是一样的，而且，应当对英音与美音教师进行更加合理的划分，并事先进行调查，依据学生对英音与美音的喜好偏重来进行教师的分配，避免口音的混淆。

（三）开展灵活教学，提升学生学习兴趣

许多高校认为，学生在学习方面应当注重理论，兴趣则不是那么重要，其实不然，无论在任何阶段，人都是以自身兴趣为主导的，包括学生后续的择业过程也是一样，只有能够让学生提起兴趣、充满热情的岗位，才能让学生真正做好工作，所以，在交际教学法中，教师不应当拘泥于课堂的固定形式，而是要对课堂形式进行更加有新意的设计，提高学生的兴趣。教师可以将整个课程设置成一个讨论会，将学生分成两组，在课前找出一个具有争论性的议题，让学生进行准备，并在课堂上分为正反两方，对议题进行针对性的辩论；也可以将整个课程设置成一个剧场，找出几个经典名著的片段，将学生分成几组，让学生选择自己感兴趣的片段来进行排练，并在课堂上进行表演。在辩论或表演的过程中，教师则可以担当顾问，在学生对台词或辩词有疑问时进行引导与指正。这些灵活、多元化的

教学方式，都能够有效提升学生学习兴趣，学生有了学习与交流的兴趣，便自然会提升自己的语言能力，而且在这样的交流过程中，即使教师不做长篇大论的讲解，学生的语言应用能力也自然会得到提升。

第三节 任务教学法

一、任务教学法的概述

（一）任务教学法的界定

1. 任务的定义

"任务"是指语言教学中旨在达到某一目的的活动，也可定义为交派的工作和担负的责任，但不同的学者从不同的角度出发，对"任务"的定义有不同的解释。

有学者认为任务是一项为了自己或他人的需求而做的工作，可是无偿的或是有偿的。换言之，任务是人们在工作、娱乐中的诸多事件。从中看出，"任务"是具体的、社会的，它可以是生活中的每一件事，所以它需要在真实日常生活交际的过程中完成。

此外，人们常把"任务"和"练习"弄混淆，要知道，二者在本质上是有区别的。二者在目的、内容、形式、结果等方面上完全不同。

2. 任务教学法的特点

（1）重视语言意义

与传统的语言教学模式不同，任务教学法更加侧重教学过程中语言意义的掌握和理解，而不是语言形式的反复练习。因为最终目的是让学生能够使用语言顺利地进行交际，所以任务教学法主要锻炼学生对输入信息进行提取、分析、推断，并给予相应的输出、回应。

（2）遵循真实性原则

任务教学法的真实性原则体现在：取材于真实生活，营造真实交际环境，布置真实的教学活动，给出真实的回应互动等。任务教学法极力营造类似的真实环境，可以增强学生的真实体验感，有助于培养学生在真实日常生活中的交际能力。

（3）注重团队协作

增强学生的语言交际能力，可以通过人与人的互动来实现。任务教学课堂常以小组为单位，来执行和完成任务。在小组团队协作的过程中，学生使用目的语进行交流和互动，这样不仅能够推动学生语言的自然习得，还能促进学生的认知发展，并且可以加深师生之间的了解和情感。

（4）以学生为中心

在任务教学课堂中，任务是学生需要执行和完成的目标，在教师的引导和协助下，学生可以充分发挥主观能动性，对任务活动进行摸索、探究、分析、讨论，强化学生的主动参与感，增加其课堂积极性和创造性。任务教学法就是以学生为中心，将其视作课堂主体，而教师的角色则是课堂引导者、协助者、监督者。

3. 任务教学法的原则

（1）真实性原则

在设计任务时，用于任务的输入材料应来自现实生活，同时，用于执行任务的方案和特定活动应尽可能切合实际。这是一种尝试创造真实或接近真实环境的尝试，可以让学生学会联系并处理尽可能多的真实语言信息，有助于学生在现实生活中应用这些语言及其技能。

（2）形式/功能原则

传统语言实践的最大缺点是语言没有上下文。形式/功能的原则是基于真实性原则来阐明语言形式与功能之间的关系，以便于学生在执行任务以提高能力时理解语言形式与功能。

（3）连贯性原则

在任务教学法的教学中，几个任务或一个任务的子任务应相互衔接，具有统一教学目的或统一目标定位，并在内容方面进行衔接。

（4）互动性原则

对于任务教学法的互动性来说，需要学生分享心得与看法，这样才能在阅读过程中实现小组成员能力的提升，达到良好的互动效果。此外，教师要根据学生的课堂表现，适当对教学方案进行优化，以此为今后的互动性教学提供有效参考。教师也不能局限于课堂教学，还需要打造第二课堂，通过课外活动让学生在不同的情境中进行互动，体会学习外语的快乐。

（5）趣味性原则

任务教学法可以激发学生的兴趣，并通过课堂上有趣的交流活动促使学生积极参与学习。因此，教师在设计任务时，必须考虑任务的乐趣。毕竟机械性、重复性任务可能导致学生对参与任务失去兴趣。

（6）实践性原则

在任务教学法的实际运用过程中，依据所要教学的内容，以及外语知识实践的主体要求，教师需要为学生制定实践型的任务。这有助于强化学生的学习体验，让学生能够真实地体会到外语在实际应用中的内涵，并提升自身正确学习外语的意识。同时也为学生外语学习提供了重要途径，促使学生对外语教学产生更浓厚的兴趣，以此进一步培养学生的外语能力。

（二）任务教学法的发展历程

1. 国外发展历程

布鲁胡（Prubhu）在1983年首次提出任务教学法，并将任务大纲划分为信息差任务、观点差任务、推理差任务。随后坎德林（Candlin）（1987）提出了任务选择和分级的标准，克罗克斯（Crookes）（1993）分析了任务教学法应用于第二语言习得的合理性和可行性。

努南在1989年出版的著作《交际课堂的任务设计》一书，首次提出了"目标、输入、活动、教师角色、学习者角色、情境"六种设计模式，标志着任务教学法正式形成。

威利斯在1996年出版《任务型教学模式》一书，明确指出任务教学法需要进行语法教学，这也弥补了初代任务教学法的缺陷。提出任务教学法的三个阶段，即任务前阶段（Pre-task）、任务环阶段（Task cycle）、语言聚焦阶段（Language focus）。任务环阶段是任务执行、任务报告、教师评价，语言聚焦阶段是分析和操练，并且在此基础上提出了任务教学法实施的五大原则，标志着任务教学法从理论走向实践。

斯凯恩（Skehan）在1998年出版《语言学习的认知方法》一书，对任务教学法的理论基础进行了详细的阐述，促进了任务教学法的新发展。

埃利斯（Ellis）在2003年出版了《任务型语言学习与教学》一书，从学生和教师两个角度阐述了任务型教学的理论依据，是任务教学法的集大成之作，将任务教学法在二语习得领域的理论做了全面的梳理和总结。随着任务教学法的不断发展，许多学者将该教学法应用到第二语言课堂教学中，进一步推动了任务教学法的发展。

范德布兰登（Van Den Branden）在2006年出版《任务型语言教育：从理论到实践》一书，他在书中探讨了任务教学法的教学原则，并将其应用到实际的课堂教学中去，通过真实的案例展示了任务教学法实施进程中所出现的各类问题，同时在书中探讨了这些问题的解决方法,有效地促进了任务教学法的理论基础和实践的结合。

综上,任务教学法的理论研究方面已经有很多的研究成果了,但是真实课堂环境中的教师和学生的实践应用研究还是比较薄弱的。

2. 国内发展历程

任务教学法最早是应用于我国香港英语学科的教学,1996年制定了以任务教学法为主的小学英语教学大纲,由此展开了我国任务教学法的研究。经过外语教学专家学者的多年努力,任务教学法取得了不俗的成绩,但是汉语教学运用该教学法的实践相对较晚。马箭飞(2000)在《以"交际任务"为基础的汉语短期教学新模式》中首次将任务教学法应用到短期汉语的教学中,并提出了"交际任务"的三大特点,从汉语教学的角度确定了相应的分类和具体任务。2002年他在《任务式大纲与汉语交际任务》中补充细化了"交际任务"的特点以及类别,首次提出以建立汉语交际任务为主的教学模式的设想。吴中伟(2001)在《浅谈基于交际任务的教学法——兼谈口语教材编写的新思路》一文中提出汉语口语课可以不使用原课文中的话题,而在课堂实践中结合相应的教学情境,让学生自己进行对话。吴中伟、郭鹏(2009)在合著《对外汉语任务型教学》一书中对国内外任务教学法理论进行了全面整合,在此基础上提出了有关对外汉语教学任务设计的实施意见。郑家平、李燕(2016)在合著《任务型初级汉语教学:从理论到实践》中首次将任务教学法与对外汉语初级课实践相结合,进一步促进了任务教学法的实证研究。

(三)任务教学法的理论基础

1. 建构主义理论

建构主义是一种有关知识和学习的理论,是任务教学法的理论基础之一,认为知识是暂时性的发展,不是客观的东西,是通过学习者的精神所构筑的,并且受到社会文化的影响。该理论认为,学习者学到的知识是自己在社会生活中建构的,不是通过他人的传授而得到的,人的认知是一个不断发展的过程,需要知识持续组合和重新构建,是一个心理建构的过程,是一个体验、探索、创造的过程。在这个过程中,学习者需要尽量体验贴近真实的学习过程,只有任务是真实的,学生过往的知识经验、知识模型才会被激活,学生的学习热情才会随之被激发。在这个过程中,还有许多等待学习者去解决的问题和挑战,学习者的好奇心和求知欲也会被激发。学习者通过亲身参与任务,使新的知识和旧的知识产生连接,促进新旧知识转化，学习者现有的知识模型也随之充实壮大起来。另外，学习者在参加活动的过程中，认识到学习的意义，体验到活动的乐趣，从中建构新知识，在成功的体验中收获满足，这会刺激他们积极主动学习，强化学习动机，加速他们语言学习的步伐。

建构主义认为，学习者独立学习不会获得新知识，新知识的获得需要学习者与周围互动，包括与环境、同伴互动等，所以建构主义主张学习者要通过合作的方法来进行新知识的学习，只有和同伴互动与合作，才能激活知识学习所需要的各种内在要素。所以遵循建构主义教学理念，在学习中，学习者需要贴近真实的社会环境，展开同伴间有意义的交际活动，在发现问题、共同解决问题的过程中，达到学习新知识的目的，建构自己的知识模式。任务教学法恰好贴合建构主义的理念，在学习过程中为学习者提供真实的任务，倡导学习者通过互助来实现完成学习任务、获得知识、提高语言能力的目的。

建构主义理论为任务教学法打下了坚实的理论基础，建构主义理论的一些原则对于任务教学法的应用有着很重要的实践指导意义，如表4-1所示。

表4-1 建构主义理论对任务教学法应用的意义

建构主义教学设计原则	对任务教学法应用的指导意义
学习活动应该处于任务中	围绕一个或几个任务展开教学过程
给学生提供与学习活动相关的认知工具	教学中教师要为学生提供丰富的学习资料
在学习活动结束后，学生能够解决问题	任务的设计要提高学生发现问题和解决问题的能力
给予学生解决问题的自主权	学生应当在任务执行中承担任务，培养主动、独立学习的能力
让学生根据可选择的观点和语境检验自己的观点	给学生尽可能多的发言机会，鼓励学生交流合作
教学过程中的任务是真实的任务	任务的设计要与学生的现实学习生活相联系，并且符合学生身心成长水平
给学生提供反思学习过程的机会	学生要展示和评价学习结果，从而对学习过程进行反思

2. 多元智能理论

在20世纪80年代，加德纳率先提出了多元智能理论，在1983年《智能的结构》一书中，加德纳第一次系统地描述了多元智能的相关观点，并在后续的研究中进行了探索。加德纳认为,智能是受到某种社会和文化环境价值影响而形成的能力,个人用这种能力解决问题或创造产品,这个定义表明了智能是一种能力,并且与个体受到的社会文化影响有很大的关系。多元智能理论的提出引起了世界教育界的高度关注,它成为许多国家教育改革的指导思想。加德纳认为人至少有八种基本的智能,具体是指:言语语言智能、自然观察智能、自我认识智能、身体运动智能、视觉空间智能、人际交往智能、音乐韵律智能、数理逻辑智能八种智能。可以通过以下四个方面来更清楚地认识多元智能:智能是分布的、情境化的,智能是一种高级的问题解决能力或缔造能力,智能是多维的,智能是可以发展的。

3."做中学"理论

杜威是美国实用主义哲学的代表人物之一,认为教育与社会生活的发展紧密相连,教育保障着社会生活的发展与进步,因此他提出"从做中学"的教学理论:在学校中获得的知识是与社会活动有关的,教育的目的就是在它们之间建立起有效联系,使知识在教育活动中转化为不同的经验。教育者必须提供一个让学生"在做中学"的环境,引导他们选择自己想做什么、参加什么活动,当然,活动或设计必须适合学生体验并且在学生的经验范围内,还与他们的需求相联系。"从做中学"的教育主,以具有丰富活动和经验积累的教学任务,去取代死板的书本学习,促使学生主动参与教学活动,并在此过程中提高参加积极性和培养主动探究性。

"做中学"教学思想是任务教学法强有力的理论基础,为任务教学法在口语交际中的应用奠定了良好的根基。从任务教学法角度讲,任务是"做中学"教育思想的实践内容。具备自主学习探究能力的受教育者必须在一个真正的情境之中,根据已有的知识有条不紊地完成教学任务。任务必须联系学生的生活学习情况,根据学生的生活经验来设计,并且要在学生的能力范围以内。在学习语言时,学生基于以往的生活经验,能够很快地理解一些知识,但是这并不代表学生学会了这个知识以及能在学习之后运用这个知识。要想实现外语口语能力的提升,学生必须要在贴近现实生活的环境中使用语言知识,并在语言使用的过程中,慢慢内化知识,最后将知识形成语言系统。"做中学"理论的主张和任务教学法的主张其实是不谋而合的,"做中学"理论为任务教学法的实施提供坚实的理论基础,并且对任务教学法的实际操作做出了实践上的指导。

二、任务教学法在外语教育中的应用意义

（一）有利于为学生创造真实语境

在以往外语教育教学模式中，学生掌握外语基础知识的思维方法存在较为片面的问题，这不但无法有效提高学生学习外语的积极性，还会使学生缺乏掌握外语的自觉性。为了消除外语教学中的不利因素，教师应当选择引入具有科学性、实践性的任务教学法，并以此开展外语教学，让学生能够在比较真实的外语学习和训练中重新认识到外语学习的重要性。

任务教学法应用在外语教学中，体现出外语学习途径的多样化，加深了学生对于外语知识的理解。依据学生设置并安排相关的实践任务，让学生能够就外语知识的运用进行更加深入的研讨，真正将语言教学的形式和结构转向语言运用的意义和功能，实现持续性强化学生学习体验的目标。

（二）有利于培养学生的合作意识

任务教学法的重点是对学习任务的持续创新设计，以产生良好效果。针对给学生布置的学习任务，教师组织学生以小组学习的形式开展教学活动，使学生能够在学习和探究以及互动交流中获取学习经验，突破学习的困境，进一步拓展学习途径。

而且，在小组合作学习模式中，学生通过小组合作进行外语知识的学习，不但可以培养协作意识，还可以增强合作能力。同时，又能激发自身的学习积极性，以此形成充分交流与合作的学习意识。

（三）有利于发挥学生学习的自主性

任务教学法的实际应用能够体现学生学习的主体地位，充分满足学生的学习需要，实现学生综合能力提高的目标。通过任务教学法的实际运用，教师对自身的角色定位，以及学习任务的制定理念，都会发生一定程度的改变，从而促进以学生为中心的教学方法的实施。由此，在课堂上学生作为外语知识学习的主体，能够端正自身的学习态度，来学习外语知识和掌握外语语言运用方式。学生在自主学习外语知识的过程中，对于出现的不足之处会及时弥补，并且会进行全方位思考，寻找解决问题的方案。

（四）有利于提高学生的综合能力

在实际应用任务教学法的过程中，教师进行学习任务的合理分配，充分讲

解教学的重点知识，促使学生在掌握了外语基础知识的同时，增强了完成任务的信心和提升了综合能力。当然，只有教师制定出更加高效的学习任务，才能有助于学生学习能力的提高，帮助学生掌握学习的方法，为学生今后学习打下坚实的基础。

三、任务教学法在外语教育中的应用策略

以任务为衔接点的任务教学法，要求教师把握好不同阶段的教学内容，通过任务结合学生的兴趣爱好激发学生参与课堂。相较于传统的教学方法，任务教学法可以使学生对以往学习的知识加以利用，并且师生互动更为频繁。对此，教师需要把握好教学前期、中期和后期这三个环节。

（一）前期任务

在布置任务阶段，教师需要明确以下内容：其一，要求学生对课文内容进行预习，比如通过字典或网络查询的方式掌握生僻词语；其二，需要在掌握单词的基础上进行课文阅读，理解相关句型；其三，在课堂学习中通过竞赛打分的形式对各组成员的任务完成情况进行评价，并且将评分纳入期末考试成绩当中；其四，在任务教学过程中，教师应将4～6人分成一组，并结合学生的性格差异、外语成绩、表达能力合理分组。在布置任务的过程中，教师需要让学生通过主动学习获取语言知识，该阶段教师需要引导学生明确任务以及需要达到的目标，可以让学生通过书籍或者网络进行资料查阅，或者让小组成员相互交流分析阅读材料的背景和相关的语言知识。在教学过程中可以先让学生通过小组讨论分析文章主要说明了哪些内容，之后让学生通过资料搜集的方法初步认识文章中的生词以及语法，接下来要求小组成员收听材料的录音，感受语境，最后对文中的信息进行总结。完成前期任务后学生不仅解决了生词问题，而且能把握整体学习方向，有利于培养学生的逻辑思维能力和归纳能力。

（二）中期任务

应用任务教学法的关键在于确定学生需要完成的任务或者项目，教师需要发挥引导作用，指导学生分析任务，根据小组成员的基本技能、外语知识和项目完成难度分析可操作性。通常来说，教师要以学生自愿为原则把学生分组，每组4～6人，同时选出一名组长搜集资料。这一过程中教师可以指导其查阅外语语法文献，之后由学生收集语用项目中的语法和语句，并分析该语法项目的具体应

用方法，然后制作成课件。整个学习环节要以学生自身阅读、小组讨论分析归纳为主，并且小组成员也可以交流心得。之后每名成员用外语做出学习小结，最后由组长制作成小组总结报告。在任务实施的过程中，必须确立学生的课堂主体地位，侧重学生自主学习能力的培养，在课堂教学环节需要插入学生自身的讲解部分，并且由教师点评。该方法可以让教学内容与教学目标隐藏在不同的任务当中。在课文教学中教师可以采取以下措施：其一，在视频导读中主要展示学生搜集的资料，其作用在于借助课件让学生对文章内容有所掌握，并且教师需要明确提问的内容，比如让学生了解中外交流的差异性，或者某段文字说明了哪些生活场景，能否简单概括等；其二，在课文阅读环节要求学生结合课件构建出相关场景，让学生了解哪些词汇和对话需要重点掌握，并对语法进行扩展，之后让学生通过小组讨论的形式预习有关语法知识，结合资料设计出类似的情境并对话；其三，在语言利用环节主要是让学生通过新学习的词汇和语言知识进行实践，这一过程可以采取分角色表演的方法，让每个学生都能对应上资料中的人物，有语言表述的机会，通过课堂教学环节，让学生在实践中得到锻炼，帮助学生深入理解外语文化。

（三）后期任务

在任务教学法下，课后教学同样需要教师关注，课后任务主要是对学生的学习情况进行评价。教师需要引导学生回想课堂学习的主要内容，引导学生自我反思，之后学生需要将自己的真实想法反馈给教师。同时学生也可以进行小组讨论，共同分享本节课的学习心得，说出本节课掌握的重难点知识，进而便于教师提供个性化指导。在该环节，教师要突出学生的个体性差异，并对表现好的小组和个人进行奖励，以此引发小组间的联动性竞争。在任务教学法下，教师需要引进更为科学的评价机制。具体来说，教师需要根据不同阶段、任务内容和进度进行综合评价，先由各小组选择现场演说、课件汇报展示、话剧表演等形式，用外语展示研究成果，教师可以根据学生的研究方法和途径进行提问，其他小组学生可以根据自身兴趣自由提问，相互交流，之后由教师对学生任务的完成情况进行综合评价。在评价过程中要把学生这一任务实施的主体纳入评分过程，这样对学生的评价标准不再只是分数高低，而是从全面的角度看待学生的学习情况。

第四节 自主学习法

一、自主学习法概述

（一）自主学习的兴起与应用

近年来，自主学习的研究和实践一直是理论界的一个热点。在知网研究成果中，对自主学习进行理论探讨和学说检视的论文数量也较多。自主学习法首先在外语教学中获得了普遍性应用，并且呈现出向其他课程扩张应用的趋势。自主学习法是对国外有效教学方式的学习和借鉴，在外语教学中进行了理论上的论证、探讨以及实践中的应用。建构主义、人本主义成为"以学生为中心"的自主学习法所具有的正当性的理论基础。在自主学习理论的形成过程中，霍莱克（Holec）做出了最为突出的贡献，他最早提出了自主学习的范畴。1981年，霍莱克在《自主性与外语学习》中首次正式提出"自主学习"的概念。随后霍莱克对自主学习进行了较为权威的界定："自我负责学习的能力。"霍莱克对自主学习的研究和实践对我国自主学习的研究和应用产生了直接的影响，然而其并非完全正确的观点也成了人们后来在认识上产生分歧的缘由。例如，从外语学习中总结出来的自主学习方式是否应主要应用于外语教学？自主学习是否以培养学习者自主学习能力为唯一目标或主要目标？

自主学习最初在我国外语教学中获得应用，后纷纷被其他课程教学所复制和借鉴。20世纪90年代，作为舶来品的自主学习理念首先被应用到我国外语课程的教学中，被认为是外语教学改革的一个重要方向。

自主学习法在外语教育教学中获得了较好的应用，既为教师教学减负，也充分调动了学生学习外语的积极性和主动性，更重要的是通过自主学习训练提高了学生的自主学习能力，从而为学生的终生学习奠定了能力和方法论的基础。基于自主学习在外语课程教学中的成功应用，自主学习呈现出从外语教学应用向其他课程应用扩张的趋势。

（二）自主学习的性质

自主学习的价值已形成共识，这种价值首先体现在当下学习的需要，知识爆炸时代教师已经没有可能对所有知识的全部内容做出回应，通过自主学习补充教师知识内容的不足无疑是一条有效率的捷径。自主学习的价值还在于对学生自主学习能力进行有效的训练，从而为学生适应终生学习型社会积累基本能力与素养。自主学习并不是仅仅培养学生的自主学习能力的教学模式，而是能促进学生全面发展的教学模式。目前，围绕"自主学习能力"，对自主学习主要有两点认识。一是开展好课程自主学习活动要以学生具有一定的自主学习能力为前提。如果学生不具有自主学习能力，自主学习就难以取得实效，从而失去其应有的价值。二是自主学习的目标是培养学生的自主学习能力。学生自主学习能力提高了，就会为其适应终身学习型社会奠定基础。有学者认为，自主学习能力是一种元能力，通过课程自主学习来培养和提高学生自我确定学习目标、自主选择学习内容、自我激励和自我实施学习效果考核的能力是实施自主学习活动的目的。

自主学习能力是自主学习的核心，对自主学习的认识应当包括两方面：一方面，作为课程教学方式的自主学习并非指自主学习能力，而是指自主学习的教学模式，是指应用于课程教学中并能提高课程教学效果的教学模式；另一方面，自主学习模式包含了提高学生自主学习能力的教学目标，但是自主学习模式并非以提高学生自主学习能力为唯一目标，甚至自主学习模式不能以提高学生的自主学习能力为主要目标。

（三）自主学习的理论基础

1. 内外因哲学理论

马克思主义哲学认为推动事物发展的根本动力是事物内外部矛盾的对立统一运动。事物内部所包含的各要素之间的对立统一是内部矛盾，是事物发展的内因；事物与事物之间的对立统一是外部矛盾，是事物发展的外因。内因和外因的辩证关系是："内因是变化的根据和第一位的原因；外因是变化的条件，在一定的条件下也起很大的作用，但外因只有通过内因才起作用。"由此可知，相比于外因，内因才是影响事物发展变化的决定性因素。同理，在高等教育上，相比于国家、社会、学校和教师的支持这些外部因素，影响大学生学习效果的关键还是大学生自主学习水平这一内因，也就是说，只有大学生自身的自主学习水平足够高时，国家、社会、学校和教师的支持才能真正发挥作用。

2. 主体性教育理论

20世纪80年代以来，"主体""主体性"这些富有内涵和魅力的概念，在教育界迅速生根发芽，为教育理论的发展注入了新的思路和活力，主体性教育理论强调人在社会历史活动中的主体地位,强调培育与提高受教育者的主体性。可见,主体性教育理论以培养学生的主体性为教育目的,强调一切教育活动以学生为主体,这与学生自主学习意识的本质异曲同工。可以说,学生主体地位的彰显、学生主体性的发挥,都是学生具有自主学习意识的表现。所以,对高等教育事业来说,发挥大学生的主体性就是要培养其自主学习意识,并引导其在学习过程中落实自主学习意识,从而在自主学习实践中发挥其主观能动性,彰显其主体地位。

3. 自主学习理论

经国内外长时期、多阶段的发展,自主学习理论从理论思辨走向了理论深化和系统化,并日益深入教育实践之中。从本质上来讲,自主学习是以学习者为主体的一种学习方式,也可视为一个以学习者为主体的学习过程;而只有具备自主学习能力的学习者,才有可能进行自主学习。因此,自主学习理论强调:以学习者为主体,以教育者为主导;在教育者的辅助下,由学习者自主确定学习目标、制定学习计划、选择学习方法、完成学习任务、进行学习反思并总结学习经验,这是一个完整的学习过程。可见,在高等教育中,教师要注意尊重大学生的主体地位,引导其积极主动地完成自主学习过程的各环节,以期完成一个完整的自主学习过程。

二、外语自主学习法存在的问题

(一)学习动机的缺失

学习动机是指个体由一种学习目标或对象引导、激发和维持学习活动的内在心理过程或内部动力。学习动机与学习态度、学习策略和学习成绩有关,是语言学习者个体因素中最具能动性的因素之一。调查发现,很多学生在外语学习中的学习动机不强烈,甚至缺失,自主学习外语的意识薄弱,学习效率低下。三分之一的学生几乎完全没有学习外语的动机,将近一半的学生学习外语的动机比较实际,希望顺利毕业并找份好工作。调查还发现,大学生外语学习动机在性别和学习成绩上有明显差异,女生的外语学习动机普遍强于男生,而且外语成绩也普遍好于男生。男生的自制力比女生差,注意力很难集中到学习上,易沉迷于网络中各式各样的信息而不能自拔,容易被网络上的新闻或视频所吸引,经常利用外语自主学习时间上网打游戏、看电影、聊天、看视频直播等。三分之二的学生外语学习主要依赖教师,学习缺乏积极性和主动性,自主学习意识薄弱,课外进行外语自主学习的时间也很少,学习的效果和成绩都不理想。

（二）学习策略不当

外语学习策略是指学习者为了使外语学习取得更好的效果而采取的策略，主要包括学习者对自己的学习目标、学习过程、学习结果进行调控、评估而采取的宏观策略。明确的学习目标、有效的学习方法、适当的学习策略是自主学习的关键。调查中发现，很多自主学习者的学习策略不当，学习目标不明确，学习动力不足。在外语学习的过程中，近一半的学生不能根据学习任务的不同而采取不同的学习策略，学习语言的方法单一，死记硬背的较多。三分之二的学生在外语自主学习中心开展外语自主学习时主要是打游戏、看电影、聊天、听歌和看视频直播。近一半的学生利用网络新媒体学习主要是搜索授课教师所提问题和布置任务的答案。部分学生在课堂上不认真听讲，不做笔记，只是用手机拍照或录像记录和存储教师授课的内容，课后也不对所存储的信息进行整理和消化，导致教师的教和学生的学达不到很好的效果。调查发现，有些刚步入高校的新生还停留在中学传统被动接受知识的方式，学习目标不明确，缺乏有效的语言学习策略，课堂上喜欢教师"满堂灌"，对教师提出的问题不加思索，等待教师告知答案或期待教师告诉他们通过什么方式去寻找答案，对自己的学习过程和学习结果无法调控和测评，自主学习的效率低下。

（三）学习资源不足

学生普遍认为自己的外语听说能力跟不上，希望通过自主学习提升自己的听说能力，但能找到的相关学习资源却很少，有的材料太难，有的又过于简单，不能满足自己学习的需要。调查结果还显示，学生希望在自主学习过程中能得到教师的帮助，并推荐适合不同程度学习者的学习资源；有些同学还希望教师能根据每个人的学习情况，为他们建好个性化的自主学习包，帮助他们开展自主学习。网络资料有时传播不畅通，学习内容有限，各个知识点也独立呈现，难以满足学习者的需求，学习者注意力容易分散，也会逐渐失去自主学习的动力和信心。总之，由于网络信息资源监管力度不够，信息资源传播存在问题，学习者自主学习的有效学习资源难以得到保障。

（四）监控和评价体系缺乏

与传统的外语学习方式相比，学生在自主学习过程中的自我管理能力、自我调控能力、自我监测能力及自我评价能力普遍较差。自主学习过程中缺乏能反馈学习效果的评价体系，学习者不能及时检验自己的自主学习效果，无法做到及时改进学习方法和学习策略。调查显示，学生的自我管理能力普遍较差，自主学习时容易受新鲜事物的影响，注意力容易分散，自主学习随之中断。自主学习过程中，学习者虽然可以通过新媒体对学习内容进行提问，但不是所有问题都能及时得到解答，学习效果无法及时得到反馈和评价。

此外，少数教师在课堂上仍然采用传统的教学方式，以教师的单向灌输为主，没有把现代信息技术和外语课堂教学有效结合，学习者不能很好地掌控自己的学习行为。由于缺乏有效的监控和评价体系，学习者不能很好地检验自己的学习效果，降低了自主学习效率。

三、外语自主学习法的教学形式

（一）基于网络的大学外语自主学习

自主学习过程中教师充分利用网络，将教学内容及材料分成若干任务存放在系统上，让学生通过信息收集、综合分析、抽象提炼、反思等环节来自主学习相关内容。在这种形式下，教师不教给学生现成的系统专业知识，而是让学生自己去探索，对知识加以分析、理解、综合，达到知识的内化。通过网络自主学习，彻底改变传统教学中学习者被动接受的状态，而使学习者变得积极主动，培养大学生进行网络探索学习的能力，有效地激发他们的学习兴趣和创造性。这种方式有利于培养学生分析问题、解决问题的能力，并达到对知识的全面理解和吸收，促进学生对知识的主动建构。教师在整个过程中起到了设计任务、监控、实时和非实时指导、归纳信息、反馈、总结的作用。最后教师根据掌握的情况、归纳的信息进行课堂面授，内容主要包括词汇、语法、句型、技巧以及反馈的疑难问题。

（二）基于讨论的大学外语自主学习

讨论是一种有效的自主学习形式，也是促进学生进行知识建构的良好途径。这种讨论一般由教师发起，教师为课程设置不同的问题，学生根据自己感兴趣的问题进行发言，并针对别人的意见进行评论，每个人的发言或评论都能被所有参与讨论的同学看到。教师在讨论过程中进行组织引导并监督学生的讨论和发言，保证符合教学目标的要求，防止跑题。

讨论方式可以是在线实时讨论，也可以是异步非实时讨论。若网上讨论中提出的问题具有普遍性，教师还可以适时在课堂教学中进行指导，帮助学生学习。这两种学习模式在自主学习中是穿插进行、相辅相成的，在该模式下学生作为学习的主体主动学习，又作为学习小组的成员参与了协作学习。在此过程中，学生的主动学习得到了积极的鼓励和强化；而教师作为学习的组织者、支持者、帮助者参与其中，体现了教师指导、引导、辅助和诱导的作用，使教师成为名副其实的"导师"。

自主学习是教育的最终目的，学生在不同的环境下有不同的自主学习需求。自主学习不是恒久不变的，它会随着时间、科目及条件等因素的变化而变化，是一个持续发展的过程，因此，在外语教学中应用自主学习的重点应在于提高学生对自主学习的认识，担负起自己在学习中的责任，学会如何学习，这将使学生在学校生活中甚至一生中受益匪浅。

第五章　德国双元制教育模式下外语教育的策略

在我国高等教育走向国际化的进程中，德国双元制无疑是一种值得借鉴的教育模式。在外语教育的实践过程中，要逐步探究外语教育的未来发展方向，并对双元制的基本原理及其对外语人才培养的启示进行分析和探讨，进而提出相应的教育策略，以培养具有创新能力、实践能力的外语人才。本章分为德国双元制教育模式对外语人才培养的启示、德国双元制教育模式下外语教育的策略两部分。

第一节　德国双元制教育模式对外语人才培养的启示

一、德国双元制概述

由于双元制是源于德国的一种职业教育培训形式，所以以下关于德国双元制的理论介绍将主要从职业教育的角度进行具体说明。

（一）双元制的概念和特征

1. 双元制的概念

双元制主要指在职业教育实施过程中政府与企业合作、企业和职业学校合作，从而共同培养专业技能人才的职业教育制度。该模式最突出的特征是校企合作、协同育人，深度实现工学结合、产教融合。其中一"元"是指学生在企业的培训中心以学徒的身份接受专业实践技能培训；另一"元"是指学生在职业学校中接受专业理论知识和文化基础知识的教育，让学龄青少年在企业和职业学校中交叉学习。在时间分配上，每周在企业实践3—4天，在校学习1—2天。学生的培养经费由企业与政府共同承担，企业约承担三分之二的培养经费，政府约承担三分之一的培养经费。

2. 双元制的特征

双元制职业教育从不同角度解释有以下七个主要特征，如表5-1所示。

表 5-1 双元制的特征

特征	内容
双主体	职业院校和企业
双教师	校内教师和企业导师
双内容	文化专业知识和职业工作技能
双实施方式	教育部门的指导意见和人力资源部门的指导意见
双身份	职校学生和企业学徒
双经费	政府经费和企业经费
双地点	职业院校和企业

（二）双元制的教育模式

1. 德国双元制培养目标

就本质来看，德国双元制旨在对年轻人进行相关的职业培训，使其能掌握并提升职业能力，但并非局限于岗位培训。双元制教育模式不但对学员最为基本的社会能力和从业能力非常重视，对学生综合职业能力也很关注，重视学生整体职业能力的提升。学员接受双元制培训后，能够负责职业领域当中的全部工作任务，而非单单限于某个岗位任务。在对业务能力掌握的前提下，学员还会掌握众多的基础知识和具有较强实际价值的社会能力，进而为其未来发展奠定良好的基础。

在德国的《职业教育法》中，第一条第一款就对职业教育的目标进行了阐述。即职业准备教育的目标，学生在掌握职业行动能力所必备的基础知识后，参与到国家所认可的职业培训教育当中，而职业培训教育的目的是要结合经常变化的劳动环境，采取规范化培训，向学生进行满足职业活动要求和必备职业知识、技能以及行动能力等相关知识的传授，同时要让必要职业经验的获取成为可能。

就职业行动能力来看，主要包括纵向的结构与横向的内容两大方面。纵向结构即为关键能力。横向内容则包括专业能力、社会能力与个人能力三个方面。而与此相对应的学习领域课程则对以上三个方面的能力做出了一定的改变，即将职业行动能力细化分成了专业能力、社会能力与个人能力，就其本质而言是相同的，只是将之前的关键能力融入了新的个人能力当中，进而对职业行动能力的内涵进行了更加明确的探讨。

其中，专业能力是指个体基于专业知识与技能，能够科学、明确且专业地对任务加以完成、对问题进行解决、对结果做出评价的能力。而个人能力则指的是个体可以综合且客观地对自我在公众生活、职业与家庭等所提出的要求和机遇等进行评价，同时能够对自身的才能进行发挥，对自身的发展规划进行制定与拓展的能力，主要包括自信心、批判性、独立性以及责任意识等方面的个性品质，尤其是其对自身价值体系做出自我评价的能力。社会能力则是指挥社会关系的发展，对矛盾和贡献的理解和把握，和他人之间进行负责且理性地相处的能力，尤其是团结合作以及社会责任意识的构建。

由此可以看出，基于职业行动能力对培训目标加以确定，关注学生实践技能的培训是德国"双元制"的特色。当前，德国共有国家认可的职业培训370种，每个标准都按照企业实际需要，结合企业生产的技术条件而不断完善。

2. 德国双元制课程体系

从整体而言，德国双元制课程标准包括职业培训条例与职业教育框架计划两个方面，这是双元制课程得以开展的主要根据。企业负责落实职业培训条例，而职业学校则负责开展职业教育框架计划，二者互相配合。在制定和修改双元制的课程标准过程中，学校与企业专家保持紧密合作，进而确保条例与框架计划、实践课程与理论课程间的互相协调发展。

（1）职业培训条例对"企业一元"实践课程计划做出规定

职业培训条例对"企业一元"的实践课程做出相关规定。只要是国家认可的培训职业都相应地制定了职业培训条例，这是其职业教育能够常态化运行的基础。此培训条例通常涵盖了五个部分的内容，分别为国家认可的培训职业的名称，培训的年限（2—3.5年），培训相关知识与技能方面的内容，具体培训的时间和计划安排方案，毕业考试的时间、范围以及内容等相关要求。其中，其核心部分为培训方案以及培训的内容，由此而构建了较为系统的实践课程计划。但是根据职业培训条例的不同类型，所制定的课程计划也存在一定的差异，可分为下面三类。

第一类，单一非专业化的课程类型。指的是学员在整个培训阶段在一定的职业领域内接受培训，课程结构不进行任何的细化。

第二类，单一专业化的课程类型。指的是学员在进行了一定时间的共同教育后，对某个重点领域或某个专业进行选择而继续接受专业教育。虽然课程结构未进行分化和细分，但是在课程上也有所侧重。

第三类，核心阶梯式课程类型。指的是从低至高划分大约3年的教育期。其中，第一年为基础教育年，主要让学员接受职业领域范围中全部职业所共同的职业教育，掌握此职业领域中的基础技能与相关知识。第二年则为分业教育年，即某个职业领域划分为不同的专业，让学生通过学习某个专业，同时从若干个专业方向进行深化，当其通过了职业教育的毕业考核后，能够获取相应的专业技术证书，而后就能够在该职业中工作，同时也拥有向着更高级别教育进行学习的机会。例如，地上建筑专业的学员在第一年主要是对供暖、混凝土、砌筑工作、建筑技术等地上建筑领域需要掌握的基础知识和技能进行学习，而到了分业教育年，只要毕业考试通过就能够获得建筑技术方面的个人职业证书，之后即能够在该职业活动中进行工作，也能够在更高级别的教育中进行深入学习。

同时，随着市场的不断发展，德国职业教育课程体系会发生调整。在很大程度上，企业会直接决定对什么专业进行培训。而职业学校与企业所进行的培训都是职业教育体系中培训的内容，这就确保了职业培训和市场需求之间的统一性、教学标准和职业标准之间的一致性。

（2）职业教育框架计划对"学校一元"理论课程计划做出规定

1）职业教育框架计划对"学校一元"的理论课程计划做了详细的规定，所有被国家认可的培训职业都拥有教育框架计划。各个州被安排直接应用这样统一的教学框架计划，使其成为本州职业学校要实施的教学计划。而在大多数情况下，各个州的教学计划委员会与教育研究所一起进行讨论，并结合本州社会和经济发展的特点、文化教育的相关政策等方面的实际状况，在学校和企业互相配合的前提下，对这个统一的教学框架计划进行必要的补充、调整、修改，进而产生本州职业学校所要实施的教学计划。

①普通文化课。这类课程主要是对学生进行必要的文化基础知识、道德品质以及体质等方面的培训，包括社会学、体育、宗教以及德语等。

②专业理论课。专业理论课主要包括专业理论、专业计算方面的课程。专业理论课程，即对物理、化学等部分基本内容以及技能操作和工艺方面的知识进行传授，从而让学生的职业技能更好地提升。专业计算课程，即让学生学会借助表格、图形以及计算辅助工具等对所学的专业理论知识做出定量推导，使其对专业理论知识的理解更为深入。

③校内实践课，主要是进行校内工厂实习和实验，即让学生经常练习基本的操作技巧以及实验，使其更为深入地理解所学的专业理论知识，同时依照系统理念运用在企业培训当中学到的技能。

2）关于学习领域课程的开展和实施，具体来讲，包括以下几方面的内容。

①学习领域课程开发的背景。学习领域课程是20世纪90年代，德国为解决传统的"一元"学校教育和"另一元"企业培训分离、与职业实践相偏离以及和科技发展比较较为滞后的问题，而结合新时期的行业以及企业在技术工作方面的需求所开发和实施的课程改革。

由于学习领域课程方案的提出，德国学校将不再根据传统的学科体系来组织职业教育的教学，而是以基于工作领域的学习领域来构建学习情境。1998年10月1日至2003年9月30日，德国针对学习领域课程实施了21个不同项目的典型实验，实验项目覆盖了14个州的100所职业学校，总计13000名学生参与。在这些项目的成功经验基础之上，学习领域课程方案随后在其他职业学校中得到进一步推广和实施。该实践所应用的理论，是由德国不来梅大学技术与教育研究所的团队在进行了一系列研究后形成的。此理论被提出之后，很快就得到了德国学术界的认同，并被当作德国职业教育改革的理论指导。

截至目前，该方案在整个德国进行了全面推广，并成了德国职业教育课程改革的典范，极大地影响了整个欧洲的职业教育课程变革和发展。

②学习领域课程的内涵和开发程序。按照德国文教部的界定，学习领域，指的是根据学习目标而设定的主题学习单元，包括学习目标、描述任务、学习的总量与内容等内容。其中，学习目标指的是某一学习领域课程完成后所要达到的能力标准，而描述任务则是把课程内容具体化，分成具体的项目阶段。通常，一个专业课程由10—20个学习领域构成，涵盖了该专业目标需求得以实现的全部学习内容。通过对一个学习领域课程的学习，学生可以很好地掌握工作过程当中的某个任务，并通过学习一系列有关学习领域组合的内容，而达到某个职业的相关要求。

学习领域课程不是让学生了解怎样适应职业工作，而是要对其工作领域的构建能力进行培养，这依靠单一的理论讲解与技术实践是难以实现的，因此要对企业当中的相关职业以及工作过程提前进行认识和理解，所以就学习领域课程的主要内容来看，学习领域课程即工作过程知识。

对具备整体职业能力的职业人进行培养是学习领域课程的目标，这就要求学生对真实的工作情境有所了解。而典型工作任务则是在具体的工作过程中存在的，包括了某个职业岗位所存在的典型工作方法与内容。因此，对典型工作任务的开发是德国学习领域课程中的关键环节，对典型工作任务进行分析所得的成果则是课程内容得以实施的重要根据。

学习领域课程开发的程序可以分成以下四个步骤。

首先，要基于岗位，对职业学校的专业进行定位，形成岗位群，其所形成的岗位群既不可以过于宽泛，而无法对学生某些特定方面的职业能力进行培养，同时也不可以过于狭窄，而丧失职业教育的本质属性，导致学生无法更好地与岗位相适应。

其次，要让企业中的有关专家，与学校教师一同分析企业岗位群的典型工作任务，同时要对岗位人员必须具有的职责、核心能力以及技术予以明确，并对岗位的实际情况进行综合考量，进而明确岗位群的典型工作任务。

再次，遵循从职业新人到岗位专家的职业发展规律，总结和整理典型工作任务，并对其进行详细的描述。

最后，不但要从行动领域对典型工作任务进行细致的描述，还应该遵循人才发展的规律以及职业发展的相关要求，让行动领域向其所对应学习领域进行转化。

由此能够看出，行动导向是德国学习领域课程教学开展的基本原则和指导思想，建构理论则是其得以开展的理论基础，而职业学校则是课程开展的主体。

③学习领域课程的目标和指导思想。学习领域课程将能力培养作为其主要的出发点，将学生参加构建工作的能力培养作为其教学的主要目标。

德国传统的双元制教育模式的主要指导思想是将个性当作人才培养的专业任务，并在技术与组织的变革中提出相应的素质要求，所以其主要是要对学生的适应能力进行培养，将学生对未来世界的适应能力作为课程实施的主要目标。然而伴随着科技的不断发展和进步，工艺和技术的生产周期越来越短，技术和知识的更新越来越快，对学生适应能力进行培养的教学目标已然无法更好地与企业对技术人才的需求相符。

而学习领域课程的指导思想则主要包括三个方面，第一，要使学生具备基于社会、经济发展以及生态责任而对工作世界进行创建的能力。第二，学生自我意识及个性的培养要以教育为基础。第三，教育内容与目标互相依赖，但与技术和劳动相独立。

④学习领域课程的主要内容。德国传统双元制，以技术理论知识与实践知识为主要教学内容，"专业工作"并未作为一个系统得到教育者的关注，与此同时，和专业工作具有密切联系的工作过程知识同样未得到大家的重视，导致学生无法

基于企业工作的整体视角对自身所学的专业进行理解，仅是被动地和工作世界相适应，很难积极地对工作世界进行构建。而学习领域课程则是对学生构建工作世界的能力加以培养，将对企业整体的工作过程的理解作为基本的前提，所以，学习领域课程的主要内容是对工作过程知识的学习。

按照学习领域课程的目标和主要内容，其课程的开展一定是基于行动导向，这是由于学生只有在行动和工作过程当中，才会更加有效地获得工作过程知识以及对工作世界的构建能力。行动导向是基于工作任务或是以行动为导向的教学策略和指导思想，它由很多以学生为主的教学方法所组成，不单单对教学目的加以关注，同时还对教学过程给予重视，对学生的职业行动能力进行培养。

3. 德国双元制校企合作

德国双元制校企合作与职业教育是一同产生和共同发展起来的。在德国校企合作的主体为企业一元。在职业教育的整个发展过程当中，校企合作都是其得以发展的前提与关键。在德国，职业教育的发展一直遵循着和产业相结合的原则。虽然"双元制"这个名称产生较晚，校企合作的本质内涵始终体现在职业教育当中。双元制校企合作为德国的职业学校和企业技术的开发、资源的利用以及师资培养等都奠定了良好的基础，提供了良好的保障。德国双元制校企合作的特点主要体现在以下方面。

第一，德国校企合作拥有完善的法律保障。德国基于法律视角对校企合作的内容与具体形式做出了规定，明确企业参与职业教育是其应尽的法定职责。正是因为法律法规的存在，明确了双元制校企合作的具体形式，同时也详细地制定了校企合作的目标和任务，这不但保证了职业教育的法定地位，同时也对职业教育进行了规范，并从法律视角给校企合作打牢了根基，让其能够做到有法可循。

第二，拥有充足的经费。德国拥有多元化职教经费资助和保障体系，既包括政府的资助，还包括企业的直接资助、混合资助以及企业外的集资资助与个人资助等。其中，德国职教经费最为主要的来源是企业的直接资助，主要是创建职业培训中心，对培训设备进行购置，提供学徒的津贴与实训教师的工资等。

第三，拥有经验丰富的师资队伍。德国职业学校中的大部分教师都是拥有丰富经验的工程师，他们不但要在学校中进行日常的教学，还和企业进行紧密的联系，对行业企业中的最新技能和技术信息加以掌握，做到教学内容和其同步。而大多数的兼职教师都是来自产业部门，从而确保了学校与产业部门可以进行良好的沟通。

（三）双元制的作用和意义

在职业教育发展中，企业的参与具有至关重要的作用。企业的支持可以促进职业教育发展，职业教育也可以给企业储备人才，提高市场竞争力。

1. 双元制对职业教育的意义

随着近年来科学技术水平的提高和产业结构的升级，企业参与下的双元制模式对职业教育的重要意义日益受到社会的关注，主要包括以下两个方面。

第一，双元制教学模式有助于提高高校教师的综合能力。首先，企业需求最明确、技术更新快，职业学校可以根据企业提供的关于市场所需要的劳动者的数量和规格方面的信息，调整学校的招生规模、课程以及专业设置，培养市场所需要的劳动者，同时可以帮助他们在实际的生产环境中掌握一技之长，促进理论与实践的结合，保障学生顺利就业。其次，可以从企业反哺"双师型"师资，使学校和企业共同发展。职业学校师资队伍的加强离不开企业参与，职业学校教师的培养离不开企业的支持，只有教师掌握了最新的技术，学生才能紧跟技术前沿。

第二，双元制教学模式有助于促进职业学校教学设备的更新换代，使职业学校中的设备陈旧问题得到解决。随着产业变革速度的加快，职业学校教学设备更新跟不上企业的节奏，导致职业学校出现设备老旧的局面。如果要避免这一局面，就需要有企业充分参与实训设备的开发，进而促进技术技能型人才培养这一职业教育目标的实现。

除了上述两个方面，企业密切参与的双元制模式在制定培养目标、设置专业和课程、促进学生就业等方面，都对职业教育具有重要意义。

2. 双元制对企业的意义

职业教育也被称为"就业教育"，这就决定了它是一种与企业关系最密切、效果最直接、作用最明显的教育类型，因此对企业十分重要。

第一，有助于发挥人力资本优势。倡导人力资本理论的学者认为："21世纪竞争的关键在于人才。"教育投资是人力资本的核心这一观点已成为众多学者的共识。因此，企业的支持短期看是在帮助职业教育，但从长远来看是为企业的长远发展做准备。

第二，有助于缓解企业高素质高技能型劳动者不足的状况，提高企业的竞争优势，促进企业经济效益的提高。企业招聘新员工时，与挖人相比，通过专人专岗进行针对性、标准化培训会减少很多衍生风险，培养周期短，成本低，一旦人员流失也损失不大能够快速补上，这样既控制了成本和风险，也提高了收益。

第三，有利于企业的可持续发展。高质量的培训教育工作可以帮助企业积累成功经验，传递先进技术，从而帮助企业保持创新活力，不断创造出新的技术或产品。

（四）双元制中的企业优势

相对职业教育院校而言，在智能化的人才培养任务中，企业培训承担着引领前沿、指导实践的任务，对职业教育具有方向引领和基础支撑的重要作用，与校内课程相比具有明显优势。

1. 引领技术前沿

新时代下科学技术更新越来越快，企业在市场因素的驱动下可以紧追技术变革甚至引领技术前沿。对于职业教育中的培养需求，企业往往最了解。职业学校根据时代进步及企业的发展，根据企业提供的关于市场所需要的劳动者的数量和规格方面的信息，明确企业的人才需求，确定职业教育的培养目标，调整学校的招生规模、课程以及专业设置，培养市场所需要的劳动者，真正满足社会对技术技能型人才的需求。

企业的参与不仅可以为学生提供将科学理论知识转化为技术规范的可能，而且能够将先进的技术带到课堂，帮助学生习得新技术、获得新技能，提高学生的创新能力。企业组织的实践培训活动，可以充分发挥其技术方面的优势，可以明确学生培养目标，指导职业教育的方向和定位，最终解决部分高校教学的滞后性问题。

2. 实践项目真实

职业教育的生产性特点要求其教学与实践紧密结合，企业实践培训的一大优势就是可以让学生参与到真实的实践项目中，为学校提供实习场地以及真正的生产环境，将实践真正落到实处。此外，企业组织的实训环节不仅能够提高学生的实践技能，而且对学校管理者教育理念的提升具有一定的指导作用。企业的这一优势可以为毕业生实践能力的提高、企业工作经验的积累、企业文化的适应提供很大帮助。

3. 训练设施完善

技术的更新伴随着研发生产设备的更新，企业的生产属性要求其具备完整的基础设施，不仅可以为企业培训的教学活动创造便利的实训条件，而且可以为职业学校教学设备的更新换代指引方向，帮助职业学校教学设备更新换代，实现职业教育的健康快速发展。

4. 指导人员专业

由于企业人员身处研发生产的第一线，要解决大量的实际问题，对专业技术的理解和把握也会更加到位，能够给到参加培训的学生更多专业指导，也有助于提高高校师资的技术水平。

5. 就业供需对口

企业组织的实践培训活动能够搭建一个学生和企业充分互动的平台，拉近学生与企业的距离，帮助企业更高效地选拔人才，同时也能缩短学生的就业路径。企业的参与对于高校的学生来说不仅是一项福利，最为重要的是，可以让学生提前进入真实的工作环境中。这一做法不仅可以促进他们知识、能力、素质的全面提升，更有助于他们创新能力的培养，使他们赢得未来竞争，进而实现自己的人生价值。

二、德国双元制对外语人才培养的启示

（一）加大国家财政投入

高等教育的发展，离不开国家政策的大力支持和财政的大力投入。外语人才的培养过程，也是国家进行人力资本投资、积累、储备的过程。国家投入财政后，经过学校的教育，输出的是社会需要的外语人才，外语人才反过来又能为社会创造价值和财富。在这个良性的循环过程中，国家财政作为循环的源头，起到不可替代的决定性作用。

高等教育的发展必须以政府为依托，以财政投入为保障，以职业需求为导向，以个人发展为核心要义。因而，要想促进外语人才的培养，必须加大国家的财政投入，为外语教育完善课程体系、兴建训练场地、购入器械器材、搭建教学实训室、购置多媒体设备和提供实习机会等提供资金保障，从物质层面使外语人才的培养情况得到改善，以期更贴近于市场需求，使专业外语人才的发展迈向一个全新的高度，为国家的发展贡献力量。

（二）强化法律体系建设

德国双元制的发展和完善，与德国政府所制定的完善法规和法律具有直接的联系。然而，我国针对外语教学的教育法规还存在着不够健全之处。所以，要强

化我国外语教育的发展，就必须重视法治建设，这是外语人才培养目标得以实现的基础和关键。要更好地推动"工学结合"人才培养模式的发展，强化外语教育法律体系的建设，创设良好的法律环境必不可少。

为此，第一，高等教育教学当中的所有工作都应该通过立法确定，从而对标准化的教学体系加以构建。例如，详细地制定出高校的专业设置、考核评价的方式、教学内容等，从而让我国的外语教育发展有法可依。第二，要加强对我国教育法律的宣传，使广大高等教育从业者对该法律有所了解，使广大民众对教育法规有所了解。第三，要对当前外语方面的法律法规进行完善，制定与"工学结合"有关的法规，基于法律视角对"工学结合"人才培养当中各个参与主体应该履行的义务和职责加以规定，对"工学结合"各相关主体的行为加以约束。第四，应该对"工学结合"有关法律法规执行的实际状况加以监督，采取行政手段进行监管，从而保证"工学结合"人才培养模式得以规范和有序落实。

（三）转变观念，强化教学改革

对职业教育给予足够的重视，对技术进行推崇是德国双元制能够快速发展并完善的主要社会要素，但是在我国，因为传统思想的影响，公众对外语教育的"工学结合"缺少正确的认知。这种认知上的偏差导致我国外语教育"工学结合"的完善和发展受到了阻碍。

因此，要对我国外语教育人才培养模式不断进行改进，引导广大民众观念的转变，使其可以对"工学结合"人才培养拥有正确的认知。只有这样，才能更好地结合学生自身的实际，为其职业发展选择正确的道路和适合的专业。

1. 设置市场化导向目标

首先要结合市场需求，对外语人才培养目标进行明确。长期以来，一些高等学校都过于关注规模的扩充，忽视了内涵和质量。为了培养出与社会需求更为适应的外语人才，作为高校，应该结合市场需求，对外语人才培养目标进行明确。高校要对自身的办学思想重新进行审视，和企业积极进行对接，找到和企业需求以及市场发展较为适应的契合点，从而与产业结构升级和转型相适应，让培养出的外语人才和企业所需更好地衔接，增强其职业认同感。

2. 引导学生树立正确的就业观念

改变就业观念是引导新时代大学生树立正确的职业观、推进外语教育改革的重要内容，首先，要树立职业平等的观念，即无论从事什么职业，都是为社会主义现代化建设服务的，不同的职业没有高低之分，仅有的区别就是分工不同。引导大学生树立职业平等观念是形成正确职业观的关键和重要途径。社会的发展进步形成了不同的职业，尽管在封建社会中存在一些职业偏见，但进入新时代就要破除这些职业偏见，既然选择了一种职业就要尽最大努力把它做好。

树立竞争就业观念，现在的就业市场是用人单位和应聘者的双向选择，提高竞争意识才能谋得好职位；树立多种就业观，社会上兴起的与互联网有关的新型职业也应在大学生求职考虑范围之内，为新时代的大学生带来了充分的职业自主选择权。新时代的大学生要在庞大的求职队伍中脱颖而出，就必须锻炼自己的专业能力，提高自身的综合职业素质，只有这样才能增强核心竞争力，获得理想的工作。

大学生要树立职业平等观，在选择自己的职业的过程中，也要保持良好的心态，选择最适合自己的、有利于自身发展、符合社会发展趋势的职业。正所谓"三百六十行，行行出状元"，就业的方式很多，我们也要采取最有利于大学生发展的方式来培育其职业观，新时代信息技术衍生的与外语教育相关的职业也有很多，在就业过程中，大学生要转变观念，树立多种就业观。

综上所述，外语教师要帮助学生提高自信心，在外语教学中引导他们形成正确的就业观念，改变以往消极的学习态度，为自己制定合理的职业规划，树立远大的职业理想，使学生认识到自身的潜力，认识到外语教育的力量，不断提升自身的修养，更好地实现人生价值。

3. 重视人才培养质量的提升

当前部分高校的课程体系较为陈旧，课程内容没有及时地进行更新，为此，应该基于市场导向和企业调研，及时调整专业设置和课程体系，使其更好地与经济社会发展所产生的变化相适应。

4. 积极推动教学改革

外语教育的目标是要为生产一线以及服务一线输送拥有良好综合能力的外语人才与整体素质较强的劳动者。所以，在开展外语教育的过程中应做到以下几点。

第一，优化课程体系建设。课程设置应该把职业需求放在首位。首先，学校应该从源头抓起，将职业需求作为参考指标纳入外语教育的课程设计方案，使职业需求这一指标内化到人才培养的过程中，让其在人才培养的每一步都发挥特殊的作用，而不是简单地进行课程的加减法。其次，教学研讨办公室应该完善职业技能培养的相关课程，一手抓理论，一手抓技能，两手都要抓，两手都要硬，把理论基础和专业技能统一到外语专业人才的培养过程中，二者相互促进、相互作用，共同体现在人才发展的伟大实践上。最后，加强对学生的职业精神教育，让学生能够在特定的教学环境里感受到作为专业人才的独特性和重要性，意识到自身的价值所在，从自身发力，提升职业兴趣，注重个人专业能力和技能培养，注重个人综合素质的进步，从根本上解决问题。

第二，强化职业技能训练。综合性人才的培养，既要注重知识的培养，又要注重技能的培养。学校要注重培养身体素质全面、专业运动技能突出的学生。建立以地方政府为主体、教育部门统筹、有关部门各司其职的工作机制。依托外语院校、培训机构、社会组织、公共培训基地等实施载体，根据市场需求和就业需求，开展各类外语培训和职业技能培训，不断提高专业外语人才的专业素质和工作质量，培养一支初级、中级、高级梯队分明的外语人才队伍。

同时，充分发挥"中国职业培训在线"云平台的作用，促进北京、上海、广州等发达地区专业外语教师资源的共享和互鉴。联合外语学院和培训机构，共同建立企业理论学习和实践技能提升平台，把技能训练融入实际操作，有效地解决培训内容与市场需求脱节的问题，并培养一批后备人才以适应新的市场需求。

第三，完善考核方式，将以往的单一考核转变成企业、学校以及工会共同参与的多方考核，进而促进学生毕业证书含金量的提升，使其广泛受到整个社会的认可。

所以作为高校，应该结合本身教育教学的现状，对教育教学模式进行适当的调整和改进，并积极地借鉴德国双元制人才培养模式，把学生外语能力提升作为教育管理和教学的目标，不断完善"工学结合"人才培养模式，使学生可以掌握专业技能、提升文化素养，与目前社会高素质、高能力人才需求标准相符。同时，应该结合不同行业所需以及社会在技能人才需求等方面的改变，通过教学计划调整、教材更新以及教学方法创新等教学改革，促进学生整体素质的提升，确保外语教育所培养的人才可以和时代发展的脚步相适应。

（四）优化校企合作

尽管目前我国大多数高校都强化了和企业的合作，然而校企合作的人才培养模式在实践性以及整体性方面依然处在初步的尝试阶段，人才培养的效果仍需进一步提高。我国大学生的实训通常包括认知见习、专业实训和毕业实习三个部分，然而大部分大学生的实习并未与固定的企业合作，实习的场所一般都是由学校就业管理部门教师所指定或是临时安排的，所以很多学生缺少较强的实训连贯性，同时因为很多实习都未能真正接触实质性的工作内容，且时间不长，学生未能通过实训真正地提高其操作技能。

此外，因为企业未能够从校企合作的人才培养模式中获得显著的利益，同时接收学生实习还可能使其生产成本提高，加之并未有法律明确规定高校学习毕业后一定要进到为其提供实习机会的企业，而造成企业的回报与付出不符，因此企业在校企合作当中缺少积极性，校企合作人才培养模式成效不显著。

而通过以上对德国校企合作模式的分析，我国外语人才培养模式要得到更好的优化，就必须对目前的校企合作模式进行优化。首先，从政府角度来看，应该颁发有关的激励政策，对高校与企业进行引导，使其可以对人才进行联合培养，比如可以针对合作企业制定相应的培训补贴政策，如果企业为大学生实习设置了相应的岗位，政府就可以结合所接收学生的数量，依照一定的比例给予相应的补贴，进而使企业因为为学生提供实习岗位而增加成本的问题得到解决，提高企业在对学生进行联合培养方面的积极性。其次，学校应该强化和企业的沟通交流，为企业定期进行外语人才的输送，从而确保企业可以给学生提供相对较好的实习岗位；或是借鉴高校医学类专业免费定向培养的模式，在招生时就与学生进行合同的签订，当其在校学习结束后就进到企业中，从而与企业间建立长期的合作关系。最后，企业应该对其人力资源管理机制加以完善，强化对新员工的考核与培训，在进行招聘时应该尽可能地秉持公平公正的理念，从而真正选择与企业发展相适合的外语人才。

（五）全面加强师资队伍建设

对于学校而言，师资队伍是其教学质量的基础和保障，拥有科学良好的师资队伍，不但与学生的职业培养具有直接的关系，更与学校的长久发展有着密不可分的联系。因此，要对我国高校外语人才培养模式进行改进和完善，就必须重视师资队伍的建设。

首先，要明确外语教师队伍的构成。在当前外语教师结构的基础上，可以按照有关文件，对教师队伍的结构进行清晰的划分。整体而言，外语教师应该既包括学校中的教师队伍，还包括企业工作环境中的师傅。这样的师资结构能够解决当前我国高校师资不足的问题，有助于外语培训师资素质的提升。

其次，要对我国外语教师的能力素质提出相应的要求。作为外语教师，不但应该具备专业理论知识和实践能力，而且应该具备教育范畴的理论和实践能力。换句话说，作为外语教师应该在其教育教学的过程中，做到外语理论和实践的结合、专业知识传授和职业实践的结合、育人和技能培养的结合，从而促使其专业技能水平不断提升。

最后，要重视双师教师职业性、示范性和专业性综合素质的提升。"双师型"教师是当前我国高等教育中教师核心素质的概括。对"双师型"教师的培养，我国制定过很多方案，也使教师的个体素质得到了一定的提升，然而从长远看，依然具有很多的问题。所以要加强外语教师师资队伍建设，就必须重视一体化教师教育体系的构建，重视不同阶段、层次的结合和衔接，创建职前职后衔接、本硕衔接、师范和专业衔接等教师人才培养机制，从而促进高等教育教师专业化、职业化综合素质和能力的提高。

（六）有效发挥行业协会作用

行业协会在德国职业教育的整体架构里发挥了非常关键的作用。作为政府与民间组织沟通的桥梁，行业协会所具有的纽带作用是毋庸置疑的。在德国的16个联邦州当中，拥有82个工商联合会（IHK）、53个手工业协会（HWK）。举例说明，德国威斯巴登手工业协会包括了2.5万家企业，将近12.5万名从业者，1.1万名再次进行培训的学员，涵盖了120种相关职业培训，负责进修培训、培训管理，同时还给学员和培训机构提供相应的服务，为社会公众和政府提供相关行业发展数据，满足行业专业有关诉求等。

目前，不管是京津冀协同发展，还是"一带一路"倡议的实施，抑或是中国制造2025等战略规划的达成，都需要大量外语人才作为保障。而学校是对外语人才加以培养的主要场所，尽管近年来国家已经针对高校的建设和发展制定了相应的扶持政策，使得高校的实训设备和实训场所等条件得到了较大的改善，育人效果也得到了提升，很多高校也在积极地进行现代学徒制以及工学结合等育人模式的探索，然而和高校共同育人的企业还是很少。

此时，就应该让行业协会发挥作用，推动校企合作更为深入地发展。首先，要在高校与企业间搭建桥梁，使高校能够全面了解企业所需，从而在人才培养上更具针对性；同时还能够得到企业用人的信息反馈，为人才培养模式的调整奠定现实基础，并让企业对学校的师资水平以及教学设施等条件有所了解，方便企业挑选更为合适的人才。其次，要利用行业协会所提供的行业发展趋势以及相关数据，对学校的专业设置、课程结构以及教学内容等提供指导，进而以此为依据加以调整和优化，使其所培养的人才更好地与行业发展所需相适应。

第二节　德国双元制教育模式下外语教育的策略

一、注重实践的教学理念

教师必须审视自己的教学理念，教学目标的确立、课堂教学的组织、教学内容的安排、教学活动的设计、学习效果的反馈等都受到认知、行为、交际、情感等教学理念的支配。教师需要深刻认识到外语课的教学目标是传授语言知识，教会学生运用外语去获取未来岗位所需的知识，提高学生外语运用能力，将教学目标与学校的定位、社会的需求结合起来。

二、构建真实的职场情境

通过职场体验的方式活化外语学习，不仅能帮助学生在真正由此及彼的联想和探知中生成多元感触，而且给学生提供了真实的情境。职场情境体验能使学生在浓厚的学习氛围中获得深刻印象，能增强学生的主动学习探知激情，使得学生生发出浓郁的外语学习热情，感受到外语学习的价值与意义。职场情境体验能使课程资源丰富多彩，能给学生创设动感十足的外语学习情境，让学生从专业学习的角度喜欢上外语。

学生通过职场体验的方式深化认知，能使外语教学更有实用性，同时让学生体会到外语运用的快乐。教师可根据学生的不同认知需求，使学生主动在相应的探知中体味其中的内涵，从而使课程教学更有针对性、学生的学习更有目的性。教师引导学生融入相应的职场情境中并深化理解，使课程变得动感十足，充满生机与活力。

三、采用多元化评价方式

教学评价是教学过程的重要组成部分，根据教学目标制定评价标准，运用技术手段对教学活动的过程、结果进行测量，进行价值判断。在相关研究中发现，可以根据课堂实际情况完善评价内容，对教学效果进行综合性评定，改进外语教学。例如，教师讲完某一章节后，利用教学评价表进行总结，教学过程展开是否顺利，教学目标是否符合课程标准要求，是否贴近学生实际情况。

教师在教学过程中要根据本学科特点进行思想教育，板书设计规范合理，运用多媒体教学。教师能够遵照认知规律选择教学方法，对多种教学方法优化组合，文字精练，表达准确，便于检测，可以通过表格细化评价角度，从各个方面改进教学。

评价是对学生学习成绩、教师教学质量和课程进行评价，在外语教学实践中，应采用多元化评价方式。大学生个体存在诸多差异，主要体现在知识基础和能力水平两个方面。教师的评价机制不应采用统一标准，要以个体的动态发展为基准，完善评价体系，全面照顾个体的特征指数。

传统的评价方式把成绩作为基础指标，新的评价方式则将学生创新能力、团队协作精神、个人心理素质及情绪把控等因素作为评价参考，将评价机制划分为质、量两个部分，最终形成总结性评价。教师对学生课堂表现打分，对阶段实操训练打分，对期末考试理论与实操两部分打分，对学生的职业规划与岗位角色建立度等多方面表现打分，最终形成对学生的总体评价。从大一开始教师就要对学生的评价进行记录，形成档案制管理，将上次评价与本次评价进行对比，形成本次最终评价，使课程评价成为学生发展的内部需求。

教学目标明确清晰、课堂教学组织有序、教学内容安排科学、教学活动设计合理以及学习效果反馈及时准确，这些因素都是对外语教学效果的保证。

四、提高外语教师的素质

外语教师是课堂教学活动的组织者、管理者，是语言交流的组织者、参与者和教学成效的评价者。此外，外语教师同时还要具备一定的其他学科的专业知识，为此，外语教师要定期参加专业教学团队组织的业务学习，及时与专业教师沟通，及时添加同步专业词汇，尽量与专业课教学同步，随学随用，增强学生学习兴趣。这样提高了教师自身学习能力和业务素质，也使外语教师向"双师型"教师靠拢，更好地开展外语教学。

第六章　校企合作模式下外语人才培养的路径

随着经济全球化的发展，企业对高端技能应用型人才的需求逐渐增加，尤其是对专业外语人才更是求贤若渴。具有较强的外语表达能力、人际沟通能力、商务谈判能力以及团队合作能力都是企业对应用型外语人才提出的录用要求。通过对校企合作外语人才培养现状和人才需求进行分析，可以提出有效的外语人才培养途径，构建双赢互惠的校企合作人才培养模式。本章分为校企合作外语人才培养现状、校企合作外语人才培养师资要求、校企合作外语人才培养标准体系、校企合作外语人才培养基本路径四部分。

第一节　校企合作外语人才培养现状

一、校企合作外语人才培养存在的问题

（一）政府层面

政府层面的主要问题就是政策体系有待进一步完善。随着国家对高等教育的重视，校企合作方面的政策不断推行，为高等教育校企合作外语人才培养营造了良好的环境，但是在政策的整体层面上还存在诸多亟须改善之处，政策体系不完善，政策措施碎片化，导致校企合作政策难以实施。

校企合作政策落实机制不完善。在政策的落地实施方面，政策的落实机制起着重大的作用，是保证校企合作顺利进行的重要机制。在校企合作外语人才培养过程中，利益决策机制、校企师资保障机制、技能考核标准制定等方面未形成较为完善的政策体系。如何在政策方面推进校企深度合作，涉及方方面面，在这种情况下，完善政策体系显得尤为重要，政策的落实机制、利益分配、师资培训、技能考核、监督机制等方面都需要进行完善，形成环环相扣的政策体系。

目前部分高校发展的吸引力较小，校企合作还停留在表面，校企合作程度不高，校企长效合作机制还在初级阶段，不够完善。由于校企合作政策的宏观性、碎片化，没有形成从国家到地方再到校企的政策保障机制体系，导致多种利益主体难以参与，校企合作仅仅流于表面，政策难以落地实施。

（二）学校层面

1.人才培养目标与市场需求不匹配

关于当前高校人才培养方案的制定，除了学校根据国家政策自主制定之外，其他主体的参与程度相对较低。在制定人才培养方案的过程中往往是学校处于主导地位，企业在制定人才培养方案的过程中被边缘化，学校仅仅参考企业提供的用人标准，企业并未深入参与校企合作外语人才培养方案的制定。学校基于国家政策文件以及企业对人才的要求来确定其人才培养方案，但随着经济的发展，所制定的人才培养方案难以跟上社会对人才需求的变化，导致人才培养落后于社会发展，学校培养的学生与社会需求脱轨，人才培养目标与市场需求不匹配。另外，有的学校对学生的培养只关注学生的学习成绩，忽视对学生技能的培养，在对学生进行技能培训时，仅仅是象征性地让学生去企业进行短时间的参观性实习，学生难以掌握企业真正需要人才具备的外语技能知识。

2.课程体系不合理

合理的课程体系是高等教育校企合作外语人才培养的关键环节。一方面，目前学校的课程体系与人才培养目标不匹配，结构失调的课程安排严重影响校企合作外语人才培养目标的实现。"重理论忽视实践，重实践忽视理论"的课程安排是当前大多数高校外语人才培养的大问题。单一的课程体系制约了学校人才培养的灵活性与多样性，导致学校培养的人才难以适应产业需求，与产业需求的技能人才脱轨。另一方面，学校的专业课程内容与岗位能力要求契合度不高。随着产业不断转型升级，产业岗位能力要求日新月异，学校里的外语教育课程内容落后于社会发展的需求，课程内容缺乏时代性，不能与时俱进，不能及时培养与岗位能力相适应的专业技能，导致学校培养不出能满足社会发展需求的高素质、高水平人才。此外，课程形式不够丰富。传统的学校课程形式主要是课堂理论学习与实训基地的技能操作相结合，虽然做到了理论与实践的结合，满足了学生对知识与技能的学习需求，但是对学生的创造能力与理性思维的培养效果不大。

3. 师资队伍素质有待提升

调查显示大约五成的教师只是通过一些简单的培训和考试来获取证书，缺乏实践教学经验。同时不少教师毕业后直接进入高校任教，对专业实践教学缺少足够深入的研究，无法对学生进行诸如商务实战方面的有效指导。很少有教师会根据校企合作进行教学创新，加之学校还未建立行之有效的校企合作监督体系，从而影响了"双师型"师资队伍素质的提升。

（三）企业层面

1. 企业内生动力不足

很多企业缺乏参与校企合作外语人才培养的积极性。校企合作外语人才培养是一个需要经过长期努力才能看到成效的过程，需要与时俱进、不断探索。企业作为营利性的组织，追求利益是永恒不变的主题。因此大多数企业因短时间内看不到利益，认为校企合作基础薄弱、探索校企合作外语人才培养模式周期长、见效慢，参与高等教育校企合作外语人才培养的内生动力不足。企业追求利益的本质，导致校企合作外语人才培养的理念难以得到企业的认同。企业追求短时间内的利益与校企合作外语人才培养模式的长周期这一矛盾如何解决，如何达到双方共赢的局面是我们需要思考的问题，这对于高等教育校企合作外语人才培养模式的完善尤为重要。

2. 企业缺乏共赢意识

部分企业对高等教育校企合作外语人才培养的积极性不高，没有共赢的意识。大多数企业认为人才培养的主体是学校，企业只是学生实习或者实践的临时性场所，他们没有责任与义务去培养、教育学生，学校才是教育学生的主体，这导致企业缺乏共赢意识。企业往往不愿意支付在校企合作外语人才培养过程中产生的隐性费用，对于学生的实习不够重视，学生在企业实习的过程中得不到技能上的锻炼，仅仅是象征性地参观与工作，这样对于企业也是一种损失，投入资源却得不到回报。

二、校企合作外语人才培养存在问题的原因

（一）政府因素

1. 国家法律法规保障力度不强

近年来，针对企业与高校外语教育协同办学的立法很少，出台的法律缺乏全面性，多为笼统概括性的条文，缺少具体实施细则。相关政策法律的监督与保障体系不明确，企业、学校之间的责任义务划分不清晰，校企在开展校企合作过程中自然难以构建长久且稳定的发展机制。

2. 政府部门政策协调不到位

在我国校企合作外语人才培养过程中，政府实际上是企业与高校之间的媒介，肩负着"牵线搭桥"的重任，校企合作各利益主体之间的关系，需要由政府提供的政策进行协调。企业与高校若想通过联合办学而实现校企深入合作，仅仅依靠国家尚不健全的政策法规来推动是远远不够的。

教育、财政和税务部门三者之间协调力度不足，针对外语教育校企合作，无论是在优惠政策还是资金分配上都存在含混不清的问题，难以贯彻落实政策方针，导致部分高校外语教育的人才培养目标不清晰、实习实践路径不明确，校企开展深度合作也变得愈加困难。

3. 校企合作的运行机制仍不完善

政府所颁布的政策文件及法规条例，虽然在一定程度上推动了高校外语教育校企合作的发展，但要使追求不同、所处体系不同的两个主体——企业与高校具备推动力与统筹力，校企合作指导委员会在其中的协调作用是不可忽视的。而现实中，为了满足各类文件的要求，许多校企合作指导委员会的组建十分简单，存在一定的随意性，校企合作过程中缺乏保障机制，质量评价机制等运行机制不完善，导致部分高校难以进入企业的核心领域，企业也难以深入学校的教育教学活动当中，校企之间互相排斥的现象十分明显，校企开展深度合作的目标也就难以实现。

（二）学校与企业因素

1. 校企双方发展的重点不同

企业以追求效益和满足自身利益为发展重点，往往不愿意把过多的精力与财力投入高校教育中，更愿意以扩大生产规模和拓宽自己本身的业务领域来获取经

济效益。以育人为核心的高校,肩负着为社会和企业培养和输送优秀应用型外语人才的重任。从企业和高校的发展目标来看,企业和高校分别以追求经济效益和对人才的培养为主,双方发展重点是不同的,而在校企合作过程中较为主动的通常是高校,高校投入更多的精力的同时也承担着更多的责任,相比而言,企业在校企合作中显得被动了许多。

2. 校企双方合作的合力不足

目前,教育主管部门针对校企合作出台了相应的政策与规划,而针对企业投身校企合作的激励措施却少之又少,根据利益相关者理论,若要维持长久的合作关系,有效保证合作各主体的利益是前提。校企合作中的主体不仅有企业与学校,还包括政府,只有各主体之间协同发展,形成多边合作的关系,才更加有益于校企合作形成合力。大多数高校学生缺乏专业技能方面的学习,外语理论知识的运用能力欠缺,在这种情况下,高校不能为企业提供更多的服务,却寻求更多的帮助,难以对企业产生吸引力。在校企合作中,企业自身利益未能得到很好的满足,形成了"企业冷"的尴尬局面。因此,加强校企合作各主体之间的沟通,做好资源调配,同频共振,加强校企合作的合力尤为重要。

(三)师资因素

1. 教师聘用制度不合理

在聘用外语教师时,高等院校将学历作为首要的考核标准。通过该考核方式所聘用的教师,通常在外语理论知识及学术能力方面具有较强的优势,学术水平相对较高,但是从学校毕业以后直接进入高校进行授课的教师,缺少在社会上历练的机会,缺乏实践操作经验,就校企合作而言是存在缺陷的,这也是其劣势所在。在校企合作外语人才培养中,外语理论知识和实践操作能力同样重要,聘用的这类教师难以培养出实践能力强的外语应用型人才,以满足企业对人才的要求。受制于当前聘用机制,高校要想聘用外语理论知识与技能经验兼具的教师存在一些困难。所以,教师聘用制度不合理是造成校企合作外语人才培养制度落后的又一个原因。

2. 师资技能培训制度不科学

目前部分高校尚未形成理论知识扎实、具有较强的实践能力和丰富的企业实践经验的"双师型"教师队伍,外语教师的实践水平和能力有待提升。虽然一些高等院校会鼓励教师参加培训、进入企业实习以丰富外语理论知识,弥补教师自身实践能力的不足，但学校为教师提供的外出培训机会并不多，且在培训过程中依旧未能摆脱高校占据主体地位的现象，多以理论知识培训为主，缺乏针对实际操作的培训，教师未能真正融入企业，适应市场对人才、外语教育需求的变化的能力较弱，"双师型"教师仅仅停留在表层，与校企合作对高校外语师资的要求还存在一定的差距。

第二节　校企合作外语人才培养师资要求

一、加大教师引进力度

（一）政府提供政策支持

高校办学的目的之一是更好地服务社会经济发展，培养能满足行业企业生产需求的高素质人才，这意味着行业和政府都是高校教育的受益者，不论是政府举办的学校，还是行业举办的学校，都有着共同的教育目标，因此，考虑到均衡发展的问题，对于行业办学的高等院校政府应该给予政策支持。

一是政府要肯定行业办学的意义，重视行业办学的重要性，保障行业办学的合法权益。二是政府要出台相关政策推动行业企业参与到校企合作办学中，制定一定的政策导向，让行业企业尝到甜头。三是提高对行业办学的学校的生均拨款数额，给予适当的办学专项经费补助，保证学校的正常运转和外语教师队伍的建设经费。

（二）加大对教师引进的重视程度

完善高校人才引进相关的管理办法，建立人力资源处统筹、各部门协作的规范化教师引进流程，以满足二级教学单位教学需求为主导，以专业对口为前提，加大专业教师的引进力度。

同时制定灵活的用人方式，进一步完善柔性引进机制，以任务管理为基础，通过顾问指导、合作研究、短期兼职、退休返聘等方式聘请市内外著名专家、学者或者能工巧匠，切实发挥这些外聘专家的领军作用，推动他们积极投入学院优秀外语教师建设工程中。

二、优化师资队伍结构

（一）建立新教师准入制度

高校在人才引进计划的制订中，要改变以往把学历作为人才招聘第一硬性指标的做法，增加以"双师素质"为导向的准入条件，注重教育教学能力的同时要注重实践操作能力，将"双师素质"作为选聘新教师的重要导向。引人进人环节就要严格把关，突出实践技能的考核占比。在原有的试讲、面试环节中，针对不同的岗位，设置对应的实践操作考核，并将此作为招录的重要依据。

（二）着力打造兼职教师资源库

1. 加大兼职教师聘用力度

优化兼职教师的占比，重视开展兼职教师的聘用工作，建立数量充足的专业性兼职教师资源库。学校要充分利用行业办学的优势，发动各二级学院的主观能动性，挖掘发现一些企业中的专家、技术能手，聘请其到学校兼职，以拓展兼职教师队伍。通过"双高"建设，进一步提高高校兼职教师比例，朝着50%的目标努力。增加兼职教师中高技能人才的占比，聘任的兼职教师要尽可能熟悉本地区相关行业的具体情况，掌握与任教专业相关的企业一线新知识、新能力，为学校专业建设和学生实训课程提供帮助，提高学生实践质量，使学生的能力满足当下社会经济发展的需要。

2. 规范化管理兼职教师队伍

严格规范兼职教师的聘任程序，修订兼职教师管理办法，规范兼职教师的聘用流程。将聘请兼职教师的权利下放到各个二级教学单位，每学期末，二级教学单位提交兼职教师聘用计划，提出用人申请，审核基本任职条件后报人力资源处备案。人力资源处等部门在兼职教师的聘请环节加强监督把好关，不能因为课程安排时间紧，就随随便便找来教师兼职。提前通知兼职教师任课安排，以便留有充足的时间备课，确保上课的质量。

对于兼职教师的教学质量要坚持与校内教师统一标准，不能因为他们到校时间少就有所松懈。加强对兼职教师的课程评价，规范兼职教师的教学质量评估系统。学校督导组的教师要定期对兼职教师开展评教，通过听课对兼职教师的授课方式和质量进行评价、指导和监督，同时还应该组织学生对兼职教师进行评教，以便随时调整、优化授课方式。

要把兼职教师用在"刀刃"上，切实地发挥兼职教师在课堂教学，尤其是实际性的教学中的引领作用。强化兼职教师的激励措施，可预留部分课时费作为学期期末考核奖励，把对兼职教师的考核教学评价与课时费联系起来，加强他们的职业责任感。期末可以开展优秀兼职教师的评选工作，从教学效果、学生评教等方面进行评选，对优秀兼职教师给予一定的奖励，以此激发兼职教师的工作热情。

（三）创建高水平结构化教师教学创新团队

1. 实施校企双专业带头人制度

在高等教育现代化改革以及"1+X"证书制度发展的背景下，可采用校企双专业带头人管理办法，在校外企业中聘请一些德才兼备、具有丰富行业企业经验的高层次人才到校担任"校外专业带头人"。

"校外专业带头人"的任务不仅是修订人才培养方案、为专业建设提供技术服务，还要发挥自己背景优势，利用自己的影响力带领团队教师一起提升"双师素质"，争取承担行业企业或省部级的知识技能研修、革新等项目，促进高水平成果转化，为提升在职外语教师的社会服务能力起到示范带头作用。校内与校外专业带头人优势互补，共同建设专业团队，以增强实践教学能力、提高团队创新水平。

2. 加强高层次人才队伍建设

伴随着产业转型升级时代的到来，注重高层次外语人才队伍的建设，努力培养和打造一支"双师型"的创新型教学队伍，促进课堂教学流程、课堂内容的变革和课堂教学模式的探索与创新，实施以团队协同为基础的教学组织创新方式，探索以行动为导向的模块化课堂教学新模式，是满足当下外语人才供给需求的可靠途径。

一是建议学校征求各部门意见，出台高层次人才引进和管理的实施细则，坚持"双高"的引进原则，不断畅通人才引进渠道，下力气引进高层次人才，为紧缺人才的引进提供制度保障。人才引进离不开资金的支持，高校应设置高层次人才引进专项资金，明确引进的人才的福利待遇和薪酬政策。根据学校发展的需求，结合各个二级学院专业发展和教学工作的需要，因地制宜地为高层次人才设置相应的岗位。高层次外语人才在入职后要及时与院系签订人才引进合同，院系要明确高层次外语人才的岗位职责及工作任务，分配年度考核指标，同时要为他们提供良好的教学氛围和基础条件，鼓励他们在提高自身教学能力的同时，带动教学团队内部的外语教师提升"双师素质"，促进学院教学、专业建设等各项工作的开展。

二是建立团队协作联合企业的模式，搭建企业互动、交流和培训等平台，提升教学团队实践教学能力。在团队的合作中发挥高层次人才传帮带的作用，以团队为单位与校外高层次人才开展合作，引入先进的教育理念，尝试为外语教师搭建境外访学、研修和学习交流的平台，开展现代化高等教育，引领教师队伍尤其是"双师型"外语教师队伍走向更高的科研之路，提高高等教育教师水准，更好地为企业输送优秀人才。

三、建立健全教师考核评价与管理制度

（一）改进教师考核评价体系

考核评价是外语教师绩效管理的重要内容，对于外语教师队伍而言，合理的考核评价体系能够发挥激励作用。根据亚伯拉罕·马斯洛（Abraham Maslow）的需求层次理论，设置有关"尊重需求"和"自我实现"方面的考核评价体系，更能激发外语教师的工作热情，推动外语教师人才队伍扩建。根据外语教师的工作要点，设置科学的考核评价指标，形成多元化的外语教师考核评价体系，作为外语教师考核评价的可靠工具。

1. 设置科学的考核评价指标

全面考核外语教师的各项能力，将教师多个方面的表现均纳入考核系统中，形成科学评价体系。除了核心因素以外，考核评价体系中还需要添加非核心因素，从而使外语教师考核评价体系更加科学。关于考核评价指标的选取，把专业知识掌握能力以及实践操作能力等与外语教学密切相关的指标作为核心评价指标；把教师师德修养、学历水平、工作态度、工作量、教育理论掌握程度等综合素质作为非核心评价指标。

另外，按照对外语教学质量的影响程度，对评价指标进行排序。此项工作需要聘请外语教育专家为各项指标打分，通常情况下，设定10个指标，针对每一项指标打分，从而明确该项指标对外语教师考核的影响，为评价体系的构建奠定基础。为了细化外语教师考核评价指标打分体系，可以将一级指标拆分为多个二级指标，再将二级指标拆分为三级指标，分别打分得到综合打分结果。

2.建立多元化的考核评价体系

高校外语教师评价体系与其他教师群体评价体系存在一定差异，既要尽可能覆盖外语教师考评所有指标，又要考虑纳入考评的各项指标对教师能力水平提升是否有帮助。因此，基于高校外语教育特点构建多元化的外语教师考核评价体系非常重要。

第一，突出外语教师专业实践能力等考核重点。此部分工作要在考核评价指标设置环节基本完成，依据优秀外语教师考核特殊要求，设定不同层次的考核指标。按照不同的层次，搭建考核评价体系，依据该评价体系对外语教师近期的工作表现进行评价，作为绩效评价参考依据。

第二，沿着外语教师培养方向制定考核评价体系，以此促进外语教师健康成长。该评价体系也应有利于外语教师评定更高级别的职称，可以根据外语教师职业生涯规划制定与各评价指标相对应的培养内容。按照上述标准，建立如表6-1所示的多元化外语教师考核评价体系。

表6-1　多元化外语教师考核评价体系

考核项目名称	考核指标	组织部门	考核主体	权重值	累计权重值
综合素质	教师师德修养	教务处	学生、同行教师、专家教授	0.10	0.4
	学历水平	人事处	人事科科长	0.05	
	工作态度	教务处	学生、同行教师、专家教授	0.10	
	工作量	人事处	薪资科科长	0.05	
	教育理论掌握程度	教务处	学生、同行教师、专家教授	0.10	
专业技能	专业知识掌握能力	教务处	同行教师、专家教授	0.35	0.6
	实践操作能力	教务处	同行教师、专家教授	0.25	
合计					

表 6-1 中，将外语教师考核体系划分为综合素质和专业技能两部分，其中，专业技能考核权重占比较大，累加权重值之和为 0.6。在专业技能项目下，实践操作能力为基础要求，占比为 0.25。相比之下，综合素质考核要求低一些，但是对外语教师各方面素质均有所要求，评价体系覆盖面比较广，且比例设置满足外语教师考核侧重的要求。

（二）完善教师认定标准

制定和完善优秀外语教师认定标准。结合当前高校建设和发展要求以及学院实际情况，把理想信念、师德师风、扎实的理论知识、熟练的实践技能、现代工匠精神等要求纳入认定标准。可把带领学生参加技能大赛获奖情况、参与教学能力大赛获奖情况及参与企业横向课题情况列入优秀外语教师的认定范围，明确认定范围和评价依据，扩大认定的范围。

优秀外语教师的认定标准尽可能多元化，把专业实践技能和社会服务能力当作首要的考核标准，把握好突出实践能力的基本准则。完善认定标准的主要目的是使其成为学院专业教师的发展目标，高校外语教师都应朝着"双师型"的方向努力奋斗，有针对性地进行自我定位、规划，参与各类培训，同时积极投身校企合作项目，努力向学院的"双师型"认定标准看齐。

（三）建立健全教师薪酬体系

为了充分发挥激励作用，让外语教师继续提升自己，根据激励理论的需求层次理论，可以从初级阶段的物质需求、中级阶段的尊重需求、高级阶段的自我实现需求三个层次构建薪酬体系。一方面，从加强物质激励角度出发，拟定优秀外语教师的薪资待遇改进方案，适当增加优秀外语教师的物质奖励；另一方面，从注重精神激励角度出发，拟定优秀外语教师主体地位的改进方案，适当增加优秀外语教师在精神层面的优待，以彰显优秀外语教师在高校中的主体地位。

1. 加强物质激励，提高教师薪资待遇

外语教师的成长离不开初级阶段的物质激励，适当提高该群体的薪资待遇是一条良好的激励路径。利用考核评价体系，对外语教师在工作中的表现进行评价，形成阶梯式薪资待遇体系。该薪资待遇需要体现出与一般外语教师薪资之间的差异，让优秀外语教师感受到自己职位的薪酬待遇优势，从而按照培养目标不断努力，提升自身职业能力。

除此之外，还可以在假日礼品发放等层面上突出优秀外语教师待遇的不同，通过提高礼品价值，达到加强优秀外语教师物质激励的目的。最后，校方可以根据外语教师在校企合作项目中的表现给予一定的补助，此项物质激励也可以添加至薪资待遇管理条例中，根据外语教师在项目中负责的工作，分别拟定补助方案，从而满足公平公正的激励要求。

2. 注重精神激励，提升教师主体地位

外语教师成长的道路上需要精神激励，因此，学校可以从精神层面制定激励机制，使得评价体系更加完善。

在具体实施中，可以采取优先为优秀外语教师提供国外培训、企业培训机会，评优选先增加分值等措施，帮助教师更好地实现自我价值，以突出优秀外语教师在学校的地位，提高其工作积极性。其中，培训层面的精神激励，在参加培训资质评定时，可以为优秀外语教师增加5—10分，根据岗位层级不同设定相应加分，层级越高，加分越多，以此激励优秀外语教师不断提升自身能力。评优选先层面的精神激励，优秀外语教师可以获取优先报名参加评选资格，其他教师则需要发表2篇以上国家正规期刊论文才可以获取评选资格。如果参加评选者各项评选指标完成情况相同，那么优秀外语教师具有优先评选权，获得本次参选的认可，为其颁发证书。通过精神层面的激励，满足优秀外语教师的精神需求，达到激发其工作热情的目的。

第三节 校企合作外语人才培养标准体系

一、目标设计

明确的专业培养目标是构建教学体系的基础。综合多所高校培养目标和大纲的具体要求，外语人才的培养目标是面向企业岗位需求，培养具有良好职业道德及创新意识，具备一定人文素养、扎实的外语基础和较强的商务交际能力的高技能外语专门型人才。

具体来讲，对外语人才培养目标设计提出如下建议。

第一，建立用人单位参与培养目标设计的长效机制。人才培养质量首先取决于培养目标设计质量，用人单位在人才培养目标制定过程中长期缺位，往往会导致人才培养质量不高，与产业需求"脱钩"。高校在制定培养目标时要充分吸纳用人单位及外部组织的意见，收集用人单位的意见反馈，使外语人才培养目标能够适应不断变化的市场需求。

第二，立足学科优势，制定特色化培养目标。高校应重视培养目标的设计，立足于自身的办学优势和学科专业特色，对外语人才培养目标做出更细致的阐述。同时，要结合时代特征和行业发展趋势，探寻更为精确、更有特色的外语人才培养目标，满足社会多样化的外语人才需求。

二、课程体系

课程是学生在校期间需完成的学科的集合，是教学内容安排方式的体现。教学目标、内容、方式等共同构成了课程的基本要义。体系是具有协调统一性的事物在彼此联系、彼此限制的基础上形成的复杂系统，如理论体系、语法体系等。

课程体系是在遵循某种特定的教育价值理念的基础上，把课程要素进行组合或拆分，使之在人才培养的动态统一中达到平衡。课程体系是一个具有特定功能、结构、知识、能力和经验的组合性质的复杂系统。一个完整的系统通常需要有目标、内容和过程。因此，课程体系包括目标要素、内容要素和过程要素。

在外语课程体系设计实践中，应在通过调查问卷了解企业对于外语人才的需求后，与企业、行业专家一起探讨，可以考虑打破现有传统教材的束缚，改变课堂教学内容与企业实际工作相脱节的现象，以知识应用和解决问题来构建外语教学体系。

三、教学实施

外语教学的顺利实施，离不开对教学的组织与安排，离不开教学环境的设置，更离不开教学策略的实施。策略用于教学领域可称为教学策略，它是教师为实现教学目标，根据特定的教学情境，在课堂教学过程中进行的系统决策活动。教学策略是教学实施的总体方案，涉及合理、灵活、智慧地选择和运用教学方法、教学手段。如果说教学策略强调教学的有效性和变通性，那么教学艺术则强调教学的情感性、创造性和整体性。教师要形成教学艺术，必然要具备教学策略。

在外语教学实践中，可以从外语教学方法、教学手段、教学艺术三个方面对外语教学实施策略进行探讨。通过加强师德建设，提高教师的职业道德和思想素养；优化师资，提高教师的专业能力水平；健全和完善监督体制、监督体系，从而促进外语课堂质量和教学质量提升。

四、教学评价

从评价内容、评价方式、评价主体等多元化的角度出发，反思以往的评价体系，以期更加全面地考核学生各方面的综合素质，提高高校外语人才培养的质量。

在外语实践教学中，结合校企合作外语人才培养方式的特色，构建多元化评价体系，为高校提供客观、科学、全面的人才培养调整方向。

在评价主体方面，教师不应是唯一的评价者，学生也不应是唯一的被评者，企业、学生以及参与校企合作外语人才培养的社会主体都可以是教学评价与被评的主体。因此要形成评价主体多元化评价机制，通过不同评价主体对教学结果的反馈，全面综合地评价教学成果，总结教学中存在的不足，及时对教学过程做出调整。

在评价方式方面，应该将外在评价和自我评价相结合，不能只以教师的成绩为标准，要参考校企合作其他主体的意见以达成公平公正的评价结果。

在评价内容方面，要将文化素质课与实践课程、专业基础课程以及实习结果相结合。

在评价标准方面，要摒弃传统的单一学业评价标准，将学生文化素质、专业素质、实践成果、职业规划、创新思维、自我管理等各方面能力细化成指标体系。为充分发挥教学评价"反馈调节"的作用，可以利用大数据构建数字化教学评价系统，整合学校、企业等人才培养主体中有关学生的认知结构、能力倾向、学习特点等培养过程性数据，在对数据进行统计与分析的基础上，实施系统化与综合化的学习评价体系。

第四节 校企合作外语人才培养基本路径

一、明确校企合作外语人才培养目标

（一）寻求校企之间的平衡点，创新人才培养目标

随着近年来高等教育的发展，社会减少了对高校教育的偏见与误解。在高等院校外语教育开展校企合作的过程中，要想培养出符合社会需要的应用型外语人才，涉及的利益相关方较多，仅仅依靠政府、企业或学校某个单一的力量是难以实现的，只有通过政府的引导，提出实实在在的激励措施，才能强化企业对校企合作的优势的认知，转变企业被动参与的局面，使企业认识到参与校企合作是推进企业长久发展的良计，加强与高校合作的主动性，并主动投身外语人才培养目标的创新工作。而高校作为按需培养人才的根据地，就要紧跟市场节奏，时刻关注就业信息，明确外语相关岗位需求，积极培养理论与实践素养兼备的企业急需的外语人才。作为企业人才的供应链，高校实现对人才的输送，使企业对效益的需求也得到满足，从而吸引企业将资金投入人才培养的各个环节中，校企双方共同创新符合二者发展方向的外语应用型人才培养目标。

（二）整合校企优势资源，优化人才培养目标

高等院校在我国经济社会中占据着重要的席位，在外语人才培养中发挥着十分重要的作用。高校与企业是校企合作的两个重要主体，更应该根据市场动态需求，抓住培养人才应用能力这条主线，把素质教育与专业教育相结合，在外语教学的基础上加入新的专业方向，优化"外语基础知识＋专业应用能力"的人才培养目标。高等院校与企业要整合各自优势资源，培养一专多能的外语人才，突显出高等教育的特色，使校企合作氛围更加融洽和谐。

二、合理共建校企合作课程与教学体系

（一）共建校企合作课程体系

现阶段，高等院校外语教育应紧密联系企业发展现状及趋势，课程体系要与产业规划、结构需求以及新兴产业对接。高等院校应通过深度调研及全面评估，把握大学生真正的就业需求的脉络，利用相应的地域优势推动外语教育发展，与

企业共同开发具有针对性的课程，合作编写属于外语专科的专门性教材，优化外语教育课程设置。可以将一年级的课程设置为外语理论知识＋外语文化知识，结合部分的实训练习，使学生对外语学习有初步的感知，提高外语学习的兴趣；二年级在巩固外语理论知识的同时，增设实训课程，设置专业方向，让学生进行选择，使学生的学习目标更加清晰、明确，同时，融入职业生涯规划课程，使学生为未来就业做好心理准备；三、四年级加强对学生外语听、说、读、写、译五项技能的培养，注重专业课学习，兼顾学生实践能力的培养，通过进入企业实操，强化学生技能使用、语言运用的能力，同时可以更加系统地掌握国际商务、实务等专业知识，着重突出外语应用型、复合型人才培养特色。

（二）共建校企合作教学体系

高等院校可以在教学模式上进行创新，传统的外语教学方式一般为先夯实外语理论基础再进行实践应用操作，而在校企合作过程中可以尝试先进行外语教育实践环节，穿插着进行理论的指导，针对学生薄弱环节进行重点指导。这样学生在充分了解企业实际生产环节的基础上，可以切实感受到学习外语的优势及作用，充分调动起学生学习外语的兴趣与积极性，也可以更加贴近培养应用型外语人才的目标。

首先，在课堂教学中可以采用情境教学法，通过设定情境，使学生在教学中提升外语交流的实际能力，通过对课文情节的设置，要求学生进行角色扮演，使学生发散思维，调动学生学习外语的积极性。其次是课外教学，可以通过开展课外活动，通过开展外语文化节、外语演讲比赛以及外语讲座等活动，创建良好的语言环境，引导学生在生活中运用所学外语知识。高校积极引入先进教学模式和多样化的教学手段，推动教学与实践的充分融合，企业在教学过程中提供更多的实践教学环境与指导，共同建设外语教育校企合作的教学体系。

三、推动校企共建共用生产性实训基地

（一）完善校内实训基地

行业企业代表应该进行深入的探讨，参与外语教育校内实训基地的建设，依照岗位群的划分对校内资源进行重新组合，把企业真实的生产环境、生产工艺及生产过程在实训基地中还原，通过在学校内引入工厂的模式，促进外语教育实训过程与企业生产流程对接。在校内实训基地中，高等院校不仅要承担起

接待企业员工、社会职工等服务性职能，还要承办外语技能大赛等，加强实践教学方面的设计，通过生产与劳动相结合的方式，提升学生的外语能力与综合素养，使之达到社会的要求，进一步提升高校外语教育为社会发展服务的能力与水平。

（二）搭建校外实训基地

校外实训基地是高等院校开展实践教学的又一重要阵地，不仅形式多样，还可以通过"订单培养""顶岗实习""产学结合"等方式与校内实践教学互相补充。大学生了解真实的生产环境和工作氛围后，可以更加容易、快速地实现从学生到企业职员的角色转变。

要推进校外实训基地规范化建设，完善学生在企业顶岗实习的相关政策，学校与企业共同制定大学生的实训实习计划，将实习内容与岗位需求合理衔接，跳出把学生当作廉价劳动力的误区，企业在关注产品、利益的同时也要加强对学生实践能力与职业能力的培养，校企双方共同坚守住合作共赢的初衷。

四、加强"双师型"教师校本培训

（一）健全培训运行机制

1.联合企业完善培训管理制度

高校"双师型"外语教师校本培训组织管理机构充当着不可替代的角色，发挥着相当重要的作用。对于缺乏专门的培训组织机构和完善有效的培训管理制度这一问题而言，建立专门的培训组织机构是非常有必要的，并且要赋予此类机构一定地位和权利，使校本培训高效、有序开展。一是在高校内部设立专门的校本培训组织机构，使高校"双师型"外语教师校本培训规范化运行，强化日常组织管理秩序，保障培训相关工作有效开展，如培训方案的制定、培训内容的组织等组织管理层面工作完美落地。二是需要对培训负责人的职责和权利加以明确，建立有效的专人负责制，再挑选组织管理经验丰富的外语教师或企业专家辅助培训负责人统筹组织校本培训，做好校本培训的组织管理工作，为高效开展培训工作打好基础。

高校"双师型"外语教师校本培训的有序高效开展离不开企业的参与，管理制度也需突出企业特性。一是高校要与企业联合更新培训理念。校本培训仅仅靠高校的力量是不够的，因此校企要共同制定培训目标、组织培训资源、确定培训内容、提供培训保障。高校还要联合企业创新培训制度，组织好校本培训所需的各种资源。二是高校要对培训过程中所需要遵循的一系列原则加以规范化、制度化，做好权责分配，规范校本培训制度，将校本培训管理制度与院校的长期规划相结合，严格按照计划开展校本培训。三是企业要为完成培训目标提供保障，立足外语教师专业能力的发展与高校共同制定具体培训方案，提供培训所需企业资源，使校本培训实施起来井井有条。

2.确定"校、企、师"三级培训目标

根据需求层次理论，外语教师在职业生涯不同发展阶段，会出现不同层次的需求。对于缺乏明确培训目标这一问题而言，要明确培训需求，从高校、企业、教师三方面综合考虑整体需求，将外语教师纳入校本培训范围，对校本培训需求进行深入分析，对校本培训对象进行精准了解，结合校本培训的方式和内容制定出可行性强的培训目标。首先，要根据外语教师专业能力的不同，把教师分为三种类型，即专业型教师、成熟型教师和新手型教师，联合相关企业确定具体的培训目标。其次，编制问卷，根据调查目的编制问卷，包括教师个人信息，培训的内容、时间、地点，评估方法和建议等。再次，辅以教师访谈和讨论，在最大程度上确保数据的真实性。最后，结合企业可提供的培训资源对问卷和访谈的结果进行分析整理，对高校、企业、教师的需求进行分析，为明确培训目标做准备。

高校"双师型"外语教师校本培训的目标是提升教师专业能力，建设高水平"双师型"外语教师队伍。首先，高校"双师型"教师校本培训应该形成"高校+企业"的培训目标确定模式。在培训过程中，高校要与企业建立深度合作关系，明确各自的职责，做好各主体之间的沟通与协调，高校和企业共同确定培训总目标。其次，高校要根据自身发展情况和教师的现有水平设立校本培训专项能力目标，包括基本教育教学能力、专业知识能力、实践操作能力、科学研究创新能力、社会服务能力。最后，考虑外语教师专业能力具体培训目标，结合教师专业能力发展时期的不同，循序渐进地制定"双师型"教师校本培训的具体专业能力目标。每学期开始前，核实总目标的完成进度，分析专业能力目标实现的实际进程，制定学校培训计划，然后根据实际培训需求制定长期、中长期及短期培训目标，促进后续培训工作的开展，确保培训的连续性和完整性。

3. 利用企业资源，丰富培训形式

针对高校"双师型"外语教师校本培训形式不够丰富这一问题，高等院校应根据其类型特色挖掘自身已具备的软硬件培训资源，再充分利用企业的软硬件资源，综合确定出可供外语教师选择的不同类型的培训形式，保证高校"双师型"外语教师培训的整体效益。对于高校"双师型"外语教师校本培训的形式，湖北水利水电职业技术学院的王老师在访谈中给出建议："可针对不同内容采用不同类别的培训，这样既能充分考虑老师们的学习时间问题，又能在一定程度上统筹利用资源。具体可以采用线上和线下的方式进行培训。线下可以用专题讲座、工作方式培训研讨、企业实践考察等方式；线上可以用知名专家线上直播讲座、网络课程专题等方式培训。"

高校"双师型"外语教师校本培训可以采取下述几种方式。

第一种是融入企业的方式，根据培训内容的不同，组织教师融入与培训内容相关的企业，在企业中进行实践调查和实践操作，提升教师的综合素质能力，着重丰富教师的理论知识，提升教师专业实践能力。此外，高校还可请各行各业的技术专家开展讲座，通过此方式达到教师专业能力提升的目的。

第二种是专家指导的方式，专家可以是学校聘请的外语教育方面的理论专家、企业的专业从业人员，也可以是学校专业领域具有实践技能的外语教师，可以安排需要接受某一方面教育的教师和专家交流学习，通过让教师和专家互相交流学习，丰富教师的知识，提高教师的学习能力和合作能力。

第三种是相互学习的方式，"双师型"优秀教师在院校中普遍存在，新教师入校后与"双师型"优秀教师形成"师徒型"辅导是最常见的现象。此外，可以利用不同专业领域教师的差异进行互补训练，相互学习，以达到共同进步的目的。

第四种是科研带动的方式，学院给教师下发与企业相关的各种课题，让教师多承担教学和研究工作，在具体研究课题的过程中，可实现教师专业能力的提高和教学科研成果的转化。

当然，培训不局限于上述形式，也可采用知名专家线上讲座、网络课程专题的形式进行培训。总之，要随着培训内容的不同而不断丰富、极大程度创新培训形式，使其多样化、灵活化，充分发挥不同培训形式的优势，保证培训达到最佳效果。

（二）优化培训内容体系

针对高校"双师型"外语教师校本培训内容体系重理论轻实践、缺乏针对性、不够系统这一问题，要深入了解社会经济发展和"双师型"外语教师专业能力的实际需求，综合高校"双师型"外语教师在理论研究层面及实证调查层面需具备的专业能力，制定针对性强、适应性高的培训内容体系。

1. 基本教育教学能力

一是道德教育能力。高校"双师型"教师应该具备为人师表的基本能力和道德教育能力，可根据高校思政教育的特征，以三全育人为导向，在学术、学科、课程、培训、阅读等方面以习近平新时代中国特色社会主义思想为专题展开培训，包含校园文化创建、文明风采活动设计、团队组织与培育、课外活动展示与推广等培训内容。

二是理论教学能力。对于高校"双师型"教师的理论教学能力，培训内容应侧重提升教师运用专业理论和教育理论进行教学设计的能力。此外，培训内容还要包括丰富的社会文化知识等条件性知识，教育学知识等教育理论基础知识，以及全面、厚实的专业理论基础知识，上述内容应参考国家高校教学能力大赛标准。

三是实践教学能力。鉴于高校"双师型"教师需具备扎实的实际操作能力，故而教师操作仪器设备的能力尤为重要。培训内容应以仪器设备操作方法为基础，满足全国高校教学能力竞赛标准，符合全国高校技能竞赛和世界技能竞赛的技术技能要求，还应以改善教学行为和更新课程知识为目标，通过运用先进的信息技术，学习国外先进的教育理论和教学方法。

四是课程建设能力。制定专业课程标准对提高教师的课程建设能力具有重要作用。因此培训不仅必须包括专业课程标准的相关内容，还应包括能促进教师掌握国家高等教育教学标准体系的内容，以及编制和实施人才培养计划和教学计划、编制和使用新的活页教材和工作手册教材、研究和实施模块化教学模式、组织和实施实践教学、实施和改进教学诊断、评估教学质量等内容。

五是信息技术应用能力。要提高高校"双师型"教师的信息技术应用能力，就要适当增加针对制作微课、慕课的内容。除此之外，培训还应涵盖掌握高等教育信息系统标准知识的技能和开发数字教学资源和生产中应用知识技能的内容，还有在线或混合教学设计的内容，具体包括在线教学的组织形式、实施过程、平台使用方法，混合式教学的组织实施、信息化教学管理以及新一代信息技术应用等内容。

六是教育教学评价与反思能力。高校外语教师要重视教学评价和反思，培训内容应围绕评价观念现代化、评价主体多元化、评价标准多维化和评价体系全面化系统展开。

2. 专业知识能力

根据高校"双师型"外语教师应具备的专业知识、技术、职业指导方法和就业指导能力，培训不仅应包括课程开发与建设、专业技能、教学标准等内容，还应包含外语人才培养计划的改革及发展、专业升级和数字化转型、职业技能等级证书与专业课程的整合、教学方法模块化以及职业技能等级考核等内容。

3. 科学研究能力

学院必须充分重视科研能力薄弱的问题，快速制定科研发展规划，实施"学术顶尖"战略，不断加强团队的科研创新能力，实现国家科研、校企合作创新项目上的新突破。首先，要制定合理的科研与理论知识学习计划，明确科研责任，力争高水平科技创新项目。其次，高效利用专业学科带头人的科研能力，发挥领头羊的作用。然后，充分利用相应企业的良好资源，进一步促进校企合作，取得企业各事业部支持，通过科技服务外包项目提升师生的科研能力，进行高水平的科技创新。最后，需要完善学院绩效考核方案，通过增加相关福利政策来吸引外语教师参与科研创新与理论知识学习，充分将学院每一位教师的科研潜能激发出来。

4. 实践操作能力

根据高校"双师型"外语教师应具备的实际操作能力，培训内容既要包含实践案例解析与经验分享，创新、包容心、同理心、好奇心的修炼，结构重构、移植借鉴、洞察力及创新思维的训练，还要包括资源整合能力、沟通说服能力的训练等。此外，开展行业需求调研的能力也特别重要，一是要具备专业升级和数字化转型、课程改革和教学实施、校企共建数字化教学资源研发及教学科研实践能力；二是要熟悉企业的知识能力要求，增强外语知识应用能力；三是了解企业最新的发展趋势，熟悉相关岗位的实践操作规范、能力标准要求、组织管理制度等，学习企业生产实践所涉及的专业知识和专业标准。

5. 社会服务能力

作为高校的外语专业教师，面向社会开展外语培训的社会服务能力不容忽视。因此，有必要开展外语应用能力培训。

（三）完善培训保障措施

1. 多渠道筹措培训经费

培训活动的方方面面都需要资金支持，这就要求高校积极地通过各种方式筹集资金，以便更好地开展校本培训。针对校本培训经费不足，培训资源不丰富，达不到理想标准这一问题，一是可以与当地政府共同设立培训基金，为校本培训的良好运行提供财政保障；二是可以通过校企合作为企业提供服务，解决学生培训、实习、就业等问题，增加学校收入，并将这些收入转化为校本培训资金。

培训资源建设不仅可以通过增加资金来实现，还可以通过整合企业资源来丰富校本培训资源，通过学校资源与企业资源的深度结合做好培训资源建设。一是利用本校已有资源充分挖掘外部企业资源进行合作培训，积极寻找与外语教育相对应的企业，和不同类型的知名企业展开合作培训，加强院校与企业的培训合作，邀请企业专家、领军人物入校进行培训。二是在校内建立校本培训实践基地，高校可委托企业建立培训实践基地，借助企业建立的培训实践基地强化外语教师对自身专业相关行业的了解，增强培训效果，把企业打造成"双师型"教师培训基地。

2. 建设培训师资队伍

师资队伍建设是高校"双师型"外语教师校本培训高效开展的关键所在，针对高校"双师型"教师校本培训师资队伍不均衡、师资队伍资源贫乏这一问题，可通过自我培训、合作培训、外部招聘等方式，建立一支专业能力强的"双师型"外语教师校本培训师资队伍。首先，根据外语教育的特点，从相关企业引进经验丰富的专业人员和充分掌握该领域理论知识的人员，达到引进企业精英来学校参与培训及传授专业知识的目标。其次，理想的培训师还应包括具有前沿学科知识和先进教育理论知识的资深教授、实践经验丰富的学科带头人等。有了均衡的培训教师团队，就可以深入了解外语教师所在行业的最新进展，更快实现外语教师专业能力的全面提升。

五、创新校企联合共建产业学院模式

（一）通过产业学院实现校企协同育人

2020年7月，教育部办公厅、工业和信息化部办公厅联合印发了《现代产业学院建设指南（试行）》，为高等院校推进产业学院的建设提供了政策层面的依据。高等教育培养出的外语人才,实际上应是服务于生产一线、商贸领域的高素质复合型人才。通过建设产业学院,将高校外语教育与当地社会产业紧密结合,高校与行业企业融为共同体,更好地适应社会经济发展新形势。

产业学院既是培养外语应用型人才的有效途径,也是深化产教融合、校企合作,使学生将所学的外语理论知识和专业技能应用于企业生产实践的有益探索,为企业培养和留住人才奠定了坚实的基础。

(二)通过产业学院强化外语专业建设

随着行业企业的发展,对外语人才的需求已不再是单一专业人才那么简单,而是需要外语复合型人才,这也就意味着不论对外语专业本身还是对其他专业在技能上的要求都在不断提升,产业学院可以推动专业群建设,使技能人才培养的方向能够与企业发展更好地结合。因此,通过共同建设"外语专业+其他专业"模式,形成相互融合的专业群,实现学科之间的交叉,跨界培养综合能力强的外语高技能人才,打造市场适应性强的产业学院人才培养模式是十分有必要的。

参 考 文 献

［1］邓东元，张兵，郑艳萍. 大学外语教育改革研究 [M]. 昆明：云南人民出版社，2013.

［2］孙自挥. 外语教学模式创新实践 [M]. 成都：四川大学出版社，2014.

［3］宁雅南. 微时代背景下外语教学整合研究 [M]. 北京：光明日报出版社，2017.

［4］韩选文，张丽丽，李慧. 外语教学和文化交融 [M]. 长春：吉林文史出版社，2017.

［5］欧阳巍娜，侯飞亚，刘子涵. 大学外语教学中的慕课和翻转课堂研究 [M]. 西安：世界图书出版公司，2017.

［6］郭敏，余爽爽，洪晓珊. 外语教学与文化融合 [M]. 北京：九州出版社，2017.

［7］刘友春. 外语教学与二语习得的关系研究 [M]. 延吉：延边大学出版社，2018.

［8］刘慧君. 我国高校外语教育信息化政策研究 [M]. 长沙：湖南大学出版社，2018.

［9］卢加伟. 翻转学习的理念与外语教学的定制化体验 [M]. 北京：冶金工业出版社，2019.

［10］李桂真. 外语教育中的文化安全问题及跨文化建设研究 [M]. 北京：新华出版社，2019.

［11］张德禄. 系统功能语言学与外语教育研究 [M]. 上海：上海外语教育出版社，2020.

［12］林怡清. 校企合作背景下外语类人才培育模式的探索 [J]. 中国多媒体与网络教学学报（上旬刊），2019（10）：128-129.

［13］赵香. 试论中国外语教育的发展及其近代化历程 [J]. 宁夏师范学院学报，2019，40（12）：48-50.

［14］郭凤鸣.中国外语教育政策演进历程与未来规划[J].西南科技大学学报（哲学社会科学版），2020，37（06）：81-87.

［15］尹贞姬."互联网+"背景下高校外语教育资源共享机制研究[J].长春大学学报，2020，30（12）：48-51.

［16］郭凤鸣.新时代高校外语教育的文化自信[J].成都理工大学学报（社会科学版），2020，28（05）：88-94.

［17］林晓卿.文化自信视域下新时代高校外语教育路径探析[J].哈尔滨职业技术学院学报，2020，149（01）：152-153.

［18］文旭，文卫平，胡强等.外语教育的新理念与新路径[J].外语教学与研究，2020，52（01）：17-24.

［19］宋博.文化自觉理念融入高校外语教育的意义与方法探究[J].福建教育学院学报，2020，21（07）：61-63.

［20］杨晓明.中国大学外语教育现状及其规划导向[J].教学研究，2020，43（01）：57-64.

［21］向明友.新学科背景下大学外语教育改革刍议[J].中国外语，2020，17（01）：19-24.

［22］李民，王文斌.我国高校外语教育问题研究：外语教育学视角[J].外语与外语教学，2021，316（01）：21-29+144-145.

［23］常红梅，王月会.高职外语教育发展的成就、挑战与趋势[J].中国职业技术教育，2021，765（05）：75-80.

［24］宁琦.新时期外语教育的定位与任务[J].中国外语，2021，18（01）：16-17.